경기도 현대사의 어두운 그늘

www.ggcf.kr

경기도 현대사의
어두운 그늘

경기문화재단

이 책은 경기문화재단 경기문화재연구원이

경기도의 고유성과 역사성을 밝히기 위한 목적으로 발간하였습니다.

경기학연구센터가 기획하였고 관련전문가가 집필하였습니다.

이 책에서는 경기도에서 벌어진 아픈 사건과 사고를 소개합니다. 성장과 발전이 양지라면 그에 따른 희생과 소외는 음지라 하겠습니다. 그동안 경기도의 눈부신 발전과 팽창만을 강조하고 선양하였기에, 이 책에는 기억하기 싫지만 잊어서는 안 되는 어두운 과거를 정리해 보았습니다. 책의 성격상 언론현장에서 열심히 활동하고 계시는 분들에게 원고를 의뢰하여 일반인이 쉽게 읽을 수 있도록 하였습니다.

과거는 미래의 거울이라고 했습니다. 또 과거는 현재진행형이기도 합니다. 그래서 과거의 나쁜 유습이 완전히 단절되기는 쉽지 않습니다. 그것을 보고 경험했던 사람들의 마음속에 도사리고 있고 또 사회구조 속에 녹아 있기 때문입니다. 비록 그런 악습이 축소·약화되었다 하더라도 나와 우리의 무의식 속에 잠재해 있는 것입니다. 시대사 중에서도 현대사는 더욱 그러합니다.

이 책의 핵심 키워드는 인권유린일 것입니다. 그것도 국가와 권력이 자행한 인권유린이 대부분을 차지하고 있습니다. 국가 권력과 인간탐욕에 의하여 인간의 존엄성이 철저히 무시당하고 수단화되었던 아픈 상처들이 이 책 대부분의 사건과 사고에서 확인될 것입니다. 그리고 자신과 우리 사회를 살펴보면, 그런 '인간의 수단화'가 아직도 청산되지 않고 남아 있음을 확인할 수 있습니다.

경기도는 우리나라 현대화, 산업화, 군사화의 중심에 있었습니다. 즉 남북대치의 현장이고 주한미군 대부분이 주둔하고 있는 군사요충지이며, 중후장대한 대규모 산업단지를 제외한 산업시설이 밀집되어있는 곳입니다. 그래서 인구가 해방 이후 폭발적으로 증가한 곳이기도 합니다. 이런 까닭에 경기도는 우리나라의 사회적 모순과 갈등이 집약되어 있는 곳이고, 그에 비례하여 근대로 가는 격동기에 가장 많은 상처를 받은 공간입니다.

이 책은 이런 공간성을 지닌 경기도에서 벌어진 현대사의 모순들을 정리해 보고자 기획되었습니다. 아직까지 이런 성격의 책이 공공기관에서 발간된 적이 없는 것으로 알고 있습니다. 그런 만큼 심리적 부담도 있지만, 경기도의 고유성과 역사성을 파악할 수 있는 핵심 주제이기에 다루어보기로 했습니다. 어쨌든 이 책이 아직도 우리 속에 남아있는 악폐를 최소화하는 데에 도움이 되었으면 합니다.

편집자

| 차 례 |

1부

주한미군

미군 위안부, 미선이 · 효선이 사건, 그리고 미군공여지

한국전쟁은 20세기 세계 역사에서도 최악이라 꼽히는 전쟁비극이다. 차가운 철 조망 사이로 민족이 두동강 났다. 각자의 사회시스템 속에 서로를 '주적'으로 명시하고 총부리를 겨눠야했다. 이제 겨우 36년의 치욕스러운 일제 식민치하를 벗어났는데, 머리를 맞대고 한반도의 미래를 구상해도 모자랄 시간에 같은 피를 나눈 민족끼리 분노를 쏟아내기 바빴다. 그리 길지 않을 것이라고 생각했던 '분단'이 벌써 60여 년을 지나고 있다.

민족의 분단은 한반도에 또다시 외세를 끌어들이는 명분이 됐다. 모든 것이 무너졌고 매일 전쟁이 재개되지 않을까 두려움에 떨어야 했다. 극심한 혼란 속에 누군가의 손을 잡아야 했다. 주한미군의 역사는 그렇게 시작됐다.

전쟁이 끝난 직후 32만 5천여 명에 달했던 미군이 1960년 5만 6천여명으로 감소했다. 전쟁이 끝난 '종전'이 아니라 잠시 멈춘 '휴전'이었기 때문에 미국은 이 땅에 남아 북녘땅을 경계해야 했다. 규모는 축소됐지만, 그것이 주한 미군 역사의 출발이다.

서울에는 미군이 용산, 이태원, 영등포 등에 기지를 설립했지만 주한미군의 주요 병력은 사실상 경기도에 몰렸다. 수도 서울을 방어하면서 북한과 맞서있는 최전선이기 때문이다. 파주와 양주, 동두천, 의정부, 포천 등 경기 북부 전 지역에 걸쳐 주한미군의 대규모 기지와 훈련장이 세워졌고 평택과 송탄 등에도 광범위하게 미군기지가 건설됐다.

당시 우리에게 미군은 절대로 놓아선 안될 동아줄로 인식됐다. 안보 뿐 아니라 사회, 경제, 정치 전 분야에서 미국은 아버지 역할을 도맡았다. 미국은 남한 땅에 전쟁의 공포를 해소하는 동시에 경제적 지원도 아끼지 않았다. 북한이 중국과 '혈맹'이라는 표현까지 써가며 관계를 공고히 하는 동안 우리는 미국과 영원한 동맹으로 현대사를 걸어왔다.

주한미군은 무너진 대한민국을 재건하는데 꼭 필요한 존재였지만, 모두에게 그런 것만은 아니었다. 사회의 안정을 구축하는 데는 안전했을지 모르지만, 국민 모두의 삶이 안전했던 것이 아니다. 특히 주한미군과 살을 맞대고 함께 생활해야 했던 경기도의 여러 지역들은 개인의 삶이 무너지는 고통을 받았다. 그리고 현재에도 그 고통은 계속되고 있다.

미군 위안부, 고통의 세월을 이야기하다

양공주에서 미군 위안부로 사회적 인정을 받기까지 70여 년의 세월이 흘렀다. 지난 2018년 2월 8일 서울고등법원은 대한민국을 상대로 미군 위안부들이 제기한 손해배상청구소송 2심을 판결했다. "성매매 중간 매개 및 방조, 성매매 정당화를 조장했다는 부분에 대해 국가 책임을 인정해 모든 원고들에 배상책임이 인정된다"는 판결문이 낭독되자 방청석에 앉은 원고들의 주름이 진 얼굴 위로 눈물이 흘렀다. 국가가 주도한 성매매, 그 희생자라는 것을 국가기관이 처음 인정한 것이다. 완전하진 않지만, 양공주·양갈보 등 사회적 편견 속에 한평생을 살았던 미군 위안부, 이른바 기지촌 여성들이 사회 속으로 한 발 나아갔다.

미군 위안부는 어떻게 탄생했나

미군이 주둔하는 지역이 생기면 자연스럽게 미군을 대상으로 한 상업위락지구가 형성됐고 이를 '기지촌'이라고 불렀다. 특히 미군의 외출과 외박이 허용된 1957년부터 기지촌은 본격적으로 클럽, 술집 등 유흥업소들이 발달하기 시작했고 더불어 성을 사고 파는 윤락업소들이 우후죽순 생겨났다.

특히 해방 후인 1948년 정부는 공창제를 폐지하고 성매매를 금지시켰다. 1961년엔 공창제 폐지령보다 훨씬 상세한 내용을 담은 '윤락방지법'을 제정·시행했다. 공식적으로 한국은 '성매매가 법으로 금지된' 문명국가인 척 행세했지만 실상은 그와 정반대로 흘러갔다. 윤락방지법을 제정한 이듬해 6월 성매매를 사실상 허용하는 '특정지역'을 전국 104개소에 설치했고 그 중 9개소를 서울에, 61개소를 경기도에 할당했다. 대부분 농촌지역이었던 경기도에 유독 성매매를 허용하는 특정지역을 많이 설정한 것은 경기도에 가장 많은 미군기지가 있었기 때문이다. 실제로 1963년에 대검찰청에서 윤락여성 분포상황을 조사했는데, 경기도가 1만1천44명으로, 윤락여성이 전국에서 가장 많았다. 가장 많은 것은 둘째치고, 전국 위안부 수가 1만3천947명인 것을 감안하면 거의 대부분이 경기도에 있었다고 해석해도 무방하다. 그만큼 경기도는 미군 위안부의 희생지였다.

가난해서, 몰라서, 속아서 끌려온 여성들

미군 위안부로 도내 기지촌에서 생활한 여성들은 '인신매매'와 다를 바 없는 폭력적인 방식으로 끌려와 생활했다는 증언이 상당수다.

2013년 오마이뉴스 보도를 통해 증언한 이덕희(가명)씨는 1950년, 손이 귀한 집안에서 딸로 태어났다. 오빠들이 학교에서 공부할 때 이 씨는 집안일을 도맡아 했다. 그것이 싫어 열 다섯 나이에 집을 나왔고 군산에서 식모살이를 시작했다. 그러다 평택에 사는 언니 집에 놀러가자는 친구의 속임에 넘어가 평택 기지촌인 안정리에 왔다. 친구는 도망가고 포주에게 붙잡혀 사흘 동안 먹고 잔 값, 5만원을 내놓으라는 협박을 받았다. 할 수 없이 그녀는 미군 위안부, 이른바 '양공주'가 돼야했다. 그의 증언에 의하면 몸이 아파도 일을 해야 했다. 포주는 몸에 좋은 약이라고 속여 마약도 먹였다. 포주가 건넨 약을 먹으면 아픈 줄도 부끄러운 줄도 모르고 성매매를 할 수 있었다. 이 씨는 이 현실을 벗어나고 싶어 농약을 먹고 두번이나 자살시도를 했지만 그때마다 살아났다고 했다.

2016년 시사저널에 보도된 박미경(가명)씨의 사례도 비슷하다. 제주도에서 10남매의 막내로 태어난 그는 7살 때 오빠와 함께 보육원에 보내졌다. 열 다섯에 보육원을 나와 서울 영등포의 한 직업소개소를 찾아갔다. 앉았다 일어났다를 반복해 시키던 직업소개소 사장은 그를 경기도 연천의 기지촌으로 보냈다. 아무 것도 모르고 기지촌에 보내진 그는 가자마자 군인을 받아야 했다. 손님으로 온 군인에게 '속아서 온 것이다. 나 좀 빼달라'고 부탁했다가 손님이 포주에게 일러 동두천 보산동 기지촌으로 팔려갔다. 그러다 또다시 의정부 뺏뻘마을 기지촌으로 보내졌다. 그의 증언에 의하면 당시 그가 돌았던 기지촌 절반 이상이 15~16살에 불과한 미성년자들이었다. 그 역시 포주에 의해 가짜 주민등록증이 만들어졌고 200달러라는 터무니 없는 빚을 짊어져야 했다. 도망가려고 해도 도망칠 수 없었다. 당시 그가 있던 지역 대부분이 기지촌이었고 지역 경찰, 군청 직원 등 공무원들조차 포주와 유착해 오히려 미군위안부들을 감시했다. 도망가다 잡혀 두들겨 맞는 날이 부지기수였고, 도망가는 것을 붙잡는 비용까지 빚으로 청구됐다. 다른 기지촌으로 팔려갈 때 드는 비용조차도 빚으로 더해졌다. 하루에 5~6명의 군인을 받으며 죽도록 일하는데 빚은 늘어나는 이상한 구조였다고 증언했다.

2016년 7월에 있었던 손해배상청구소송 항소심에서 박영자 씨는 당시의 상황을 이렇게 증언하기도 했다.

"존경하는 재판장님, 우리는 글도 모르는 사람이고 가난한 집안의 딸이기도 하고 가정에서 내몰린 사람들입니다. 그런 우리는 가족을 위해서, 보다 나은 삶을 위해 국가가 허가해준 직업소개소를 찾았고 그 직업소개소를 통해 기지촌으로 팔려오게 되었습니다. 우리가 팔려가고 싶어 기지촌으로 팔려간 것이 아닙니다. 우리의 어리숙함을 빌미로 인신매매를 당한 것입니다. 우린 어린 미성년이었습니다. 기지촌에서 십대인 여자아이를 도와주는 어른은 어디에도 없었습니다.

포주는 가짜 주민등록증을 만들어주고 그것을 이용해 검진증을 만들었습니다. 국가는 그것조차 모르고 보건소에서 검진을 하고 미군들에게 성병이 없는 깨끗한 여성으로 내몰았습니다.

숫기가 없다며 약 복용을 강요받았고 그렇게 우리는 기지촌에 갇혀 달러를 버는 기계로 살아왔습니다. 몸이 아파도 일을 나가야 했습니다. 임신을 하면 낙태를 시켰고 그 비용은 빚으로 올리고 기지촌은 돈을 벌면 벌수록 여러가지 이유로 빚이 쌓여가는 이상한 구조였습니다. 기지촌을 나오고 싶으면 도망을 나오거나 미군과의 결혼이었습니다. 그러나 도망을 나오면 포주한테 잡혀 폭력을 받고 빚을 더 올려 다른 집으로 보내졌습니다. 미군과 결혼을 한다고 하면 상상도 안되는 금액을 불러 결혼을 포기하게 만들고 계속 기지촌에 묶어두었습니다."

미군의 '컨택', 정부의 '토벌', 그 끔찍한 기억

미군위안부들이 치를 떨며 두려워하는 기억이 바로 '컨택'과 '토벌'이다. 이 둘은 강제적인 성병 검진을 뜻한다. 컨택은 미군이 '성병이 있다'고 지목한 기지촌 여성을 즉시 낙검자로 분류하는 것이다. 미군이 자의적으로 의심한 여성을 지목하기 때문에 여러 명을 동시에 찍기도 하고, 고의로 지목하기도 해 성병에 감염되지 않은 사람이 끌려가는 경우가 허다했다.

토벌은 한국 공무원들이 성병 검진증이 없는 여성을 무작위로 잡는 것이다. 컨택과 토벌을 당한 여성들은 모두 낙검자 수용소, 이른바 '몽키하우스'라 불린 곳에 감금됐다.

당시 미군위안부였던 여성들의 증언에 의하면 낙검자 수용소는 감옥과 다를 바 없었다. 김연자 씨 증언에 의하면 "나도 즉결재판을 받고 유치장에 갇힌 적이 있었다. 임균이나 다른 병이 있다고 판정되면 곧바로 동두천과 의정부 사이 주내라는 산 속 마을에 있는 수용소로 보내졌다. 이른바 '몽키하우스'였다. 몽키하우스에 들어가면 군의관이 직접 자궁 속에 있는 냉을 검사했다. 군의관들이 '호스타시링'이라는 약을 투입했는데 아주 독해서 맞고 나면 엉덩이 근육이 뭉치고 어지러웠다. 여자들은 하나같이 몽키하우스 생활을 끔찍해했다. 침대, 담요, 약품, 의사 등 모든 것이 미제인 미제 수용소에서 범죄자 취급을 받으며 날마다 미군들에게 가랑이를 벌리고 깨끗한 여자인지 아닌지 검사받는 일은 수치

스러웠다"고 했다.

한겨레에 보도된 김정자(가명)씨도 "하얀집(낙검자수용소)에 가면 운동장이 크게 있는데 토벌당한 여자들 실려오면 철커덕 잠그고 꼭 교도소 같았어요. 나갈 수 없어요. 화장실만 갈 수 있게 했어요. 유치장 같은 데서 다섯명씩 자야 해요. 바깥 창문은 쇠창살이 설치돼있고 면회 와도 쇠창살 사이로 얼굴보면서 얘기해야 했어요. 우리는 페니실린을 맞았어요. 그거 맞고 쇼크 때문에 죽는 사람도 있어요. 맞으면 걸음을 못 걸어요. 엉덩이 근육이 뭉치고 다리가 끊어져 나가는 거 같아요. 그걸 이틀에 한번 맞아요. 괴로운 언니들은 옥상에 올라가 떨어져 죽거나 반병신 되고 그랬어요."

공식적으로 '성매매가 금지된 국가'이지만 정부는 성매매를 감시하거나 적발하지 않고 미군들이 안전하게 성매매를 할 수 있도록 하는 데만 온 신경을 쏟았다. 기지촌 연구의 선구자라 평가받는 캐서린 문의 저서, '동맹 속의 섹스'를 보면 한국정부가 기지촌 성매매에 직접적으로 관여한 점을 알 수 있다. 박정희 정부는 당시 미국 닉슨대통령이 주둔 중인 미군을 대대적으로 축소하겠다고 선언하자 '기지촌 정화운동'을 펼치며 미군 감축을 막기 위해 더욱 가혹하게 여성들을 직접 관리했다.

미군 범죄의 표적, 미군위안부

미군 위안부로 일했던 이들이 낙검자수용소에 끌려가는 것 만큼 두려움에 떨었던 일은 미군 범죄의 희생양이 되는 것이다. 술에 취한 미군에게 맞아 죽더라도 이상하지 않은 곳이 바로 기지촌이었다. 실제로 잔혹하고 끔찍한 미군 범죄는 종종 일어났고, 그때마다 한국정부는 속수무책, 수수방관일 뿐이었다. 대표적인 사건을 소개한다.

윤금이 사건

윤금이 사건은 우리 사회에 미군범죄의 심각성을 알리고 경종을 울린 첫 사건으로 손꼽힌다.

1992년 10월 28일 동두천시 보산동의 미군전용클럽 종업원이던 윤금이씨는 발견 당시 끔찍한 모습으로 숨져있었다. 온 몸에 피멍이 든 알몸 상태였고, 자궁에는 맥주병 2개가, 질 밖으로 콜라병 1개가 박혀있었다. 또 항문에서 직장까지 긴 우산대가 꽂혀 있었다. 전신에 하얀 합성세제 가루가 뿌려져 있었고 윤씨의 입에는 부러진 성냥개비가 물려 있었다. 부검결과 그의 사인死因은 '전두부 열창에 의한 실혈'. 콜라병으로 앞 얼굴을 심하게 맞아 함몰됐고 과다출혈로 숨졌다.

사건이 발생하자 경찰은 현장에 있던 피묻은 셔츠, 맥주병에서 채취한 지문 등의 증거물과 목격자 진술을 토대로 '케네스 마클' 이병을 유력 용의자로 검거했다. 검거 당시 그는 범행 때 입었던 피묻은 바지와 농구화를 그대로 착용 중이었지만 부대를 자유롭게 드나들고 있었다. 그만큼 이 곳에서의 범죄는 일상적이었다.

사건의 정도가 상당히 중했지만, 우리 경찰은 미군의 신병인도요청에 따라 피의자 신문조서도 작성하지 못한 채 케네스 마클을 미군에 인도했다. 살인혐의의 용의자라 해도 재판 절차가 끝나 형이 확정되기 전까지 한국 사법당국이 가해자 미군을 구속할 수 없는 게 당시의 'SOFA' 규정이었다.

하지만 사건이 세간에 알려지면서 동두천을 비롯한 타 지역 시민들의 분노가 들끓기 시작했다. 11월 4일 동두천 지역대책위 결성을 시작으로 5일에는 40여 개 시민사회단체가 모여 '주한미군의 윤금이씨 살해사건 공동대책위원회'를 결성하며 강하게 반발했다.

이 가운데 검찰은 마클 이병을 살인혐의로 기소했지만 신병인도를 받을 수 없어 구속도 하지 못한 채 재판이 시작됐다. 1993년 2월 케네스 마클은 변호인을 통해 폭행사실은 인정했지만 살인혐의는 부인했다. 1993년 4월에 있었던 1심에서 케네스 마클은 무기징역이 선고됐고 같은 해 12월 항소심 선고공판에서 15년형으로 감형됐다. 케네스 마클은 상고했지만 1994년 4월 대법원은 상고를 기각하면서 징역 15년형이 확정돼 천안소년교도소에 수감됐다. 사건 발생 1년 6개월만이었다. 그는 수차례 가석방을 요청했지만 거부되다 2006년 8월 14일 가석방 돼 15일 미국으로 떠났다.

이기순, 신차금, 이정숙, 서정만.. 끊임없이 목숨 잃은 미군 위안부

윤금이 사건 이후 미군 위안부들은 심야에 미군을 상대로 영업을 하지 못할 정도로 공포에 시달렸다. 그러던 중 또다시 동두천에서 유사한 사건이 발생했다. 1996년 9월 동두천 보산동에서 이기순씨가 예리한 흉기에 목이 반쯤 잘린 상태로 발견됐다. 경찰은 작은 칼로 잔인하게 살인한 방식과 사건장소가 기지 인근이며 군화발자국 등의 증거로 미군 소행임을 짐작했고 미 2사단 소속 뮤니크 에릭 스티븐 이병을 검거했다. 스티븐 이병은 술에 취한 상태로 이기순씨 방에 찾아갔다 돈이 없다고 면박을 당했고 이에 격분해 이씨의 얼굴을 때려 실신시킨 후 방안에 있던 연필깎는 칼로 목을 잘라 살해한 것으로 드러났다.

그러나 스티븐 이병 사건도 마찬가지였다. 검찰은 법원의 구속영장을 발부 받아 미군 측에 구금인도 요청서를 전달했지만, 이번에도 SOFA규정을 이유 삼아 거부당했다. 결국 불구속 기소 상태에서 재판을 받은 스티븐 이병은 징역 10년형을 받았다. 그 역시 한국 교도소에서 복역하다 2005년 가석방돼 본국으로 돌아갔다.

1999년엔 신차금씨 사건도 발생했다. 1999년 1월 30일 새벽 동두천 보산동 기지촌에 살던 신차금씨가 전기줄에 목이 감겨 숨진 채 발견됐다. 얼굴과 양팔에 혈흔이 있었고 발견 당시 나체 상태였다. 현장을 확인한 주민 제보에 의하면 사체의 몸 위에 립스틱으로 'whore'이라 쓰여 있었다고 전해진다. 창녀라는 뜻의 비속어다. 경찰은 수사를 통해 주한미군 병사를 용의자로 지목했지만, 범인은 끝내 잡을 수 없었다. 사건 직후 미군이 용의자를 미국으로 귀국시켰기 때문이다.

같은 해 이정숙 씨도 동두천시의 자신의 방에서 살해당한 후 3일 만에 발견됐다. 경찰은 당시 이정숙 씨와 동거하던 미2사단 코러 중사를 용의자로 지목했지만 주한미군이 용의자의 신병을 인도해달라는 협조 요청을 거부해 결국 미제로 남았다.

2000년대에도 미군 위안부들에게 미군 범죄는 끝나지 않은 공포였다. 2000년 3월 11일 당시 66세였던 서정만 씨는 의정부시 자신의 방에서 숨진 채 발견됐다. 발견당시 주민 진술에 따르면 방에서 석유냄새가 났고 문을 열어보니 속옷 차림의 서씨가 침대 밑에 누워있었고 석유난로가 방안에 쓰러져 있었다. 서씨는 눈 주위가 심하게 멍이 들었고 입술이 터진 채 앞니 2개가 빠져 있었다. 이웃 주민은 미군 흑인 남성과 방으로 들어간 뒤 싸우는 소리를 들었다고 진술했다. 당시 주한미군은 미 육군수사대를 통해 용의자의 몽타주까지 작성, 공개수배를 하는 등 자체조사를 했다고 발표했지만 사건 이틀 후 유력한 용의자를 미국으로 출국시켰다는 게 2002년에야 밝혀졌다.

음지에서 양지로, 목소리 내는 피해자들

1962년 11월 박정희 정부는 지역재건부녀회에 등록된 미군 위안부 1만640명을 대상으로 정신, 미용, 위생 교육은 물론 간단한 영어회화 교육을 실시했다. 많게는 한달에 1번, 필요에 따라 수시로 정부의 교육이 실시됐다. 미군 위안부들의 증언에 의하면 교육에는 항상 미군 장교와 군수, 경찰서장, 보건소장, 특수관광협회장, 자매회장 등 공무원들이 참석했다. 또 교육과정에서 빠지지 않는 선동문구가 있었다고 증언한다. "미군 위안부들은 우리나라를 돕기 위해 주둔하고 있는 미군을 위안하고 나라경제를 부강하게 하는 일을 하고 있다. 당신들이 외화를 버는 애국자다"라는 칭송이다.

겉으로 외화벌이 애국자로 칭송하며 속으로는 정부가 성매매를 강요하고 직접 관리한 정황이 각종 공문서와 증언 등을 통해 명백한 사실로 드러난다. 그러면서 정부는 미군 위안부들의 노후를 책임지겠다고도 말했다. 한겨레 보도를 통해 김정자(가명)씨는 당시 상황을 이렇게 증언했다. "턱걸이(동두천시 광암동 일대)에다가 공장을 짓고 아래층에는 가발공장, 위에는 기숙사로 만든다고 공무원들이 설명했다. 나이 먹으면 여기에 우리가 살 수 있다고 군수가 그랬다. 땅을 다 사뒀다고. 그러니 열심히 달러 벌라고. 우리는 늙어도 갈 데가 있구나 하고 그렇게 믿었다. 하지만 그 약속이 지켜진 건 하나도 없다. 포주들은 저희가 벌어온 돈으로 집도 사고 땅도 샀는데. 어떤 악명 높은 포주는 나중에 경기도의원이 됐더라."

미군 위안부의 현재 삶은 처참하다. 시민단체 새움터 조사에 따르면 대부분의 미군 위안부들이 기지촌 지역에서 벗어나지 못하고 계속 거주하고 있는데 60대 비율이 가장 높고 70대와 50대, 49세 이하 순이었다. 이들 중 94.2%가 홀로 지내고 있다. 사회적 편견과 낙인으로 가족이나 이웃과의 관계가 형성되지 못했고 신체적, 정신적 불안 수준이 상당히 높은 상태다.

특히 고독사에 대한 공포는 상당하다. 사망 당시 50대 초반이었던 윤지연(가명)씨는 10대 중반에 기지촌으로 인신매매돼 40여년 간 성매매 피해를 겪었다. 그 피해로 윤씨는 심한 우울증과 알코올 중독으로 고통받았다. 2013년 겨울, 윤씨는 집에서 쓰러져 사망한 채로 발견됐다. 윤 씨의 집에서 이상한 소리가 나는 것을 들은 이웃도 있지만 아무도 관심을 갖지 않았다.

또 미군 위안부들의 월 평균 소득은 50만원 미만인 것으로 조사됐다. 그 수입원 조차 국민기초생활 급여다. 건강상태도 매우 좋지 않고 상당수가 외상후 스트레스 장애를 겪고 있어 사회생활을 할 수 없는 지경이다. 그나마 생계를 위해 정부의 일자리 사업에라도 참여하면 의료급여가 중단돼 의료비 지원이 끊기기도 한다. 경제적 어려움은 이루 말할 수 없이 극심하다.

박영자씨는 2016년 7월 국가를 상대로 한 손해배상청구소송 1심에서 이같이 진술했다. "꼭 말하고 싶은 게 있었습니다. 우린 태어난 이 나라에서 버려졌습니다. 옛날에 박정희가 경제개발 했다고 그러지만, 우리가 애국자 소리 들으면서 달러 엄청 많이 벌어들인거에요. 그때는 아파트 해준다는 말도 들었습니다. 우리나라는 미성년자라고 집에 보내는 것도 없고 나라에서 다 버린거잖아요. 그럼 책임져야죠. 군산타운 백태하 라는 사람은 달러를 많이 벌었다고 상 3번 탔다면서요. 그 달러 누가 다 벌어드렸는데요? 아가씨들이 다 벌어드린건데 아파 죽어가도 의사 하나 안 내려다보고 오로지 성병검진만 했습니다. 나라의 무관심에 우리의 몸은 병들고 돈도 못 벌고 이용만 당했습니다. 그러니까 나라가 책임져야죠."

미군 위안부와 함께하는 시민사회를 필두로 시작된 국가 상대 손해배상소송

기지촌 여성운동의 시작은 1970년대 기생관광반대 운동을 주도한 '한국교회여성연합회'의 활동을 시작으로 1980년대 본격적인 민주화운동 과정에서 확대된 여성운동과 그 궤를 함께한다. 1986년 미군 기지촌으로 악명이 높았던 의정부시 가능동에 '두레방'이 개관하면서 기지촌 여성운동도 출발했다. 두레방의 당시 주요 사업은 상담과 영어교실, 공동식사, 육아, 탈성매매를 위한 전업사업, 기지촌 활동 등이었다. 이와 함께 비슷한 시기 개관한 '막달레나집'과 '한소리회'등이 결성돼 오늘날까지 반성매매운동의 주요 역할을 담당하고 있다. 두레방에서 시작한 '기활(대학생들의 기지촌 자원봉사 활동)' 출신의 활동가 김현선 대표가 주도한 '새움터'가 1996년 동두천에서 개관했다.

한편 사회복지학을 전공한 기독교 전도사 우순덕 원장의 주도로 설립된 '햇살사회복지회'가 2002년 평택 안정리에서 활동을 시작하면서 기지촌 여성운동은 두레방과 새움터, 햇살사회복지회 등 3곳의 단체 주도로 동력을 찾았고 이들 단체와 변호인단, 학자, 피해자들이 함께 '기지촌여성인권연대'를 구성, 마침내 국가를 상대로 손해배상청구소송에 나서게 됐다.

2014년 6월 25일 기지촌 미군 위안부 122명은 대한민국을 상대로 손해배상 소송을 제기했다. 이들은 국가가 ①불법적인 기지촌 조성과 운영·관리 ②불법행위 단속 면제와 불법행위 방치 ③조직적·폭력적 성병 관리 ④애국 교육 등을 통한 성매매 정당화·조장 등의 행위를 했으며 이러한 행위가 '국가의 보호의무 위반' 또는 '성매매의 중간매개 및 방조'에 해당돼 위법이라고 주장했다. 그러면서 1인당 1천만원 배상을 청구하는 취지의 소장을 서울중앙지법에 제출했다.

그로부터 4년 후인 2018년 2월 8일, 서울고등법원에서 미군 위안부의 성매매 피해가 인정을 받기까지 미군위안부들은 힘겨운 과정을 거쳐야 했다.

1심 판결

1심 법원은 소송이 시작되고 2년 6개월이 지난 2017년 1월 20일, '전염병예방법' 시행 이전에 성병치료소인 낙검자수용소에 격리된 적 있는 여성들의 손해배상청구의 일부만 인용했다. 당시 전염병예방법에는 격리수용해야 할 환자군에 제1종 전염병과 라병 환자만 격리하도록 돼 있어 성병에 대한 격리 수용의 근거가 없었다.때문에 재판부는 기지촌 위안부들을 낙검자 수용소 등에 격리 수용해 치료한 행위는 위법하다고 판단했다. 부분적으로 인정한 것은 아쉽지만 기지촌 위안부들의 존재와 인권침해 사실에 대해 정부기관이 최초로 공식 확인을 했다는 점에서 이 판결은 의미가 크다. 국가가 강제적으로 성병관리가 위법행위였음을 인정했고 국가 권력기관에 의해 국민의 불법수용과 가혹행위 등 중대한 인권침해 사항은 공소시효 적용에서 배제돼야 한다고 명시했다. 또 피고인 정부가 '손해배상 채권'은 시효가 5년이기 때문에 원고 여성들의 권리는 이미 소멸됐다고 주장한 것도 받아들이지 않았다.

그러나 1심 재판부는 원고들의 핵심 주장인 '미군의 요청에 의해 구조적으로 국가가 기지촌에서의 성매매를 조장·권유했다는 점'을 인정하지 않았다.

2심 판결

1심 판결에 대해 원고와 피고 모두 항소했다. 그렇게 시작된 2심 재판은 1년 여의 시간이 흘러 지난 2월, 최종 판결을 받았다. 서울고등법원 민사 22부는 "국가의 기지촌 운영·관리 과정에서 기지촌 위안부였던 원고들을 상대로 성매매 정당화·조장 행위와 위법한 강제 격리수용행위가 있었다고 인정하고 원고들 전원에 위자료를 지급하라"고 명했다. 재판부는 원고인 미군위안부들이 제기한 주장에 대해 대부분 인정했다.

'위안부 고정수용, 외국인 상대 성매매에 있어서 협조 당부, 주한미군을 고객으로 하는 접객업소의 서비스 개선' 등의 행위가 외국인의 사기진작과 외화 획득을 위한 명목으로 국가가 기지촌 위안부의 성매매를 조장한 행위로 평가했다. 특히 담당 공무원 등이 위안부 등록제나 지역재건부녀회 등의 자치조직을 통해 기지촌 위안부에게 '애국교육'을 실시한 것은 '기지촌 내 성매매 행위를 적극적으로 조장·정당화'했다고 인정했다.

또한 1심에서도 위법하다 인정한 강제 격리수용 등의 성병치료 행위에 대해서도 '신체의 자유와 같은 기본권이나 인간으로서 존엄성을 등한시한 채 기지촌 내 성병 근절에만 치중했다'고 봤다. 이 모든 행위가 여성들의 성적자기결정권과 인격을 '국가적 목적 달성을 위한 수단으로 삼았다'고 판단한 것이다.

그러면서 재판부는 원고들이 자발적으로 기지촌 성매매를 시작했더라도 정부가 이를 근거삼아 미군 위안부들의 성性과 인간적 존엄성을 군사동맹의 공고화 또는 외화 획득의 수단으로 삼은 이상, 원고들은 정신적 피해를 입었다고 보았다.

이를 근거로 재판부는 1심과 달리 시점과 무관하게 헌법상 '인권존중 의무에 위배'된다고 판단, 국가의 책임을 명백히 인정했다.

판결의 의미

가장 큰 의미는 그동안 책임을 부인했던 대한민국 정부가 기지촌 성매매 운영과 관리, 정당화 과정에 개입했음을 인정한 것이다. 국가의 책임을 인정받기까지 원고들은 오랜 침묵을 깨고 직접 만천하에 아픈 과거를 끄집어내는 고통의 시간을 보내야 했다. 또한 '자발과 강제'라는 이분법을 넘어 성매매가 인간의 존엄성을 침해하는 구조라는 사실을 인정받았고 중대한 인권침해적 범죄행위에는 공소시효가 없다는 판단을 이끌어내면서 장차 일본군 위안부 문제 해결에도 긍정적 영향을 줄 것으로 평가된다.

혹자들은 미군 위안부가 문제화 되고 수면으로 올라오면 일본군 위안부 문제 해결에 악영향을 주는 것 아니냐 우려한다. 실제로 미군 위안부 피해자들이 섣불리 나서지 못한 데도 그런 부분에 대한 우려가 없지 않았다. 이에 일본군 위안부 피해자인 '길원옥' 할머니가 2010년에 평택 미군기지촌 위안부 생존자들에게 보낸 영상메시지를 소개한다.

"저는 소외받아 온 길원옥입니다. 일본 위안부로 있다 해방돼 한국에 왔는데..여기서 생활이 그랬으니까 부끄러워서 누가 알까봐 무섭고 참 숨어살다시피 했는데, 정대협(한국정신대문제대책협의회)을 알아서, 거기에 나와 가지고 가만히 젊은이들 하는 걸 보니까, 내가 부끄러운 게 아니라 일본정부가 부끄러운 건데 내가 여태까지 착각하고 나만 부끄러운 건줄 알았구나 이렇게 생각하고 매주 수요일 집회도 나오고 외국에서 오라면 외국에, 한국에서 오라면 한국에, 어디가서나 부끄러움 없이 있던 그대로 다 말합니다. 그러니까 얼마나 시원하던지요. 사람 사는 것 같이 살고 있습니다...여러분들(미군 위안부), 정부에서 시켰으면 정부가 부끄러운거지, 내가 부끄러운게 아니고 여러분이 부끄러운 게 아니지요. 그러니까 떳떳하게 나서서 할 말 있으면 하고 정부한테도 요구할 게 있으면 요구하세요...세상에 밝히고 나같이 다시는 고생하지 말고 우리 후세대는 편안한 삶 살라고 이렇게 다니는 겁니다. 그러니까 여러분, 이제 같이 손잡고 일합시다."

　　미군 위안부에 대해 국가의 책임을 인정한 일은 국가의 책임을 끝끝내 회피하고 있는 일본에 강력한 메시지로 작용할 수 있다. 오히려 일본에 당당하게 일본군 위안부 문제를 사과하라고 요구할 수 있게 된 새로운 명분이 됐다.

현재의 상황

다행스럽게도 미군 위안부를 국가가 책임져야 한다는 사회적 목소리와 관심은 점점 커지고 있지만 상황은 녹록지 않다. 주변의 따가운 시선과 완고한 편견이 여전해 대중의 공감대를 넓히는 것이 만만치 않다.

　　2014년 더불어민주당 김광진 전 국회의원이 '기지촌여성 지원 등에 관한 특별법'을 발의했지만 공감을 얻지 못하고 실패했다. 2017년에 다시 더불어민주당 유승희 의원이 '미군 위안부 문제에 대한 진상규명과 명예회복 및 지원 등에 관한 법률안'을 대표발의했다.

　　경기도의회도 꾸준히 이 문제에 관심을 갖고 있다. 2014년에 '경기도 미군 위안부 지원 등에 관한 조례안'이 발의됐지만, 경기도가 "기지촌 여성은 일제강점기 군위안부 피해자와 상황이 다르다. 상당한 예산이 수반되는 지원사업에 대해 사회적 공감대가 형성될지 의문"이라며 반대해 결국 자동폐기됐다.

그러나 최근 서울고법에서 국가의 방조 책임을 인정한 판결을 내리면서 지난 3월 경기도의회가 다시 기지촌 여성 지원을 위한 조례 제정에 나섰다. 물론 이번에도 도가 "이를 다룰만한 상위법이 없다"는 이유로 반대해 또다시 무산됐다. 경기도 조례안에는 미군위안부 실태조사와 지원을 위해 '경기도 미군 위안부 지원위원회'를 두도록 했고 임대보증금 지불 및 우선공급, 생활안정지원금, 의료비·장례비 지원, 명예훼손·손해배상 등 법률상담과 소송대리 등의 내용이 담겼었다.

지난 7월에는 전국에서 가장 큰 기지촌이 형성됐던 평택에서 조례 제정의 움직임이 일고 있다. '평택시 미군 위안부 지원 등에 관한 조례안' 제정을 위해 시민토론회가 열렸고 지방정부가 나서 미군 위안부 여성들의 명예회복을 돕고 주거와 생활안정을 지원해야 한다는 내용의 조례안을 만들자고 제안했다. 기지촌 인근 상인들과 일부 주민들이 토론회장을 찾아 항의하면서 파행을 겪기도 했지만 미군 위안부 피해자를 돕기 위한 시민사회와 공공의 움직임은 지속되고 있다.

장갑차에 으깨진 소녀의 꿈, 미선이 효순이 사건

정식명칭 '심미선·신효순양 장갑차 압사 사건'. 우리에게 잘 알려진 이 사건의 이름은 '미선이·효순이' 사건이다. 그 날 이웃동네 친구 집에 놀러가던 열다섯 살 소녀들은 자신의 이름을 딴 엄청난 사건이 미군범죄의 대명사로 불릴 줄 꿈에도 몰랐을 게다. 미선이와 효순이의 이름을 딴 미군 장갑차 사건은 동맹이라는 미명아래 숨겨졌던, 우리 사회 속 주한미군을 새롭게 인식하는 시발점이었다.

2002년은 대한민국 역사상 가장 뜨거웠던 몇 순간 중 하나였다. 최초로 대한민국에서 월드컵이 열리는 해였고 역사상 최고 성적을 내며 전국이 응원열기에 뜨거웠다. 특히 사건 발생일인 6월 13일은 사상 최초 16강 진출을 목전에 둔 하루 전날이라 모두 기대감에 들떠있었다. 또 전국동시지방선거가 진행 중이기도 해 세간의 이목이 선거에 집중되기도 했다.

모두가 분주한 하루를 보내는 오전, 양주시 광적면 효촌리 56번 지방도에서는 상상할 수 없는 끔찍한 사건이 발생했다. 56번 지방도에서 대대 전투력 훈련을 위해 이동 중이던 부교 운반용 장갑차가 갓길을 걷던 여중생 두 명을 그대로 깔고 지나간 것이다. 그 자리에서 소녀들은 숨졌다. 소녀들은 친구의 생일파티에 가고 있었다. 사고가 난 도로는 인도가 따로 없는 편도 1차선의 좁은 도로였다. 딱히 사람과 차가 지나는 길을 구분할 여유가 없었기 때문에 평소에도 주민들은 도로에 난 갓길을 인도 삼아 통행해왔다. 어찌보면 예견된 인재였고, 어른들의 무신경과 부주의가 빚은 비극이었다.

사고차량인 장갑차는 너비가 도로의 폭보다 넓었다. 당시 상황은 마주 오던 차량과 무리하게 교차 통과를 시도하면서 발생했다. 미군은 우발적 사고임을 주장하며 사고 당일, 미8군 사령관이 짤막한 유감서명을 발표하고 분향소를 직접 방문해 피해 유가족에게 위로금 100만원씩을 전달하는 등 재빠르게 사고수습에 나섰지만 정작 진상규명은 미온적 태도로 일관했다.

우발적 사고 주장하는 미군, 진실규명은 저멀리

미군은 6월 14일 저녁, 사고현장에서 유족을 대상으로 일방적인 사건 브리핑을 진행했다. 그리고 19일에는 미2사단에서 한미 합동조사 결과를 공식 발표하기도 했다. 사건이 발생한 지 겨우 6일이 지났을 뿐이었다. 미군은 사고가 '우발적'으로 일어났다는 점을 강조했다. 미군 측은 "결코 고의적이나 악의적인 것이 아닌, 비극적인 사고"라 강조하면서 사고 원인을 '사각지대'에 돌렸다. 차량 구조상 오른쪽 시야에 사각지대가 있어 운전병이 학생들을 발견할 수 없었고 관제병이 커브를 돌고 30여m 전방에서 학생들을 발견, 운전병에게 경고하려 했지만 소음과 다른 무전 교신 등에 의한 통신장애로 제때 경고가 전달되지 않았다고 주장했다.

또 당시 차량은 시속 8~16㎞의 속도로 중앙선을 넘지 않고 계속 직진 운행 중이었으며 마주오던 장갑차는 서로 교행하지 않고 사고 장갑차와 1m떨어진 지점에서 정차했다고 밝혔다.

하지만 사건현장은 미군의 주장과는 판이하게 달랐다. 미군의 주장대로 8~16㎞의 느린 속도로 운행했다면 제동장치를 작동했을 때 마찰계수가 크기 때문에 그 자리에 바로 정차한다는 게 전문가들의 설명이다. 하지만 사고 현장인 갓길 주변은 사고차량이 갑자기 오른쪽으로 궤도를 틀면서 생긴 것으로 보이는 자국들이 선명했다. 또 갓길 주변에 갑자기 궤도를 틀면서 생긴 것으로 보이는 아스콘이 깨졌고 풀이 눌린 흔적 등이 이를 증명한다. 무엇보다 일렬로 나란히 누워 두개골이 다 깨질 정도로 완전히 밟고 지나간 피해학생들의 상태는 미군의 주장대로라면 절대 설명되지 않는 부분이다.

이같은 미군의 일방적 결론은 한국 경찰의 자체조사 결과와도 정면으로 배치됐다. 당시 현장 조사를 했던 경찰 관계자는 "사고 당시 궤도차량은 마주 오던 장갑차와 교차 통행을 하게 됐으며 이 때문에 정상차로에서 약간 우측으로 갈 수 밖에 없었다"며 "선임 탑승자가 운전자에게 사람이 있다고 고함을 쳤으나 무선통신을 하던 운전자가 이를 알아듣지 못해 사고가 난 것"이라고 말했다.

또한 미군의 주장은 수시로 바뀌며 불신을 낳았다. 사고 다음날 진행된 현장 브리핑때에는 장갑차의 속도를 16~24km라고 했다가 한·미 합동조사에서는 8~16km로 줄였고 훈련사실에 대해서도 주민에게 사전통보 했다고 했지만 마을 이장이 그런 사실이 없다고 반박하자 죄송하다고 말을 바꾸기도 했다.

지지부진한 수사에 유가족은 6월 28일 사고차량 운전병과 관제병, 미2 사단장 등 미군 책임자 6명을 과실치사 혐의로 검찰에 고소했다. 이에 미군과 별도로 한국 검찰도 자체 조사를 하려 했지만 뜻대로 되지 않았다. 미군이 신변위협을 이유로 검찰 소환에 제대로 응하지 않아서다. 법무부는 7월 10일 미군에 재판권포기 요청서를 보냈다. 하지만 미군은 '사고가 공무 중에 일어난 사고이고, 이제껏 미국이 1차적 재판권을 포기한 전례가 없다'며 재판권 포기를 거부했다. 미군이 협조하지 않는 상황 속에서 한국 검찰은 수사를 진행했다. 그리고 그 해 11월, 검찰은 "이들이 사용한 장비를 조사한 결과 통신장비에 여러 결함이 있는 것으로 확인됐다"며 "관련자 진술과 장비 상태 등을 놓고 볼 때 이들이 이런 사실을 알고도 장갑차를 출발시키고 운행을 계속해 사고를 초래했다는 결론을 내렸다"고 밝혔다. 운전병과 관제병이 통신장비가 불완전한 상태에서 장갑차량을 운행했다며 명백한 과실을 밝히고 미군에 책임을 지운 셈이다.

그러나 동두천시 미 2사단 캠프 케이시 내 미 군사법정에서 열린 군사재판에서 미 현역 군인들로 구성된 배심원단은 기소된 사고 차량 운전병과 관제병 2

명 모두에게 무죄를 평결했다. 가해자인 두 미군은 무죄 평결을 받은 지 5일 만에 한국을 떠나버렸다.

진실규명 발목 잡는 'SOFA' 협정

우리 국민의 목숨을 앗아간 사건임에도 우리가 직접 사건을 조사하고 처벌할 수 없는 이유는 'SOFA' 때문이다. 한 · 미 주둔군지위협정인 SOFA는 불평등 조약이다. 이 사건과 같이 형사사건이 발생했을 때 강력한 통제력을 발동하는 SOFA는 일찌감치 여러 시민단체들이 형사재판권 행사와 관련된 조항을 독소조항이라고 지적해왔다.

'SOFA 22조 3항 미군이나 군속, 그 가족이 미국인을 상대로 범죄를 저질렀거나 공무 중 범죄를 저질렀을 때 미국이, 비공무 중에 한국인을 상대로 범죄를 저질렀을 때에는 한국이 1차적 형사재판권을 갖도록 한다. 또한 상대국의 재판권 포기요청이 있을 때 1차적 재판권을 갖는 국가는 이를 호의적으로 고려한다'

'SOFA 2조 5항 1차 재판권이 한국에 있는 범죄의 피의자가 한국의 수중에 있다면 미군 당국이 요청할 때 인도해야 하고 미군 당국의 수중에 있을 때 한국이 요청하면 호의적으로 고려한다.'

호의라고 표현됐지만, SOFA의 조항들은 결국 범죄를 저지른 미군을 보호하는 무기가 됐다. 확정판결이 나기 전에는 한국은 피의자인 미군을 구금할 수 없다. 증거인멸이나 도주의 위험을 감수해야 한다.

이같은 SOFA 협정으로 인해 한국 땅에서 범죄를 저지르고도 아무런 처벌을 받지 않은 미군의 수가 상당하다. 지난 2015년 국회 법제사법위원회 소속 당시 민주통합당 서영교 의원이 법무부에서 받아 공개한 자료에 따르면 2010년부터 2015년 6월까지 적발된 주한미군 피의자는 모두 1천 766명에 달하지만, 이 중 기소가 된 피의자는 503명에 불과했다. 피의자의 70%가 '공소권 없음'으로 미군에 인도했다. 미군에 대한 재판권 포기를 명시한 SOFA 조항 때문이다.

특히 SOFA는 미군이나 군속이 범죄로 입건됐을 때 미군 당국이 당시 '공무중'이었다는 증명서를 써주면 어떤 범죄라도 재판권이 미군으로 넘어가게 돼 있다. 우리 사법당국은 범죄 발생 후 제대로 된 사실 확인조차 불가하다. 그렇게 2002년 사건 발생 후 16년이 흘렀지만 우리는 여전히 미군 범죄로부터 안전하지 못하다.

여중생의 죽음, 평등한 동맹을 요구하는 목소리로

사상 최초 4강 진출이라는 역사적인 월드컵 기록을 세우며 온 국민이 월드컵 열기에 달아올랐지만, 다른 한편에서 안타깝게 스러진 여중생의 죽음에 분노한 이들의 저항이 들끓었다. 6월 26일부터 우리땅 미군기지 되찾기 시민연대, 환경운동연합 등 시민단체 회원들과 대학생 300여 명이 의정부에 있는 미2사단 캠프 레드 클라우드 정문 앞에서 주한미군 규탄대회를 가졌다. 또 한미합동조사가 시작된 이후에도 당시 서울지검 의정부 지청에서 조사를 받기로 한 운전병 마크 워커 병장과 관제병인 페르난도 니노 병장이 신변 위협과 언론의 초상권 침해 등을 이유로 조사에 불응하자 시민단체에서는 SOFA개정을 주장하는 목소리가 나오기 시작했다.

하지만 사건에 대한 분노의 바람은 같은 또래인 청소년들이 들고 일어나면서 본격화됐다. 청소년 단체들이 대책위를 구성해 시위에 나섰다. 21세기 청소년 공동체 희망과 전고협, 전국 민주 중·고등학생 연합 등 전국 10여 개 청소년 단체들이 의정부역 광장에 모여 미군의 재판권 포기 등을 요구하는 '청소년 추모 문화제'를 열고 촛불을 들었다. 청소년 대책위는 재수사를 통한 진상규명과 함께 당시 미국의 조지 W 부시 대통령의 사과와 관련 책임자 처벌, 미군의 형사재판권 포기 등을 강력하게 요구했다. 또 이들은 2사단 캠프 레드클라우드 기지 앞에서 '미군은 재판권을 포기하라'는 내용을 적은 종이 비행기 날리기 행사도 진행했다.

이같은 분위기 속에 치러진 미선·효순양의 49재는 전 국민으로 확대됐다. 사건이 발생한 양주는 물론, 서울시청 앞 광장과 대구 등 전국 곳곳에서 두 소녀를 추모하는 추모제가 거행됐고 주한미군에 대한 경각심이 갈수록 커져갔다.

그러나 우려는 현실이 됐다. 미 군사법원은 이들 두명의 피의자에 대해 무죄평결을 내렸고 황급히 미국으로 귀국시키는 조치를 취했다. 심상치 않은 한국 내 반미 분위기를 의식한 듯 그 해 12월 13일 조지 W 부시 미 대통령은 당시 한국의 김대중 대통령에게 전화를 걸어 여중생 사망사건에 대해 "깊은 애도와 유감을 전달한다"며 "유사사건의 재발방지를 위해 미군 수뇌부로 하여금 한국 측과 긴밀히 협조하도록 지시했다"고 뒤늦게 간접적인 유감을 표명했다.

하지만 국민적 분노는 쉽게 사그라들지 않았다. 다음날인 14일, 미군을 규탄하고 SOFA 개정의 목소리를 담은 최대 규모의 범 국민대회가 전국 각지에서 열렸다. 이 대회에는 약 10만명이 집결한 것으로 알려졌다.

그럼에도 지금까지 크게 달라진 것은 없다. 미선·효순양 사건을 비롯해 무수한 사건사고를 겪으며 일정부분 개선을 시도했지만 여전히 SOFA는 미군범죄에 있어 한국이 절대적으로 불리한 위치에 놓여있다. 아직도 미선·효순양 사건조차 제대로 된 진실규명이 되지 않았고, 유가족들은 가슴 한 편에 아픔을 묻은 채 살아가고 있다.

그래도 다행인 것은 아이들이 세상을 떠난 6월 13일마다 소녀들을 잊지 않고 추모하기 위해 모인 시민들이 가족들과 함께 한다는 것이다. 또 지난해에는 15주기를 맞아 사고현장에 추모비와 평화공원을 만들자는 시민들의 성금이 모였고 이를 바탕으로 추모공원을 건립할 예정이다. 또 진상규명을 요구하며 시민단체를 중심으로 재조사도 시작했다.

열 다섯, 꽃같은 나이에 세상을 떠난 이들은 하나의 물결이 돼 불평등한 이 땅의 역사를 바꾸는 밑거름이 되고 있다.

끝나지 않은 전쟁, 미군 공여지 주민들의 삶

주한미군의 주요 주둔지인 경기도에 산다는 이유로 도민들이 감수해야 했던 피해는 비단 개인에게만 국한되지 않았다. 숱한 세월, 미군이 주둔했던 지역 주민의 삶에도 깊숙이 영향을 끼쳤다. 당장 죽고 사는 문제는 아니지만, 그 문제를 좌지우지할 만큼 삶의 질이 악화했다. 특히 미군이 훈련장으로 활용했던 지역의 주민은 매일 전쟁의 공포에 시달려야 했다. 머리 위로 전투기가 빠르게 날아다니는 일이 일상이라면, 전투기 소음과 더불어 쏟아지는 총알 소리를 매일 들어야 한다면, 과연 겪지 않은 이가 고통을 가늠이나 할 수 있을까. 그리고 그것이 21세기의 지금도 현재진행형이라면, 우리가 눈감지 말고 반드시 살펴봐야 할 진실일 것이다.

화성 매향리, 쿠니사격장

화성 매향리 주민들은 60년 동안 귀를 찢는 고통에 시달렸다. 처음 이 곳을 방문한 이들은 전쟁을 방불케 하는 전투기 비행과 폭격 소음에 충격을 받을 정도라 했다. 누구나 알았지만, 누구도 몰랐던 매향리사격장의 이야기다. 쿠니사격장이라 불리는 매향리 사격장은 1955년부터 60년 동안 미 공군의 사격훈련장으로 사용됐다. 매향리 소재의 농섬을 중심으로 조성된 매향리 사격장에는 그 일대 해상과 농섬, 매향리 해안지역에 해상사격장과 육상 사격장이 설치됐다. 한달 평균 20일 가량 오전 9시부터 오후 10시까지 미국 공군의 전투기와 공격용헬리콥터 등이 매일 10회 이상, 매회 20분 이상씩 하늘을 날며 폭탄을 투하하고 기관총 사격 훈련을 했다.

그 탓에 매향리는 피폐해졌다. 우거진 숲을 자랑했던 농섬은 민둥산이 돼본연의 섬 면적의 3분의 1만 남았다. 주민들의 피해는 말할 것도 없다. 불시에 날아드는 포탄과 파편 때문에 인명피해는 다반사였다. 사격장이 생긴 이래 직접적손해를 입은 주민은 모두 713가구, 4천여 명이다. 오폭과 불발탄 사고가 끊임없이 발생했고 이 중 13명이 사망했다. 여기에는 8개월 임산부도 포함돼 있다. 또손목 절단 등 중상을 입은 주민들도 22명이다.

간접적 피해도 상당하다. 주민들이 제기한 손해배상소송의 판결문에도 소음으로 인한 피해가 상당히 구체적으로 포함됐다. 매향리사격장의 소음도는1989년 3월 경기도가 측정했을 때 80~150dB이었고 1997년 1월 국방부가 측정한 결과도 90~120 dB로 변함이 없었다. 또 1998년 8월부터 1999년 3월까지 18일간 오전 9시부터 오후 10시까지 7곳에서 측정한 1일 평균소음은 70.2 dB이었다. 1시간 평균소음 최고치는 73.8 dB, 1분간 평균소음 최고치는 120.9~132.9 dB인 것으로 명시됐다.

이는 매일 평균 70dB의 소음에 노출됐고 매일 10회 이상 비행기가 매향리 상공에 나타나 훈련을 마칠 때까지 매회 20분 정도 90dB, 실제 사격이 행해지는 동안에는 순간 최대 130dB의 소음에 지속적으로 노출돼왔다는 의미다. 소음의 질도 상당히 나쁜데, 주로 전투기 등의 저공비행, 급상승·급강하, 폭탄의 폭발, 기관총 발사 등 매우 날카롭고 충격적인 것이다. 주거지역의 소음환경기준(전용주거지역 주간 50, 야간 40, 일반주거지역 주간 55, 야간 45 dB)과 비교하면 얼마나 심각한 상황에 주민들이 노출돼왔는지 알 수 있다. 인도주의실천의사협의회 소속 의사들이 벌인 역학조사 결과도 처참하다. 매향리 사격장 소음에 노출된 주민들이 도내 다른 농촌지역 주민보다 난청 유병률과 소화불량, 불안, 불면 등을 호소하는 비율이 훨씬 높았고, 청력저하가 두드러진 것으로 밝혀졌다.

정신적 스트레스는 또 다른 복병이다. 매향리 주민 중 32명이 자살을 선택했다. 2007년 진행한 원진환경건강연구소의 조사에 따르면 매향리 주민들의 자살률은 타 지역보다 2~7배까지 높았고 정신과 상담을 해야 하는 고도우울증 환자가 전체 주민의 26.5%로, 타 지역과 비교해 4배 이상 많았다. 또 고도불안과 외상 후 스트레스 장애 증세를 겪는 주민들은 각각 6.9%, 15.81%로 다른 지역보다 9배 이상 높았다고 보고했다.

남북 대립, 군사정권 등 폐쇄적인 사회 분위기 속에서 묵묵히 피해를 감수해야만 했던 매향리 주민들도 1987년 6월 민주항쟁 이후 조성된 민주화 분위기에 힘입어 1988년부터 저항을 시작했다. 1988년 6월에 '매향리 미 공군 국제폭격장 철폐를 위한 주민대책위원회'가 결성됐고 7월 주민 614명이 청와대에 진정서를 제출했다.

1989년에는 팀스피릿 훈련 기간에 주민 700여 명이 폭격장을 점거해 시위를 벌였고 1994년엔 198채 가옥 균열피해에 대한 보상을 요구하며 기지 앞에서 3개월간 천막농성을 벌였다. 또 1998년 주민대표 14명이 국가를 상대로 폭격소음피해 손해배상소송을 제기했다.

끈질긴 저항이 계속됐지만 미군의 훈련은 계속됐고 주민들의 고통도 지속됐다. 사회가 이들의 고통을 본격적으로 알게 된 건 '매향리사격장 오폭사고' 때문이다. 2000년 5월 8일 A-10 근접지원기의 오폭으로 주민 6명이 부상을 당하는 사건이 발생했다. 이것이 세간에 알려지면서 다음 달인 6월 한달간 매향리에서 사격장 폐쇄를 위한 3차례 범국민대회가 열렸고 '매향리 미군 국제폭격장폐쇄 범국민대책위원회'가 결성돼 국민적인 저항운동이 전개됐다.

국민의 공감대를 바탕으로 1998년에 제기된 소음피해 손배소송은 2004년 3월 첫 결실을 맺었다. 대법원이 매향리 주민들의 손을 들어준 것이다. 매향리 주민들은 민간인 거주 지역과 충분한 완충지대를 두지 않고 설치된 매향리 사격장으로 인해 전투기가 주거 지역 상공을 낮은 고도로 비행하면서 폭탄을 투하하고 기관총 사격 훈련을 진행하는 것을 강력하게 문제제기했다. 이에 재판부는 환경정책기본법상 주거지역 환경소음 기준을 훨씬 넘는 날카롭고 충격적인 소음으로 신체·정신적 손해를 입었으며 2000년 8월 미군이 육상사격장에서의 기관총 사격을 중지하기 전까지 주민 피해를 줄이기 위한 노력을 충분히 하지 않은 점 등을 받아들였다. 재판부는 "보통 소음이 아니고 전투기가 급강하하거나 급상승하면서 또는 폭탄이 투하되거나 기관총이 발사되면서 나는 매우 불쾌하고 충격적인 소음에 노출된 주민들이 스트레스와 정신적 불안, 초조감, 수면장애 등을 겪게 될 것임은 경험칙상 명백할 뿐만 아니라, 경우에 따라서는 고혈압이나 난청 등의 신체장해까지 초래할 수 있음이 여러 연구결과에 의해 뒷받침되고 있다"고 판시하며 주민들의 편을 들었다.

이는 미군 훈련을 문제 삼는 행위 자체를 '반국가 행위'로 치부해왔던 사회 분위기를 반전시킨 계기였다. 이후 2005년 1월 매향리 주민 1천889명이 손해배상소송을 진행, 승리하면서 총 81억원의 위자료를 받았다. 그리고 그 해 8월 매향리 사격장은 마침내 폐쇄됐다.

사격장은 폐쇄됐지만, 상흔은 여전하다. 2006년 주민대책위와 환경운동연합이 실시한 토양 오염도 조사에서 매향리는 고농도 중금속이 다량 검출됐다. 납은 전국 평균보다 최고 923배 높은 $4786mg/kg$이 검출됐고 구리는 9배가 높았다. 카드뮴도 23.1배나 많이 나왔다. 화성시와 국방부의 꾸준한 노력으로 토양정화작업을 벌이고 있다. 또한 '화성드림파크'와 '평화생태공원' 건설을 추진하며 전쟁의 땅에서 희망의 땅으로 새롭게 변모하고 있다.

고통의 현재진행형, 포천 영평사격장

영평사격장(정식명칭 미제8군 로드리게스 사격장)도 화성 매향리사격장과 사정은 비슷하다. 오히려 '국내 최대의 주한미군 사격장'이라는 점에서 더욱 피해가 크다. 게다가 영평사격장은 미군의 훈련으로 인해 지금도 주민들의 고통이 계속되고 있는 곳이기도 하다.

영평사격장은 포천시 영중면, 창수면, 영북면 일원에 소재한 미 8군의 다목적 종합사격장이다. 약 1만3천520여㎡의 면적에 둘레만 20㎞에 달하는 엄청난 규모다. 사격장 내부에는 탱크, 헬기, 155㎜야포, 박격포는 물론 각종 소총 훈련을 위한 약 27종의 시설물이 배치돼있고, 미8군 전 부대가 사용하는 훈련장이다.

영평사격장은 휴전 직후 1954년 5월부터 미군이 그 일대를 점유하며 훈련장으로 사용해왔는데 1963년 '징발법'이 제정되면서 정부가 이 지역 사용료를 일부 보상을 했지만 1970년 '징발재산정리에 관한 특별조치법'에 의해 국방부가 관리국유재산으로 지역을 편입, 미군에게 공여했다. 이 과정에서 당시의 토지 소유주들은 국가 안보라는 명분과 정부의 강압에 못 이겨 헐값에 매도했다고 알려졌다.

영평사격장의 가장 큰 문제는 사격장과 민가가 근거리에 있다는 점이다. 연간 275일의 훈련이 이루어지는 통에 직접적인 피해가 노출되는 지역은 3개면의 16개리 정도다. 이 지역에는 현재 4천150여 명의 주민이 거주하고 있는데 특히 사격장 서남부 지역은 사격장과 민가가 붙어있다. 또 영평초등학교, 영중초등학교 등 9개의 학교시설도 위치해 있다.

2009년에 포천시가 '군부대 사격장 주변지역 피해조사 및 대책마련 연구'를 통해 조사한 결과 영평사격장은 훈련으로 인한 소음과 진동, 도비탄 등에 의한 피해가 두드러졌다. 여론조사에서 주민들은 포격소음은 물론이고 헬기 저공비행의 피해, 진동으로 인한 가옥 파손, 도비탄으로 인한 재산ㆍ인명 피해 및 불안감을 호소했고 화재 및 환경의 피해도 토로했다. 특히 영평사격장은 야간 훈련도 실시돼 잦은 야간 사격으로 인한 수면방해가 매우 심각한 상황이다.

소음과 진동은 화성 매향리사격장과 비슷한 처지다. 특히 사격훈련이 유독

많은 영평사격장은 유탄·도비탄의 피해가 최근까지도 발생했다. 유탄은 목표물을 벗어나 빗나간 탄환을 말하고, 도비탄은 단단한 물체 등에 튕겨 엉뚱한 곳으로 날아간 총알이나 포탄을 의미한다. 또 중화기 사격이 주로 이루어지는 영평사격장은 155㎜포탄이나 105㎜ 전자포탄, 전투기 훈련탄 등 대형포탄으로 인한 피해가 지속적으로 발생하고 있다. 실제로 집계된 피해사례를 보면 폭파훈련장에서 날아든 포탄, 돌덩이 등이 주택 및 차량, 축사, 건물 등을 파손한 것은 흔한 일이며 2006년엔 도비탄이 낙하해 주민 어깨를 스쳐 맞는 사건도 있었다. 또 2015년에는 대전차 연습탄이 가정집 안방으로 들이닥치기도 했다. 다행스럽게도 사망이나 중상 등의 큰 부상을 겪은 주민은 아직 집계되지 않았지만, 늘 총알과 포탄의 위협 속에 생활하면서 불안감과 공포는 극에 달한다.

또 야간 사격훈련은 영평사격장 주변 주민들에게 큰 공포다. 영평사격장에서 이격거리별 야간 등가소음도를 각종 소음기준치와 비교한 결과 2㎞ 이내 지역은 말할 것도 없고 5㎞ 외의 지역까지 야간 내부 포사격시 야간 소음 환경기준치를 초과했다.

헬기 저공비행으로 인한 피해는 더욱 광범위하다. 헬기가 낮게 비행을 하면서 민가는 물론 학교, 비닐하우스, 농작물 및 가축 피해가 심한데 주로 전술비행을 하거나 사격을 위한 체공 정지상태에서 피해가 발생한다. 또 사격장 내에서 사격 훈련 중 불이 붙어 산불로 번져도 한국 측 민간 헬기(임차 산림청 헬기)가 투입돼 산불을 진화하기 때문에 초동대응이 늦어 큰 산림피해가 발생하기도 해 인근 지역주민들의 불안감도 심하다. 실제로 2015년 3월 불무산 일대에서 산불이 발생했을 때 훈련이 끝날 때까지 미군이 자체 진화에 나서지 않았고 훈련이 끝날 때까지 '미국령'으로 지정됐다며 소방차의 접근까지 차단해 산불 발생 16시간이 지나서야 진화됐던 경우도 있다. 이때 임야 $3ha$가 불에 타는 피해가 발생했다.

　수십년 간 지속된 일상의 폭격 속에 주민들도 끊임없이 민원을 제기하고 항의했다. 그때마다 미군과 정부는 피탄지를 개선하고 흙을 보강하는 등 파편적인 대책만 세울뿐 근본적인 대책은 고민하지 않았다. 특히 2014년 11월과 2015년 3월 3건의 도비탄 발생사고가 연이어 터지자 지역주민들은 '사격장대책위원회'를 결성했다. 인근 주민들 대상으로 집단적으로 민원을 제기하며 대규모 항의 집회 등 단체행동을 시작했고 해가 거듭될수록 포천시민들이 대규모 참여해 규탄대회를 벌이는 등 저항의 규모가 확대됐다.

　그 결과 올해 8월, 국방부와 미8군은 헬기사격 중단과 이격사격 축소를 결정했다. 또 안보환경변화와 훈련장 가용여건 등으로 부득이한 훈련이 예상될때 포천시, 주민대책위 등 당사자들과 사전에 협의하고 사격시간도 최소화하도록 노력한다는 입장을 밝히며 주민들의 고통을 줄이기 위한 노력을 하고 있다. 그럼에도 여전히 포천영평사격장과 그 주민의 전쟁은 끝나지 않았다.

전국 미군 공여지 중 경기도가 최대, 반환공여지 대책도 시급

매향리사격장과 영평사격장 모두 미군 공여지다. 미군 공여지는 대한민국에 주둔하는 미군에게 기지, 시설, 군사훈련 등에 필요한 토지를 한국정부가 공여해 미군이 사용권을 가지고 있는 토지를 통칭한다. 미군 공여지는 미군공여지특별법에 따라 '공여구역'으로 정의하고 '대한민국과 아메리카합중국 군대의 지위에 관한 협정'에 따라 대한민국이 미합중국에 주한미군의 사용을 위해 제공한 시설 및 구역을 말한다고 규정하고 있다.

경기도 내 미군 공여구역은 51개소다. 면적으로 치면 총 2억1천여m^2에 달한다. 전국의 87.1%로, 가장 많은 미군 공여지가 경기도에 몰려있다고 해도 과언이 아니다.

영평사격장에서 보았듯 현재도 미군기지이거나 훈련장으로 사용되고 있는 공여지로 인해 주민들이 겪는 피해가 극심하고 이에 대한 대책이 시급한 실정이다. 특히 민주화 이후 국가관보다 개인의 삶을 중시하는 인식이 커지고 국가안보라는 명분을 더 이상 국민들이 받아들이지 않는 상황이라는 것을 고려하면 더욱 그렇다. 그러나 주민대책이 소극적으로 진행되는 경우가 대부분이라 지금은 미군에 대한 주민들의 반감도 급격히 늘어나는 추세다.

물론 정부도 2006년 '주한미군 공여구역주변지역 등 지원특별법'을 제정하고 국가의 지원을 확대하고자 노력하고 있지만 실질적인 효과는 미비한 것으로 드러났다.

특히 반환되는 공여지의 활용문제는 큰 숙제를 남긴다. 전체 51개소 중 반환대상이면서 활용이 가능한 곳은 22개소로 집계되고 실제 반환이 이루어진 기지도 16개소에 이른다. 법이 제정되고 10년이 흘렀지만 실제 개발이 이루어진 반환공여지는 동두천의 캠프 님블과 캐슬, 의정부의 캠프 카일과 시어스, 파주의 캠프 그리브스 정도에 불과하다.

사업이 진척을 이루지 못하는 데는 다양한 이유가 존재하지만 주된 이유는 반환이 지연되고 있어서다. 반환공여지의 상당수가 개발수요가 부족하고 토지 매입 비용이 커 민간이나 지자체 사업으로 추진하기 어려울 만큼 투자조건이 좋지 못한 곳에 위치하거나 군사시설과 개발제한구역 등 중첩된 규제로 사업이 성사되지 않기도 한다. 이를테면 동두천 면적의 40%를 차지하는 캠프 케이시, 호비 등은 반환이 되더라도 재정여건이 열악한 동두천시 입장에서 개발을 할 수가 없다. 때문에 동두천시도 국가차원의 대책을 요구하고 있다.

또 현재 반환공여지 활용과 관련해 정부는 지자체에 역할을 미루고 있지만, 이들 지자체가 주로 재정이 열악한 외곽의 지역들인 탓에 국비확보가 용이한 공원을 만들게 된다. 하지만 이는 지역경제에 큰 도움을 주지 못한다. 이미 지역경제를 주름잡던 주 소비층인 미군이 빠져나가면서 경제적 타격을 입은 상황이라 반환공여지가 발휘할 경제적 효과는 결코 무시할 수 없는 변수다.

파주시의 경우도 마찬가지다. 역사공원과 한류 여행지 등으로 재조성된 캠프 그리브스, 하우즈를 제외하곤 자이언트, 스탠턴, 에드워즈, 게리오웬 등 4개 지역이 답보상태다. 대학 등 민자유치 사업을 추진했지만 수익성이 담보되지 못하면서 사업을 포기하는 사례가 속출했다.

이 같은 상황이 지난 10년 간 반복되면서 주민들의 피로도만 높아졌다. 이들 지역의 주민조사를 실시한 결과 반환공여구역 개발사업이 만족스럽다는 응답은 고작 12.3%에 불과했다. 반환공여지 개발방향에 대해서는 일자리 및 산업단지 관련 사업이 필요하다는 응답이 73.3%로 집계됐다.

경기연구원과 경기도의회 등은 미군공여지와 관련해 도 차원의 대응과 활성화 방안에 대해 연구하며 국가의 전폭적 지원을 요구하고 있다. 이들은 "사업자를 찾지 못해 반환을 미루는 지역도 많고, 반환이 이루어져도 규모가 워낙 방대해 지자체 재원과 행정력으로는 토지매입과 개발도 감당하기 어렵다"며 "국가차원의 지원과 주도적 개발에 대한 고려가 없다면 향후 10년은 또다시 과거를 되풀이하는 10년이 될 것"이라고 설명했다. 경기도의 숱한 미군 공여지는 또다른 숙제로 남아있다.

맺은말

지금까지의 풀어낸 미군과 우리의 이야기는 어렴풋이 알고 있었지만, 그동안은 굳이 들추지 않은 것들이다. 60년 넘게 대립과 평화가 줄다리기 하듯 이어졌던 한반도의 불안정한 정세 속에서 주한미군은 양날의 검이었다. 북한과 남한, 미국의 대립이 절정에 치달았던 지난해 소설가 한강의 비유처럼 한국인의 마음속에 늘 전쟁의 서늘함을 가지고 있기 때문이다. 미군 위안부, 미선이와 효순이, 매향리 사격장과 영평 사격장의 주민들의 고통을 알면서도 모른 척했다. 오히려 양갈보, 양공주로 폄훼하고 미군에 항의하는 이들을 빨갱이로 몰아붙이며 모질게 대했다. 그래야 전체의 안전이 보장된다고 믿었다. 그것은 암묵적으로 동의한 사회적 약속으로 받아들였다. 누구에게나 '금기'와 같았다.

그러나 이제 우리는 지금의 평화가 이들의 희생을 딛고 세워졌음을 인정해야 한다. 모두의 안전을 위해 사회에서 가장 힘 없는 자들이 고통받았다. 고작 열다섯 내외에 불과했던 어린 소녀들은 가난했고, 무지했고, 순수했다. 형제들이 배불리 밥을 먹을 수 있다면, 오빠·남동생이 학교에 갈 수 있다면, 나의 희생은 어쩔 수 없는 것이라 여겼을 뿐이다. 외화벌이 애국자로 치켜세운 정부는 정작 미군 위안부들의 인권이 짓밟히는 현장에선 눈을 감았다. 숱한 세월이 흐른 지금까지도 편견의 굴레 속에 갇혔다. 이들을 보호하는 최소한의 법 제정조차 이웃들의 반대로 한걸음 떼기가 어렵다. 겨우 국가의 잘못임을 인정받았지만 사회의 인정은 받지 못했다. 부끄러운 현실이다. 과연 우리가 일본을 향해 일본군 위안부 피해를 사과하라고 외칠 자격이 있을까.

미선이·효순이 사건 역시 16년이 흘렀지만 제대로 진실을 밝히지 못했다.

자녀의 억울한 죽음 이후 유족들은 정상적인 생활이 불가능할 만큼 고통의 세월을 보내야 했다. 어디 이뿐일까. 영평사격장 인근 주민들은 60년 동안 매일같이 전쟁을 치르고 있다. 미군 공여지 주민 지원을 위한 법이 통과는 됐지만 실질적인 효과는 미비하다.

몰랐다면 이면에 숨겨진 어두운 역사를 이제라도 살펴봐야 하고, 알았다면 인정하고 실천에 옮겨야 한다. 실천은 의외로 어렵지 않다. 잘못된 상식으로 씌워진 편견을 벗고 이들의 이야기에 귀를 기울이는 일이다. 미군 위안부 할머니들과 훈련장 인근의 주민들, 미선이·효순이 유족들의 고통은 아직 끝나지 않았다. 이제 겨우 양지로 걸어나와 외로운 싸움을 시작했을 뿐이다. 새 천년이다. 경기도에 함께 살아가는 이웃으로서 그들의 고통에 공감해야 한다. 그것이 함께 사는 경기도를 만드는 새 천년의 희망이다.\

공지영 경인일보 문화부 기자

2부

양민학살

한국전쟁과 양민학살사건

200만여 명이 숨진 한국전쟁…민간인 피해만 100만여 명

1950년 6월 25일 새벽 북한의 남침으로 시작된 한국전쟁은 이후 3년 동안 지속된다. 이 과정에서 대한민국은 공식적인 기록 상 전투 병력인 군인을 제외하고 민간인 인명 피해만 사망 37만3천599명, 부상 22만9천625명, 행방불명 30만3천212명 등 모두 90만6천436명에 이르는 것으로 집계되고 있다. 전투 병력인 군인도 전사 14만9천5명, 부상 71만783명, 실종 13만2천256명 등 모두 99만2천44명에 이르고 있는 것으로 집계됐다.

　　민간인과 군인 등을 모두 합쳐 공식적인 집계만으로도 우리 측 피해만 189만8천480명(사망 52만2천604명, 부상 94만408명, 실종 43만5천468명) 등 무려 200만여 명 가까운 피해를 입은 것으로 나타났다. 여기에 북한과 유엔군 피해까지 합치면 당시 한반도에서 250만여 명의 피해자가 발생한 것으로 집계돼 6 · 25 전쟁의 참상을 여실히 입증해주고 있다.

　　특히, 전투 병력이 아닌 민간인들의 피해, 또는 학살 등은 소위 보도연맹(좌익인사 교화 및 전향 등을 목적으로 한국전쟁이 발발하기 1년 전인 지난 1949년 조직된 단체. 지에 연루된 민간인들의 학살을 제외하고도 전국적으로 수십만 명에 이르는 것으로 집계됐다. 당시의 전쟁 양상이 휴전협정이 본격화되기 전까지는 전·후방이 따로 없고 전국 모든 지역에서 동시 다발적으로 진행됐기 때문이다.

경기 지역에서도 예외는 없었다. 더구나, 전쟁 기록에 정식으로 등재된 사례만 봐도 이 기간 동안 고양과 양평 등지에서 대규모 양민학살사건이 발생했다. 고양의 경우, 금정굴에서 양민 수백 명이 군인과 경찰 등에 의해 희생당했다. 양평에서도 수 백 명의 양민이 안타까운 죽음을 당해야만 했다. 물론, 동서고금을 막론하고 어떠한 전쟁이든 비전투 병력인 양민들의 피해는 불가피하게 발생했다.

이에 앞서, 6·25 전쟁이 발생하기 전의 동아시아를 포함한 국제사회 정세를 살펴보면 이 같은 참혹한 전쟁이 발생할 수밖에 없었던 사회·정치학적 배경을 이해할 수 있을 것으로 보인다.

6·25 전쟁이 발발하기 5년 전인 지난 1945년 일본으로부터 해방을 맞은 한반도는 해방 직후 미국과 구舊 소련 등 강대국들의 타의에 의해 북위 38도선을 경계로 남과 북으로 분단된다. 미국과 구 소련 등에 의한 군정이 끝나고 한반도에는 대한민국과 조선민주주의인민공화국 정부가 각각 남쪽과 북쪽 등에 수립됐다.

북한은 구 소련과 중화인민공화국을 설득해 한반도를 적화 통일하려는 계획을 수립하고 차근차근 준비를 해 나갔다. 구 소련은 소련군이 한반도 38선 이북에 진주한 이래, 아시아 공산화를 목적으로 북한에 구 소련을 대리할 수 있는 공산 정권을 세우고, 한반도의 통일을 방해하면서 침략의 기회를 엿보고 있었다.

중국 공산당은 6·25 전쟁이 발발하기 1년여 전인 1949년 9월 장제스[蔣介石]의 중화민국을 대륙에서 몰아내고 중화인민공화국을 수립했다. 반면, 미국은 같은 해 6월 주한미군을 한반도에서 철수를 완료하고, 이듬해인 1950년 1월 미국의 극동방위선이 타이완[臺灣]의 동쪽, 즉 일본 오키나와와 필리핀을 연결하는 선이라고 밝히는 이른바 '애치슨 선언'을 발표하는 등 대한민국에 대한 군사 원조를 최소화해 나갔다. 제2차 세계대전이 끝난 지 얼마 지나지 않은 시기였다. 미국은 구 소련 공산권과의 직접적인 군사 충돌이 제3차 세계대전을 야기할 수도 있다는 국제적인 정세를 고려했다. 구 소련 역시 같은 이유로 북한에 대한 공개적인 지원을 중단했지만 북한에 의해 6·25 전쟁은 발발한다.

애치슨선언 등 더욱 팽팽해졌던 동아시아 정세 속에서 발발한 한국전쟁

당시 남한과 북한의 군사력을 비교하면 6·25 전쟁의 성격을 보다 명확하게 이해할 수 있을 것으로 보인다. 6·25 전쟁이 발발하기 전까지 북한군은 지상군을 확보하고 있었는데, 당시 대한민국의 병력은 정규군 6만5천여 명, 해양경찰대 4천여 명, 경찰 4만5천여 명 등에 그쳤다. 육군은 8개 사단과 1개 독립 연대 등으로 편성돼 있었다. 최전방인 38선 방어를 위해 서쪽에서부터 제17연대(옹진반도)-제1사단(청단~적성)-제7사단(적성~적목리)-제6사단(적목리~진흑동)-제8사단(진흑동~동해안) 등을 포진해 놓았다. 후방인 서울에는 수도경비사령부를 두고, 대전에 제2사단, 대구에 제3사단, 광주에 제5사단 등을 둬 공비 소탕작전을 벌이고 있었다. 이들 부대를 통합 지휘한 인물은 육군총참모장 채병덕 소장이었다.

반면, 북한군은 민족보위성에 최용건 부원수를 앉히고, 지금의 한국 육군

야전군사령관에 해당하는 전선사령부를 만들어 김책 대장(4성 장군)을 사령관, 강건 중장(2성 장군)을 참모장 등에 임명했다. 전선사령부 밑에는 서부전선을 담당하는 제1군단과 동부전선을 공격할 제2군단 등을 창설했다. 제1군단장에는 김웅 중장, 제2군단장에는 김광협 중장 등을 각각 임명했다. 1948년 6월 12일부터 북한군의 38선 배치를 위한 부대 이동은 시작됐으나 38선에서 떨어져 있던 부대들이 일제히 남하했다. 1948년 6월 23일에 완료된 북한군의 38선 배치 병력은 10개 보병사단과 1개 전차여단 및 3개 경비여단 등으로 북한 공산군의 총병력에 해당된다. 북한군 제1군단 휘하에는 제6사단-제1사단-제4사단-제3사단-제105전차여단, 제2군단에는 제2사단-제12사단-제5사단 등이 배속됐다 (서쪽에서부터). 예비부대로 제13사단은 제1군단, 제15사단은 제2군단 등에 배속되고, 제10사단은 총예비대로 북한 방어를 위해 평양 지역에 배치했다. 북한군과 별도로 내무성에 북한 주민의 월남을 막는 부대로 제38경비대(한국의 전투경찰대와 흡사) 3개 여단을 편성했다.

북한군은 소련제 T-34/85형 탱크 242대, 야크 전투기와 Il폭격기 200여 대, 각종 중야포와 중박격포 등으로 무장하고 있었다. 반면, 대한민국 국군은 6·25 전쟁 직전까지 공군은 대공포화가 없는 지역의 정찰만을 위해 쓸 수 있는 L-4 연락기 및 L-5 연락기 이외에 전쟁 발발 직전 국민 성금으로 캐나다로부터 구입한 T-6 텍산 10대를 추가한 게 전부였다. 육군은 탱크와 기갑 차량(장갑차) 등은 전무했고, 유일한 독립 기갑연대 장비는 제2차 세계대전 당시에도 정찰용으로 쓰인 37mm 대전차포를 탑재한 M-8 그레이하운드 장갑차 1개 대대가 전부였다. 대전차 화력으로는 보병용의 2.36인치 바주카포와 포병 병과의 57mm 대전차포 등이 있었지만, 성능이 향상된 후기형 T-34를 상대하기에는 힘든 무기였다.

또한 현대전의 핵심 지원 전력인 포병은 105mm 화포와 4.2인치 박격포만으로 무장하고 있었고 그나마도 사단 당 1개 대대만 배치돼 있었으며, 포탄도 부족했다. 실제로 백선엽 장군이 지휘한 개성-문산-파주 축선을 방어하던 제1사단은 전투 하루 만에 포탄이 바닥이 나 버렸다. 전체적으로 대한민국 국군은 단지 15일 동안 전투 행위 수행이 가능한 보급품만 갖추고 있었다.

한국전쟁, 북한 의지로 발발했다는 게 정설…그러나 다양한 가설도 제기

그렇다면 6 · 25 전쟁은 어떠한 경로를 통해 발발했을까. 한 마디로 북한의 의지로 발발했다고 보는 게 정설이다. 구 소련의 지도자 스탈린과 중화인민공화국의 마오쩌둥[毛澤東] 등의 지원을 약속(김일성 주석은 구 소련의 지원이 충분하므로, 중국 공산당의 지원은 받지 않겠다고 말했음) 받고 일으킨 남침이다. 이 설명은 대한민국과 미국의 기록, 공개된 구 소련의 비밀문서 등을 통해 증명됐다. 소련 공산당의 니키타 흐루쇼프 전前 서기장은 자신의 회고록을 통해 한국전쟁은 김일성의 계획과 스탈린의 승인으로 시작됐다고 밝혔다.

결국 구 소련 비밀문서의 공개에 따라 북한군의 남침은 김일성이 주도한 것으로 밝혀졌고, 중화인민공화국의 지원을 약속받은 것도 김일성이라는 사실이 드러나 내란확전설, 이승만 주도설 등은 설득력을 잃고 있다.

비교적 폐쇄적인 조선민주주의인민공화국의 공산주의 체제 특성, 참전자 증언, 구 소련의 공개된 문서 등을 감안할 때 조선민주주의인민공화국이 주장하는 이승만 북침설은 설득력이 없다. 중화인민공화국의 경우, 대한민국과의 수교 이전 조선민주주의인민공화국의 주장인 북침설에 공식적으로 동의했으나, 최근

경제 개방과 대한민국과의 수교 이후에는 남침설을 정설로 인정하고 있다. 중화인민공화국은 지난 1996년 7월 한국전쟁 기록을 대한민국 북침에서 북한의 남침으로 수정하는 내용으로 역사 교과서를 개정했다.

이런 가운데, 구 소련의 붕괴 이후 베일에 싸여 있던 한국전쟁 관련 비밀문서가 공개된 이후, 한국 전쟁의 원인은 남조선로동당 박헌영의 설득을 받은 조선민주주의인민공화국의 김일성이 대규모의 대한민국 침입을 계획하고 스탈린의 재가를 얻어 개시된 것으로 밝혀졌다. 이 과정에서 스탈린은 김일성의 재가를 무려 48번이나 거절하고 전방 위주의 게릴라전만 허용했지만, 김일성의 강력한 의지를 꺾을 수 없어서 결국 스탈린은 남침을 승인하고 말았다. 미국의 사회학자 브루스 커밍스에 따르면, 당초 예상했던 것보다 스탈린이 훨씬 더 깊이 개입해 있었다고 한다. 영국 정보기관으로부터 나온 문건에 따르면, 스탈린은 김일성에게 "미국은 대한민국을 지켜 주지 않을 것"이라고 말한 바 있다.

스탈린 주도설도 있다. 한국전쟁이 김일성이 아니라 스탈린의 의지로 발발했다는 설이다. 그 이유로 북대서양조약기구의 압력을 극동으로 분산, 미일평화조약의 견제, 미국의 위신을 떨어트리고 아시아 지역의 공산화를 촉진하기 위한 무력시위, 중국 공산당의 독자 노선에 대한 견제 등의 이유로 한국전쟁이 시작됐다고 주장하고 있다.

구 소련은 소련의 지배 아래에 있던 부랴야트 소비에트 사회주의 자치 공화국(현 부랴야트 공화국)의 기갑부대 군사 1천300여 명을 파견했으며, 전쟁 초 서울에 나타난 북한군 탱크는 모두 이들이 조종했다는 설도 소련의 주도를 뒷받침해주고 있다.

스탈린은 미국과의 갈등을 우려, 한국전쟁에 반대하는 입장으로 알려져 있었다. 김일성은 스탈린에게 50여 회 가량 한국전쟁을 발발시켜달라는 재가를 요구했고, 스탈린은 이를 거절했지만, 결국은 이후에 전쟁을 승인한다.

한미 공모설도 있다. 이승만 대통령의 제1공화국 북진 통일론이 대남 도발을 촉진시켰다는 내용이다. 이승만 대통령은 여러 차례 무력 북진 통일을 주창했으며, 미국의 군사 원조를 공공연히 요청한 바 있다. 실제로 1950년대 초부터 남북은 경쟁적으로 군비를 증강시키기 시작했고, 미국이 국군을 강화시키면 이승만 대통령이 무력통일을 추구할 것이라고 판단, 조선민주주의인민공화국이 예방적 조치를 취했다는 주장이다. 하지만 한미공모설은 위 항목에 관련된 구 소련의 문서 공개로, 제시된 적 있는 가설로만 남게 됐다. 그리고 지난 2010년 6월, 56년 만에 공개된 CIA 극비 문서에서 한국전쟁 발발 불과 엿새 전인 6월 19일, 북한의 남침 가능성을 낮게 평가한 보고서를 작성했고 북한이 소련의 철저한 위성국가로 독자적인 전쟁 수행능력이 전혀 없다고 보고 있었다.

내란 확전설도 있다. 한국전쟁은 6월 25일 시작된 게 아니라, 그 이전의 기간을 포함해야 한다는 설이다. 1950년 이전부터 이미 정치적, 이념적인 대립에 따른 국지적 무력 충돌이 수십 차례 계속됐으며 그것이 확대돼 한국전쟁으로 확대됐다는 시각이다. 실제로 1950년 6월 25일 이전에 이미 수많은 국지전과 무력 충돌 등이 있었으며, 1950년 6월 25일에도 사람들은 기존의 국지전의 연장으로 인식, 피난을 가지 않았다고 한다.

한편 앞서 기술했듯, 6 · 25 전쟁 기간 동안 양민학살사건을 복기하는 까닭은 다시는 이 같은 일이 다시는 반복되지 않아야 한다는 공감대가 형성됐기 때문이다. 경기 지역의 대표적인 6 · 25 전쟁 기간 동안 발생한 고양과 양평 지역 양민학살사건을 살펴본다.

고양 금정굴 양민 학살사건

6 · 25 전쟁이 한창 진행되던 1950년 10월 경기도 고양시(당시는 고양군) 송포면 덕이리 금정굴에서 민간인 수백 명이 학살당하는 사건이 발생한다. 이 사건을 알아보기 전에 먼저 전쟁의 흐름을 살펴볼 필요가 있다.

해방 이후 고양 지역에서도 한국의 다른 지역처럼 좌우 대립이 심각했다. 1950년 6월 25일 북한의 남침 이후 3일 만에 고양 지역은 북한에 넘어갔다. 그러나 "아직 국군이 북진하고 있으니 동요하지 말라"는 라디오 방송을 믿고 피난하지 않은 주민들이 많았다. 북한군은 고양 지역에서도 인민재판을 벌여 우익 인사들을 체포해 고문하는 등의 행보를 보였다. 북한군은 같은 해 7월 5일 고양군 임시인민위원회를 조직해 선거를 치러 인민위원들을 뽑았고, 주민들을 인민의용군으로 징집했다.

그러던 중 9월에 인천상륙작전이 이뤄진 이후 9월 20일에는 능곡, 9월 28일에는 일산 등이 각각 국군에 의해 수복됐다. 그 사이 고양 일대는 인민위원회 등이 해산되고 혼란스러운 상태가 계속되면서 좌익과 우익 간의 학살 사건이 벌어지기 시작했다. 국군이 고양에 진입한 이후 부역자들을 색출하는 일이 시작됐고, 인민위원장 등 부역자들이 사살됐다. 10월부터 고양경찰서가 다시 복귀해 북한군에 부역한   혐의가 있는 주민들을 연행하기 시작했다.

하지만, 누가 부역자인지 가려내는 건 북한군이 아닌 이상 정확히 알 수 없었기에 주민들이 고발하는 것 이외에는 답이 없는 상황이었다. 부역 혐의자들은 연행돼 각 경찰서 지서에서 1차 조사를 받고, 조사 후 경찰서로 연행됐다. 연행 과정에서 고문 또한 빈번하게 이뤄졌던 것으로 알려졌다.

이후 경찰은 임의로 이들을 분류해 일부는 석방하고 몇몇은 금정굴로 끌고 갔다. 금정굴은 고양시(당시는 고양군) 탄현동에 위치한 황룡산 자락에 위치한 굴로, 동굴은 아니고 일제강점기 때 금 채굴을 위해 수직으로 파 놓은 곳이었다. 처음에는 굴 앞에 주민들을 세워놓고 총으로 쏘아 학살했지만, 생존자가 나타나자 이후부터는 굴 입구에서 총살한 후 굴 속으로 던져놓는 방식으로 바뀌었다. 이후 10월 6일부터 10월 25일까지 20여 일에 걸쳐 학살이 이어졌다. 희생자들은 심사를 받는 줄 알고 금정굴 아래 공터에 모여 있다 경찰에 지시에 의해 5~7명씩 현장으로 올라갔으며, 한 번에 20~40명씩, 많게는 47명까지 끌려갔다고 전해진다. 부역 혐의자들의 가족 역시 학살의 대상이 됐고, 이들의 재산 역시 경찰에 의해 탈취됐다. 학살은 10월 말 군과 검경 합동수사본부가 개입하면서 중단됐다. 이후 의용경찰대원과 시국대책위원장 2명에게 사형이 선고됐다. 그러나 처벌받은 경찰관은 없었다.

일제강점기 때 금 캐기 위한 굴이 양민 학살 현장으로…참사의 현장

이후 학살 사건은 40여 년 동안 묻혀 있다 지난 1993년 시민단체들과 유족들에 의해 문제가 제기됐다. 이후 지난 1995년 현장 발굴에 나서 유해 153구가 발굴됐다. 경기도의회는 지난 1999년 고양 금정굴 양민학살 사건 진상조사 보고서를 내 금정굴 사건이 경찰의 주도로 다수의 민간인을 불법 살해한 뒤 암매장한 사건이라는 결론을 냈고, 지난 2006년에는 과거사정리위원회가 금정굴 사건에 대해 경찰 책임 하의 불법 학살로 인정했다. 이후 고양경찰서도 유감과 애도의 뜻을 표명했고, 법원도 금정굴 유족들에게 국가 배상을 판결했다.

그러나 이 사건 당시에 발굴된 유해들은 안치할 곳이 없어 서울대병원 창고에 보관해 오다, 지난 2011년 고양시 청아공원 납골당으로 옮겨졌고, 이후 계약기간 만료로 지난 2014년 하늘문공원 납골당으로 다시 옮겨졌다. 지난 2010년 고양시는 금정굴 유해를 안치하고 평화공원을 조성한다고 발표했다. 그러나 보수단체 등의 반발로 인해 이뤄지지 못했다. 지난 2014년 유해를 청아공원에서 하늘문공원으로 이장할 때도 고양시 측은 예산 2천만 원을 상정했다 당시 시의회의 여당 의원들에 의해 전액 삭감됐고, 이후 표결에 따라 절반으로 깎이기도 했다. 지난 2015년 7월 금정굴 희생자 지원조례가 다시 시의회에 상정됐다.

6 · 25 전쟁 기간 동안 고양 지역에서 발생한 양민 학살사건은 금정굴 사건이 대표적이다. 6월에 한국전쟁이 발발한 후 국군과 유엔군이 낙동강 전선으로 퇴각했다가 같은 해 9월 15일부터 전격적으로 감행된 인천상륙작전에 따른 반격이 이어지던 1950년 10월 6일부터 10월 25일까지 경기도 고양시(당시는 고양군) 송포면 덕이리 금정굴에서 학살이 진행됐다. 이 기간 동안 민간인 수백 명이 희생됐다.

금정굴을 제외하고도 주로 경찰에 의해 여러 곳에서 다수의 민간인 학살이 진행됐던 것으로 밝혀졌다. 대표적인 사건이 한강변 사건이다. 이외에도 새벽 구덩이와 귀일안골 사건, 주엽리 하천 사건, 현천리 사건, 화전리 계곡 사건 등이 계속 이어졌다.

이런 가운데 장소만 다를 뿐, 잔학성은 금정굴 못지않았던 것으로 드러났다. 6 · 25 전쟁 기간 동안, 특히 1950년 10월 6일부터 10월 25일까지 불과 열흘 동안 고양 지역에서는 거의 모든 곳에서 민간인 학살이 이뤄진 것으로 보인다.

한국전쟁 기간에 집단 희생된 민간인 153명의 유해가 발굴된 경기도 고양시(당시는 고양군) 탄현동 황룡산 금정굴에서 서남쪽으로 50m쯤 떨어진 곳에서 또 다른 동굴이 발견돼 유해 추가 발굴 가능성도 제기되고 있다.

최근 황룡산 등산로 초입에 자리한 지름 2~3m 가량의 동굴 입구는 60년 이상 퇴적된 흙과 나뭇잎 등으로 덮여 언뜻 평범한 야산처럼 보였다. 하지만, 자세히 살펴보면 움푹 파인 흔적이 있고, 동굴에서 파낸 흙이 둔덕을 이뤄 다른 경사면과는 다르다.

현장을 둘러본 노용석 한양대 비교역사문화연구소 박사는 "위치나 구조로 볼 때 수직굴인 금정굴과 쌍을 이루는 수평 굴로 보인다. 경북 경산 코발트광산 등 전국 사례에 비춰보면 민간인 희생자 유해가 묻혀 있을 가능성이 매우 높다" 고 말했다. 일제강점기에 금이나 광물을 채취하기 위해 팠던 굴은 대부분 수직 굴과 수평굴 등이 연결되는 구조로, 경산 코발트광산에서는 두 굴의 접점 부위 2곳에서 희생자 유해 540구가 집단 발견됐다고 노 박사는 설명했다.

금정굴은 일제강점기 때 금을 캐기 위해 수직으로 굴을 판 뒤 방치한 금광 구덩이로, 이 일대에서 1950년 9·28 서울 수복 직후부터 10월 25일까지 민간인 학살이 자행됐다. 당시 지역 주민과 우익단체 회원 등의 증언을 종합하면, 고양 경찰서에 수감돼 있던 고양·파주 지역 부역 혐의자와 가족 200여 명이 끌려가 불법으로 집단 총살당했던 것으로 조사됐다.

유족들은 지난 1995년 자체 발굴에 나서 금정굴 지하 8~12m 지점에서 유골 153구를 발견했으며 더는 유해가 나오지 않아 18m 지점에서 발굴을 중단했다. 그러나 금정굴이 쌍굴 형태로 만들어졌다는 증언에 따라 그동안 주변을 탐색해왔다.

신기철 금정굴 인권평화연구소장은 "금정굴 지하 12m 맨 아래쪽에서 1950

년 10월 9일 희생된 박 모 씨의 유품(도장)이 확인됐다. 이보다 앞서 10월 6~8일 학살된 30~50명 안팎의 유해는 아직 못 찾았는데, 이곳에 묻혀 있을 가능성이 유력하다"고 주장했다. 신 소장은 이어 "황룡산 전체가 민간인 불법 학살 현장인 만큼 새로 발견된 동굴을 조속히 발굴하고 이 일대를 역사평화공원으로 지정해 현장을 보존해야 한다"고 말했다.

"하루에 많게는 40명가량이 끌려갔습니다"…유족들이 전하는 그날의 참상

"1950년 10월 9일, 그러니까 한국전쟁이 일어나고 남쪽으로 밀려났던 국군이 다시 서울과 경기도를 수복한 직후였습니다. 아주 초라한 행색의 사람들이 전깃줄로 손목이 묶인 채 고양시 황룡산과 고봉산 등으로 이어지는 74m 야산에 위치한 수직 폐광굴로 끌려갔습니다."

금정굴 양민 학살사건의 유족들은 모두 그날의 잔혹성을 생생하게 기억하고 있었다.

유족들의 진술을 토대로 그날의 참상을 재구성해본다. 당시 주민들은 이곳을 금정굴이라고 불렀던 것으로 알려졌다. 그리고 그날부터 하루에 20명에서 많게는 40여 명이 금정굴로 끌려갔다고 기억하고 있다. 그러나 이렇게 끌려간 이들을 다시 본 사람들은 없었다.

그렇다면 지금으로부터 62년 전 그때, 과연 금정굴에서는 어떤 일이 있었던 것일까. 비극의 시간은 1950년 10월 2일로 거슬러 올라간다.

한 유족은 단지 전쟁 부역자의 친척이라는 이유로 희생당했다고 기억하고 있다. 이 유족에 따르면 희생자는 "걱정하지 말고 기다려. 설마 부역자의 친척이라고 죽이기야 하겠어. 내 잠시 다녀올게"라고 말하며 집을 나섰다. 당시 고양시(당시는 고양군)에 살던 고 모 씨가 잡혀가면서 가족들에게 남긴 마지막 말이다. 시점은 1950년 10월 2일이었다. 하지만 그는 다시 가족에게 돌아가지 못했다. 그리고 그렇게 잡혀간 고 씨는 연행 후 1주일이 지난 10월 9일, 비슷한 사연으로 잡혀간 또 다른 마을 주민 20여 명과 함께 금정굴로 끌려갔다.

그곳에서 벌어진 참상은 차마 끔찍해 필설로 표현할 길이 없었다는 게 유족들의 증언이다. 1950년 10월 9일 오전 11시께, 끌려온 이들이 도착한 곳은 줄을 타고 17m를 내려가야 하는 직각 형태의 금정굴 입구 앞이었다. 그곳에서 경찰과 치안대원들은 끌고 온 주민들을 5명씩 데리고 올라가 금정굴 벼랑 입구를 바라보고 꿇어앉도록 했다.

잠시 후 영문도 모른 채 두려움에 떨던 이들의 등 뒤에서 "빵"하는 소리가 울렸다. 경찰이 희생자들을 상대로 등 뒤에서 조준 사격을 한 것이다. 양손이 전깃줄로 묶인 희생자들은 이내 외마디 비명과 함께 깊이 17m 금정굴 안으로 떨어졌다. 2명의 손목이 같이 묶인 희생자들은 다른 한편이 떨어지는 끌림에 함께 떨어졌고 또 어떤 이들은 옆에서 난 총소리에 놀라 지레 떨어지기도 했다.

살려달라는 비명과 울부짖음 등이 이어졌다. "나는 잘못이 없다"는 처절한 절규 역시 이내 잦아들었다. 잠시 후 희생될 사람들을 모두 처리한 경찰관과 치안대원들은 그들이 떨어진 금정굴 안으로 흙을 퍼부었다. 설령 목숨을 잃지 않은 누군가가 있었다 하더라도 생매장돼 죽게 할 계획이었던 것이다. 이 같은 일은 이후 20여 일 동안 계속됐다고 유족들은 증언했다.

희생자들은 자신들이 죽으러 가는 줄은 전혀 몰랐다고 유족들은 기억하고 있다. 경찰이 당시 이들에게 "문산으로 재판을 받으러 간다"고 말했기 때문이다.

그래서 희생자들은 경찰의 재판 이야기를 듣고 오히려 기뻐했다고 한다. 재판을 통해 부역자의 친척이라는 이유만으로 죽이지는 않을 것이라고 생각했기 때문이다. 그리고 일단 고양경찰서 유치장을 벗어날 수 있다는 점도 한 이유였던 것으로 전해진다. 그곳에서 보낸 지난 1주일 동안의 수감 생활이 너무나 고통스러웠기 때문이다.

'부역자'의 정확한 의미는 '한국전쟁 시기 북한의 침공으로 인한 적치하敵治下 3개월 동안 북한군의 통치 행위 전반에 협력한 자'를 뜻한다. 따라서 이들은 재판에서 행위 사실에 대한 확인과 선별 과정 등을 통해 처벌을 받아야 했다.

그러나 실상은 그렇지 못했던 것으로 조사 결과 드러났다. 1950년 12월 1일 제정된 부역자 처벌법 어디에도 단지 부역자의 인척이라는 이유로 체포되거나 이로 인해 죽어야 한다는 규정은 없었고, 있을 수도 없는 일이었기 때문이다. 금정굴에서 희생된 이들의 유족들이 가슴에 한이 남도록 억울해 하는 점도 바로 이 때문이다. 부역자의 친척이라는 이유로 죽임을 당한 이들은 말할 것도 없고 실제 부역 혐의로 연행된 이들 역시 자신이 처벌받을 것으로 생각한 이들은 없었다. 이 때문에 고양 지역이 국군에 의해 수복될 때 북으로 피난은 고사하고 오히려 국군을 환영하러 나간 자리에서 체포된 이들도 있었던 것으로 알려졌다.

부역자로 낙인된 대부분의 혐의 사실 역시 과연 그들이 죽임을 당할만한 일이라고 할 수 없다는 게 유족들의 입장이다. 그들은 북한군의 강요로 쌀을 내주거나 또는 3~4시간 보초를 서고 있으라는 요구에 나갔다 돌아온 정도였다. 이 때문에 이처럼 희생자들을 연행한 후 끝내 총살한 후 암매장했다는 사실은 믿기 어렵다는 게 유족들의 입장이다.

물론, 6·25 전쟁 중 피난가지 않고 그대로 고향에 남은 것 역시 사실상의 부역이며 북한군을 환영한 행위라고 주장하는 이들도 일부 있다. 그러나 당시 이승만 대통령의 거짓 방송을 논하지 않고 이런 주장을 하는 건 사실을 잘 알지 못한 주장이거나 만약 알면서도 이렇게 말한다면 용서받을 수 없다는 게 대체적인 시각이다.

6·25 전쟁이 발발하고 이틀이 지나가는 1950년 6월 27일 밤 10시께 피난을 가야 하는지, 아니면 이대로 남아 있어도 되는지를 두고 극도의 혼란에 빠진 국민들 사이에서 이승만 대통령의 특별 담화가 라디오를 통해 발표될 것이라고 알려졌다. 그리고 약속된 잠시 후, 이승만 대통령의 목소리가 스피커를 통해 흘러 나왔다.

이승만 대통령의 어조는 단호하고 분명했다. 그는 "국군이 적을 물리치고 있으니 국민과 공무원은 정부 발표를 믿고 동요하지 말며 대통령도 서울을 떠나지 않고 국민과 함께 서울을 반드시 지킬 것"이라고 밝혔다. 국민들은 당연히 안심했다. 대통령도 서울을 떠나지 않았다고 하니 정말 우리가 이기고 있다고 생각했고, 따라서 피난 갈 필요가 없다고 생각한 것이다.

하지만, 이는 이승만 대통령의 엄청난 대국민 사기극이었다. 진실은 충격적이다. 방송이 나오기 불과 3시간 전인 1950년 6월 27일 오후 7시께 당시 서울 중앙방송국에 한통의 전화가 걸려온다. 발신지는 대전에 위치한 충남지사 관저였고 전화를 걸어온 이는 이승만 대통령이었다. 당시 대부분의 국민들은 이승만의 라디오 방송이 생방송이며 당연히 대통령도 서울에 있는 것으로 믿었지만, 이는 사실이 아니었던 것으로 밝혀졌다.

한편, 방송이 있기 18시간 전인 1950년 6월 27일 새벽 2시께 이미 이승만 대통령은 당시 신성모 국방장관 등 각료와 함께 기차를 타고 대전으로 피난 간

상태였던 것으로 밝혀졌다. 그런데도 마치 자신이 서울에 있는 것처럼 거짓말을 하면서 국민들에게 "대통령도 서울에 있으니 안심하고 생업에 종사하며 서울을 사수하자"고 방송한 것이다. 이 같은 이승만 대통령의 방송은 밤 10시부터 시작해 다음 날 새벽 2시까지 4시간 동안 되풀이됐다.

비극은 이로부터 불과 30분이 지나던 1950년 6월 28일 새벽 2시 30분께 터졌다. 이승만 대통령의 방송에도 불구하고 수백 명이 넘는 피난민들이 한강 인도교를 건너고 있었다. 이미 정부 고위 관계자들이 피난을 갔다는 사실은 알음알음으로 퍼졌고 이에 따라 뒤늦게 출발한 피난민들이 한강 인도교를 건너던 그때 서울 미아리 고개에는 북한군이 이미 탱크를 앞세우고 입성하고 있었다.

바로 그때였다. 서울을 포기하기로 결정한 당시 국방부는 수많은 피난민이 지나던 한강 인도교를 사전 예고도 없이 한 순간에 폭파해 버렸다. 그리고 그 순간 피난민 수천 명은 그 자리에서 모두 숨졌다.

밥도, 물도 주지 않은 고양경찰서…반인권의 집약판인 금정굴 학살현장

다시 이야기를 금정굴 양민 학살 현장으로 돌아가 보자. 부역 혐의를 받는 주민들을 연행한 고양경찰서의 처우는 아무리 전시 중이라고 하지만 명백한 불법이며 반인권의 집약판이었던 것으로 밝혀졌다. 도피한 부역 혐의자의 소재를 대라며 때리고 고문하는 것은 물론, 더 심각한 인권 유린 행위가 있었던 것으로 조사 결과 드러났다. 당시 간신히 살아남은 이들이 전하는 증언은 그래서 참담했다.

연행된 순간부터 경찰과 치안대원 등으로부터 소총 개머리판이나 장작개비 등으로 무조건 맞았다고 한다. 그런데 그보다 더 극심한 고통은 목마름과 배고픔 등이었다는 게 유족들의 증언이다. 당시 경찰은 이들에게 밥 한 톨, 물 한 모금 등도 내주지 않았다고 한다. 결국 이들은 살아남기 위해 자신의 오줌을 받아 마시며 연명할 수밖에 없었던 것으로 알려졌다.

이 뿐만이 아니다. 당시 고양경찰서 유치장에서 순경으로 근무했던 정 모 씨의 증언에 따르면 당시 경찰은 연행된 이들을 남녀 구별 없이 한방에 몰아넣었다고 한다. 불과 7~8명 들어가는 유치장에 20여 명을 강제로 밀어 넣었으니 아비규환, 그 자체였다는 게 유족들의 증언이다. 생리 현상에 의한 소변을 참지 못한 여성들이 서서 소변을 보는 모습이나 아침마다 고문으로 다 죽어가는 사람들을 목격했던 정 씨에게 당시 기억은 떠 올리고 싶지 않은 악몽이었다고 한다.

도대체 어떻게 이런 일이 벌어질 수 있었을까. 북한군 치하에서 부역 요구를 거절한 채 살아남은 이가 있다면 그들은 대한민국에서 당연히 존중 받아야 한다. 하지만 이승만 대통령의 말을 믿고 피난가지 않았다가 맞이한 북한군 치하에서 그저 살기 위해 어쩔 수 없이 요구한 부역에 응했다는 이유만으로, 또는 그들과 친척이라는 이유만으로 이처럼 개나 돼지만도 못한 처우를 받아야 했는지에 대한 따가운 시선이 쏠리는 이유이다.

희생자의 유족들이 억울해하는 것 역시 이 점이다. 당시 국군에 의해 고양군이 수복되자 고양경찰서와 치안대는 부역자들을 체포한다며 피난 가지 않고 마을에 남아 있던 이들을 체포한다. 그런데 그때는 자신이 상당한 부역을 했다고 스스로 판단한 주민들은 이미 북한군을 따라 북으로 떠난 상태였다. 결국 남은 이들은 그저 전쟁 기간 동안 어쩔 수 없이 협조한 주민들뿐이었던 것으로 나타났다.

예를 들어 북한군의 요구에 의해 쌀을 내주거나 2~3시간 동안 보초를 서라는 요구에 응한 것, 또는 집이 넓으니 인민재판소로 쓰자는 북한군의 강요에 응할 수밖에 없었던 경우들이었다. 그래서 일부는 자신들이 북한군의 강요에 의해하기 싫은 일을 당한 피해자라고 생각하기도 했던 것으로 알려졌다. 이런 상황이니 그저 부역자의 친척이라는 이유만으로 자신이 잡혀갈 줄은 상상도 못했던이들에게는 어떠했을까.

금정굴 양민 학살사건의 유일한 생존자를 구한 이 모 씨의 증언은 더욱 충격적이다. 이 씨에 따르면 "1950년 10월 2일부터 20여 일 동안에 걸쳐 벌어진 금정굴 학살 행위는 법적인 정당성이 있었던 것일까"라는 질문에 대한 대답은 당연히 "아니다"였다. 이 씨는 금정굴 학살이 중단된 것은 20여 일에 걸쳐 최소한 153명 이상이 죽고 난 11월 2일이었다고 증언했다. 희생자 유족 가운데 일부가 부역자 처리를 위해 설치한 군-검-경 합동수사본부에 진정서를 제출한 덕이었던 것으로 이 씨는 증언했다.

한편, 이 같은 금정굴 사건이 제대로 세상에 알려진 것은 지난 2006년 4월이었다. 금정굴 희생자 유족들이 진실화해를 위한 과거사 정리위원회(약칭 진실화해위)에 이 사건의 진상 규명을 요청한 것이다. 진실화해위는 약 1년 동안에 걸친 조사를 통해 지난 2007년 6월 26일 이 사건이 당시 이 모 고양경찰서장의 지휘 아래 적어도 153명 이상의 고양 및 파주 지역 주민들을 부역 혐의자, 또는 그 가족 등이라는 등의 이유로 경찰관이 불법으로 집단 총살한 사건으로 결정했다.

특히 이 조사 과정에서 유일한 생존자인 이 모 씨를 구해준 또 다른 이 모 씨의 증언은 끔찍하다. 그는 자신의 아버지가 1950년 10월 9일 금정굴에서 희생됐다는 말을 들은 후 사건 현장으로 갔다. 그의 증언을 재구성해본다.

"(아버지의 희생) 소식을 듣고 억울하지만 아버님의 시신이나마 수습해야 하겠다는 생각으로 그 즉시 작은 아버지와 동네 어른 등 7명과 같이 금정굴로 갔습니다. 이때가 점심 때 즈음이었습니다. 밧줄을 이용해 작은 아버지와 동네 어른 두 분이 (17m 아래) 금정굴 안으로 내려가셨습니다. 두 분이 내려가시자 '사람 살려'라는 소리가 나서 살펴보니 살아있는 한 사람이 있었답니다. 그 분이 바로 (금정굴 주민 집단 학살사건의) 유일한 생존자입니다. 그래서 우리가 굴 안에서 꺼내주자마자 그는 바로 고봉산 쪽으로 도망갔습니다. 나중에 이 분의 사위를 우연히 만나게 됐는데 그 때 그 분은 뺨에 총알이 스치는 상처만 입었다고 하더군요. 잠시 후에 작은 아버지가 굴에서 올라왔는데 하시는 말씀이 그냥 피비린내가 나고, 생명이 덜 끊어져 살려달라고 악을 쓰는 사람, 팔이 떨어진 사람들로 가득 차 있어 도저히 참을 수가 없어 올라왔다고 합니다. 흙이 조금씩 덮여 있었고요. 비록 시간은 점심때였지만 굴 안은 캄캄했고 비좁아서 어떻게 해 볼 도리가 없었어요."

희생자 아내를 차지한 치안대원…도덕도 윤리도 사라진 야만의 '극치'

그러나 고통은 희생된 이들 만의 몫이 아니었다. 살아남은 이들의 고통 역시 참담할 뿐이었다. 차마 일일이 그것을 다 적어 내기가 고통스러운 사연들이 차고 넘칠 수밖에 없는 그들의 운명은 말 그대로 '한 많은 지난 세월'이었다는 게 유족들의 한결같은 증언이다.

사건 이후에도 일부 희생자 가족들은 생명의 위협을 받았으며, 치안대에 땅과 살림살이 등 재산을 빼앗겨야만 했다. 또한 연좌제에 따라 희생자의 자녀들은 취업하거나 육군사관학교 등에 진학할 수 없었고 늘 요시찰 대상자로 분류돼 감시를 받아야 했다고 한다. 하지만 이러한 피해 사례들은 희생자들의 부인이 당한 성적 치욕 앞에서는 차라리 무색해진다는 게 유족들의 증언이다.

유족들에 따르면 고양시(당시는 고양군) 덕이리에 살던 남편 박 모 씨가 금정굴에서 죽임을 당한 후, 그의 부인 역시 치안대에 끌려갔다. 그리고 그는 그곳에서 강제로 자신의 남편을 죽인 치안대원의 첩이 돼야 했다고 박 씨의 아들은 증언했다. 사건 당시 불과 6살이었던 박 씨의 아들은 이듬해 자신을 돌봐주던 할머니마저 돌아가신 후, 고아 아닌 고아로 살아야만 했다.

기막힌 일은 이뿐만이 아니다. 당시 치안대장 역시 억울하게 희생당한 노모 씨의 부인을 성적으로 괴롭혀 결국 고향을 떠나게 만들었고 또 다른 희생자인 최 모 씨의 부인도 자신이 겪은 참담한 일을 잊을 수 없다고 증언했다.

그가 경찰지소로 끌려간 때는 남편이 죽임을 당한 후 며칠이 지난 어느 날 새벽 4시께였다고 기억한다. 그런데 경찰의 심문 내용이 너무나 기가 막혔다는 것이다. 자신에게 빨리 재혼을 하라는 경찰의 강요였던 것이다. 남편을 죽인 것도 모자라 이런 말도 되지 않는 강요를 받아 너무 억울하고 기가 막혀 끝내 답변하지 않자 경찰은 "왜 말을 하지 않느냐. 자식들을 길러 (나에게) 원수를 갚으려 하느냐. 2주일 안으로 팔자 고쳐"라고 말하면서 몽둥이로 마구 때렸다고 증언했다.

그러나 이 같은 불법 행위에 대해 그 처리 결과를 확인하면 너무나 어처구니가 없다. 고작 1명에 그쳤기 때문이다. 그것도 이 사건의 진짜 책임자인 당시 고양경찰서장이 아니라 하위직 경찰관 1명이었던 것으로 밝혀졌다.

더구나 1950년 12월 22일 서울지방법원에서 부역자 불법 처형으로 사형 선고를 받은 그 역시 진짜 처벌을 받았는지도 확인할 수 없다. 그가 사형을 집행 받았다고 알려진 대구형무소의 기록을 확인한 결과 그가 수감됐다는 사실을 비롯해 그의 사형 처분 역시 끝내 사실로 확인되지 않았기 때문이다.

어느덧 이 끔찍한 기억으로부터 무수한 세월이 지나가고 있다. 물론 그동안 적지 않은 일들이 있었다. 지난 2007년 진실화해위의 결정으로 금정굴 집단 학살 사건이 경찰에 의한 불법 행위였다는 사실이 밝혀졌다. 이후 서울고등법원에서 열린 금정굴 유족들의 국가를 상대로 한 손해 배상 소송 항소심 결정에서 원고 승소 판결을 받기도 했다. 적어도 국가기관과 법원 등이 희생자와 유족들의 억울함은 분명하게 인정한 것이다.

하지만, 다시 현실로 돌아오면 사정은 그렇지 않다. 진실화해위가 권고한 사항이 전혀 지켜지지 못하고 있기 때문이다. 당시 진실화해위는 진상규명 결정을 내리면서 동시에 금정굴 사건 희생자 유족들에 대한 국가의 공식적 사과와 임시 보관 중인 유해 영구 봉안, 이들을 추념하는 평화 공원 설립 및 위령시설 설치 등을 권고했다. 하지만 현재 이 같은 권고가 이뤄진 것은 없다.

오히려 그 당시 이들을 가해한 측은 국가기관과 법원 등의 결정에도 불구하고 여전히 희생자와 그 유족들을 빨갱이라고 매도하고 있다는 게 유족들의 입장이다. 특히 지난 2010년 지방선거 당시 고양 지역 시민단체가 요구한 금정굴 희생자를 위한 평화공원 건립을 약속하며 당시의 야권연대 후보로 당선된 일부 시의원들은 이 약속을 지키지 않고 있다. 더 큰 문제는 도대체 언제 이 문제가 해결될지도 알 수 없으며 이러한 세월만큼 이 억울한 유족들의 한은 더 쌓여만 가는 실정이다.

이에 고양 금정굴 유족회와 고양시민사회연대회의는 이들 희생자가 연행된 첫날인 10월 2일 고양지역 민간인 학살 희생자 합동 위령제를 열고 있다. 고양시와 국가인권위원회 등이 후원하는 이 위령제는 지난 1993년 처음 열린 후 매년 진행되고 있다.

위령제 이외에도 지난 과거의 비극적 고통을 딛고 평화 도시 고양으로 거듭 나고자 다채로운 행사도 함께 열리고 있다. '고양 평화예술제'라는 이름으로 준비되는 이 행사는 10월 2일부터 이틀에 걸쳐 매일 오후 7시까지 위령제와 같은 장소인 고양 일산 문화공원에서 개최되고 있다. 행사는 전시물과 참가자들이 직접 참여하는 평화 엑스포를 비롯해 문화행사(상여 퍼포먼스, 평화 음악회, 풍물 대동제) 및 평화시민 걷기 대회 등으로 진행된다.

양민 학살의 원인은?…지금까지 정확한 명분 찾지 못해

6·25 전쟁 기간 동안 양민 집단 학살사건으로 밝혀진 금정굴 사건이 어떠한 과정을 통해 확대됐는지를 더욱 구체적으로 살펴보기 위해 6·25 전쟁 발발 이후 국군과 유엔군의 반격이 시작된 인천상륙작전 이후부터 복기해본다.

1950년 9월 15일 인천에 상륙한 유엔군은 9월 19일 김포비행장을 점령하고 한강 남쪽 언덕에 도착해 있었다. 미 해병대 제1사단(사단장 올리버 P 스미스) 제5연대와 국군 해병대 제1연대(연대장 신현준)는 1950년 9월 20일 도하과정에서 북한군의 강력한 저항에 의해 미 해병대 제5연대 대원 40여 명이 사망하는 피해를 입으면서 행주지역을 점령했다.

능곡으로 진출한 에드워드 M 알몬드 미 제10군단장은 서울 탈환 예정 시간인 9월 25일에 맞추기 위해 미 해병대 제1사단에게 재촉했다. 그러나 해병대는 서울로 급진하는 것보다 잔당을 소탕하며 서울 서쪽을 돌아 북쪽인 의정부 방면에서 서울을 공략하는 전략이 도강도 쉽고 적의 보충부대도 차단할 수 있다고 판단했다. 결국 유엔군의 주력은 능곡 수색을 지나 연희 지역으로 진출했으며 미 해병대 일부는 의정부 방면으로 진출했다. 의정부 쪽 전투는 1950년 9월 26일 새벽 1시 45분께 시작됐다.

고양 지역에 진출한 미 해병대 등 유엔군들은 부역자들을 색출, 학살했다. 신도면 용두리에 진주한 유엔군은 주민들에게 "누가 빨갱이냐"고 물었고, 주민들의 지목에 따라 용두리 주민 5명이 그 자리에서 총살당했다. 신도면 화전리에서는 치안대에 의해 리 인민위원장 등 부역 혐의를 받은 주민들이 감금됐다. 당시 해병대 군인들이 나타나 "리 인민위원장이 누구냐"라고 물은 후 황 모 씨를 끌어 내 그 자리에서 바로 총살했다. 은평면 수색리 주민 황 모 씨는 아들이 우익단체인 태극단 단원으로 활동했는데도 (북한군에 의한) 자위대 활동을 했다는 이유로 수색리 10여 명의 주민들과 함께 국군 해병대에 의해 총살당했다.

한편 고양 지역에 가장 먼저 도착한 경찰들은 유엔군, 특히 미 해병대에 배속됐던 고양경찰서 소속이었다. 인사 기록에 따르면 이들은 미 해병 제1사단 제5연대에 배속됐던 경비주임 석 모 경위와 천 모 순경 등이었을 것으로 추정된다. 특히 당시 석 경위를 만났다는 기록은 태극단원의 증언 등 여러 자료를 통해 확인된다. 북한군 점령기에 피난하지 못하고 숨어 지냈던 천 순경은 수색에서 석 경위를 만났으며 1950년 9월 20일 능곡에서 치안대를 조직했다. 이 시기 능곡에서 치안대 활동에 가담한 조 모 씨는 주민들을 체포해 미군에게 인계하기도 했다.

각 지서에서 1차 조사를 받은 주민들은 고양경찰서로 옮겨졌다. 고양경찰서에는 매일 15명가량의 주민들이 고양경찰서로 연행되거나 이송됐다. 1950년 10월 10일에는 송포지서에 잡혀 있던 주민 101명이 고양경찰서로 이송됐다.

관련 자료에 따르면 당시 고양경찰서에는 유치장이 4곳 있었던 것으로 추

정된다. 경찰서 앞 양곡창고를 임시유치시설로 사용하고 있었다. 당시 유치장 4
곳마다 80여 명이 감금돼 있었다. 양곡창고에는 180여 명이 감금돼 있었던 것
으로 전해진다. 당시 의용경찰대원들의 증언에 따르면 주민들 가운데 1950년 10
월 27일까지 검찰로 이송된 경우는 없었던 것으로 나타났다.

　대부분의 연행자들은 고양경찰서에서 3~7일 동안 갇혀 취조 명목으로 고
문을 당했다. 조사는 주로 사찰계 소속 경찰들이 진행했고, 조사 결과는 진술서
로 작성됐다. 유치장에는 유치인들을 관리하는 명부가 있었다. 당시 고양경찰서
에 끌려갔다 조사받은 후 풀려난 사람으로 신평리 희생자 이 모 씨와 같은 마을
주민 유 모 씨, 법곶리 희생자 유 모 씨와 같은 마을 주민 김 모 씨, 일산리 희생
자 서 모 씨의 부인 임 모 씨, 구산리 희생자 김 모 씨의 아들 등이 있었던 것으
로 파악됐다. 그런데 임산부여서 풀려난 임 모 씨 이외에 유 모 씨와 김 모 씨 등
의 신원을 확인할 방법이 없어 연행된 부역 혐의자들이 경찰서에서 어떤 조사를
받았고 어떻게 무혐의로 풀려났는지는 확인되지 않는다. 유족 전 모 씨는 대한
청년단 이 모 씨에 의해 금정굴에서 희생되기 직전에 풀려났는데 이는 단지 이
씨와 잘 알고 있었다는 이유 때문이었다고 증언했다.

　고양경찰서는 취조 결과 A등급으로 판단한 주민들을 금정굴에서 학살했다.
학살은 사찰계 소속 경찰관과 사찰주임이 복귀한 1950년 10월 6일부터 시작돼
10월 25일까지 진행된 것으로 판단된다. 유치장 담당 경찰관이었던 정 모 씨에
따르면, A등급으로 분류돼 학살 대상자가 된 주민들을 유치장에서 끌고나가는
것부터 아무나 할 수 있는 일이 아니었다. 진명부라고 부른 '부역자 명부'에 서
장, 교무과장, 수사과장 등의 도장이 찍혀야 주민들을 내보낼 수 있었다고 한다.

　유치시설에서 끌려 나간 주민들은 적게는 5명에서 많게는 47명까지 고양

경찰서 앞 공터에서 2명 또는 1명의 양 팔이 통신선(일명 비비선)에 묶인 채 경찰관, 태극단, 의용경찰대 등의 감시 아래 금정굴로 향했다. 금정굴은 고양경찰서에서 약 $2km$ 떨어진 야산이었으므로 30여 분을 걸어야 했다. 처음에는 거리가 가장 짧은 일산시장 관통로를 지나갔는데, 이를 목격한 주민들이 많아지자 그 다음부터는 목격자가 적은 철길로 우회했다. 나중에는 트럭을 이용해 금정굴 현장으로 이송하기도 했다.

금정굴에 도착한 주민들은 태극단과 의용경찰대 감시 아래 현장 아래 공터에 집결돼 있었으며, 경찰의 지시에 따라 5~7명씩 학살 현장으로 불려 올라갔다.

금정굴 학살현장에서는 먼저 도착한 5~7명의 경찰, 의용경찰대원, 태극단원 등이 학살을 준비하고 있었다. 올라온 주민들을 1명씩 각각 분담해 입구에 앉혀 놓고 M1소총 또는 칼빈 소총 등으로 1m 정도 뒤에서 쏘아 학살했던 것으로 밝혀졌다. 총살은 1회에 5명 내지 7명씩 진행했다. 처음에는 총을 쏘아 굴로 바로 떨어뜨렸으나 생존자가 발생하자 굴 입구에서 총살한 후 굴속에 던져 넣는 방식으로 바꿨다.

학살은 20일 동안 계속됐다. 고양경찰서 소속 경찰관, 의용경찰대원, 태극단원 등 60여 명이 번갈아 가며 교대로 가담했던 것으로 나타났다. 각 개인들은 1회부터 4회까지 학살에 가담한 결과 200여 명을 학살했음에도 불구하고 죄책감이 분산됐으며, 계엄 상황 아래 고양경찰서장의 명령에 의해 저질러진 것이므로 일부 가담자들은 전혀 범죄행위였음을 인식하지 못했다.

금정굴에서의 집단 총살장면은 인근 주민들에게도 목격됐다. 한 증인은 북한군 측에게 희생된 것으로 추정되는 손 모 씨의 장례행사에 참석하던 중 금정굴 근처에서 치안대원과 경찰이 여러 명의 주민을 끌고 와서 "아저씨들 잠깐 피해주소!"라고 말 한 후 희생자들을 총으로 쏘아 금정굴에 집어넣는 것을 목격했다고 증언했다.

또 다른 증인은 당시 고양경찰서에 근무하던 중 3~4차례에 걸쳐 연행·감금된 주민들의 총살에 고양경찰서 소속 동료 경찰관들이 동원되는 장면을 목격했다고 증언했다. 당시 1회에 동원된 경찰관은 3~4명이었고 총살당한 주민들은 5~6명이었다는 말을 경찰 동료로부터 전해 들었다는 증언도 나왔다.

한강변 사건·새벽구덩이 사건·귀일안골 사건 등 또 다른 참상 현장

6·25전쟁 기간 동안 고양 지역에서 발생한 양민 학살사건은 금정굴에서만 한정되지 않고 한강변 사건 등 여러 곳에서도 진행된 것으로 조사 결과 밝혀졌다. 고양 지역에서 부역 혐의를 받았던 주민들은 고양경찰서의 직·간접적인 지휘와 감독 아래에서 희생됐다. 고양경찰서와 경찰서장의 직접 지휘 아래 고양 지역 주민들이 연행돼 희생된 사건이 금정굴 사건이었다면, 고양경찰서까지 오기도 전에 각 지서가 있던 면 단위에서도 희생된 사건들이 한강변 사건 등이다.

우선 한강변 사건을 살펴보자. 1950년 9월 28일 국군에 의해 구산리가 수복되자 피신하고 있던 구산리 인민위원장 피 모 씨가 연행됐다.

1950년 10월 초순 구산리, 가좌리, 대화리 등지에서 끌려간 주민들은 대개 송포면 가좌리 양곡창고와 대화리 양곡창고 등지로 끌려갔다. 가좌리 창고 부근에는 가좌리 출장소와 송포(구산리) 치안대 사무실이 있었다. 대화리 창고 옆에는 송포지서가 있었다. 대화리 창고는 매우 커서 200여 명이 감금돼 있었다. 이런 가운데 이 창고에 갇혀 있던 주민들 101명이 1950년 10월 10일 고양경찰서로 이송됐다. 1950년 10월 20일 김포에서 왔다는 정체불명의 치안대 3명이 야간 경비 활동을 하고 있던 희생자 이 모 씨를 체포했고, 이 후 이들은 이 씨의 옆집에 살던 피 모 씨를 연행했으며, 다시 내려가면서 피 씨도 잡아갔다고 한다. 이들이 끌려 나오는 동안 북한군 점령 당시 희생당한 피 모 씨의 동생이 보초를 담당했다. 이 후, 이 모 씨, 피 모 씨, 또 다른 피 모 씨 등 3명은 치안대에 끌려 이산포 방향으로 갔으며 그 뒤를 치안대 감찰부장 피 모 씨가 따라갔다.

이 모 씨의 아들(당시 16세)은 부친의 시신을 수습하기 위해 1주일 동안 한강변을 찾아다니다 피 씨의 시신을 목격했다. 그가 목격한 시신들은 총상을 당한 상태였다. 그로부터 연락을 받은 희생자 피 모 씨의 아들은 조부와 함께 희생자 시신을 인근 한강변에 임시로 수습했다.

당시 구산리 태극단원이었던 이 모 씨는 전날 밤 총소리를 들은 후 구산리 자택 부근 한강변에서 30~40명의 시신을 목격했다. 희생자들은 구산리 장월, 거그메, 노루메 등지에서 끌려 온 부역 혐의자들이었다. 이들 이외에도 가좌리 양곡창고에 갇혀 있던 주민들도 주로 한강변에서 희생됐다.

유족들의 증언에 따르면, 해변이나 강변에서도 많은 민간인들이 희생당했다. 시신 유기와 범죄증거의 인멸이 쉬웠기 때문으로 분석된다. 이 모 씨는 1950년 10월 20일 사건 직후부터 1주일 동안 파주 교하읍 산남리 황마름 강변부터 고양 이산포 강변까지에서 200여 명에 이르는 시신을 목격했다.

새벽구덩이 사건은 한국전쟁 중 고양 지역 민간인 학살사실이 알려진 계기가 된 사건이었다. 당시 12세로 초등학생(당시는 국민학생)이었던 희생자 안 모 씨는 1950년 10월 3일 조부인 안 모 씨 등과 함께 송포 지서로 끌려갔다. 1950년 10월 10일 안 씨만 고양경찰서로 넘겨지고 나머지는 송포 지서에 그대로 있었다. 같은 시기 당시 16세로 중학생이었던 안 씨의 형은 덕이리 치안대에 의해 피신해 있던 서울에서 잡혀와 송포지서로 끌려왔으며, 두 사람은 송포 지서에서 만날 수 있었다. 이 후 1950년 10월 20일 지서 경찰관은 "아이들이 무슨 죄가 있느냐"며 풀어주었지만, 다시 덕이리 치안대 유 모 씨, 정 모 씨 등에 의해 덕이리 430번지 자신들의 집에 묶여 간힌다. 당시 덕이리 430번지 가옥은 치안대가 점유하고 있었다.

이들은 다음 날인 10월 21일 새벽 치안대에 의해 끌려 나가 인근 뒷산에 있던 새벽구덩이에서 희생당했다. 희생자 안 씨 등 2명은 송포면 덕이리에 거주하던 가족 또는 친척들이 모두 금정굴에서 희생당한 뒤 학살된 만큼 시신을 수습할 사람이 없었다.

가족 가운데 당시 희생을 피한 유일한 생존자인 안 모 씨는 당시 다섯 살로 장독에 숨어 치안대의 연행을 피할 수 있었다. 이들은 좌익 활동을 했던 안 모 씨의 조카였으며 희생자들의 부친, 조부, 삼촌 등 일가족은 사건 직전 희생당했다.

귀일안골 사건도 빼놓을 수 없다. 1950년 10월 초순 벽제면 치안대에 의해 김 모 씨 일가 5명과 박 모 씨 가족 3명, 김 모 씨 가족 3명 등 진밭, 잣골, 귀일안골 일대 주민 20여 명이 옛 성석초등학교(당시는 국민학교)로 끌려가 간혀 있다가 10월 30일 성석리 뒷골 방공호(현재 고양시 일산동구 성석동 산 14-4번지)에서 학살당했다.

박 모 씨는 북한군 점령 하에서 복구대장을 맡았다는 이유로 연행됐다. 아랫마을 반장 이 모 씨, 윗마을 반장 김 모 씨 등과 함께 끌려갔다. 안골에서는 김 씨 집안의 장손이었던 김 모 씨가 인민위원회 일을 보았다는 이유로 마을에 남아 있던 그의 친인척들과 함께 연행 당했다.

주엽리 하천사건은 중면 장항리에 살던 한 모 씨(당시 20세), 또 다른 한 모 씨(당시 21세) 이외 주엽리 주민 1명 등이 9·28 수복 후 부역 혐의로 주엽리 치안대 사무실에 감금됐다 1950년 10월 18일 오후 6시 의용경찰대원과 시국대책위원회 회원들에 의해 주엽리 앞 하천에서 학살당했다.

당시 학살에 관여한 사람들은 의용경찰대원 김 모 씨, 이 모 씨, 엄 모 씨, 오 모 씨, 신 모 씨, 청년방위대원 장 모 씨, 주엽리 치안대원 최 모 씨 등과 시국대책위원회 이 모 씨 등 8명이었다. 이 가운데 이씨, 장씨, 최 씨 등이 직접 총살을 집행했으며, 김 씨는 총성만 듣고 돌아왔고 이 씨는 총살 후 현장을 목격했을 뿐이라고 전해진다.

현천리 사건도 있다. 현천리에서는 일제강점기에 구장이었던 민 모 씨가 희생자 황 모 씨를 강제징용에 동원하려고 해 양쪽 집안의 관계가 좋지 않았다고 한다. 한국전쟁 중 9·28 수복이 되자 현천리 인민위원장이었던 황 씨는 양주군 송추에 피신하고 있다가 10월 초순 가족의 상황이 궁금해 집으로 돌아오던 중 치안대에게 잡혀 현천리 건너말창고에 갇혔다. 10월 중순 그의 동생은 치안대에게 끌려가 몽둥이로 맞고 풀려났으며, 이후 1주일 정도 몸조리를 하다 다시 끌려가 감금됐다. 이 부역 혐의자들이 감금됐던 건너말창고는 방앗간으로 쓰였던 곳으로 리사무소에서 50m 정도 떨어져 있는 곳에 있었다.

황 씨는 1950년 10월 10일 수색으로 끌려가던 중 다락고개에서 희생당했다. 그의 동생은 형이 희생된 지 보름 후 현천동 공동묘지에서 살해됐다. 이 때 같은 마을 주민 정 모 씨와 남 모 씨, 먹골 주민 등 10여 명도 함께 살해됐다.

화전리 계곡 사건도 마찬가지다. 1950년 9월 20일 행주지역이 수복되자 화전리에서 공 모 씨 등 치안대원들이 황 모 씨와 지 모 씨 등 부역 혐의자들을 체포해 인공치하 화전리 인민위원회 사무실이었던 곳에 감금했다. 이 때 행주나루터로 상륙한 해병대가 들어와 치안대가 잡아 놓은 인민위원장을 넘기라고 하자 치안대원들이 화전리 인민위원장 황 모 씨를 넘겼다. 그러자 그 자리에서 해병대가 황 씨를 뒤에서 총을 쏘아 사살했으며 공 모 씨는 이 모습을 직접 목격했다고 증언했다.

지 모 씨 역시 국군 수복 직후 치안대 사무실로 쓰였던 화전리 주민 김 모 씨 소유의 한옥집 사랑채로 끌려 가 여러 날 감금됐다 신도지서로 넘겨졌다. 살아 남은 지 모 씨와 김 모 씨 등 부역 혐의자들은 마을 주민들의 탄원에 의해 신도지서에서 풀려났으나 얼마 지나지 않아 다시 이웃 마을 덕은리 치안대 최 모 씨, 김 모 씨 등 4명에 의해 1950년 10월 20일 화전리 계곡으로 끌려 가 학살당했다.

국가의 존립 목적은 인간 존중, 사회적 약자 보호, 사회 정의의 실현 등이며 국가권력은 폭력으로부터 국민의 안전을 지켜야 하는 의무가 있다. 그런데도 국가 기구인 고양경찰서가 6·25 전쟁 기간 동안 치안대·태극단 등의 우익단체를 지휘해 민간인을 불법적으로 집단 학살한 것은 명백히 반인권적인 국가범죄에 해당된다는 게 중론이다.

진실화해를 위한 과거사 정리위원회는 지난 2007년 6월 26일 고양 금정굴 학살 사건이 경찰에 의한 불법적인 집단학살(Genocide) 사건이었고, 당시 전시 계엄 하에서 경인지구 계엄사령부가 모든 상황을 통제·감독하고 있었기 때문에 금정굴 학살 사건의 최종 책임은 국가에 있으며, 국가가 공식적으로 사과할 것과 고양시가 금정굴에 화해와 상생을 위한 평화공원을 설립하고, 영구적인 유해안치소 설치를 권고하는 진실규명 결정을 내렸다. 하지만, 현재까지 금정굴 평화공원은 조성되지 않았으며, 지난 2013년 유족과 고양지역 시민사회는 힘을 모아 (재)금정굴인권평화재단(www.gjpeace.or.kr)을 설립해 희생자 위령사업과 함께 다양한 인권·평화운동을 펼치고 있다.

양평 양민 학살사건

양평 지역도 6·25 전쟁의 잔혹한 발톱을 피할 수는 없었다. 단지, 일부 희생자들은 인천상륙작전 등으로 반격에 나선 국군과 유엔군 등에 밀려 퇴각하는 북한군에 의해 희생당했다는 점에서 경찰 등에 의해 희생된 고양 금정굴 양민 집단 학살사건과는 대조적이다. 피해 규모는 고양 금정굴 양민 집단 학살사건과 비슷한 규모인 것으로 파악되고 있다.

특히, 북한군에 의해 희생된 이들의 유족인 강 모 씨 등 31명은 1950년 9월 26일부터 9월 30일까지 유엔군의 인천상륙작전으로 후퇴하던 북한군과 정치보위부 내무서원(시·군 사회안전기관원)에 의해 양평군 양평읍·용문면·옥천면·강상면·양서면 주민 600여 명이 희생됐다며 진실 규명을 신청했다.

조사 결과에 따르면 희생자들은 1950년 9월 22일~26일 새벽 사이 각 면 지서로 연행돼 9월 26일을 전후해 양평읍 내무서와 양평경찰서 등에 감금됐고, 9월 말 한강변 백사장에서 집단 총살된 것으로 확인됐다.

희생자들의 시신은 국군이 양평을 수복한 10월 1일 이후 유가족에 의해 수습됐다. 적대 세력이 유엔군과 국군에 협력했거나 협력 가능성이 있다고 보고 희생자들을 학살한 것으로 보인다. 최근까지 밝혀진 희생자들의 나이는 20~40대(52명)가 가장 많았다. 대부분이 농업에 종사했고 이들 가운데 대한청년단 활동을 했던 사람이 31명, 공무원 12명, 국민회와 대한국민당 등에서 활동한 사람도 7명이 포함됐다.

사건 관련 신청인과 참고인들은 미 육군 기밀문서 등을 통해 북한군·북로당원·내무서원·정치보위부원을 가해 세력으로 지목하고 있다. 하지만 가해 당시 상황을 직접 목격한 증언이 없고, 자료 내용도 사건 발생 뒤 피해 상황을 중심으로 기록한 것으로 특정인을 가해자로 지목하거나 그(들)의 군적 또는 기관 소속을 확정하기는 어려운 것으로 보인다.

남한강 비롯해 양평 전역서 무참하게 희생당한 민간인들

고양 금정굴 양민 집단 학살사건처럼 경찰 등에 의해 희생된 사례에 대해서도 구체적으로 들어가 보자. 이른 바 북한군에 협력했다는 부역 혐의로 학살당한 주민들도 상당수에 이르는 것으로 파악됐기 때문이다. 이 같은 유형의 양평지역 민간인 희생사건은 1950년 10월 양평 전역에서 진행된 것으로 파악됐다. 이런 가운데, 권 모 씨 등 5명의 유족들은 신 모 씨 외 36명을 포함한 주민 수백 명이 9·28수복 후 부역 혐의자와 가족이라는 이유로 국군 제8사단·양평경찰서와 그 지휘를 받았던 대한청년단 및 청년방위대 등에 의해 희생당했다고 주장하며 진실 규명을 신청했다.

조사에 따르면 1950년 10월 1일 국군의 양평지역 수복 이후 국군 제8사단·양평경찰서·청년방위대는 지역 주민 가운데 북한군 점령시기에 부역한 혐의가 있는 주민과 그의 가족을 현장에서, 혹은 연행해 살해했다.

강상면 송학리에서는 1950년 10월 5일 신 모 씨 등 4명이 양평경찰서에 간혀 있다가 1950년 10월 14~16일 양평읍 양근리 떠드렁산에서 희생당했다. 양서면 목왕리에서는 1950년 10월 22일 부역 혐의를 받던 양서면 목왕리 주민 허모 씨 등이 양서지서로 끌려간 후 11월 9일 양수리 강변, 떠드렁산 등지에서 살해당했다.

양평읍 덕평리에서는 1950년 10월 2일 덕평리 노 모 씨와 덕평리에 이웃한 신애리 주민 40여 명이 부역자의 가족이란 이유로 도장굴 공동묘지 입구와 신애리 공회당 부근 등지에서 살해당했다. 양평읍 양근리에서도 1950년 10월 양평읍 양곡창고에 갇혀 있던 200여 명의 부역 혐의자와 가족들이 경찰에 의해 떠드렁산 아래에서 집단으로 살해당했다. 양평읍 창대리에서는 1950년 10월 23일 양동면 쌍학리 주민 심 모 씨 외 5명이 청년방위대 양평지대원들에 의해 양평읍 창대리 뒷산에서 살해당했고, 용문면에서는 1950년 10월 부역 혐의를 받아 용문지서 유치장에 갇혀 있던 용문면 주민 200여 명이 용문지서 경찰관과 청년방위대 등에 의해 용문역 근처 폭탄 구덩이와 용문 성당 골짜기 등지에서 살해당했다.

1950년 10월 27일 용문면 신점리 신 모 씨와 또 다른 신 모 씨 등의 가족이 부역 혐의자의 가족이란 이유로 흙고개로 끌려가 희생당했고, 1950년 12월 신점리 이 모 씨 등이 후퇴하던 북한군들을 도와줬다는 혐의로 용문사 입구 흙구덩이에서 희생당했다.

지제면에서도 9·28 수복 이후 지제지서 임시 유치장인 지제면사무소 양곡창고에 갇혀 있던 지제면 부역 혐의자와 가족 100여 명이 경찰과 청년방위대원 등에게 끌려가 1950년 10월 21일 지제면사무소 철길 건너 뒷산 골짜기에서 집단으로 희생당했다. 이 외에도 옥천면 밤나무 숲에서도 20여 명이 희생당했다.

국군 수복 후 희생자들을 연행한 조직은 주로 치안대원·청년방위대원이었다. 현장에서 직접 총살을 집행한 주체는 군·경·청년방위대였다. 국군 수복 초기인 1950년 10월 2일에는 수복작전을 수행하던 국군이 직접 살해했고, 국군이 떠난 후에는 주로 양평경찰서의 지휘·감독 아래 양평경찰서 소속 경찰관이 살해했다. 그러나 일부 지역에서는 청년방위대 감찰직책 대원들이 살해한 경우도 있었던 것으로 확인됐다. 희생자들은 부역 혐의자 이외에 가족까지 포함됐다. 부녀자는 물론 어린 아이들도 함께 희생됐다.

기한 지났다고 배상 안 해줘…아직도 비극 치유되지 못해

양평 지역에서 6·25 전쟁 기간 동안 부역 혐의 등으로 희생당한 사건의 유족들은 지난 2012년 3월 국가를 상대로 손해배상 소송을 냈다. 하지만, 대법원은 "시효가 완료된 사건"이라며 이를 기각했다. 앞서, 정부의 관련 부처는 양평 부역 혐의 희생사건 관련자들의 진실규명 신청을 접수·조사한 뒤 지난 2009년 2월 16일 신 모 씨 등 9명에 대해 진실 규명 결정을 내렸다. 이에 유족들은 지난 2012년 3월 7일 소송을 냈다.

1심 재판부는 "원고에게 위자료 6천981만 원, 나머지 원고 4명에게는 각각 4천654만 원 등을 지급하라"고 판결했다. 2심을 통해서도 소멸시효가 이미 지났다는 국가의 주장을 기각하고 지난 2012년 3월 희생자의 자녀 4명에게 각각 6천399만 원을 지급하라고 판결했다.

그러나 대법원은 이 결정을 뒤집었다. 당시 대법원 2부(주심 신영철 대법관)는 "정부의 관련 부처가 지난 2009년 2월 16일 '양평 부역혐의 희생사건'에 대한 진실 규명 결정을 내렸고, 피해자인 원고들은 진실 규명 결정이 내려진 지 3년이 지나 소멸시효가 완성된 후 소를 제기했다"며 기각했다.

결국, 양평 지역에서 6·25 전쟁 기간인 지난 1950년 부역 혐의 등으로 희생을 당한 사건의 유족들은 정부의 관련 부처가 진실 규명 결정을 내린 지 3년이 경과돼 소멸시효가 완성됐다는 이유로 보상을 받지 못하고 있다. 그래서 이들에겐 70여 년 전의 비극이 아직도 '현재 진행형'이다.

한편, 양평군은 정부의 관련 부처의 권고에 따라 지난 2010년 6월 16일 희생자들을 위한 합동위령제를 지냈다. 이 외에도 한국자유총연맹 양평군지회는 매년 10월 갈산공원에 세워진 희생자 추모비에서 위령제를 열고 있다.

허행윤 전 경기일보 문화부 부장

3부

남북 대치

남파공작원 청와대 습격사건

지난 1953년에 정전협정이 체결된 한국전쟁은 아직도 끝나지 않은 미완(未完)의 전쟁이다. 끝나지 않고 70여 년 동안 쉬고 있는 전쟁이기 때문이다. 수백만 명의 인명이 희생된 6 · 25 전쟁은 이후 한반도에 정치, 사회, 경제, 문화적으로 크고 작은 영향을 미쳤다. 특히, 상대적으로 이질적인 정권이 남한과 북한에 수립되면서 군사적인 경쟁도 전쟁만큼 무서울 정도로 치열했다. 이런 가운데, 마침내 지난 1960년대 후반 북한은 수십 명의 무장공비들을 서울 한복판까지 침투시키는 사태가 발생했다. 1 · 21 사태가 바로 그것이다.

북한 민족보위성 정찰국 소속 124군부대 무장공비(공작원) 31명이 청와대를 습격해 고故 박정희 대통령을 암살하기 위해 서울 세검정 고개까지 침투했던 사태가 발생한 시기는 지난 1968년 1월 21일이었다.

총 침투한 31명 가운데 사살 29명, 미확인 1명, 투항 1명(당시 김신조 북한군 소위, 현 목사로 재직 중) 등의 전과를 올렸다. 유일한 생존자의 이름을 따서 이 사건을 일명 '김신조 사건'이라고도 부른다. 당시 투항한 김신조 소위는 이튿날 열린 기자회견을 통해 침투 목적을 묻는 기자들에게 "박정희 모가지 따러 왔수다!"라고 밝혀 온 국민을 경악하게 만들기도 했다.

원래 북한에서 최초로 세운 작전은 세 자리 숫자의 병력을 침투시켜 본대는 청와대를 기습, 고故 박정희 대통령을 암살하고 나머지는 각 조별로 미 대사관

공격 및 요인 암살, 국방부 공격 및 요인 암살, 교도소 공격 후 죄수 석방 등 서울 시내에 총체적인 대혼란을 유도하고 석방시킨 죄수와 공격조가 동반 월북 후에 삐라를 뿌려 남한 내 반정부 세력의 의거로 꾸민다는 대규모 계획이었던 것으로 당국의 조사 결과 밝혀졌다.

한마디로 한국판 대공세를 노렸다는 것이 당시 대북 전문가들의 한결 같은 분석이었다. 그러나 여러 가지 현실적인 이유로 작전을 축소, 30여 명을 침투시켜 청와대를 습격하는 것으로 최종적인 결정이 난 것으로 당시 정부 당국의 조사 결과 드러났다. 참고로 당시 김신조 소위는 원래 교도소 공격조였던 것으로 조사 결과 밝혀졌다.

이 사태를 제대로 복기해보자. 지난 1968년 1월 13일 북한군 정찰국장으로부터 청와대 습격에 관한 구체적인 지시를 받은 124 부대원 31명은 같은 해 1월 16일 밤 10시께 황해북도 연산군의 제6기지를 차량으로 출발한다. 같은 해 1월 18일 휴전선을 돌파했다. 같은 해 1월 19일 꽁꽁 얼어붙어 있던 임진강을 걸어 횡단한 뒤 경기도 고양시(당시는 고양군) 삼봉산에서 하룻밤을 보낸다. 이후 같은 해 1월 20일 앵무봉을 통과해 비봉~승가사로 이어지는 산악길을 타고 같은 해 1월 21일 밤에는 세검정파출소 관할 자하문 초소에까지 이른다.

이때 북한의 암호 지령이 내려왔으나 해독하지 못했던 것으로 정부 당국의 조사 결과 밝혀졌다. 당시 침투한 병력 가운데 암호를 전담하는 인원이 없었던 것으로 알려졌다.

미 육군 제2사단이 담당하고 있었던 당시의 서부 철책선 근무는 허점들이 너무 많았다. 특히 미군과 한국군의 담당 지역 경계선을 따라 침투, 더욱 손쉽게 돌파가 가능했다고 한다.

124 부대원들은 경기도 파주시(당시는 파주군) 법원리 초리골 야산에서 우연히 나무꾼 우 씨 3형제와 마주쳤는데, 눈 덮인 산에서 시체를 처리하는 것이 번거롭다는 점과 (부대원들 사이에서) 프롤레타리아 계급인데 설마 신고를 하겠느냐는 의견이 많았다는 이유 등으로 인해 투표를 통해 그들을 살려주기로 하고 "신고하면 가족들을 모두 몰살 시키겠다"고 위협하며 풀어주었던 것으로 정부 당국의 조사 결과 확인됐다. 나무꾼 형제는 그러나 곧바로 인근 파출소로 달려가 신고했던 것으로 알려졌다. 일설에 따르면 이들은 우 씨 3형제를 "동무"라고 불렀다고 한다. 이를 들은 나무꾼 형제들은 "저것들 공비구만"이라고 말하면서 기겁했다고 한 것으로 알려졌다.

방첩대 마크만 보고 알아서 열어준 통제선…허술했던 경비 시스템

이 같은 치명적인 실책을 범해 나무꾼들이 경찰에 신고했음에도 불구하고, 이들은 자하문 초소에 도달하기 전까지 아무 검문도 받지 않았던 것으로 정부 당국의 조사 결과 드러났다. 당시 무소불위의 권력을 휘두르던 방첩대 마크 때문이었다고 한다. 이들이 군복의 방첩대 마크를 내보이면서 방첩대만 언급하면 경찰이고 군부대고 달려 나와 무조건 열어줬던 것으로 정부 당국의 조사 결과 밝혀졌다.

자하문 초소에 당도한 124 부대원 31명은 지난 1968년 1월 21일 오전 9시 50분께 이곳을 지키던 종로경찰서 소속 형사 2명에게 검문을 받게 된다. 부대원들은 이전처럼 "우리는 CIC(방첩대) 소속 대원이다. 특수훈련을 마치고 복귀 중인

데 방해하지 말고 비키라"고 다그쳤다. 하지만 형사들이 끝까지 물고 늘어져 시간이 지체됐고 무전으로 연락을 받은 고故 최규식 종로경찰서장과 경찰 병력이 그들의 진군을 막아섰다.

이때 버스 2대가 길을 따라 올라오는 것을 보자 이를 지원 병력으로 오인한 124 부대원들은 경찰 병력에게 총기를 난사하고 버스에 수류탄을 던진 뒤 사방으로 흩어져 달아났다. 김신조 목사의 회고에 따르면 이들은 당시 버스에 국군 병력이 대거 타고 있다고 오인했지만, 사실은 그냥 시내버스였던 것으로 확인됐다.

고故 최규식 총경은 지근거리에서 여러 발을 맞아 현장에서 전사했고 검문을 하며 시간을 끌던 고故 정종수 경사는 동료 형사와 함께 무장공비 1명을 생포했으나 이후 후퇴하는 공비들의 총에 중상을 입고 이후 치료를 받던 도중 숨졌다. 이 외에도 많은 경찰이 부상당했으며, 버스에 던진 수류탄으로 인해 민간인인 버스 승객 3명이 사망했다.

이곳에서 생포된 무장공비 김춘식 소위는 치안국으로 압송돼 무장 해제를 받던 도중 실수로 수류탄 핀이 뽑히는 바람에 어처구니없게 폭사해 버렸다. 이후 크고 작은 전투를 통해 29명 사살, 1명 투항(김신조 소위), 미확인 1명 등이 발생했다. 우리 측의 피해도 상당했다. 고故 최규식 서장을 비롯해 제1보병사단 제15연대장 이익수 대령이 교전 중 피격당해 전사했다. 특히 도주 과정에서 무차별 사격으로 민간인 피해가 여러 건 발생하기도 했다. 결혼할 예정이던 여성이나 경복중학교(현 경복고교) 수위 등 일반인, 심지어는 참관 겸 작전 지도 차 온 주한미군 병사도 사망할 정도였다. 모두 32명 사망(군 장병 25명, 민간인 7명)에 52명이 부상을 당했다.

이들 무장공비를 지휘했던 김신조 소위의 생포 과정을 들여다보자.

지난 1968년 1월 22일 새벽 2시 25분께 제30보병사단 제92연대 잠정 1개 중대와 5분 대기조가 인왕산 하단의 세검정 계곡에 있던 독립가옥에서 무장공비를 발견했다. 상당한 교전을 주고받다가 군이 "나오면 살려 준다"고 회유하자, 결국 무장공비 1명이 수류탄을 들고 나왔다. 자폭할 수도 있는데 그냥 떨어트리고 손을 들고 나왔다. 그가 바로 김신조 소위였다. 이 때문에 국방부의 공식적인 기록은 생포였고, 세월이 흐른 후 책이나 언론 등은 투항이나 자수라는 용어로 기록됐다. 김신조 소위는 아예 독립가옥에서 전투가 없었고 자신은 검문을 피하기 위해 무기와 장비 등을 모두 묻어두고, 자폭용 수류탄 한발만 들고 있었다고 한다.

지난 1968년 1월 22일 새벽 4시 15분께 김신조 소위를 인계 받은 방첩대는 그를 보자마자 "무기를 어디에 숨겼느냐"고 물었다. 김신조 소위의 직접 안내로 특공대원 25명은 전날 김신조 소위가 매복했던 비봉 승가사 옆 200m 지점에서 찾아 침투 시 일부 장비를 회수했다. 이후에도 김신조 소위는 정보 제공 등의 방법으로 공비 소탕에 대해 적극적으로 협조했다.

당시는 공비들이 엄청난 능력을 갖추고 있었다는 인식이 강했다. 이때의 무장 공비 사건으로 김신조 소위의 증언에 따르면 체포 후 자신과 함께 산악지대를 누볐던 남한 특공대원들이 북한에서 특수훈련을 받은 자신하고 실력이 똑같았다고 진술했다. 김신조 소위가 산에서 뛰었는데도 특공대원들이 옆에 딱 달라붙어 뛰었다고 한다.

이 사건으로 김신조 루트로 불리던 경기도 양주시(당시는 양주군)부터 서울 우이동까지 북한산 자락을 잇는 우이령길 6.8km가 민간인 출입금지구역으로 지정됐다. 이 길은 지난 2010년 2월 27일 41년 만에 민간에 개방됐다. 현재는 서울 북악산에 소재하고 있는 김신조 루트가 트레킹 코스로 개발돼 북악 하늘길의 제2산책로로 일반에게 개방되고 있다. 북한산 우이령길은 북한산 둘레길의 한 코스로 개방됐다.

"박정희 모가지 따러 왔수다!"…육군 방첩대, 육군 보안사령부로 개편

처음 이 사건 수사를 맡은 부대는 육군 방첩대였던 것으로 알려졌다. 이런 가운데, 방첩대는 김신조 소위에 대한 공작을 철저히 해서 그가 북한을 비난하는 쪽으로 기자회견을 하도록 만들어야만 했던 것으로 알려졌다. 이 같은 과정을 생략하고 기자회견에 내보내 "박정희 모가지 따러 왔수다!"는 말이 실시간으로 전국으로 생중계 되는 해프닝이 벌어지면서 전 국민이 기절초풍했다. 웬만해선 정치 개입을 하지 않던 고故 육영수 여사가 방첩대에 한마디 하기까지 했던 것으로 알려졌다. 사건 직후 윤필용 육군 방첩대장(준장)은 육군 보병 제20사단장으로 좌천되고 후임 육군 방첩대장에 김재규가 임명됐다. 사건의 여파로 육군 방첩대의 위세가 꺾이고, 중앙정보부가 득세한다. 육군 방첩대는 몇 달 후 육군 보안사령부로 전면 개편됐다.

이 사태를 진압한 부대가 당시는 서울지역 향토 예비 보병사단이었던 육군 제30보병사단이었는데 이 일로 제1땅굴을 발견한 육군제25보병사단과 함께 이름을 떨치기 시작했다. 김신조 소위의 증언에 따르면 당시 현장의 지휘관이 전두환 전 대통령이었고, 동원된 장갑차의 사격으로 동료들이 사살 당하면서 공비들이 패닉에 빠져 지리멸렬하기 시작했다고 전해진다.

이로부터 4년 뒤 이후락 당시 중앙정보부장이 비밀리에 북한을 방문했을 때 김일성 주석이 심야 만찬을 베풀며 이 사건에 대해 사과했다고 전해진다. 이 때 김일성 주석이 이런 발언을 남긴 것으로 알려졌다. "청와대 습격은 우리 공화국 내부의 극좌 분자들이 임의로 일으킨 사건이오. 박정희를 죽인다고 남조선이 없어지겠소? 나를 죽인다고 우리 공화국이 없어지겠소?(그렇지 않다는 점에서) 같은 논리란 말이오. 이 사건을 보고 받은 뒤 관련자들을 모두 철직(해임)시켰소. 남조선으로 돌아가거든 박정희에게는 미안한 일이 되었다고 꼭 전해주시오."

당시 이 사건을 계획한 북측 인사로는 김창봉, 허봉학, 김정태 등이었는데, 이들은 대남사업으로 업적을 쌓아 김일성 주석에게 신임을 얻고 난 뒤 김일성 주석의 동생이자 권력 서열 2인자였던 당시 노동당 조직부장 김영주를 끌어내리고 군과 당권 등을 장악해 김일성 주석의 뒤를 이으려는 욕심으로 일어났다고 알려졌다. 이 같은 일이 벌어진 것은 지난 1962년 이후 국방력을 강화하면서 군부의 힘이 엄청나게 커졌기 때문으로 분석된다.

민주화운동 탄압과 교련 실시 등 1·21 사태로 우리에게 남겨진 유산

흔히 1·21 사태로 후세에 알려진 이 사건은 지난 1968년 1월 13일 조선민주주의인민공화국 민족보위성 정찰국의 124부대 소속 31명이 조선인민군 정찰국장인 김정태로부터 청와대 습격과 요인 암살 지령을 받아, 대한민국 국군의 복장과 수류탄 및 기관단총 등으로 무장하고, 같은 해 1월 17일 자정을 기해 휴전선 군사분계선을 넘어 야간을 이용해 대한민국 수도권에 잠입하면서 발생했다. 이들은 청운동 세검정 고개의 창의문을 통과하려다 비상근무 중이던 경찰의 불심검문으로 정체가 드러나자, 수류탄 및 기관단총을 쏘면서 극렬하게 저항했다.

대한민국 군·경은 비상경계 태세를 확립하고 현장으로 출동, 소탕 작전을 벌였으며, 경기도 일원에 걸쳐 군경합동수색전을 같은 해 1월 31일까지 펼쳤다. 현장에서 비상근무를 지휘하던 고故 최규식 종로경찰서장은 총탄에 맞아 숨졌고, 124부대 소속 31명 중 29명이 사살되고 지휘자인 김신조 소위는 투항했으며, 한 명은 도주해 북으로 넘어갔다. 도주한 이는 조선인민군 대장인 박재경으로, 총정치국 부총국장을 역임하고 지난 2000년과 2007년 방한해 송이버섯을 선물하기도 했다.

시도는 미수에 그쳤으나, 이 사건 이후에 남-북 간의 군사적 긴장관계를 이유로 고故 박정희 대통령은 '국가안보 우선주의'를 선언했다. 국가안보 우선주의는 노동조합과 민주화 운동을 탄압하는 근거가 됐으며, 대한민국 예비군과 육군3사관학교 등이 창설되고 고등학교와 대학교 등지에서 교련 교육이 실시되는 계기도 됐다.

특히, 대한민국은 이 사건 이후 특수 부대인 684 부대를 비밀리에 조직해 보복성 공격을 계획했으나, 미국과 소련 사이에 긴장완화(데탕트) 분위기가 조성되면서 불발에 그쳤다.

김일성 주석은 지난 1972년 7·4 남북 공동 성명으로, 평양을 방문한 이후락 전 대한민국 중앙정보부장과의 오찬 자리를 통해 1·21 사태에 대해 자신은 아는 바가 없었다고 말했다. 그러나 1·21 사태 당시 남파 공작원이자 지휘자였던 김신조 소위는 이를 조선민주주의인민공화국의 상투적 거짓말이라고 진술했다.

지난 2013년 10월 24일 평화문제연구소 창립 30주년 기념식에서 청샤오허(成曉河) 중국 인민대학 교수는 김일성 주석이 지난 1965년 제2차 한국 전쟁을 계획했지만 중국이 거부했다는 중국 외교부 기밀해제 문서(No.106-01480-07)를 공개했다.

당시 추정 인원이나 생사 불명 인원 등에 대해서는 말이 상당히 많았다. 일단 시체의 신원 확인도 김신조 소위의 입회하에서 이뤄졌지만 머리가 으스러지거나 화염방사기에 의해 구워진 시체들이 많아 식별은 본인도 어려웠다고 한다.

1980년대 자료에는 생사불명 1명은 북한에 가서 죽었다는 이야기도 있고, 사실은 32명이었는데 하나는 살고 하나는 북에 올라가 부상으로 사망했다는 이야기도 돌았다. 인터넷에 떠도는 자료 가운데는 3명이 살아 도주했는데 박재경 외에 2명은 숙청됐다는 자료도 있다.

목사로 재직 중인 당시 지휘자 김신조 소위는 지난 2004년 언론과의 인터뷰를 통해 "이 한명은 북한으로 도주했으며, 이후 지난 2000년 송이버섯을 들고 서울 땅을 밟은 박재경 대장"이라고 주장했다.

1·21 청와대 습격사건 당시 생포자였던 김신조의 전격 증언

지난 1968년 1·21 사태 당시 유일하게 생포됐던 당시 지휘자 김신조 소위(현재는 목사로 재직 중)가 언론을 통해 반세기 동안 가슴 속에 묻어두었던 비밀을 털어놓았다. 그는 인터뷰를 통해 당시 북한으로 도주한 1명의 무장공비가 북한인민군 대장 박재경 총정치국 부총국장이라고 주장했다. 박 부총국장은 실제로 지난 2000년 9월 김정일 국방위원장의 특사자격으로 남한을 방문한 김용순 당 중앙위 비서를 수행해 송이버섯을 전달했던 인물로 북한 군부 최고 실세 중 한 사람인 것으로 밝혀졌다.

김 목사는 이어 "남북정상회담과 박근혜 전 대통령의 옛 한나라당 국회의원 시절 방북 당시 김정일 위원장이 1·21 사태 책임자를 모두 숙청했다고 했는데 그건 사실과 다르다"며 "1·21 사태를 주도했던 책임자들은 지금까지도 북한 군부 실세로 남아 있다"고 주장하기도 했다.

김 목사의 1·21 청와대 습격사건 당시의 증언을 토대로 흥미로운 사실이 드러나기도 했다.

강우석 감독이 메가폰을 잡고 배우 안성기와 설경구, 허준호, 정재영, 임원희 등이 열연한 가운데 지난 2003년 개봉, 가장 최단 시간에 관객 1천만 명을 돌파한 영화 '실미도'에 이 영화를 있도록 만든 장본인이나 다름없는 인물이 첫 장면에 등장한다.

지난 1968년 1월 21일 밤 청와대를 습격하기 위해 중무장한 북한 특수부대원 31명이 남하하는 장면이 그것이다. 이들은 한미 군·경합동수색대와 교전하던 중 대부분 사살됐다. 당시 유일하게 생포된 지휘자 김신조 소위. 그가 없었다면 북파특수부대가 만들어지지 않았고, 시나리오의 바탕이 된 '실미도 특수부대원 반란사건'도, 영화도 없었을지 모른다.

영화 속에서 김신조 소위 역을 맡은 연기자는 군인들에게 체포돼 입에 재갈이 물리고, 잠시 후 기자회견장에서 섬뜩한 한마디를 내뱉는다. "박정희 목을 따러 왔수다."

지난 1968년 사건 당시 신문 보도 내용에 따르면 김 소위는 지난 1968년 1월 22일 새벽 3시께 생포됐고 16시간 뒤인, 같은 날 오후 7시부터 30분 동안 육군방첩부대 회의실에서 기자회견을 가졌다. 당시 기자회견 내용 중 일부를 발췌해본다.

- 성명과 연령, 본적, 주소는.
"김신조, 27세입니다. 본적은 함북 청진시 어항동이고, 주소는 청진시 청암3구역 청양동 제3반입니다. 생년월일은 1942년 6월 2일입니다."

- 소속과 계급은.
"조선인민군 제124군부대, 소위입니다."

- 북한에 부모는 있는가. 그 밖의 가족들은.
"부모님은 청진시에 계십니다. 아버지는 김중엽, 어머니는 이분옥인데 직조공장 노동자입니다. 경숙 등 3명의 누이동생이 부모님과 같이 삽니다."

- 자하문에서 경찰과 충돌하기 전까지 군·경 수색대를 본 적은 없는가.
"아무도 만나지 못했고 간첩작전을 벌이고 있는 줄도 몰랐습니다. 당초 계획대로 내려왔는데 막는 사람들이 없었습니다."

- 이번 임무는.
"박정희 모가지를 떼고, 수하 간부들을 총살하는 것입니다."

- 청와대 습격작전 계획은.
"31명이 5명 내지 7명씩 6개조로 나눠 1조에서 5조까지는 청와대 1층, 2층, 경호실, 비서실, 정문위병소 등의 격파를 분담하고 나머지 1개조는 습격이 성공했을 때 청와대 수송부 자동차를 탈취해 문산까지 나가 임진강을 도강하는 것입니다."

- 성공할 줄 알았는가.

"실패는 생각지도 않았고, 만약의 경우 죽음은 각오했습니다."

- 지금 심경은.

"아무렇게나 처리해도 좋습니다. 여기 인민들에게는 많은 죄를 지었다고 생각합니다."

그로부터 반세기가 흐른 시점에서 김신조 소위는 목사로 재직하고 있다. 그는 지난 2003년 영화 '실미도'가 흥행하는 것에 무척 못마땅했던 것으로 알려졌다. 특히 자신의 이름이 다시금 언론 지상에 오르내리면서 일반인의 주목을 받는 것 자체를 무척 부담스러워했던 것으로 전해진다. 북한에 두고 온 가족, 함께 남파됐다 사살된 부대원들의 시체 등 악몽 같은 과거의 기억을 떠올리게 하기 때문으로 풀이된다.

그는 전혀 예상치 못한 아픔도 겪어야 했다. 김 목사는 당시 모 언론과의 인터뷰를 통해 "영화 '실미도' 때문에 아들이 파혼 당했다"며 "이 영화를 보면 어린 외손자들이 할아버지를 어떻게 생각할지 걱정이 태산"이라고 말했다. 그는 이어 "남북 대치라는 역사적 상황에서 개인이 희생당한 사건이 많지 않았나. 사건이 발생한 지 반세기가 흐른 후 상업적으로 제작된 한 편의 영화로 인해 (아픈 과거가 되살아난다면) 행복하게 살아온 가족들에겐 너무 가혹하다"고 덧붙였던 것으로 알려졌다.

그는 영화 내용에 대해서도 불만이 많았던 것으로 알려졌다. 군 · 경에 의해 강압적으로 체포된 것이 아니라 스스로 투항한 것이라는 게 그의 주장이었다.

그는 지난 1994년 발간한 자전적 에세이 '나의 슬픈 역사를 말한다'를 통해서도 사건 당시 군 당국이 '생포'라고 발표한 것에 대해 "체포된 것이 아니고 손을 들고 순순히 투항한 것이다"라고 주장한 바 있다.

김 목사는 영화로 인해 받게 된 정신적 피해와 왜곡된 내용에 대한 법률적 대응을 위해 변호사에게 자문했지만 현행 국내법상 현실적으로 어렵다는 답변을 듣고 법적 대응을 포기한 것으로 전해졌다.

지난 2003년 연말 한 송년회 모임에 참석한 그는 매우 새롭고도 중요한 사실들을 언급했다. 이날 초청강사로 나선 김 목사는 영화 '실미도'를 의식한 듯 1·21 사태 당시 상황에 대해 장황하게 설명하기도 했었다.

위에서 살펴본 대로 지난 1968년 1월 21일 발생한 1·21 사태는 단순히 북한의 특수부대인 북한 민족보위성 산하 124군부대 공작원(무장공비)에 의해 서울 한복판, 그것도 청와대 지근거리까지 경계망이 뚫렸다는 의미 이외에도 이 사태를 계기로 주민등록번호가 부여되고 향토예비군이 창설됐으며, 고등학교와 대학 등에서 군사훈련인 교련이 시행됐다는 점에서도 던지는 메시지가 각별했다.

특히, 1·21 사태를 계기로 실미도 부대와 선갑도 부대 등 공격적인 성향의 대북 침투부대가 신설됐다 해산되는 등 어쩔 수 없었던 대한민국의 안보 민낯이 적나라하게 드러난 점도 주목할 만하다.

북파공작부대의 슬픈 최후
-실미도와 선갑도 부대-

남한과 북한은 지난 1945년 8월 15일 해방 이후 남북으로 분단되고 6 · 25 전쟁을 겪으면서 날이 거듭될수록 군사적으로 첨예하게 대립하는 등 긴장 국면을 걸었다. 이런 가운데, 지난 1968년 김신조(현재 목사로 재직 중) 일당의 북한 민족보위성 산하 124군부대 소속 무장공비 31명이 청와대 근처까지 침투한 1 · 21 사태를 계기로 대한민국에도 첩보와 북파 임무 등을 수행하는 특수 부대들이 속속 창설된다.

하지만, 지난 1972년 7 · 4 남북공동성명이 발표되면서 남북한 긴장 완화로 이들 부대원의 북한 침투 임무가 무산되자 일부 부대가 처우개선 등을 요구하며 무단이탈, 서울 대방동까지 진출하면서 총격전을 벌이기도 했다.

첩보부대 역사에 대해 들여다보자. 6 · 25 전쟁 동안 첩보부대는 동해와 서해, 육상과 공중으로 나뉘어 중국군의 참전 사실 확인, 북한군 고위 간부 납치, 주요 군사시설 파괴 등과 임무를 수행했다. 전쟁을 전후해 이들 첩보부대는 육군의 HID(Headquarters of Intelligence Detachment), 해군의 UDU(Underwater Demolition Unit), 공군의 AISU(Airforce Intelligence Service Unit) 등으로 나뉘 체제를 갖춰나가기 시작했다.

6 · 25 전쟁이 휴전 상태에 들어간 뒤 북파 공작은 무장공비로 불렸던 북측

의 침투에 대응하는 보복 공격 형태로 이뤄졌다. 각 군 첩보부대는 안전가옥 형태의 훈련소를 여러 지역에 설치해 운영했다. 육군 HID의 경우 흔히 '목장'으로 불린 청계산 훈련소를 비롯해 집 한 채와 텃밭 등이 전부인 안가가 인천, 논산, 춘천, 전곡, 인제 등 수십 곳에서 가동됐다. 해당 지역의 이름을 따서 '인천대'나 '춘천대' 등으로 불렸다. 대원이 생포되는 경우 전체 부대의 규모를 발설할 수 없도록 훈련소끼리도 거의 교류 없이 지냈다.

문제는 이들 부대 소속원 가운데 상당수가 정식 군인이 아닌 민간인 신분(이른바 '민수')이었다는 점이다. 군인을 투입했다가 생포되면 정전협정 위반으로 국제법적인 문제가 발생하는 만큼, 민간인들을 데려다 쓴 것이다. 내부적으로 군인 신분을 부여한 경우에도 군번이나 계급 등을 알려주지 않는 일이 많았다.

첩보부대 관계자들은 기차역 같은 번화가에서 "공무원 자리를 보장해준다"거나 "집을 몇 채 살 수 있는 큰돈을 주겠다"며 섭외하는 게 당시의 일반적인 방식이었던 것으로 알려졌다. 상상을 불허할 정도로 강도 높은 훈련과 보안 철저 준수 등을 강조한 폐쇄성에 따른 폐해도 컸다. 훈련을 받던 중 숨지거나 북한 지역에서 임무를 수행하다 사망해도 유가족에게 제대로 통보되지 않는 일이 잦았다. 심지어 훈련 중에 중대 범죄가 발생하면 자체적으로 즉결 처분해 살해하는 경우도 많았다. 북파공작부대가 인권 유린의 대명사로 자리매김한 배경이었다.

북한군 전방 군사시설 공격이 주를 이뤘던 북파 공작은 지난 1968년 1·21 사태로 급변한다. 북한 무장공비 31명이 고(故) 박정희 대통령을 암살하기 위해 휴전선을 넘어 서울까지 진출한 이 사건은 엄청난 충격을 던졌다. 당시 김형욱 중앙정보부장은 각 군에 기존의 첩보부대와는 별도로 후방에 침투해 김일성 주석 등 수뇌부 암살을 시도할 새로운 형태의 북파공작 기획을 지시한다. 육군 HID

는 AIU(Army Intelligence Unit)로 개편돼 '설악개발단'이라는 위장 명칭을 사용하는 등 편제가 정규화 됐고, 해병대도 별도의 첩보부대를 창설했다

자료에 따르면 조천성 HID 대장(당시 준장)이 책임졌던 새로운 형태의 부대는 형식상 군별로 하나씩 만들어졌다. 지난 1968년 4월 창설돼 684부대로 불렸던 실미도 부대는 공군 소속이었고, 선갑도 부대는 육군 소속, 장봉도 부대는 해군 소속 등이었다. 침투 용이성을 위해 북한 지역과 매우 가까운 서해 섬에 한 곳씩 주둔했다.

각 부대는 31명으로 구성돼 모두 93명이었다. 실미도 부대 대원들은 배우 안성기 등이 주연을 맡았던 영화 '실미도' 줄거리와는 달리 전과자 출신이 아니었던 것으로 알려졌다. 북파 공작부대를 통틀어 선갑도 부대만 교도소에서 사면을 약속받고 차출된 이들로 구성됐던 것으로 전해진다.

그러나 지난 1971년 8월 실미도 부대원들이 처우 개선 등을 요구하면 청와대로 가기 위해 섬을 빠져나와 청와대로 향하던 중 서울 대방동 인근에서 자폭하는 사건이 발생했다. 영화 '실미도'로 일반인들에게 알려졌던 사건이었다. 당시 대원 수십 명이 숨진 것으로 알려졌다. 이 사건이 발생하자 각 군 수뇌부 등은 나머지 두 부대도 바로 해체했다. 이 과정에서 부대원들 일부가 보안 유지를 위해 살해당하는 끔찍한 일도 벌어졌다. 여기에 이듬해 7 · 4남북공동성명이 발표됨에 따라 한국군의 북파공작 수행은 공식적으로 중단된다. 그러나 퇴역자들 사이에서는 지난 1990년대 초반까지 첩보 수집이나 북한군 전방 부대 공격을 위해 휴전선을 넘었다는 증언들이 계속 이어졌다.

1 · 21사태로 북측의 침투 대비, 실미도 부대 등 북파 부대 속속 창설

그렇다고 해도 지난 1972년을 기점으로 북파 임무 횟수가 크게 줄어든 건 사실이었고, 군 내부에서도 이들 부대 계속 유지는 비효율적이라는 비판이 계속 제기됐다. 국방부는 이에 따라 지난 1990년 정보 당국과의 협의를 거쳐 이들 부대를 배대웅 당시 중장이 사령관을 맡고 있던 국군정보사령부 산하로 통합한다. 모집형태도 지원병을 받는 형식으로 바뀌었고 곳곳에 흩어져 있던 안가가 하나둘씩 폐쇄되기 시작했다.

특수임무를 수행할 첩보부대의 규모는 날이 갈수록 줄었다. 하지만, 민주화가 진행되면서 거꾸로 이들의 존재 자체는 숨길 수 없었다. 지난 1999년 말 전직 북파 공작원들과 유족들이 명예 회복과 인권 유린에 대한 진상 규명과 보상 등을 요구하면서 시위를 벌였다. 여기에 정치권의 실체 공개가 이어지면서 정부는 지난 2002년 관련 법률을 개정, 임시방편으로 위로보상금을 지급하기에 이르지만, 정부의 공식적인 인정과 적절한 예우를 요구하는 관련자들의 시위는 이후로도 계속 진행됐다.

영화 '실미도'의 영향으로 죽으러 가는 거나 다름없는 대북침투 임무에 투입하기 위해 사형수, 조폭, 흉악범 등을 포섭해 특수부대를 만들었다고 알려져 있다. 하지만 범죄자 출신들을 모아서 만든 부대는 실미도 부대가 아니라, 같은 성격을 지닌 육군 소속의 선갑도 부대였다. 범죄자 출신들은 반사회적인 성격으로 인해 반항적이며, 절제력이 약하고, 규칙을 어기기 일쑤였다. 이들은 군대와는 상극인 성향이다. 예를 들어 범죄자 집합소로 유명해진 프랑스 육군 외인부대는 인터폴에게 협조까지 받아가며, 지원자들의 신원을 보고 범죄자가 들어올

여지를 아예 막았다. 덕분에 군기가 일반인들이 생각하는 것보다 철저하게 준수되고 크게 사고치는 일도 드물었다.

실미도 부대에 대해서는 여러 가지 해석이 나온다. 이런 가운데 하나가 실제 김일성 주석 암살이 아닌 상징적 보복의 산물이라는 지적도 있다. 정부가 정말로 김일성 주석을 암살하려고 했다면, 수많은 훈련을 받고 북파 경험도 많이 겪었을 베테랑 대원들을 동원했을 것이고, 치밀한 계획을 세웠을 것이다. 한 나라의 원수를, 범죄자 혹은 민간인을 잡아다 무인도에서 겨우 몇 개월 훈련시켜 북파 시켜 암살하려는 것 자체가 말이 되지 않고, 암살이 정식으로 시도됐다면 최소 몇 년 동안 북쪽 고정 간첩들과 긴밀한 연락을 통해 은밀하게 계획이 이뤄졌을 것이다. 하지만, 실미도 부대는 그런 점이 없었던 점이 이 같은 지적에 무게를 실어주고 있다.

실미도 부대는 지난 1968년 4월 창설됐다고 알려져 있지만, 실제 부대 창설일은 7월 7일이다. 김일성 주석 암살이라는 특수 임무를 목적으로 하는 만큼 행운의 숫자 7이 겹치는 7월 7일 실미도에서 자체적으로 창설식을 열었다고 알려졌다. 결국 지난 1968년 4월부터 부대는 존재했지만, 실질적인 창설일은 7월 7일이 되는 셈이다. 애초 3개월 동안 훈련을 완성하고 곧바로 북파 시킬 계획이었던 것으로 미뤄 이 날의 창설식을 수료식 겸 출정식으로도 볼 수 있다.

실미도 부대에 대해 좀 더 자세하게 들어가 보자.

지난 1968년 북한 특수부대의 청와대 기습사건인 1·21사태에 대한 보복 공격을 위해 양성됐던 북파 목적의 실미도 부대원은 31명이었으며 훈련을 받던 중 7명, 진압군과의 교전 중 20명이 사망한 것으로 공식 확인됐다. 행방불명된 충북 옥천의 한 마을 청년 7명 중 5명이 실미도에 갔는지를 확인해달라는 실종자 가족들의 민원과 관련, 5명의 이름이 당시 부대원 명단과 일치하는 것으로 당국의 조사 결과 밝혀졌다.

　부대원들이 서울에 진입한 실미도 사건 다음 날인 지난 1971년 8월 24일 당시 국방장관이 국회 답변 등을 통해 사건 경위를 설명하면서 "20여 명의 난동자들은 민간인"이라고 밝혔다. 이어 "최근 민원이 제기된 충청 옥천군 출신 7명 가운데 5명은 부대원 명단에서 같은 이름을 찾았지만 2명은 명단에 없었다"고 설명했다.

선갑도 부대 탄생…"백곰동지! 성공적으로 임무 마치고 돌아오갔습네다!"

이번에는 선갑도 부대의 실체에 접근해 보자. 우선 선갑도 부대는 영화 '실미도'를 통해 널리 알려진 공군 2325부대 209파견대(일명 실미도 부대)와 동일한 목적으로 창설됐다. 북한 지역 후방 침투 및 보복 테러, 주요 시설물 폭파 등을 목적으로 만들어진 특수부대로 정식 명칭은 육군 첩보부대(AIU) 산하 902 정보부대 803대다. '또 하나의' 실미도 부대, 아니 실미도 부대를 능가하는 '원조' 북파 공작부대가 서해 외딴 섬에 아무도 모르게 존재했던 셈이다.

　선갑도 부대는 당시 안양교도소에서 복역 중이던 무기수와 장기수 등 기결수들로 창설된, 이른바 수인囚人 부대였다. 임무를 마치고 돌아오면 사면한다는 조건이었던 것으로 알려졌다. 영화 '실미도'의 영향으로 실미도 부대가 사형수나 기결수 등을 대상으로 공작원을 모집한 것처럼 잘못 알려졌지만 현재까지 밝혀진 실미도 공작원 명단 가운데 교도소 출신은 한 명도 없다. 선갑도 부대만 첩보부대 사상 유일하게 복역 중인 기결수들로 구성됐던 것이다 .

애초 공군 첩보부대의 북파공작대가 실미도에 자리 잡은 것과 비교해 볼 때, AIU 산하의 북파공작대가 선갑도에 자리 잡은 것은 육지로부터의 거리, 백령도 등 북파 전진기지와의 거리 등을 두루 감안한 조치로 보인다. 선갑도는 인천으로부터 배로 약 3시간 거리에 위치해 있다. 인천국제공항과 맞붙어 있는 무의도와 어깨를 나란히 하고 있는 실미도에 비해 보안 유지가 훨씬 쉬운 절해고도絶海孤島에 만들어진 셈이다.

지난 1968년 여름 이 섬에 상륙한 기결수는 모두 12명이었다. 안양교도소에서 지난 1968년 7월 5일 동시에 사라진 무기수들이었다. 평균 나이는 26~27세. 실미도 부대원들이 대부분 20대 초반이던 사실에 비하면 꽤 많은 나이였다. 실미도 부대원들이 전국 각지에서 포섭된 데 비해 선갑도 부대원들은 안양교도소에서 한꺼번에 자원 형식으로 모집됐다는 점이 당시 부대 창설에 직 · 간접적으로 관여했던 관계자들의 설명이다. 물론 말썽의 소지를 없애기 위해 가족이나 연고자가 없는 사람 위주로 선발됐던 것으로 알려졌다.

당시 이들과 함께 훈련을 받았던 예비역 장교와 하사관들은 12명 가운데 가장 먼저 임무 수행을 나갔다 실종된 임 모 씨 만이 15년형을 받았을 뿐 나머지 11명은 무기수였던 것으로 전해진다. 12명 전원 군 복무 중 살인과 상관 상해치사 등의 범죄를 저질러 군사재판을 통해 형이 확정된 뒤 안양교도소에 복역 중인 기결수들이었던 것으로 알려졌다.

실전을 방불케 하는 스카라극장의 '특공대작전' 관람 등으로 훈련 시작

선갑도 부대는 북파 임무 수행을 위한 작전을 코앞에 두고 있었지만, 구체적인 임무 수행 장소나 목표 등은 본인들에게 전혀 알려지지 않았다. 남산에 대기하면서 국내 주요 기간시설물 등을 대상으로 하는 가상 침투훈련만 계속됐다. 관련 영화들도 보여줬다. 이 가운데 하나가 당시 스카라 극장에서 상영됐던 '특공대작전'이었던 것으로 알려졌다.

영화 '특공대작전'의 영어 원 제목은 12명의 사형수를 뜻하는 'The Dirty Dozen'이다. 선갑도 부대원으로 발령 낼 현역 기간요원에게 무기수 위주로 구성된 선갑도 부대의 모델이 된 영화를 미리 보여줘 앞으로 맡게 될 임무를 암시한 것이다.

대원들은 어떤 경로를 통해 선갑도에 들어오게 됐을까. 창설 당시 대원 12명 가운데 현재 5명이 생존해 있는 것으로 알려졌다. 지난 1969년 이후 섬에 들어온 2기생들까지 합치면 생존자 수는 더욱 늘어난다. 지금도 선갑도 대원 출신 15명이 정기적으로 연락을 주고받고 있는 것으로 전해진다. 그러나 선갑도 생존자들의 경우 죽은 자 못지않은 고통에 시달리고 있는 실정으로 알려졌다. 자녀들은 물론 부인에게조차 섬 생활을 제대로 알리지 못한 사람이 대부분이었던 것으로 전해진다.

몇 해 전 북파 공작원들이 서울 광화문 네거리에서 가스통 시위를 벌이면서 자신들의 과거에 대해 피를 토할 때 선갑도 대원들도 현장에서 자리를 지키고 있었다. '가스통 시위'를 주도한 설악단 대원들에 비해 고생한 것으로 따지자면 할 말이 더욱 많은 사람들이 선갑도 부대원들이었다. 그러나 이들은 신문이나 방송 등에 나와 큰 소리를 낼 수도, 그렇다고 불만을 토할 수도 없었다. 단순히 보안을 지켜야 한다는 철칙 때문만은 아니었다. 무기수 출신이라는 원죄가 늘 따라 다녔기 때문이다.

그러나 부대 자체가 완벽한 보안 속에 창설돼 부대 내 누구도 이 곳에서 만난 사람들에 대해 자세히 알려고 하지 않았던 것으로 전해진다. 부대장부터 말단 공작원까지 이름을 부르지 못하도록 교육받았다고 한다. 대신 이들은 계급과 신분별로 부여된 암호로 서로를 부를 수 있을 뿐이었다. 대장은 독수리, 팀장은 백곰과 흑곰, '키퍼(Keeper)'라고 불린 조교, 즉 공작 하사관들은 부엉이나 사자, 호랑이 등으로 부르는 식이었다. 교도소에서 모집된 무기수들에게도 암호명이 주어졌다. 공작원들에게는 '길주', '박천', '남포', '철원' 등과 같은 북한의 지명을 딴 암호명이 부여됐던 것으로 알려졌다.

외딴 섬에서 5년 동안이나 함께 생활했지만 이들은 지금도 자신과 같은 팀에 소속됐던 대원이 아니면 다른 팀에 소속된 동료의 이름이나 얼굴 등을 제대로 알지 못하고 있는 것으로 알려졌다. '상호 차단의 원칙'에 따라 훈련도 따로 받고 식사도 따로 하는 게 일상화됐기 때문이다. 백곰팀 대원 6명과 흑곰팀 대원 6명 등도 각각 섬의 남쪽과 북쪽 끝에 분리 수용됐던 것으로 당국의 조사 결과 밝혀졌다.

적진에 침투한 뒤 언제든지 생포될 가능성을 안고 있는 침투 공작 부대원들에게는 소속 부대와 관련된 정보를 최소한만 알려주는 건 상식이다. 공작원이 생포되면 노출될 수 있는 아군 측 정보를 최소화하기 위해서이다. 이런 공작원 수칙이 부대원들에게 체질화돼 있었던 것으로 알려졌다.

물론 부대 편성 초기에는 공작원들에게 현역 신분에 해당하는 계급을 부여했었다. 주로 하사부터 상사에 이르는 계급이 부여됐다. 그러나 이내 문제가 발생했다. 훈련 성적이나 태도 등을 기준으로 부여한 계급이 교도소 시절의 복역 경력과 충돌을 일으키는 일이 발생했기 때문이다. 교도소 신참이 상사가 되고 재소자 시절 선임이 중사가 되는 역전 현상이 일어났기 때문이다. 군인 신분이 아닌 무기수 출신 공작원들이 이런 식으로 통제될 리 없었다. 이 시도는 결국 실패하고 말았다.

정예 침투공작 요원을 양성하는 임무를 부여받은 선갑도 부대에서 가장 중요한 점은 계급이 아니었다. 북한 지역 심장부에 혼자 떨어졌을 때도 주요 시설 폭파 등의 임무를 수행하고 무사히 귀환할 수 있는 강철 같은 체력과 인내심, 담력 등이었다.

물론 이들에게는 한 번도 실제 임무가 하달되지 않아 자신의 목표가 무엇인지 확인할 길은 없었던 것으로 알려졌다. 그러나 이들은 지휘관과의 대화 속에서 수풍댐이나 함흥발전소 같은 주요 시설물을 폭파해야 한다는 암시를 받았다고 증언하고 있다. 실제 여러 차례 강원도 지역에 있는 수력발전소를 답사한 적도 있었던 것으로 조사 결과 밝혀졌다.

이들이 다른 북파 부대에 비해 훨씬 혹독한 훈련을 받으며 대북 침투요원으로 양성된 데에는 특별한 이유가 있었다. 6 · 25 전쟁이 끝난 뒤 1950~60년대 내내 계속된 대북 침투 형태는 크게 2가지로 나눠진다. 비무장지대를 통과해 휴전선 인접 지역의 목표물을 폭파하거나 사진을 촬영한 후 돌아오는 형태, 즉 전선 침투와 비행기나 기구 등을 이용해 공중으로 북한에 침투한 뒤 대형 발전소 같은 목표물을 폭파하는 형태, 즉 고공침투 방식 등이 그것이다.

전선 침투에 투입될 공작원들은 비무장 지대에 설치된 다양한 장애물을 통과하는 훈련을 집중적으로 받는다. 비무장 지대 안에는 사람이 지나간 조그만 흔적이라도 언제든지 발견될 수 있도록 철조망은 물론 모래 장애물, 실 장애물 같은 다양한 형태의 장애물이 설치돼 있다. 이처럼 다양한 장애물을 흔적도 없이 통과하는 것이 전선 침투 공작원들의 중요 임무 가운데 하나였다.

그러나 실미도나 선갑도 부대처럼 공중 침투를 목표로 하는 공작원들은 팀 단위로 움직이는 전선 침투 공작원들에 비해 숫자가 적은 3~4명이 조를 짜 움직이거나 개인별로 움직이는 경우가 많았다. 이들은 장애물 통과 요령과 함께 공중 낙하와 같은 공수훈련도 집중적으로 받아야 했다. 선갑도 부대원들도 부대 창설 후 1년 정도 지난 1969년 여름 경기도 김포의 한 공수부대에서 공수훈련을 받았다. 당시 훈련에 참여했던 한 대원은 "공수부대 출신이 아니었지만 12명이 낙하산을 메고 일렬로 떨어지고 나면 점프 경력이 50회나 되는 공수부대원보다도 잘한다는 평가를 받았다"고 증언했다.

"침투 명령을 내려달라"…그러나 끝내 미션은 내려지지 않았다

그러나 금방이라도 실전에 투입될 것처럼 급박하던 분위기는 하루 이틀 비슷한 훈련이 반복되면서 바뀌었다. 작전 지시가 내려지지 않은 상태로 계속 시간이 흐르면서 일부 대원들에게 철수 명령이 떨어졌기 때문이다. 2개 팀 중 한 팀만 우선 침투한다는 지시가 하달됐다. 대원 12명은 6명으로 줄었다. 지휘는 백곰이 맡기로 했다. 저주의 섬 선갑도로 되돌아가게 된 6명은 반발했지만 어쩔 수 없었다.

이런 가운데, 이 같은 상황 역시 오래 가지 않았다. 작전 지시만 애타게 기다리던 나머지 대원 6명도 이듬해인 지난 1969년 가을 무렵 결국 인천으로 되돌아가라는 지시를 받는다.

당시 훈련에 참여했던 한 대원은 "덕유산 훈련을 전후해 지난 1968년 김신조 사건과 유사한 사건이 한 건이라도 발생했더라면 우리는 보복 공격을 위해 즉각 투입됐을 것"이라고 증언했다. 어떤 대원은 죽음을 각오하고 무작정 바다로 뛰어들었다 기간요원들에게 붙잡혀 들어오기도 했다. 섬 생활을 견디지 못한 대원 1명이 스스로 목을 매 자살한 사고가 발생한 것도 이 무렵이었다.

일부 대원들이 섬으로 돌아가고 일부가 인천 시내 야산 지역에 있는 한 안가에 대기하고 있던 1969년 가을에는 유독 대민對民 사고도 잦았다고 한다. 한번은 인천에 주둔하던 해병대 헌병대와 선갑도 요원 간 집단 난투극이 벌어졌다. 기간요원 2명이 다방에서 차를 마시다 우연히 옆 좌석 손님들과 시비가 붙었다고 한다. 말다툼 끝에 주먹질이 오갔고 상대방은 인천에 주둔하던 해병대 안으로 도망갔다. 선갑도 부대 대원들은 해병대 측에 이들을 내놓을 것을 요구했고, 이를 거절하는 해병대 측과 실랑이가 붙었다. 결국 이들은 자고 있던 대원들을 모두 깨워 군용 트럭에 싣고 해병대 헌병대를 습격했다. 한 관계자는 "동원할 수 있는 공구란 공구는 모두 동원해 해병대 헌병대를 박살내버렸다"고 회고했다.

그러나 육군 소속의 선갑도 부대가 해병대 소속 헌병대와 난투극을 벌였으니 그냥 넘어갈 수는 없었다. 부대원들이 나중에 들은 이야기로는 당시 부대장이 해병대 고위 관계자를 찾아가 사죄한 끝에 겨우 사태가 수습됐던 것으로 알려졌다. 선갑도 부대원들로서는 중징계 사유에 해당하는 대형 사고를 저지른 셈이었다.

이 사건 이후 분위기가 크게 가라앉을 줄로만 알았던 섬에는 뜻밖에도 신기한 일이 벌어졌다고 한다. 임무 수행이 지연되면서 대원들이 제대로 통제되지 않은 상태에서 술렁이던 섬의 분위기가 갑자기 차분해지고 활력에 넘쳤다. 한 기간요원은 이 사건을 두고 "매일 맞고만 살아온 대원들이 누군가를 원 없이 패고난 뒤에 느끼는 쾌감 때문이 아니겠느냐"고 증언했다.

부대 존속이냐, 해체냐, 아니면 임무 변경이냐. 부대 운명과 관련해 어떠한 결정도 내려지지 않은 채 시간만 흘러갔다. 외딴 섬에서 대원들의 생활은 교도소 생활과는 달랐다. 게다가 각종 훈련에 나서면서 사회와 접촉하는 일도 잦아졌다. 장기 복역 중이던 기결수 출신이라는 이유만으로 대원들에게 마냥 폐쇄적인 생활을 강요할 수만은 없는 상황에 이른 것이다.

그러나 임무를 상실한 부대의 운명은 이미 정해졌다. 육지에서 새로 부임해 들어온 부대장의 재임기간도 점점 짧아지기 시작했다. 이미 정치적 상황 변화로 인해 용도 폐기 상태에 놓인 부대를 계속 운영한다는 것 자체가 어려웠다.

애물단지로 전락한 부대를 해체해야 한다는 당위성에 이의를 달 대원들은 없었다. 그러나 모든 대원이 교도소 출신의 기결수들로 구성된 부대를 어떤 방식으로 해체할 것인지에 대해서는 정해진 바가 없었다. 선갑도 부대 대원들은 아무도 모르게 베일 속에서 사라졌고, 결국 선갑도 부대는 역사에서 흔적이 지워졌다.

허행윤 전 경기일보 문화부 부장

4부

선감학원

국가가 저지른 아동인권 유린 사건,
선감학원 사건

개요[1]

선감학원은 일제강점기 1942년 설립된 소년 감화원이었다. '거리의 부랑아를 교화한다'는 명분으로 경기도 부천군 대부면 선감리(현재의 안산시 선감동)에 만든 시설이다.

    당시 경기만의 섬마을이었던 선감도에서 살던 주민 400여 명은 다른 지역으로 강제 이주 당하고, 학원 운영에 필요한 보조인원 15가구 70여 명만 남겨두었다.

    1942년 5월 29일 개원한 선감학원은 서울과 경기도 일대에서 '불량행위를 하거나 불량행위를 할 우려가 있다'며 '부랑아'라는 이름으로 붙잡아 온 어린이 195명을 1차로 수용한다. 이후 40년 동안 운영된 선감학원에서는 국가에 의한 아동인권 유린이 자행되었다.

    감화원이란 불량소년이나 소년 범죄자를 형법적인 처벌보다는 교육을 통

---

1) 인천일보(2016. 8. 8. 9. 16)에 보도된 '경기만 평화생태기행' 7.8.9 '안산 선감학원의 비극' 내용을 중심으로 정리하였다.

해 교화함으로써 이들을 구제하고 범죄를 미연에 방지하려는 목적으로 만들어진 시설을 말한다.

하지만 일제는 감화보다는 군사인력을 양성하는 것이 우선이었다. 태평양 전쟁에 필요한 인적 · 물적 자원을 수탈하기에 바쁜 시기였기 때문이다. 그 무렵, 식민지 조선은 일제의 수탈로 농민들이 도시 빈민으로 전락하고, 아이들은 거리에서 유리걸식하였다.

선감학원 원생들은 '부랑아 갱생과 교육'이라는 목표와는 다르게 실제는 농업, 광업, 전쟁 등에 필요한 인적 자원으로 이용된 것이다. 사실상 선감학원은 어린 소년들을 전쟁의 소모품으로 이용하기 위한 강제 수용소였다.

1942년 일제가 세운 선감학원은 해방 이후 미군정을 거쳐 경기도가 관할권을 이관 받아 1946년~1982년까지 부랑아 수용시설로 계속 운영되었다. 해방 이후 모두 5759명이 입소한 것으로 추정되고 있다. 그곳에서 8~18세 아동 · 청소년들이 노역과 학대, 폭행, 고문, 굶주림 등 '국가에 의한 아동 인권유린'을 당하였다.

선감학원은 일제강점기에는 조선총독부가 공포한 조선감화령을 근거로 설치했으며, 해방 이후에는 경기도 선감학원 조례 등에 따라 운영된 곳이다. 그러나 운영과 관련한 어떠한 법적인 근거도 없었고, 다만 몇 개의 조례에 근거하다 보니 어린이 인권유린이 벌어진 파행적인 운영이 불가피했다.

1945년 해방이 되자, 선감학원 원생들은 대부분 섬을 떠났다. 경기도는 1946년 선감학원의 관할권을 이관 받아 1982년까지 일제강점기 방식, 그대로 운영하였다. 6 · 25 전쟁 때 선감도에 주둔한 미군이 1954년 주한미1군단 원조사업(AFAK)으로 건물 41개 동을 신축한다. 미군이 철수한 뒤 선감학원은 다시 경기도에서 수용한다.

특히 1960년대에도 부랑아 일제단속이 지속적으로 진행되었으며, 이에 따른 부작용도 심각하였다. 5·16 이후 군사정부는 부랑아를 보호 감화의 대상이 아닌 격리의 대상으로 여겼다. 국가 체면 손상을 이유로 주요 도시와 미군 주둔지를 중심으로 마구잡이로 부랑아들을 잡아들이는 '수집'을 지시하였다. 이에 따라 강제로 진행된 단속과정에서 아동의 '인권'은 보호받지 못했으며 연고자가 명확한 아이들까지 잡아 선감학원에 넘겼다. 이 과정에서 이들의 삶은 철저히 짓밟혔다. 끌려오고 잡혀온 아이들은 섬에 감춰진 채로 매일같이 곡괭이 자루로 매질을 당하고 거친 땅을 일구는 중노동에 시달렸다.

1960년대에 수용된 원생들이 이제 환갑을 넘긴 노년이다. 생존자들은 증언하고 있다. 그 정확한 숫자를 헤아릴 수는 없지만 많은 원생들이 맞아 죽고, 굶어 죽고, 병들어 죽고, 탈출하다가 물살에 떠밀려 죽고, 노역에 시달려 죽었다고. 그리고 쌀가마 등에 쌓인 채 선감학원 맞은편 야산에 봉분도 묘비도 없이 묻힌 자리 위에 또 다른 아이를 묻었다고 한다.

선감학원에 들어왔다가 인권의 사각지대에서 배고픔과 자유를 찾아 탈출을 기도하거나, 구타, 영양실조 등으로 죽은 아동들은 선감도의 야산인 우물재산(경기창작센터 맞은편) 선감묘역에 봉분도 없이 '떼무덤'으로 집단 암매장되어 있다.

지금 경기창작센터가 들어서 있는 곳이 옛 선감학원 자리다.

운영방식

해방 이후 선감학원 운영방식은 경기도가 조례로 운영한 도 산하 사업소였다. 행정직 5급 공무원이 원장을 맡았으며, 원장 밑에 6급 행정직 공무원 등 20명이 관리하는 결코 적잖은 조직체계를 갖추고 있다. 1982년까지 모두 5759명이 입소했다.

경기도는 1954년 선감학원조례, 1957년 선감학원특별회계 조례, 1963년 선감학원 운영조례를 만들어 이를 근거로 도 사업소로 관리, 운영하다가 1982년 사업소 정비 지침에 따라 폐쇄하였다. 선감학원은 아동들의 성향과 나이, 출신지역, 부랑동기, 부랑연수, 수용연수, 가족관계 등으로 분류해 원생들을 조사, 분석해서 관리하였다.

선감학원 폐지방안에 따른 세부추진 계획 자료에 따르면, 1982년 당시 원생들 나이는 8~18세이고, 출신지역은 경기와 인천, 서울 순으로 많았다. 입원 원생은 1981년 78명에서 65명으로 13명이 줄어들었다.

입원한 원생 누계가 5759명이고, 퇴원 누계는 5694명이었다. 수용 기간은 대부분 2년 미만이고, 부모가 있는 아동이 30명이나 됐다. 마지막까지 남아 있던 원생 65명 중 연고자가 있는 11명은 집으로 가고, 7명은 고용 위탁되고, 47명은 사설보육원에 인계되었다. 설치목적은 7~8세 부랑아를 수용해 선도하고 자립정신과 자활능력의 배양이라고 밝히고 있다. 연도별 수용아동은 1974년 295명, 1975년 269명, 1976년 133명으로 점차 줄어들었다.

선감학원 사건은 아직 진실의 전모가 모두 밝혀지지 않았다. 청산하지 못한 부끄러운 일제 잔재로 남아있다. 해방 이후에도 선감학원은 경기도 산하기관이었고, 그곳에서 국가 폭력으로 아이들이 죽어나갔다고 생존자들이 증언하고 있다.

기억의 보존과 치유

선감학원은 학원본부 건물을 중심으로 원장·부원장 관사, 직원숙소, 원생숙소, 양계장 등 부속 건물만 33개 동이었다. 건물 이외에도 땅과 밭, 논, 임야, 염전, 뽕나무밭 등을 소유했다. 사실상 섬 전체가 선감학원 소속 땅이었다. 지금도 경기창작센터 주변에는 원생들이 생활한 학생숙소와 식당, 축사 등 선감학원 옛 건물이 아직 남아 있다. 그러기에 선감도 땅을 한 치만 파고들면 선감학원 사건의 진실이 드러난다.

선감학원 인근에 있는 조그만 나루터, 선감나루는 뭍에서 아이들을 실어 나르고, 일상용품을 반입하던 곳이었다. 인천에서 대부도 진두나루를 거쳐 선감나루에 도착한 아이들이 선감학원까지 이동한 길거리인 선감 옛길을 지금도 걸을 수 있다. 여기에 원생들이 염전에서 소금을 굽고, 들녘에서 소를 키우며, 뽕나무밭에서 노역한 흔적과 그 기억들도 찾을 수 있다. 그리고 그 선감 옛길 언덕배기에 경기창작센터가 2017년 건립한 '선감 역사박물관'이 들어서 있다.

이들 옛 선감 역사의 길과 선감학원 옛 건물은 일제강점기와 근대의 시간을 연결하는 역사의 원천자원으로 '기억의 강'처럼 남아 있다.

소결론

비극의 섬, 선감도는 요새였다. 경기만 덕적군도에 징검다리처럼 떠 있었다. 마산포와 대부도가 지척이지만 거센 물살이 흐르고 있어 한번 들어오면 도망칠 수 없었다. 지금은 육지와 이어져 있는 그 섬에 일제가 '선감학원'이라는 감화원을 세운 것이다. 식민지 소년들은 그곳에서 학대와 폭행, 강제노동이라는 끔찍한 일을 겪는다. 가혹한 노동과 배고픔을 벗어나려고 죽음을 무릅쓰고 자유를 찾아서 질펀한 갯벌을 타고 먼 바다까지 도망치거나 절벽 아래 바다로 뛰어들었지만, 갯벌에 갇히고 물살에 떠밀려 죽었다. 시신은 내팽개치듯 야산에 묻혔다. 용케 벗어난들 입고 있는 선감학원 작업복에 주홍글씨처럼 새겨진 '仙'자 때문에 다시 붙잡혔다.

해방 이후에는 경기도가 운영했지만 달라지지 않았다. 가假호적에 원생들 호주가 '경기도지사'이고, 학적부에 보호자는 경기도청 5급 사무관인 '원장'이었건만, 국가 권력이 저지른 폭력은 계속됐다. 그 섬에 일제의 만행과 공권력의 잔혹사가 숨겨져 있다.

선감학원 사건은 아직 그 진실이 묻혀 있는 미제 사건이다. 선감학원 생존자, 그 자체가 살아있는 기록인 만큼, 이제, 그 진상을 규명해야 한다. 국가와 사회가 책임지고 사죄해야 한다. 이어 피해자의 명예회복과 보상, 배상이라는 지난한 과제도 남아있다. 선감학원에 대한 기억의 보존과 치유를 위한 방법도 마련해야 한다.

선감학원 운영의 역사적 배경[2]

일제강점기 선감학원

일제강점기 말기인 1930년대에는 농촌진흥정책이 실패하면서 탈농현상이 가속화 되고 인구가 경성(서울)으로 집중되었다. 도심에는 토막土幕과 부랑아가 증가하였다.

　일제 당국자들은 토막은 범죄의 온상이며 도심 미관을 해치는 암적 존재라고 판단하고 이를 해결하기 위한 방책으로 도시 빈민들을 외곽지역으로 강제 이주를 시키고 길거리의 부랑아들을 단속하는 정책을 채택하였다.

　이에 따라 경기도에 새로운 감화원으로 선감학원의 설립을 추진한다. 1941년 10월 경기도 사회사업협회는 기부금 50만원으로 선감도 전체를 매수한 후 1942년 현재의 안산시 선감동에 감화원 성격의 선감학원을 세운다. 형식적으로는 조선총독부 사회과 안에 사무실을 두고 있는 조선사회사업협회에서 총독부 보조금을 받아 운영하는 사설 감화원 형태를 갖추었다.

　당시 선감학원은 법적근거를 가지고 있지 않은 민간 법인차원의 감화원이

---

2) 선감학원사건 진상조사 및 지원방안 최종보고서(경기도의회, 2017)의 Ⅱ.문헌 및 구술조사 결과를 중심으로 정리한 내용
이다.

120 경기도 현대사의 어두운 그늘

었고, 소년들을 전쟁의 소모품으로 이용하기 위한 강제 수용소였다. 비정상적으로 세워진 선감학원이었기에 당시 조선총독부에 관련 조직의 증거 및 기록이 없다.

선감학원은 1942년 5월 29일 '불량행위를 하거나 불량행위를 할 우려가 있다'는 명목으로 도심 내의 부랑아 195명을 1차로 수용하지만, '부랑아 갱생과 교육'이라는 목표와는 다르게 실제로는 농업, 광업, 전쟁 등에 활용할 인적자원 확보가 목적이었다.

이 과정에서 '국가에 의한 인권유린'을 자행하였다. 수용시설은 열악하기 짝이 없고, 외부와의 접촉이 불가능하였기 때문에 많은 인권유린 사태가 일어난 것이다. 엄격한 규율과 통제 아래 어린 소년들은 농사기술의 습득과 자급자족이라는 핑계로 20만평에 달하는 농지의 상당부분을 직접 경작하는 중노동에 시달려야 했다. 인권의 사각지대에서 탈출을 기도하거나, 구타, 영양실조 등으로 죽은 경우 등 수많은 어린 소년들이 희생되었다.

1944년 4월 26일 1차로 원생 21명을, 1944년 6월 2일 2차로 원생 40명을 삼척탄광으로 보냈다. 선감학원은 실제적으로는 어린 소년들을 강제노역에 동원하며 소위 '황국 신민'으로 만들기 위한 시설이었다.

해방 후 선감학원

미 군정은 1946년 2월 경성의 부랑아 수용을 목표로 하였던 시설을 경성부의 상급기관인 경기도에 이관하였다.

1946년 8월 서울이 '특별시'로 독립하여 경기도 관할에서 중앙 직할로 되었음에도 불구하고 주로 서울의 부랑아 수용을 담당하는 선감학원은 1982년까지 경기도에서 운영하였다.

법적인 근거도 없이 몇 개의 조례만이 존재하고 있는데, 조례마저도 운영 방법은 없고 존재하고 있다는 사실 하나만을 규정하고 있다. 선감학원의 파행적인 운영은 예정된 것이었다.

1950년 6 · 25전쟁으로 전략 요충지인 선감도는 중대 병력의 미군들이 주둔한다. 미군이 이 섬에 주둔하면서 1954년 4월 주한 미1군단 원조사업(AFAK)으로 사무실, 교사校舍, 아동 및 직원관사, 병원, 목욕탕, 식당 등 총 건평 2,613평의 건물 41개 동을 신축한다.

1954년 미군이 철수한 뒤 선감학원은 다시 경기도에서 수용시설로 운영한다. 1955년 9월에는 한미재단 원조금 1,300만 환으로 주한 미1군단 원조사업으로 건물을 보수하고 직업보도시설을 마련한다. 막대한 시설과 예산에도 불구하고 군대식 규율과 굶주림, 강제 노역으로 원생들의 생활은 극히 열악하였다.

흡사 죄수들처럼 머리를 박박 밀고 동일한 색깔의 옷을 입은 채 하루 종일 농사일, 청소, 풀 뽑기와 같은 노동에 내몰려야 했다. 굶주림의 고통과 함께 또한 가해진 군대식 규율은 상상을 초월하는 억압으로 원생들을 괴롭혔다.

5·16 군사 쿠데타 이후의 선감학원 운영

1961년 11월 박창원朴昌源 경기도지사는 도립 선감학원을 시찰한 후 선감학원을 근본적으로 뜯어고치겠다며 제반 대책을 언급하였지만, 군사정부는 부랑아를 보호의 대상이 아닌 청소의 대상으로 여겼다.

주요 도시와 미군 주둔지를 중심으로 국가 체면을 손상시킨다는 이유로 부랑아를 강제로 '수집'하였다. 운영 근거는 경기도 조례일 뿐, 중앙정부 차원의 법적 근거는 거의 없었다.

1961년 12월 30일 법률 제912호로 아동복리법이 제정되었으나 법률에 명시된 '보호 또는 감독을 받는 아동을 학대하는 행위 금지' 조항이 선감학원에서는 하나도 지켜지지 않았으며 선감학원 조례에도 시설의 법적인 정체가 무엇인지 명확히 정의되어 있지 않다. 무조건적인 단속은 그 과정에서 부랑아의 인권을 짓밟았고, 수용되는 아동들은 보호받을 수 없었으며, 단속의 숫자는 실적으로 평가받았다.

특히 1961년 5·16 군사 쿠데타 정권은 단속한 부랑아 수 및 그 수적인 감소를 근거로 이전부터 계속된 사회문제를 해결했다고 선전하면서 쿠데타의 정당성을 확보하고자 하였는데, 이 과정을 통해 부랑아의 삶은 철저히 무시되었다. 경찰과 단속공무원들은 할당량이 정해진 일제 단속기간에는 연고자가 명확한 아이들까지 잡아 선감학원에 넘겼다.

1960년대에는 정상적인 가정생활을 하던 아동들도 마구잡이식으로 수용되어 굶주림에 허덕이며 강제노동에 혹사를 당했다. 선생과 사장, 반장들의 구타가 반복되면서 아동의 인권을 유린했다. 직원들의 특혜를 받은 사장(기숙사 원생대표)

에 의해 집단적인 구타가 이루어졌다. 사회악으로 규정되었던 부랑아는 중노동에 시달리며 인신은 물론 경제적으로 구속을 받아야 하였다.

　　1963년 경기도 조례 제176호는 구체적인 운영 사항에 대해서는 아무런 규정을 정하지 않았다. 1965년 조례에는 업무 내용에 농지 및 염전관리, 자립생활에 필요한 1인 1기에 교육지도라는 조항이 들어가 있지만, 이 역시 형식에 그치고 말았다. 1965년 선감학원 운영관련 조례를 개정하여 원생수용 대상을 13세 이상 18세까지로 제한하였으나, 형식적인 기록이었고 이행되지 않았다.

　　선감학원의 운영실태를 명확하게 알려면, 경기도 공문서 기록물조차 찾을 수 없어 일부 남아있는 선감학원 운영서류, 당시 국가 차원에서 실시한 부랑아 정책, 그리고 운영 참여자나 목격자의 구술에 의존해야 한다.

선감학원의 탄생 배경[3]

선감학원은 일제치하인 1942년에 설립된 감화원이다. 설치 근거였던 1923년 〈조선감화령〉 제1조 1항에는 감화원에 입원해야 할 소년을 '연령 8세 이상 18세 미만의 자로 불량행위를 하고 또는 불량행위를 할 우려가 있으며 적당히 친권을 행할 자가 없는 자'로 규정하고 있다. 여기서 불량소년은 불량행위를 한 자일 뿐만 아니라 그러한 '우려가 있는 자'까지도 포함하고 있음을 알 수 있다.

　　조선총독부가 1923년 〈조선감화령〉을 공포하고 나서 설립한 최초의 감화원은 함경남도 문천군에 세운 관립 영흥학교다. 그러나 영흥감화원은 규모도 작

---

3) 『선감학원 아동인권침해사건 보고서』 (국가인권위원회, 2018), pp.36~64.

았고 운영 역시 전시적인 것에 그쳤다. 감화사업에 대한 총독부의 지속적인 선전에도 불구하고 일제는 감화원보다 사법적 기구인 형무소를 통한 소년사업에 더 치중하였다.

일제 말기에 이르러 일제 사법관료와 조선인들의 요구로 감화시설 확충에 나선다. 이 시기에는 전시체제의 성립과 더불어 인적 자원의 확보라는 차원에서 거리의 부랑자와 청소년층에 대한 권력의 감시·통제가 더욱 강화되었다.

당시 거리를 헤매는 부랑아, 불량아의 수는 전국적으로 2만 명 이상으로 추산되고 있었는데, 일제는 이들을 검거하여 감화원과 고아원 등 기존의 시설에 분산, 수용시키는 한편 새로운 감화시설로서 1938년 목포학원과 1942년 선감학원, 1942년 해주 백세숙 등을 설립했다. 특히 선감학원의 설립과 운영에는 조선총독부와 더불어 경기도가 깊숙이 관여하였다. 당시 원아들에 대한 교육은 경기도 등에서 근무하던 소학교 교원과 순사 및 형무소 간수 등이 파견되어 담당하였다.

1943년 11월 선감학원 야외 교육 장면을 찍은 사진에 담겨진 다음과 같은 내용에서 당시 원생들이 받은 교육 내용을 알 수 있다. "천황폐하의 감사한 호의로 우리들도 군인이 될 수 있게 되었다. 명예로운 일본의 군인이 된다는 일은 더없는 행복이다. 나는 몸을 단련하고 마음을 닦아서 훌륭한 청년이 될 것이다. 그리고 지원병이 되어 천황폐하의 고마운 은혜에 보답할 것이다."

그러나 선감학원의 억압적인 운영은 끔찍한 인권침해를 유발할 수 밖에 없었다. 선감원에 수용된 원생들은 전역한 군인, 경찰로 이루어진 교관들의 엄격한 통제를 받으며 강제노역에 동원되었고, 잘못한 경우 건물 아래 마련된 지하감옥에 갇혀 고문과 금식의 처벌을 받았다. 결국 과중한 규율과 처벌, 부실한 급식 등 생활의 어려움 속에서 몰매질과 배고픔을 참지 못해 탈출하는 원생들이 끊이지 않았다. 그리고 도망치다가 조류에 휩쓸려 바다에 빠져 숨지거나, 탈출하다가 잡혀서 구타로 죽거나, 혹은 영양실조, 굶주림 끝에 먹은 독버섯 때문에 수많은 희생자가 나왔다.

이렇게 열악한 조건 속에서도 선감학원 측은 원생들을 전쟁에 동원하는 것에만 관심을 기울여, 훈련된 소년들을 탄광 등에 취업시키는 것을 통해 이들에 대한 강제동원을 진행하였다. 1944년 선감학원 원생 21명을 강원도 삼척 탄광에 산업전사로 취업시켰고, 다시 40명을 탄광에 취업시킨 일이 보도 되고 있다.

선감학원은 조선총독부에서 운영한 것이지만 행정적으로는 조선총독부 사회과 안에 사무실을 둔 조선사회사업협회에서 총독부 보조금을 받아 운영하는 형태로 위장하였기 때문에 선감학원에 관련된 사항은 조선총독부 공문서에 존재하지 않고 선감학원 내에서의 불법행위의 책임은 민간단체에게 책임을 전가하는 것이다.

이처럼 선감학원생들은 제국주의 전쟁을 위한 노역자와 전사로 동원되었으며, 인권유린의 사각지대로 남아 있었다. 그럼에도 선감학원에서 원생들이 학대와 폭력에 시달리는 것을 목격한 일본인 이하라 히로미츠가 1993년 방한하여 증언하기까지 이 문제는 역사의 기억 속에 묻혀 있었다.

해방 이후 1946년 2월 미군정은 주로 경성의 부랑아 수용을 목표로 하였던 선감학원 시설을 경성부의 상부기관인 경기도에 이관하였다. 1946년 서울이 특별시로 독립하여 경기도 관할에서 이탈하여 중앙 직할로 되었음에도 불구하고 주로 서울의 부랑아 수용을 담당하는 선감학원은 1982년까지 계속 경기도에서 운영하였다.

1950년대초 선감학원에 근무했던 직원의 증언에 따르면, 50년 10월 당시 수용아동은 80명 수준으로 대부분 전쟁고아였다. 대체로 10대 아이들이었으며, 20세 이상도 간혹 있었다. 이듬해 1·4후퇴 이후로는 5~10세 아동도 수용했고, 한차례 여자 아이들도 들어온 적도 있으나 얼마 후 경기도의 다른 시설로 전원 조치 되었다.

피해자 증언을 통해 보는 강제수용의 형태[4)]

부랑아로 납치되는 과정

선감학원이 개원한 1942년부터 해방이후 1982년까지 40여 년 간 부랑아 단속 과정을 보면 굳이 인권이라는 단어를 사용하지 않아도 기본적인 인간의 정서로 보아도 도저히 납득할 수 없는 부분이 많다. 우선 단속할 부랑아의 기준이 없을 뿐만 아니라 일명 '후리 가리'라 하여 실적위주의 일제단속이 시행되었다는 점 이다.

실적위주의 부랑아 단속은 많은 부작용을 낳았다. 할머니와 복잡한 시장에 서 손을 놓쳐 '미아迷兒'가 된 일란성 쌍둥이는 경찰서에서 '부랑아'로 신분이 바 뀌고 이름과 성도 다르게 바뀌어 서울시립아동보호소를 거쳐 선감학원에 보내 졌다. 그러나 형은 6개월 만에 선감학원에서 영양실조로 사망하였는데 2016년 52년 만에 선감도에서 그 유골이 발견되었다.

피해자들의 증언에 의하면 상당수는 단속 공무원들에 의해 강제적으로 납 치된 경우가 많았다. 선감학원 피해생존자들의 수용 당시 증언을 분석하면 다음

---

4) 『선감학원 아동인권침해사건 보고서』 III(국가인권위원회, 2018) 중 '선감학원과 부랑인 단속의 국가폭력 실태분석'에 실린 내용이다.

과 같이 분류할 수 있다.

①서울시내에서 발생한 미아, 기아와 부랑아 일제단속 기간 중 부랑아로 오인되거나 행상종사자(구두닦이, 신문팔이, 버스표 판매, 빙과류 판매 등)로 경찰서에 '수집'된 아이들을 서울시립아동보호소에 수용하였다가 선감학원으로 인계한 경우

②경기도, 인천, 수원, 의정부, 평택 등지에서 시청 사회과 공무원이 부랑아로 단정하여 '수집'하여 절차 없이 곧바로 선감학원으로 이송한 경우

③경기도 내 각 민간시설에 수용되었다가 인원의 증가 또는 나이가 들거나 초등교육을 이수한 아동을 관리가 어렵다는 이유로 선감학원에 이송한 경우.

납치에 대한 피해자 사례

[사례1] 이름도 성도 바뀐 쌍둥이 형제

1962년 연말 서울 미아리에 살던 쌍둥이 형제는 연말에 붐비는 시장에서 미아가 되었다. 이들을 인계한 경찰서에서는 어떠한 이유인지는 모르지만 일란성 쌍둥이 형제를 각각 성이 다른 이름으로 기록하였다. '허일○', '허일○'이라는 이름은 '한일동', '이동현'이라는 가명으로 바뀌어 서울시립아동보호소로 이송되었다. 보호소에서 길을 잃었다는 것과 쌍둥이 형제라는 것이 뒤늦게 밝혀졌지만 보호소에서 4개월간 머물다가 1963년 5월 2일 선감도로 이송되었고 선감학원에서도 쌍둥이 형제는 서로 격리된 생활을 하다가 형인 '허일동'은 결국 1964년 2월 선감학원에서 영양실조로 사망하여 암매장되었다가 2016년 우물재산에서 유골

이 발굴되어 그 진상을 밝힐 수 있었다.

[사례2] 폐품을 수집하다 부랑아로 '수집'

수원시 남수동 ***번지에 살던 ○○현씨는 1971년 수원 ○○초등학교 5학년 재학 중 장난감 총을 만들기 위해 길거리에서 나무젓가락을 줍던 중 수원시 공무원에게 납치되어 곧바로 선감학원에 수용되었다. 2년간 수용되었다가 대부도로 탈출하였으나 그곳을 지키던 방위병 최**에게 다시 납치되어 대부북동에서 3년간 노비생활을 하다가 다시 탈출하여 마산포를 거쳐 걸어서 집으로 돌아와 부모와 상봉하였다. 모두 5년간의 학력단절로 그는 초등학교 중퇴의 학력으로 어려운 생활을 해 왔다. 이로 인해 부모도 가슴에 상당한 상처를 입고 일찍 세상을 떠났다. ○○현씨가 납치 직전까지 재학한 초등학교의 생활기록부를 확인한 결과 납치되기 직전인 5학년 중반까지 다리 골절로 인한 결석을 제외하면 거의 개근을 한 학생이었음을 확인할 수 있었다.

[사례3] 친척집에 갔다가 근처에서 납치

초등학교 5학년 다니던 시절 삼선교 근처에 있는 큰아버지 집에 가던 중 경찰에게 납치되었다. "어렸을 때이니까 집을 찾아 가는 것은 알아도 주소는 잘 모르는 때였거든요. 그리고 또 그때 당시에는 집안 형편도 좋지 않아 옷도 꾀죄죄한 거 입고 다녔어요. 버스타고 삼선교에서 내렸어요. 삼선교에서 집에까지 가려면 좀 걸어서 가야되거든요. 가는 도중에 경찰이 잡더라고요. "집이 어디냐.", "가평인데 할아버지 집에 간다.", "주소가 어떻게 되느냐!". 그러나 "주소는 모르는데 위치는 안다"라 하니 파출소로 끌고 갔다가 아동보호소로 보냈다. 거기 있으면 부모들이 찾으러 올 것이라 했습니다. 근데 아동보호소에 가 있어도 주소를 모르고 내가 살던 데는 가평이라는 것만 알죠. 그러니까 거기서 통하지가 않아요. 그렇게 거기서도 오래 있었어요. 한 7~8개월 있었나? 한번은 경기도에 집이 있는 사람 손 들으라고 그러더라고요. 집에 보내준다고. 그래서 이제 아! 집에 가는구나, 그래서 좋아가지고 손을 번쩍 들고 그랬더니 따로 빼고 그러더니 한 이틀인가 있다가 경기도 사는 사람들은 다 선감학원으로 보냈어요.(한** 증언)

[사례4] 어린나이에 구두닦이 하다가 납치

"빚을 져서 살기가 어려워서 우리 집이 피신을 했던 것 같아요. 평택 개울가 옆 허물어져 가는 집에 일단 들어가서 가족이 다 같이 들어가 살았는데, 먹고 살 방법이 없으니까 구두 통 하나를 만들어 그걸 들고 나와서는 3일 째 되는 날, 차에 타라고 해서 실어서 수원으로 갔어요. 미니버스에 열댓 명쯤 됐을 것 같은데, 지나고 나서 보니까 경찰들한테 실적을 배당해 준 것 같아요."(김** 증언)

수용과정

원생관리

선감학원으로 이동하여 입소하는 과정은 대체로 두 가지이다. 인천지역에서 '수집'된 아동들은 배를 이용해 대부도를 거쳐 선감도로 이동하고 서울이나 경기도 지역의 아동들은 육로로 화성시 마산포까지 가서 그곳에서 전마선을 이용하여 선감도로 들어간다. 1960년대 전반기에는 수용인원이 급격히 늘어나자 인천에서 어선을 이용하기도 하였다. 당시 아동들이 바다에 뛰어들지도 모른다는 불안 감 때문인지 모두 어선 밑에 고기를 넣어두는 어창魚艙에 가두어 놓고 운항하였 다. 이때 아동들은 배 밑에 감춰진 채 암흑 속에서 배멀미와 싸우며 공포의 시간 을 보냈다고 증언하고 있다. 또한 육로로 이동하는 경우에는 '쓰리쿼터'라는 작 은 트럭에 실려가 화성 마산포에서 나룻배로 건넜다.

선감나루에서 사무실까지 이동하는 산길에서는 직원들이 겁박하고 상당히 무섭게 다루었다. 우선 머리를 삭발시키고 사진을 찍은 뒤 키 순서대로 옷과 검 정 고무신을 지급하고 숙소를 배정하였다. 숙소에서는 이유 없는 구타와 가혹행 위가 진행되었다. 이러한 겁박에 의해 아동들이 상당히 겁에 질려 있었고, 인적 사항을 파악할 때 집과 가족이 있다고 하면 구타를 당하였기 때문에 대답을 제 대로 못하였다. 이때부터 아동들은 '악질 부랑아'로 불리게 된다.

호적관리

선감학원에 들어가면서 본인의 인적사항이 전혀 다르게 기록되는 경우가 많았 다. 생년월일이 다르게 적힌 경우는 흔한 일이었고, 연고가 확실한데도 납치하 여 입소시키고 인적사항까지 조작하기도 했다. 학원에서는 원래 호적을 확인하 지 않고 이름과 생일을 정해준다. 7~8세의 아동들은 겁에 질려 이름조차 제대로 말하지 못하는 아이들에게 자의적으로 작명을 해준다. 외모만 훑어보고 나이를 결정하고 생년월일은 입소한 달에 속한 기념일 등을 정하여 결정해 버리고 이름 도 제대로 파악하지 않았다. 따라서 선감학원생들은 생일이 거의 비슷하다. 대 부분 기념일로 되어 있다.

사실상 선감학원 피해 생존자들은 원래 호적을 상실한 채 수용 당시 담당직원이 적어준대로 지금껏 살고 있기 때문에 가족 찾기가 더욱 어려운 실정이다.

일제강점기에서 1950년대와 1970년대를 거치면서도 선감학원 운영방법에는 변화가 없었다. 이것은 아동들을 소모품으로 이용하기 위한 일제강점기 선감학원 운영방식을 그대로 답습하고 있음을 의미한다.

실제 고아인 경우 다른 시설에서는 호적을 다 만들어 주었지만 선감학원에서는 만들어 주지 않았다. 이것은 선감학원에서 수용생 대부분이 부모와 가정을 갖고 있다는 것을 알고 있었기 때문에 호적을 새로 만들 필요가 없거나 도망갈 수 없는 아이들로 만들었던 것으로 볼 수 있다.

굶주림

굶주림은 모든 원생들에게 나타나는 공통적인 현상이다. 당시 식량부족은 국가적인 현상이기도 하였지만 원생에게 제공되는 식사는 더욱 열악하여 강냉이밥, 수제비, 꽁보리밥 등이 제공되며 반찬의 경우 소금 한 줌, 또는 간장 한 숟갈, 곤쟁이젓, 구더기가 기어 다니는 새우젓 등 한가지만이 조금씩 제공되었다.

아이들은 배고픔을 해결하기 위해 친한 원생끼리 한 끼라도 배부르게 먹자는 '옴팡 먹기', '교대로 반씩 덜어주기'라는 방법을 이용하기도 하였다. 즉 두 사람이 아침에는 상대에게 모두 주고 저녁에는 자기가 상대의 것을 받아서 두 그릇을 먹거나 또는 셋이서 끼니마다 돌아가며 한 숟갈씩 상대에게 덜어 주는 방법이 이용되기도 하였다. 한 끼라도 배불리 먹어보자는 의도에서 나온 것이다. 이것도 부족하여 들에 나는 열매, 들풀, 곤충, 뱀이나 쥐를 잡아먹기도 하였다. 이런 과정에서 뱀에 물리거나 부상을 당하는 경우도 많았다.

[사례]

"먹는 고통이 제일 심했어. 쥐도 잡아서 구워 먹은 적도 있고, 거기는 주식이 생식이야. 벼도 그냥 생으로 먹고, 불이 없으니까 어디서 성냥 꼬다리 같은 거 구해서 어떻게든 불을 만들어서 명아주 나물이라고 있어요. 들판에 있는 거. 그걸 깡통에 넣어서 삶아 먹고, 찔레나무 껍데기, 무궁화 씨도 먹고, 무궁화 씨를 깨물면 달짝지근해요. 가을이 되면 뒤에 밭에서 벼 훑어서 까먹고, 헌 옷이나 이런 데 싸서 돌로 찧으면 껍데기가 까져요. 그걸 불어서 먹고. 학교 다니면서는 벼 이삭을 꺾어다가 수업시간에 까먹고 앉아 있는 거야."(*병*증언)

일상생활환경

원생들에게 정식으로 지급되는 의복은 하복과 동복 각각 한 벌씩에 검정고무신 하나 그리고 나일론으로 된 양말 한 켤레 정도가 전부였다. 간혹 비누가 보급되긴 하지만 숙소에 지급되는 양이 부족했기 때문에 원생들은 이것을 강한 나일론실로 얇게 쪼개서 여러 명이 나누어 사용하였다. 여름 같은 경우는 옷을 입은 채 저수지에 들어가서 수영과 빨래를 동시에 하는 경우도 있었다. 가끔 구호물품으로 들어오는 것이 있지만 이것도 전체적으로 나눠주기에는 부족한 것이다. 의복의 부족을 메꾸기 위하여 때때로 마을 사람들이 버린 옷이나 밖에 걸려 있는 걸 몰래 가져다 옷을 풀어 실로 뽑아서 뜨개질로 새로운 자신의 옷들을 만들었다. 선감학원 출신으로 뜨개질을 못하는 사람은 없을 정도로 모든 것을 손으로 짜서 입었다. 특히 1960년대 초에는 일반인들도 그러하듯이 칫솔보다는 소금을 이용하여 이를 닦는 것이 대부분이었다.

주거공간

선감학원에 기숙사는 5개소가 존재하였다. 1960년대 초에는 각심사. 세심사. 성심사 등 마음 '심心' 자가 들어간 다섯 개 동으로 구성되었으나, 1960년대 후반에는 개척사, 창조사, 자립사 등 국민교육헌장에 나오는 용어로 바꾸었다가, 1970년대 들어서면서 앵무새, 종달새 같은 명칭을 사용하였다. 한 개의 기숙사에는 다섯 개 정도의 방이 있었고 한 방당 약 20~30명 내외를 수용했다고 한다. 한 개의 막사에 약 100명 정도 수용되었던 것으로 파악된다. 수용인원은 많을 때는 500여 명 가까이 되었지만, 적을 때는 200명이 채 안 되는 인원을 유지하기도 하였다. 전기가 들어오기 전에는 호롱불을 이용하였고 1973년 방앗간을 운영하며 발전기를 들여와 하루 3시간 정도 보급해 주었다. 겨울철 난방은 대체로 방마다 하루 연탄 1장을 사용하였고 이불은 4~5명이 같이 덮는 담요가 지급되었다. 각 기숙사에 장은 '사장舍長'이라고 호칭하고 각 방에는 '반장'을 임명하였다. 선감학원 직원들은 사장에게 권력을 부여하고 일과 후에 모든 일을 맡아 보도록 하였다. 이러한 가운데 가장 많은 구타, 성폭행, 가혹행위 등이 행해졌다.

체벌 및 기합

체벌은 아동들에게 모멸감을 주어 무조건 복종을 강제하여 손쉽게 집단 통솔을 하려는 행위였다. 일반적으로 군대에서 이루어지는 것으로 정신적 신체적 모욕과 고통을 주기 위하여 신체의 일부에 물리력을 행사하거나 고통을 주는 행위인데, 10세 이하의 어린이들에게 가해진 행위는 극악한 학대행위이다. '원산폭격', '한강철교', '나룻배', '엎드려 뻗쳐', '오리걸음', '선착순 달리기' 등과 같은 벌을 주는 행위를 말한다. 특히 '상대방 마주보며 뺨때리기'는 원생들끼리 가슴에 상처를 주는 행위였다. 아동폭력이라는 점에서 문제가 심각하다.

신체 성장기에 있는 아동들을 군화발로 정강이를 걷어차거나 참나무로 된 곡괭이 자루를 이용한 '빠따', '줄 빠따', '서로 마주보게 하고 앞에 있는 애 뺨을 때리게 하는 행위' 등이 매일 일상생활처럼 이루어졌다. 이러한 구타는 성장기에 있던 아이들에게 후유증을 남겼고 그 고통은 현재까지도 지속되고 있다.

구석기 시대 같은 강제노동

1957년 경기도 선감학원특별회계 조례가 제정되었는데, 제2조에는 '본 특별회계의 세입 세출은 생산물자 매각대금, 일반회계 전입금, 기타의 수입으로 한다.'라 하여 원생들이 자급자족을 위해 중노동에 시달렸다. 원생들이 직업훈련을 받는 과목으로는 이발, 양잠, 염전, 목공, 재봉 등이었다. 또한 농사도 지어야 했고, 소를 비롯한 가축을 키워야 했다. 여기서 생산된 농산물과 소금 등을 매각하여 선감학원 운영비로 충당하는 것이었다.

원생에게는 일괄적으로 노동할당량이 주어졌으며 이를 채우지 못하면 쉬지 못하였기 때문에 이에 따른 부작용이 많이 일어났다. 8~9세 어린아이들은 여름 퇴비 철에 아침에 기상하자마자 퇴비 만든다고 풀을 베어서 퇴비장 쪽에 풀어 놓고 아침식사가 끝나면 숙소 앞을 청소하고 개인 청소하고 점호하려고 운동장으로 집결해서 인원파악하고 하루 일과가 시작되었다. 봄에는 모심고 여름에는 가물어서 논에 물대느라고 물지게를 지어서 주고, 가을엔 벼 베어서 묶어서 쌓아 놓고 뒤집고 마르면 운반하고 일반 어른 농민들과 똑같이 했다. 양잠 누에는 2~3시간 마다 뽕잎을 줘야했기 때문에 밤새우며 돌봐야 했다.

[사례1] 실적위주의 강제노동과 구타

"뽕 따러 들어가면 숫자를 셉니다. 열 셀 때까지 따가지고 나와야 돼요. 안 나오면 엄청나게 맞는 거야. 또 열! 딱 하면 뛰어나와 줄을 서요. 열 명 뒤로는 무조건 그냥 한 대씩 맞는 거야. '십 빠따'라고 그래요. 그리고 또 들어온 지 얼마 안 된 애가 하나 있었는데 모르고 오디를 따먹었어요. 오디를 따 먹으면 입에 이렇게 자국이 난다고요. 오디 따먹었다고 짓밟는데 애가 얼마나 배고팠으면 맞으면서도 오디를 씹어 먹습디다. 오디를 씹어 먹더라니까, 맞으면서. 피가 줄줄 나는데, 그렇게 잔인했어요. 개돼지도 그렇게 안 때릴 거예요."(곽**)

[사례2] 손으로 풀베기로 의도적 정신압박

"소들이 겨울에 먹을 게 있어야 되잖아요. 억새풀을 잘게 썰어서 큰 통에다가 재워놔요. 그걸 하는 게 다 우리 같은 어린애들이에요. 낫도 안 줘요. 손으로 하던가, 우리가 돌로 만들어요. 돌 두 개를 갖고 다니면서 억새풀을 꺾어서 짓이겨서 하루에 40kg씩 해야 돼요."(이창○)

원생 상호간의 폭력

피해 생존자들의 증언 가운데 항상 말이 격해지는 대목이 구타다. 선감학원 직원들의 일상적인 구타와 함께 수용원생 가운데 힘센 원생을 골라 사장舍長과 반장을 임명하여 특권을 주는 대신 원생을 관리하게 하면서 원생들에 대한 혹독한 체벌과 구타는 다중적으로 이루어졌음을 알 수 있다. 1960~70년대 20세 이상의 성인들의 군대 병영에서 자주 발생하여 문제가 되었던 폭력적 체벌과 구타 등의 가혹행위가 선감학원의 10세 내외의 어린이들에게도 동일한 방법으로 이루어졌다.

[사례]

"3형제가 있었어요. '김달'인가 하는 애가 큰애였어, 내 또래. 동생이 둘 있었는데, 맏이가 혼자 도망을 갔는데 벗어나질 않고 동생 때문에 못 가고 거기서만 맴돌다가 잡힌 거야. 살면서 그렇게 맞는 거 진짜 처음 봤어. 막사에 100여명이 있다면 한 대씩 다 때리는 거야. 나중에 살이 터져버리더라고."(1973년 3월 경)

원생교육

현재 선감학원 원생관리 운영 기록이 폐쇄 직전 것만 남아 있고 그 이전 것은 찾을 수 없다고 한다. 선감학원은 부랑아의 갱생, 직업보도 등을 표방해 왔다. 그러나 이는 명목상 일뿐, 생존자들은 이구동성으로 그곳에선 교육이 이뤄진 건 거의 없고, 새벽에 눈을 떠 잠이 들기 전까지 단순 반복적인 노역에만 동원되었다고 전한다. 인근에 초등학교가 있었으나 원생 10명 중 1명 정도만 학교에 보냈다.

이들 원생들의 선감국민학교 생활기록부에 따르면 1957년부터 1973년 사이에 보호자가 선감학원으로 기재된 중도 퇴학자는 703명이다. 이 가운데 탈출로 추정되는 학생은 58명이고, 사망으로 인한 퇴학은 3명이다. 퇴학자들은 1960년 8월 37명, 1961년 2월 21명, 1961년 11월 79명, 1962년 4월 35명, 1962년 6월 61명, 1962년 9월 72명, 1963년 3월 90명으로 집중 정리가 이루어져 있다. 이 조차도 1962년 6월 말 여름방학 전에 입학하였다가 9월 1일 개학과 동시에 70여명이 퇴학당하거나 수 십 명이 5일 동안 재학하였다가 퇴학당하는 경우도 있었다. 생존자 구술에 의하면 다수의 원생들이 동시에 탈출하였는데 각기 1~2년의 차이를 두고 다른 날짜에 퇴학처리가 되었고 그 사유도 탈출이 아닌 일반 퇴학으로 정리되어 있다. 학교생활기록부는 학원에서 통보해 준 사항으로 정리 되었을 것으로 보이는데 경기도에 원생관리 기록을 찾을 수 없다고 하기 때문에 학교 기록이 잘못된 원인을 파악하기 어렵다.

[사례] 부상으로 장애인이 된 원생

"선감학원이라는 데가 기술을 가르쳐서 자격증을 취득시켜서 사회에 내보낸다. 이렇게 알고 가서 그렇게 들었고, 그랬는데 일만 시키는 거지, 자격증 시험을 보는 것도 없고, 그렇다고 특별한 기술자가 와서 가르치는 것도 없고, 일만했죠. 거기서 많이 실망을 했지요. 또 나같이 거기서 부상을 당해서 불구된 사람도 있을 것이고, 그리고 또 잘못된 친구들. 참, 안타깝죠."(김O진)

직원들의 개인적 노동력 착취

직원들은 원생들의 관리보다는 사적인 노동력 착취에 관심을 가진 것으로 보인다. 원생들의 증언에 의하면 1970년대에는 당번이라는 직책을 내세워 특정 원생에게 관사를 관리하게 하고("관사에서 선생이 개인적으로 키우는 닭을 관리하게 하고 계란 같은 것도 저희가 이제 직접 짚으로 쌓아 놓으면 이제 선생님이 시장에 갖다 파는 거죠"(**일 증언)) 개인적으로 소, 닭 등을 키우게 하고 개인적인 농작물 재배와 굴따기 등의 노역에 종사하도록 강요한 것으로 보인다. 일부 원생 사장들은 당번들을 시켜 미끼를 잡고 노를 젓게 하여 배낚시까지 하였다는 구술 증언도 있다.

선감학원은 섬이라는 지리적 특성 때문에 국가기관에서 거의 방임한 상태로 운영하면서 자의적 운영을 한 것으로 보인다. 따라서 원생들은 국가의 묵인 하에 국가폭력과 강제 노동착취에 시달렸다.

탈출 · 죽음 · 암매장

선감학원 원생들은 모진 매타작에 몸 여기저기가 성한 곳이 없었다. 이런 지옥 같은 생활을 견디다 못해 그 아이들이 헤엄을 쳐 바다를 건너 탈출하려고 했지만, 돌아오는 것은 통통 불은 친구의 싸늘한 시신뿐이었다. 그리고 이 시신은 가마니에 둘둘 말려 선감도 야산에 암매장되었다. 원생들의 기억은 매장 당시 원생들과 직원 외에 의사 또는 경찰 등이 입회하지 않았다고 한다. 선감학원 내에서 얼마나 많은 원생들이 사망했는지 그들의 이름은 무엇인지 공동묘지 어느 곳에 묻었는지에 대한 기록은 존재하지 않는다. 선감학원 직원들의 원생들에 대한 관리 방침이 어떠했는지를 잘 알려주는 사례이다.

[사례1]

"어떤 절차 같은 것은 없었죠. 얘가 누구냐 그런 기록도 없고 우리는 선생들 시키는 대로 땅 파고 묻기만 하면 끝이에요."

[사례2]

"탈출하다 죽은 원생을 본 적 있는데 얼굴과 몸 곳곳에 낙지, 소라 등이 붙어 있는 채로 떠올랐어요. 현재 공동묘지 자리 말고도 주변 산 곳곳에 암매장을 많이 했는데 매장 과정에서 경찰, 의사 등이 입회하지는 않았던 것 같아요."(이*준)

[사례3]

"도망 가다가 맞고 맞아서 의무실에 갔으나 그 후 안 보였던 애가 있었다. 내 생각에 맞아서 죽은 게 아닌가 싶은데, 모르죠."

부상 후유증 안전사고

[사례1] 가혹한 체벌-동상으로 발가락 절단

"한 겨울에 맨발로 팬티바람으로 바깥에 세워놓는 거예요. 며칠 동안 바깥에 세워놓고 하는 바람에 막 발이 퉁퉁 붓고 그러더니 시커메지더라고요. 의무과 갔는데 보통 그 상황에서 왜 이렇게 됐냐고 자초지종을 알려고 그러잖아요. 다른 애들 하나도 안 걸렸는데 한 사람만 동상에 걸리면 뭔가 이유가 있을 거라고 생각하고 물어 봤을 텐데. 그냥 치료만 해 주더라고요. 다행히 내가 운이 좋은 게 발이 다 잘려 질 뻔했는데 끝에만 발가락만 조금씩 잘라졌어요. 그걸로 끝인 거

죠. 안에서 고름 같은 게 막 나고 그랬는데, 지금도 보면 발가락 3개가 잘라져 있어요."(한**)

[사례2] 뱀 등을 잡다가 부상 손가락 절단

"원생들이 그렇게 잡아먹는데도 유독 뱀이 많았어요. 뱀에 물린 사람은 몇 번 보았어요. 뽀로수 따다 목에 물리는 사람도 봤고 이름이 김기호라고 할 거야. 그 친구가 목에 물린 것 봤고.

죽지는 않았고 손에 물리는 경우도 있고 뱀을 보면 무서워하는 것이 아니라 어떻게든 잡아서 먹으려고 하다 보니 물리는 경우가 많았어요. 무엇보다 뱀에 노출되는 경우가 많고 풀을 베고 하다 보니."

퇴소(탈출) 후 생활

형식상 선감학원의 최종 목적은 부랑아들에게 직업 훈련을 통하여 건전한 시민으로 성장시켜 사회로 진출 시킨다는 것이다. 그러나 선감학원에서는 원생들에게 가혹한 체벌과 강제노동에만 종사시키고 원생을 하나의 소모품 정도로 취급하였다. 사회로 나가 성장할 수 있는 미래에 대한 설계를 세울 수 있는 기반은 전혀 마련하지도 않고 다만 나이가 많아져 관리가 어려워진 원생을 무일푼으로 방출시켰다. 탈출에 성공한 경우, 경로는 마산포, 어도, 털섬을 거쳐 대부도, 선재도 등에 도착했다. 그러나 인근 주민들에게 발각되어 학원으로 송환되거나 주민들이 "너 네 여기서 일할래? 아니면 도로 돌아갈래? 여기서 일 안하면 다시 (선감학원에) 집어 넣는다"라는 겁박에 의해 그곳의 노비로 머물게 된 경우도 많았다. 그러나 이러한 일도 인근의 섬과는 서로 묵계가 있었던 것으로 보인다.

사회로 나아가 적응할 아무런 준비 없이 나간 원생들은 인천부두에 내려 당장의 숙식이나 부모 곁으로 돌아갈 교통비부터 구걸에 의하지 않으면 안 되는 극한상황이었다. 사회 물정도 모른 채 다시 부랑아에서 부랑인으로 바뀌어 버린 경우도 많다.

[방출사례]

"나이가 어느 정도 차니까 선감학원에서 스텐(인리스) 그릇 도매상으로 취업을 시켜줬어요. 집 생각도 나고 그러지만, 돈이 있어야 움직이는데. 그릇가게에서 돈도 안 주는 거야. 나를 데리고 가면서 뭘 조건으로 걸었는지는 몰라도 돈을 안주더라고. 한 2년쯤 있다가 뛰쳐나왔지."(정**)

[탈출사례]

"탈출 후 어도에서 잡혀 머슴으로 생활, 우물에 가서 눈만 뜨면 물지게를 져야 해요. 물을 아이고, 그냥. 그 아주머니가 또 엄청 깔끔해 가지고 그냥 하루에 보통 열 번 이상 물지게 져 날랐어요. 아이고. 숨이 턱턱. 그 아저씨가 성함이 **철인데 진짜 잘해줬어요. 진짜 솔직히 막 친부모처럼 느낄 정도로. 그런 생각하면 눈물 나올라 그래. 그 집 가서 처음으로 쌀밥도 먹어보고. 한 이불 덮고 같이 잤어요. 그렇게 따뜻한 느낌도 그때 받았고."(김*진)

[사례1] 선감도 갈래, 감옥 갈래

"'너, 선감도로 갈래, 감옥에 갈래?'하면, 감옥이 편했잖아요. 감옥을 선택했지 선감도는 안 가죠. 거기는 창살 없지만 항상 감시와 잠 잘 때까지 무슨 일이 벌어질지 변수가 많아요. 그래서 함부로 거기 선감도를 택하질 않아요."^(OO호 증언)

[사례2] 선감학원 공무원에 대한 원생의 인식

"솔직히 선생들 아주 더럽습니다. 공무원에서 쫓겨나 섬에 들어와서 정신들 못 차리고 아주 그냥 힘 약한 애들 구타하고. 그 선생들 다 반성을 해야 해요. 국가도 그 때는 뭐 그 완력(독재)시대라서 어쩔 수 없지만은 지금은 다 말 할 수 있잖아요. 뭐 무서울 게 뭐 있어요."^(**호)

"세모라는 사감이 있었거든. 세모라는 게 살모사지. 창조사 사감인데 그런 악질이 없어. 거기 있는 아이들 그 사람만 보면 달달 떨었어. 얼마나 패는지. 그 사람들은 사람도 아니야."

선감학원 피해자 생활상과 지원대책

피해자들의 현재 생활상

현재 피해자들의 모임인 '선감학원 아동 국가폭력 피해대책위원회'에는 약 70여 명의 피해자가 두 달에 한 번씩 모임을 갖고 진상규명과 피해대책 마련을 촉구하는 활동을 하고 있다.

국가인권위원회가 조사한 피해자들의 현재 생활상 설문조사에 따르면, 설문에 응했던 피해자 28명의 성별은 모두 남성이고, 50대 후반이 절반 이상(16명, 57.1%)을 차지하고 60대 초반(9명, 32.1%)이 그 뒤를 이었다. 현재 거주 지역은 인천 또는 경기도가 대부분을 차지했다. 이는 피해자들이 선감학원 퇴소 후 대부분 인천에 거주지로 자리 잡고 살아갔기 때문으로 보인다.

현재 결혼을 유지하고 있는 경우는 절반에 미치지 못했고(12명, 42.9%), 미혼도 적지 않다(8명, 28.6%). 11명이 독거 가구를 구성하고 있었다. 선감학원생활 기간은 3년 이상이라고 답한 경우가 70%를 넘어섰다. 응답자 중 상당수(15명, 53.6%)가 한 번 이상 탈출을 시도한 경험이 있다고 밝혔으며, 탈출을 하다가 실패할 경우 엄청난 보복성 폭행이 가해졌다고 답하였다.

이들은 당시 정황에 대한 철저한 진상규명과 피해자에 대한 배상조치, 희생자추모시설건립, 피해자를 위한 쉼터건립, 관련자 처벌, 대통령의 공식 사과 순으로 정부에 사후대책을 요구한 것으로 나타났다.

선감학원이 설립된 1942년에서 폐쇄된 1982년까지 40여 년 동안 얼마나 많은 소년이 죽었는지, 그들이 누구인지 등 관련 기록이 없어 문서를 통한 사망자 파악이 불가능한 상황이다.

지원대책

국가인권위원회는 2018년 6월 22일 진선미 더불어민주당 의원실과 함께 국회의원회관에서 '선감학원 아동인권침해사건 토론회'를 갖고 피해 생존자의 증언을 듣고 이들의 피해를 회복하기 위한 방안을 논의하였다.

이날 국가인권위원회는 선감도에서 강제노역을 했던 아동들의 사례를 담은 '선감학원 아동인권침해사건보고서'를 공개했다. 국가인권위원회는 이 보고서에서 선감학원 사건을 '국가에 의한 아동폭력 사건'이라고 그 성격을 규정했다.

경기도가 2016년 '생존자 지원 및 명예회복을 위한 조례안'을 제정했지만, 당시 피해사실을 입증할 자료가 부족한 탓에 현재 선감학원의 수용 원생은 물론 전체적인 피해자 규모조차 파악되지 못한 상태다. 그런 만큼 토론자들은 진상규명과 피해회복을 위해 조속히 특별법을 제정해야한다고 입을 모았다.

이와 함께 경기도의회의 선감학원 사건 진상조사 및 지원방안 최종보고서

(2017)에서는 생존자에 대한 대책으로 △트라우마 현황조사 △명예회복 △노후
대책 △폭력에 의한 상해치료 △가족 상봉을 들고 있다.

소결론

앞서 열거한 피해자 증언 내용을 통해서 이들이 입소부터 퇴소까지 어떤 과정
을 겪었으며, 선감학원이 부랑인으로 낙인 찍혀 끌려 온 이들을 어떤 시선으로
대했는지 알 수 있다.

무엇보다 이들은 일선 경찰 등의 실적 위주의 단속에 걸려 연고자 및 주소
지가 분명한데도 불구하고 부랑아로 지목되어 끌려왔다. 잡혀온 이후 생년월일,
이름, 입소 경위 등 인적사항이 달리 적히는 경우가 비일비재하였다. 퇴소과정
에서도 아무런 대책 없이 방출되기 일쑤였고, 주민등록이 말소된 경우가 많았다.
게다가 생계대책이 없어 다시 부랑 생활로 내몰리는 경우도 많았다.

선감학원의 운영은 사회의 건전한 '생산적 주체' 만들기라는 목적과는 전
혀 다른 결과를 낳았다고 볼 수 있다. 수용소 안에서의 노동은 비효율적이고 쓸
데없이 과도한 폭력이 자행되어 훈육의 효과를 오히려 반감시킬 여지가 많은 것
이었다. 이런 모습은 사실 수용 원생들을 비인간화하고 박해하기 위한 장치였다
고 할 수 있다. 이는 사회의 무관심 속에서 쓰레기 취급된 자들에게 가해지는 폭
력의 성격이 무엇이었는지를 보여주는 가장 명징한 예라고 할 수 있을 것이다.

선감학원 사건 해결을 위해서는 지역주민, 시민단체, 관이 개별적으로 가는
것이 아닌 피해자-지역주민-시민단체-관이 거버넌스 형태로 진상조사 및 관련

정책 수립, 지원방안 수립이 이루어져야 한다. 특히 2차 피해자인 선감도 주민의 적극적인 참여를 이끌어내기 위해서는 지역공동체 활성화를 통한 관련 정책 및 추모사업 추진이 필요한 것으로 보인다.

더 읽을거리

하나 : 『아! 선감도』 저자 이하라 히로미츠[井原宏光][5)

"일본인인 나에게는 즐거웠던 섬이 당시 조선 아이들에게는 슬픈 섬이 되었던 사실을 어떻게든 알리지 않으면 안 되겠다고 생각했습니다. 나는 살아있으니 그들의 고통을 내 것으로 생각하며 살아가려고 했습니다. 이것이 내 인생 평생에 걸쳐 해야 되는 것이라고 생각합니다." -이하라 히로미츠[井原宏光]

일본인 이하라 히로미츠[井原宏光]는 아버지가 함경남도 원산의 일본인 학교 교장으로 재직 중이던 1935년 7월 20일 원산에서 태어나 6년간 그곳에서 자랐다. 1942년 여름에 아버지를 따라 선감도로 와서 공부하였다. 이 때 겪은 체험이 그의 인생을 결정하였다.

그러나 일본이 패망하자 1945년 9월, 3년 동안 살던 선감도를 떠나 부산항을 통해 일본으로 귀국, 오카야마[岡山]에서 살았다. 외지에서 들어온 그는 당시 배타적인 마을 아동들로부터 악질적인 이지메를 당하였다.

소학교 4학년이던 이하라에게 일본은 결코 즐거운 곳이 아니었다. 그는 이

---

5) 『감춰진 아이들─선감학원 자료집1─』 (선감역사박물관, 2017) pp.99-101의 내용이다.

유 없이 이지메를 당하는 자신과 선감도에서 매일 얼굴을 맞대던 조선의 소년들의 고통을 겹쳐서 생각하게 되었다. 일본이 일으킨 전쟁에 심신과 일상이 유린된 조선의 소년들의 처지는, 지금 자기가 놓인 것과 똑같았을 것이라는 사실을 느끼면서 그는 크게 깨달았다.

"지금 한국인들도 일본인들도 전혀 알지 못하는 선감도에서 일어난 일을 나는 일생을 통하여 글로 써야 한다"라고 생각하며 그는 작가가 되겠다고 결심하였다. 1960년 여름에 결혼하여 트럭 운전수를 하면서 요코하마에 살며 사회인으로 자립하였다.

그는 1980년 4월말 종전(해방)후 처음으로 선감도를 방문하였다. 이후 위령비 건립을 위해 50여회나 다녀갔다. 그는 자신이 태어난 한국이야말로 참된 의미의 고향이며, 인생의 출발점이라고 누구에게나 가슴을 펴고 얘기하고 있다.

일제강점기에 선감학원에서 일어났던 일본의 만행을 증언한 자전적 소설 '아! 선감도'를 1991년 출간한 뒤 살해의 위협을 받으면서도 일본 각지에 연설을 하고 다녔다. 그리고 이유 없이 일본인에게 구타를 당하고 학대받아 죽은 소년들의 원혼을 달래주기 위하여 위령비를 세울 것을 결심하고, 동조하는 일본인에게 기부 서약서를 받기 시작하였다.

1998년 당시 삼천만원의 기부약정서를 들고 안산시를 방문하였다. 하지만 아쉽게도 안산시는 일본인의 도움을 받지 않고 안산시의 예산만으로 세우겠다는 것이었다. 그래도 그는 위령비가 세워진다는 사실에 만족하였다. 안산시는 원생들이 매장된 '우물재산'을 발굴하여 유골을 수습하고 봉분을 새로 만들고 위령비를 세워 2000년 8월 15일 광복절에 제막식을 하겠다는 구체적인 계획까지 발표하였다. 그러나 본격추진이 시작된 서너 달 뒤 안산시는 갑자기 위령비 건립의 백지화를 선언하였다. 그 후 2014년 5월 일부 뜻있는 안산시민과 경기창작센터가 옛 선감학원 본관 터에 조그마한 위령비를 세웠다.

"당시 눈으로 보이는 육지는 불과 300여m 정도 떨어져 있었기 때문에 많은 소년들이 탈출을 기도하였습니다. 그러나 물살이 빨라 대부분 익사하거나 육지에 닿았더라도 곧 잡혀 왔습니다. 물론 잡혀 와서는 지하실에 감금되어 잔혹한 체벌을 받았지요. 학원에서는 탈출을 방지하기 위하여 아이들 가슴에 선감도의 '仙'자를 쓴 작업복을 입히고, 저녁에는 이를 모두 벗게 하여 교관들이 인원 파악을 하고 탈출을 못하도록 벌거벗은 채로 재웠습니다." -이하라 히로미츠[井原宏光]

둘 : 선감학원 피해생존자 발언문[6]

김영배(선감학원 아동피해자 대책협의회 회장)

저는 1963년(8세에 잡혀 감) 늦은 가을 서울에 사는 큰누님 댁을 가기 위해 서울에 왔다가 서울역 앞에서 경찰에 붙잡혀 서울시립아동보호소에 넘겨진 뒤 본인의 의사와 무관하게 고향이 경기도라는 이유로 강제로 부랑아 수용시설인 경기도 선감학원으로 짐짝처럼 실려 갔습니다. 이후 '부랑아'로 불리며 그곳에서 5년 이상을 보냈습니다.

---

6) 선감학원 아동인권침해사건 토론회(국회의원 진선미, 국가인권위원회, 2018) 자료집 39P에 게재된 내용임

당시 이곳 수용소 수용인원은 450명 정도였던 것으로 기억됩니다. 각심사 · 세심사 · 일심사 · 성심사 등 5~6개 동의 기숙사와 축사부, 식당, 관리사무실 등 일제강점기 때 건물들이 그대로 있었고 기숙사 1개 동에 80명 정도 인원이 몇 개 반으로 편성 되어 20, 30명 단위로 나뉘어져 매일 일본 군인들이 하던 제식훈련을 그대로 반복하며 훈련하였고 낮에는 집단농장과 작업장에서 계절별로 바뀌는 농사일과 각종 가축기르기 등 국민학교 2학년 나이에 견디기 힘든 하루가 계속되었습니다.

50여 년 전에 (일어난) 일이지만 지금도 기억이 생생합니다. 강냉이 보리밥마저도 배를 채우지 못하고 너무 배가 고파 식당에서 나오는 쓰레기 더미를 헤치며 먹을 것을 찾기도 했습니다. 하루도 거르지 않는 반복되는 구타와 원산폭격, 한강철교 등 기합, 손가락에 연필을 넣고 돌리는 고문 등 온갖 사람을 괴롭히는 잔혹한 일들이 계속되었습니다. 잠잘 때 불침번서기, 칼잠을 자면 이불에서 나는 지린내, 언제나 손에 잡히는 이, 칫솔도 없이 모래로 이를 닦고, 세탁비누도 없이 원아복을 빨아 입어야 했고, 손톱깎이 없이 손톱을 다듬는 등 어린아이들로서는 감당하기 어려운 삶을 살았습니다. 수용소 생활을 몇 년 지나면서 나라 살림이 나아졌는지 세탁비누는 6명 당 한 장이 보급되어 나일론 줄로 6등분하여 사용하였고, 죽지 않을 정도의 식사를 할 수 있었습니다. 그러나 중노동은 계속되었고 어린이 키만 한 곡괭이 자루로 구타하는 것은 하루도 쉬지 않았습니다. 엉덩이를 곡괭이로 내리치면 살이 찢어지는 아픔, 그 다음에 오는 간지러움을 참을 수 없었고, 또 다른 한 대가 더해질 때 공포감은 이루 말로 형용할 수 없었습니다. 몸속 깊숙이 생긴 멍은 여름에 저수지에서 목욕을 할 때 원아들의 엉덩이를 보며 서로 부여잡으며 몸을 떨었습니다. 50여년이 지났지만 지금 글을 쓰면서 그때의 고통이 생각나 온몸이 떨려 옵니다.

갑자기 목에 치밀어 올라오는 설움과 뜻 모를 격한 감정은 그 시대가 나에게 준 잊지 못할 의미 있는 떨림입니다. 얼마 전 부산형제복지원 생존자의 증언이 시공을 초월하여 그들과 같은 고통을 느꼈던 마음은 그 상황이 낯설지 않았기 때문입니다.

고통의 시간이 흘러가고 지금은 세 아이의 아버지이며 사회인의 일원으로서 오늘을 살고 있지만 어릴적 마음의 상처로 사랑을 베풀 줄 몰라 아이들과 집사람에게 미안하고 크나큰 죄를 지은 것 같아 지금도 못난 아버지, 못난 남편이란 자괴감에 가슴이 미어집니다. 이제는 누구나 공감하는 복지국가 대한민국으로 발전하였지만 나라에서는 아직도 이러한 암울한 과거사에 대해 외면하고 있습니다. 과거에 경기도의 무책임한 행정으로 인권을 유린당하고 육신이 망가진 여러 동료들은 지금도 생활고와 병마에 시달리며 하루를 연명하고 있습니다. 1964년 10월 26일자 경향신문 기사가 말해 주듯이 집 앞에서 놀다가 파렴치한 공무원 단속반에 반항도 변명도 해보지 못하고 잡혀 수년간 수감되었다가 집도 부모도 기억하지 못할 정도로 시달리는 생활을 한 뒤 이산가족이 된 여러 동료들도 이제 60대 중반에 노인이 되어 지난날들의 어처구니없는 일들을 회상하며 눈시울을 적시고 있습니다.

무자비하고 포악스러운 단속반들과 인간이기를 포기한 듯 선감학원 직원의 운영 결과가 이러한 현실로 남아있다는 사실을 우리 사회가 알고나 있는지 모르겠습니다.

우리 동료들은 한 켤레의 양말과 장갑도 주지 않아 검은 고무신 한 켤레로 뼛속까지 스며드는 추운 겨울을 지내고 손과 발에 동상이 걸려 썩어가는 손가락

발가락을 보면서 가려움과 고통에 잠을 잘 수 없었던 시간을 기억합니다.

지금도 그 후유증으로 겨울이 오면 발가락 양말을 겹겹이 신어야 합니다. 겨울에 국민학교 2~3학년생에게 꽁꽁 언 땅을 개간한다고 곡괭이와 삽으로 밭을 일구고 뽕나무를 심고 누에를 기르며 고치를 생산했지만 원생들은 비단 옷은 고사하고 밀가루 포대로 만든 옷을 입고 자란 것이 전부입니다. 연필과 공책 대신 곡괭이를 들려 강제노동을 시키는 수용소의 비인간적 생활로 인해 현재 많은 동료들이 본인들의 장애조차 느낄 줄 모르고 장애가 아닌 척 살아가고 있습니다.

국가에 바랍니다.

우리 피해자들이 대한민국 국민으로 당당하게 살아 갈 수 있도록 과거 선감학원 운영에 대한 진실을 조사하여 밝혀주십시오. 10살도 안된 어린이를 부모와 집이 있는데도 불구하고 깨끗한 옷을 입지 않았다는 이유만으로 부랑아로 취급하여 강제로 수용소에 보내 강제노동과 구타로 폐인을 만든 잘못을 인정하고 이에 대한 사과를 바랍니다.

또한 어린이들의 생명을 초개와 같이 여겨 수백명의 어린생명을 죽음으로 내몰아 야산에 팽개치듯 묻어놓은 무덤을 정비하여 어린 영령들을 달래주십시오.

선감학원 운영의 잘못으로 지금까지도 고통을 안고 사는 선감 출신 원생들이 조금이나마 편한 여생을 보낼 수 있도록 관심과 방법을 찾아줄 것을 요구합니다.

〈선감학원 아동인권침해사건 토론회(국가인권위원회, 2018년 6월 22일)〉

이동화 인천일보 문화부 부국장

| 참고문헌 |

1.선감학원 아동인권침해사건 보고서(국가인권위원회, 2018)

2.선감학원 아동인권침해사건 토론회(국회의원 진선미, 국가인권위원회, 2018)

3.선감학원사건 진상조사 및 지원방안 최종보고서(경기도의회, 2017)

4.선감학원 자료집 1, 감춰진 아이들(선감역사박물관, 2017)

5. – 인천일보(2016. 8. 8), 경기만 평화생태기행 7. 안산 선감학원의 비극
　　– ①경기도 산하기관이었다
　– 인천일보(2016. 8. 9), 경기만 평화생태기행 8. 안산 선감학원의 비극
　　– ②호주는 경기도지사, 보호자는 원장
　– 인천일보(2016. 8. 16), 경기만 평화생태기행 9. 안산 선감학원의 비극
　　– ③일본 소설가 이하라 씨의 '아! 선감도'

:: 선감학원 소사

시기	내용	비고
1942. 4 20	선감학원 설립(조선총독부 조선 소년령)	
1942. 5. 29	선감학원 개원 도심내 부랑아 195명 1차 수용	
1946. 2. 1	선감학원 경기도 이관 1982년 폐쇄까지 경기도에서 운영	
1950	한국전쟁 발발 후 미군 주둔	
1954. 4	미1군단 원조사업으로 사무실, 교사, 관사 등 41동 신축(총 2,613평)	미군철수 후 다시 경기도 에서 수용시설로 운영
1957. 2. 9	경기도 선감학원 조례제정 경기도 선감학원특별회계 조례제정	1965.7. 27. 폐지
1960년대	부랑아 일제단속, 실적위주의 단속으로 연고자 및 가족이 있는 소년도 수용	
1963. 2. 22	경기도 선감학원조례 일부 개정	경기도조례 제268호 경기도조례 제307호 경기도조례 제807호 경기도조례 제1065호 경기도조례 제 1244호
1980. 12. 26	경기도 선감학원 위탁 운영규칙 제정	경기도 규칙 제1238호 1982. 10. 1. 폐지
1982. 10. 1	경기도 선감학원 폐지	경기도 조례 제1275호
1991	소설 「아! 선감도」 발간(일본인 이하라 히로미츠)	
1995. 5. 15	경기도직업학교 신축 개교(4,416평, 총 10개동)	
2007. 11.12	학교명칭 변경(경기도립학교→경기도기술학교)	
2008. 3.3	경기도기술학교 이전(화성시)	
2009. 10. 28	경기창작센터 설립	
2013. 5. 29	선감학원 역사관 설치 운영(경기창작센터 전시사무동 1층. 약 97.5㎡)	
2014. 5. 29	선감학원 희생자 위령비 제작 설치(경기창작센터 창작스튜디오 2층 옆 공터)	
2015. 11. 5	남경필 경기도지사 "선감학원 진상조사 필요, 결과에 따라 조치를 취할 것"	
2016. 2. 4	경기도의회 선감학원 진상조사 및 지원대책 마련 특별위원회 구성 결의	
2016. 2.24	경기도 선감학원 아동청소년 인권유린사건 피해조사 및 위령사업에 관한 제정	경기도조례 제5177호

시기	내용	비고
2016. 5.17	경기도 선감학원 사건 희생자 등 지원에 관한 조례(일부 개정)	경기도조례 제5229호
2017. 7. 18	경기도의회, 선감학원 희생자 및 피해자에 대한 국가차원의 조사 및 지원대책 마련을 위한 특별법 제정촉구 결의	
2017. 8. 30	경기도의회 선감학원 진상조사 및 지역대책 마련 특별위원회 활동보고서 제출	
2018. 1	선감학원사건 희생자 유해발굴을 위한 사전조사계획 수립용역 최종 보고서 제출	
2018. 6. 22	선감학원 아동인권침해사건 연구용역 보고서 발간	
2018. 6. 22	선감학원 아동인권침해사건 토론회	

5부

강제수용

경기도여자기술학원 화재참사 사건

들어가는 말

경기도여성능력개발센터[7]는 IT 과학기술을 활용한 경력단절 여성들의 취업·창업 및 경력개발 지원 등에 앞장서는 여성인적자원 개발의 메카이다.

오늘날 이 센터의 눈부신 활약상을 보면서 불과 20년 전 바로 그 자리에서 발생했던 경기도여자기술학원 화재 참사를 떠올리는 이는 없다. 화재 참사는 1995년 8월 21일 새벽 2시에 발생했다. 경기도여자기술학원에 입소해 있던 10대 가출소녀들이 기숙사를 탈출하기 위해 방화를 저지른 사건으로, 이로 인해 10대 소녀 40명이 참혹한 죽음을 맞았다.

당시 윤락여성 직업보도시설인 경기도여자기술학원을 경기도로부터 민간위탁운영 하고 있던 사회복지법인 대한예수교장로회총회 자선사업재단은 가출소녀들을 교화한다는 명목으로 구타와 감금, 군대식 검열과 점호로 통제해 왔다. 이를 못이긴 소녀들이 탈출을 위해 방화를 저지르다 참사를 당했다.[8]

소녀들은 방화 후 탈출에 실패, 유독가스에 질식사하고 말았다. 죄인을 가

---

7) 경기도 용인시 기흥구 마북동 431 소재
8) 김정현, '불나도 열리지 않는… 경기여자기술학원 방화', MBC뉴스 [오늘 다시보기], 2018. 8. 21.

둔 교도소처럼 창문마다 굵은 쇠창살이 2중, 3중으로 설치돼 있었고, 출입문과 비상문은 바깥에서만 열 수 있게 자물쇠가 굳게 채워져 있었다.

'경기도여자기술학원 화재참사 행정사무조사를 위한 경기도의회 보사환경위원회'는 이에 대해 "윤락여성들을 수용하도록 돼 있는 시설에 가출 소녀들을 윤락여성화 해 반강제 수용소나 다름없이 운영한 것은 교육을 빙자한 수용"이라며 "소녀들이 퇴소를 원하면 상담을 해서 내보내는 게 정상이었다"고 질타했다.[9]

인권 유린의 현장이었던 경기도여자기술학원은 화재 후 폐쇄 조치 됐고, 이 듬해인 1996년 여성직업교육을 위한 설립추진위원회가 구성돼 1997년 경기도여성능력개발센터가 개원했다. 폐쇄적 기숙형 윤락여성 직업보도시설에서 오픈형 일반 여성교육시설로 운영 형태를 바꾸고, 구시대적인 교육내용을 시대에 맞는 IT교육으로 교체한 후 경기도여성능력개발센터는 유네스코 등 세계가 인정하는 여성교육기관으로 성장했다.

이 사건이 특히 안타까운 것은 동시대에 존재했던 두 여성복지시설의 상이성에 있다. 경기도여자기술학원은 폐쇄적 운영방식으로 기술은 고사하고 무고한 인명피해를 낸 반면, 경기도여성능력개발센터는 여성들에게 각광 받는 IT교육시설이라는 점이다. 한 시대에 상존한 두 시설을 대하며, 경기도여자기술학원도 충분히 합리적인 운영이 가능했음을 추측할 수 있다.

이 화재참사는 당시 경기도 여성복지 행정의 무능과 무소신, 그리고 여성복지시설 운영의 탐욕과 후진성을 적나라하게 드러낸 사건이다.

1990년대의 한국사회는 경제성장에 따른 삶의 질적 성장을 위해 각 분야에서 문제의식을 갖고 성장 발전을 도모하던 때다. 여성복지 역시 여성학자들의 끊

---

9) 제94회 경기도의회 임시회(폐회중) '경기도여자기술학원 화재참사에 관한 행정사무조사를 위한 경기도의회 보사환경위원회 회의록', 1995. 8. 28

임없는 연구와 여성운동가들의 적극적인 노력으로 질적인 수준이 점점 높아지는 단계에 있었다. 더구나 복지시설의 경우 4년제 대학교에서 사회복지학을 전공한 사회복지 전문가들이 배출됨으로써 보다 과학적이고 합리적인 운영 관리 체제에 대한 인식이 점점 높아지고 있었다.[10]

이 학원의 관리 감독을 담당하고 있던 경기도 가정복지국은 화재 참사 일 년 전 이미 유사한 방화사건이 있던데다, 경기도의회 행정사무감사에서도 학원의 혈세 낭비 의혹 등이 누차 지적 됐음에도 관리 감독 및 문제 상황 조치에 소홀 했음은 물론, 지속적으로 동일한 법인에 수탁갱신[11] 함으로써 사실상 인권사각지대로 전락하는 것을 방치 했다. 특히 십대 소녀들을 윤락여성에 준하게 판단함으로써 윤락여성보도시설에 입소시키는 데 아무런 제제가 없었고, 창살 설치등 폐쇄적 운영 등에도 암묵적 동의를 했다. 이같은 행정당국의 업무 처리는 인권 의식이 점점 높아져가고 있던 시대변화에 역행하는 것이었다.

대형 화재참사를 계기로 인권 사각지대에 있던 성매매 여성과 가출 소녀들을 대상으로 한 전국의 직업기술학원과 격리 수용 시설에 대한 실태 조사가 이루어졌고, 격리 수용 시설의 운영 방안에 대한 개선의 필요성이 제기됐다. 시설이 폐쇄되거나 당초 취지를 살려 여성들의 창업과 구직을 돕기 위한 시설이 설립되는 등 인권 사각지대에 놓여있던 시설에 대한 정비가 실시됐다.[12]

화재참사로 드러난 경기도여자기술학원 운영실태는 당초 윤락여성재활이라는 시설 목적과 달리 가출소녀를 수용한 외에도 폭압적 관리, 낙후된 교육의

---

10) 「여성복지시설의 현황 및 변화, 1980-1990년대」, 지식월드

11) 제14대 국회 제177회 국정감사 보건복지위원회 회의록, 1995. 9.25

12) 한국향토문화전자대전, 「경기여자기술학원 방화사건」, https://terms.naver.com/entry.nhn?docld=2614996&cid= 51887&categoryld=53560

질, 수탁기관의 자격여부, 과도한 예산책정과 횡령의혹 등 다양한 문제 및 비리를 내포한 것으로 조사됐다. 특히 국정감사 결과 대한예수교장로회총회 자선사업재단측은 1982년 수탁계약 당시 종전에 공무원 신분으로 근무하던 직원(원장 포함)들을 그대로 승계했고(1982년 위탁약정서상 이 사항을 전제조건으로 명기), 이후 직원 채용 시에도 경기도 공무원 출신 등으로 채워 전문상담원이나 사회복지사를 충원하지 못했을 뿐만 아니라, 11억여원에 달하는 과다한 예산 책정은 직원 봉급이 사회복지 종사자 수준이 아니라 경기도 공무원 수준에 맞게 책정된데다 직원 대부분이 장기 근속자였기 때문인 것으로 밝혀져 충격을 줬다.[13]

이 글에서는 당시 경제적으로 세계 제 11위였던 우리나라의 여성복지 실태 및 청소년복지 실태를 아울러 살펴봄으로써 경기도여자기술학원 방화참사라는 후진적 사건발생에 대해 객관적 시각을 갖도록 했다.

이 사건은 소외지역 복지 종사자들이 잊어서는 안 될 반성의 이정표라고 할 수 있다. 탐욕에 얽힌 인권유린 사각지대는 20년이 지난 오늘날에도 분명히 존재한다.

경기도여자기술학원 참사를 다시한번 살펴보는 것은 이같은 망각을 경계하기 위해서다. 과거 사건이 오늘날 우리에게 주는 교훈을 되새김과 동시에 복지시설의 합리적 운영에 대한 지역사회와 행정당국, 의회 등의 지속적인 관심과, 종사자들의 끊임없는 성찰이 이뤄지는 계기가 되었으면 한다.

---

13) 위 국감회의록

경기도여자기술학원 화재사건 개요

경기도여자기술학원 방화사건은 관리감독 당국인 경기도 가정복지국의 무지와 무능, 무소신, 봐주기, 그리고 시설을 위탁운영 했던 사회복지법인 대한예수교장로회총회 자선사업재단 원장과 직원[14]들의 탐욕 및 비전문성, 그리고 폭압적인 인권유린적 운영방식이 빚은 참사이다.

경기도여자기술학원의 운영방식에 불만을 품은 원생들은 1995년 8월 21일 새벽 2시경에 탈출을 위한 방화를 저질렀다. 그러나 화재는 15분 동안 전체 수용 인원 138명 가운데 40명의 목숨을 앗아갔다.

출구가 막혀 탈출에 실패한 원생들은 유독가스가 기숙사 2층으로 번지자 화장실로 피신했지만 결국 이곳에 갇혀 질식사했다. 경기도여자기술학원은 평소 소녀들의 탈출을 막기 위해 출입문과 비상구를 바깥에서 잠그고 창문에는 2중, 3중의 쇠창살을 쳤으며, 담장에는 철조망을 쳤던 것으로 밝혀졌다. 소방대원 등 구조대원들이 현장에 도착해서도 잠긴 문을 부수고, 유리창을 깨느라 구조를 위한 진입이 늦어졌다.

1962년에 개원한 경기도립부녀보호소는 직업교육을 강조하면서 1966년 경기도여자기술학원이라고 명칭을 바꾼 뒤 단속에 걸린 윤락여성이나 10대 가출 소녀를 수용해 왔다. 원래 적발된 윤락여성들을 대상으로 재활교육을 실시하는 부녀자보도시설이었음에도 이 시설은 80년대 이후부터 관행적으로 가출

---

14) 위 국정감사회의록에 따르면 원장 이하 직원들은 시설, 설비, 교육 내용 등 운영 전반에 관한 사항을 경기도와 일방적으로 협의하여 운영해 온 것으로 밝혀졌다. 재단 이사장은 형식상 대한예수교장로회총회 자선복지재단이 학원 운영을 수탁받은 것일 뿐 실질적으로 관리운영권을 경기도로부터 인수받지 못했다는 내용의 사과문을 복지신문에 게재, 당시 경인일보에 실린 재단 이름의 방화참사 사과문 관련, 무단게재 및 법인명칭 도용을 인정할 수 없다는 내용의 공문을 경기도지사에게 보냈다고 했고, 원장을 두 번 경질하려 했다고 답변했으나, 당시 국감에서는 총괄책임이 이사장에게 있다고 질타함.

소녀들을 수용해왔다. 사건 당시에도 입소자 대부분은 10대 가출소녀들로 채워져 있었다.

더욱이 학원측은 마치 죄인 다루듯 교화를 명분으로 내세워 원생들을 구타, 감금했으며, 외부와의 접촉을 철저히 차단한 채 엄격한 군대식 기숙사 생활을 강요했다.

실제 사건 당시 윤락 여성은 8명에 불과했고, 10대 가출 소녀가 130명 수용돼 있었다. 원생 138명중 43명은 입소 직전에 학생신분이었다. 나머지는 가출 후 아르바이트(다방, 호프집) 52명, 무직 27명, 공장취업, 미용실, 회사원 등 8명이었다. 부모 의뢰로 입소한 소녀는 100명으로 전체의 73%를 차지하고 있었다. 나머지는 유흥업소에서 일하다가 청소년선도회에 적발되어 의뢰된 경우가 8명이며, 검찰, 경찰에 단속된 경우가 9명, 시군 행정기관의 의뢰가 7명, 기타 14명이었다.[15] 당시 언론들은 이들 소녀를 윤락녀로 표현했다.

이와관련, 화재참사 행정사무조사를 위한 경기도의회 보사환경위원회는 "윤락녀가 입소해야 하는 곳에 12세부터 16세 가출 소녀들을 성을 매매하는 여성이 아니었음에도 윤락녀로 취급해 입소시킨 것은 문제"라고 지적하며 더욱이 "소녀들이 사회에서 범죄를 저지르고 들어온 사람들이 아님에도 쇠창살을 하여 탈주를 인위적으로 막고, 집에 가고 싶은 사람도 돌려보내지 않은 것은 지원금을 더 타기 위해 원생확보차원에서 강제로 수용한 것이 분명하다"고 질타했다.[16] 이곳은 당시 폐쇄적 운영 실상과는 달리 가출 소녀들의 직업교육을 도와 자립할

---

15) 박인환, 1995, 「여성복지시설의 실태와 가출청소년 문제-경기여자기술학원 방화참사를 중심으로」, 제34호 국회도서관입법조사분석실.

16) 제94회 경기도의회 임시회(폐회중) '경기도여자기술학원 화재참사에 관한 행정사무조사를 위한 경기도의회 보사환경위원회 회의록', 1995. 8. 28

수 있는 곳으로 외부에 알려지기도 했다. 유가족대표는 국감현장에서 "기술학원 측과 입소를 위해 상담할 때 정부에서 운영하는 시설이고, 윤락녀가 한명도 없다고 하여 입소시켰다. 윤락녀 시설이었으면 입소시키지 않았다. 아이가 16세인데 아이 학교에서 아이가 공부에 관심이 없어하고 가출도 하고 그러니 경기도여자기술학원이라는 곳에 가면 기술을 가르쳐 사회에서 자립할 수 있도록 돕는다면서 그곳에 보내 기술을 가르쳐 보는 게 좋겠다고 추천하여 이곳을 알게 돼 입소시켰다"고 답변했다.[17]

사건 당일 원생들은 기숙사 건물 1, 2층 숙소에 불을 냈다. 원생들은 이날 새벽 2시경 기숙사 1층과 2층의 26개 침실 중 6, 7곳의 이불에서 뜯어낸 솜과 공책 등을 찢어 모아놓고 일제히 불을 질렀다. 불은 주변에 인화물질이 많지 않아 쉽사리 건물 전체로 번지지는 않았으나 연소과정에서 발생한 유독가스와 연기가 순식간에 건물 내부를 뒤덮었다. 이에 앞서 방화 30여분 전 3, 4명이 2층 사감방으로 들어가 잠자고 있던 사감을 이불로 덮어씌운 채 감금하고 있다가 유리창 깨지는 소리를 발화 신호로 1층 4, 8, 9호실과 2층 12, 19, 20호실에서 동시에 방화, 불길이 치솟았으며 기숙사 내부는 순식간에 아수라장으로 변했다.

불이 나자 용인소방서와 수원소방서 소속 소방차 40여대가 출동, 진화작업에 나섰으며, 구급차 80여대와 119구조대원들의 구조 활동 등 500여명이 동원돼 1시간여만인 오전 3시10분경 불길을 잡았다. 구조대원들이 안으로 들어갔을 때 1, 2층 화장실 안에 원생 53명이 쓰러져 있었고 이중 37명은 이미 숨진 뒤였다.

화재당일 37명이 사망했고 16명이 부상을 입었으나, 부상자 가운데 추후 3명이 더 사망해 총 40명의 사망자를 냈다.

---

17) 위 국감회의록

경기도가정복지국장은 경기도의회 보사환경위원회 보고 자리에서 쇠창살을 방범창이라고 해명하는가 하면, 바깥에서 출입문을 잠근 행위에 대해서는 1960년대부터 해왔던 것으로 소방법 위반사항인지조차 몰랐다고 답변해 감독기관의 장으로서 자격미달임을 드러냈다.

원생 구타 및 주방식당 당번, 생필품 늑장 제공[18] 등 비인격적인 대우 등의 문제로 원생들은 학원측과 마찰이 계속되면서 방화사건 한 해전인 1994년 1월 18일에도 기숙사 안에 불을 질러 6명이 구속되기도 했다. 그러나 아무런 개선이 없자 소녀들은 1995년 또다시 방화를 하기에 이르렀고, 대형 참사로 막을 내렸다. 이미 같은 사건이 발생했음에도 학원측은 재 탈주에만 관심을 둬 쇠창살을 제거하지 않은데다, 화재경보기가 시끄럽다는 이유로 이마저도 작동하지 않게 해 놓은 것[19]으로 알려져 충격을 줬다. 더구나 이같은 사실을 외면한 관리 감독기관인 경기도 행정당국의 무조치가 화재참사를 재촉했다고 할 수 있다.

당시 여성복지는 물론 청소년복지 분야에 있어 인권의식이 높아져가던 때로 가출소녀를 위한 전문 상담 프로그램 및 자활 프로그램 등을 개발, 운영하는데 앞장섰어야 할 경기도는 시대에 역행하는 우를 범하고 말았다.

사실 이 사건의 총괄 책임자인 가정복지국장의 인식은 애초부터 가출소녀에 대한 개선책을 모색하는 것과는 거리가 멀어보였다. 마치 윤락녀로 낙인찍은 듯 국장은 보사환경위에서 "원생들은 이미 혼숙과 본드 등으로 타락할 대로 타락한 상태에서 윤락행위로 전락할 수 있는 아이들"이라고 표현했다.

이에 대해 의원들은 "국장의 표현은 이미 소녀들이 윤락녀 형태가 돼서 입

---

18) 위 국감회의록
19) 위 국감회의록

소한 것으로 받아들이게 하고 있다"고 지적하며 "미성년자 이상을 윤락여성이라고 보편적으로 사용하고 있음에도 12살부터 16살의 중학교 2, 3학년 미성년자에게 윤락여성이라는 칭호를 쓰는 것은 문제"라고 질책했다.

또한 "입소자 가운데 90명이 16세 미만인데 의무교육을 받아야 할 가출소녀들을 다시 학생 신분으로 돌려보내려는 노력은 하지 않고 이를 윤락여성이라고 판단해 집단수용을 해서 1960년도에나 사용했던 편물기계를 가르친 것은 인권유린"이라며 "성을 매매하는 윤락행위와 무관한 소녀들임에도 법 개정도 없이 윤락행위방지법 위반자들에 대한 교육을 동일하게 적용시킨 것은 명백한 위법"이라는 점을 지적했다.

이는 부모나 학교측이 소녀들을 맡기려 해도 가정복지국 주무부서에서 어떻게든 받지 않는 방향으로 유도를 했어야 한다는 지적이다.

즉, 10대 소녀들을 상담을 통해 가정 및 학교로 복귀 시킬 수 있는 적정 프로그램 등 대책마련을 고민했어야 한다는 의미다.

그러나 현실은 윤락녀 시설에 강제 입소시켜 윤락녀에게 프로그램화 된 교육을 의무적으로 실시했다. 이들이 수용돼 배우는 교육 내용은 시대에 뒤떨어진데다 취업을 해도 경제성이 낮은 기술위주 교육으로 소녀들에게 동기부여는 물론 흥미도 불러일으키지 못했다.

이들은 10개월 과정 중에 모두 엄격한 기숙사 생활을 하면서 외출이나 전화를 할 수 없는 통제된 생활을 해야 했다. 오후 7시에 일과가 끝나면 기숙사의 출입문을 모두 잠그는 등 1970년대 교도행정 차원에서 만들어진 기숙사 생활 프로그램이 그대로 유지됐다.

당시 사회에서는 10대 청소년들을 X세대[20]라고 지칭했다. X세대는 2차 세계대전 이후 베이비붐이 끝난 뒤에 태어난 신세대로 자기주장이 강하고 기성세대가 이룬 질서나 사회적 전통을 거부하며 자기가 필요한 것은 반드시 해내고 자신이 하고 싶은 것을 하는 특성을 보이는 세대다. 그런데 이처럼 개성이 뚜렷한 소녀들을 비행소녀라는 이유로 강제적으로 가두었다는 데 문제의 심각성이 크다. 소녀들은 결코 죄인이 아니었음에도 인권사각지대에서 자유를 잃고 갇혀 지내다가 참사를 당했다.

경기여자기술학원 화재참사 행정사무조사를 위한
경기도의회 보사환경위원회 회의록 및 국정감사 회의록

경기도 가정복지국장이 경기도여자기술학원 운영 실태에 대해 경기도의회 보사환경위원회에서 보고한 바에 따르면 138명을 수용한 시설을 관리하는데 1년간 11억4000만여원의 과도한 예산을 책정했으며, 특히 이같은 위수탁계약은 1993년부터 1997년까지 5년간 맺어져 있었음을 확인할 수 있다.[21] 예산과 관련한 경기도의회 의원들의 의혹제기 및 국정감사 내용 등을 살펴본다.

---

20) https://tip.daum.net/question/105577901?q=X%EC%84%B8%EB%8C%80
21) 위 국감회의록에 따르면 1982년부터 5년 단위로 지속적인 위수탁갱신이 있어왔다.

경기도여자기술학원 설립목적 및 시설 현황

경기도여자기술학원의 설립목적은 윤락행위 등 방지법에 의한 윤락녀 및 요보호 여성의 선도와 교육을 통한 자립능력 배양에 있으며, 이들을 건전한 사회인으로 복귀시키는데 있다. 설치 근거는 윤락행위 등 방지법 제8조와 경기도여자기술학원 설치조례(1992. 8. 23)다.

경기도는 지난 1962년 5월, 서울 중랑구 상봉동에 소재했던 국립부녀보호소를 인수해 1962년 6월 경기도립부녀보호소로 개원했다.

1966년에 기술교육에 중점을 두고 경기도여자기술학원으로 개칭했다. 1980년 9월 미용, 기계자수과를 증과했다.

경기도사업소 형식으로 운영되던 경기도여자기술학교는 1983년 1월 1일부터 대한예수교장로회총회 자선사업재단이 위탁운영을 시작했으며, 그후 지속적으로 동일 법인에 위탁갱신했다.

1992년 경기도여자기술학원 동두천분원과 통합했고, 같은 해에 요리, 한복, 피부미용과를 증과 했다.

1992년 현재의 위치인 용인군 구성면 마북리 431번지로 신축 이전했다. 대지 1만1483평에 연건평 1692평(지하1층, 지상 2층)이며, 기숙사는 544평이다. 주요시설로는 본관동에 사무실, 강당, 교실(8실), 양호실, 상담실 등이 있으며, 기숙사동에는 숙소 30실, 도서실, 식당, 욕실, 목욕탕 등이 있다. 기타 관사와 수위실 등 부대시설이 있다.

경기도, 대한예수교장로회총회 자선사업재단과 1993~1997년까지 5년간 위수탁 계약

화재로 소실된 경기도여자기술학교 건물은 경기도가 도비 26억원을 들여 1991년 11월 준공했다. 경기도는 사회복지법인인 대한예수교장로회총회 자선사업재단과 위수탁 약정서를 체결(1993. 1), 1997년까지 5년간 위탁운영을 계약했다. 경기도는 이를 위해 1993년 1월부터 화재가 발생한 1995년까지 3년간 27억여원의 위탁지원금을 지급했다.[22]

대한예수교장로회총회 자선사업재단 1995년 운영 실태

경기도여자기술학원에서는 미용, 양재, 기계자수, 한복, 피부미용, 요리 등 6개 과목의 직업교육을 시켰다. 1995년 총 교육생은 138명이며, 보고 내용에는 직원 내역이 누락됐다.

다만, 의원 신문 과정에서 지도사가 39명으로 파악됐다. 지도사 한명당 3.5명의 원생이 배당되었다고 볼 수 있다. 당시 보사환경의원은 "신도시 초등학교는 콩나물시루같이 학생수가 한반에 50명에서 70명 사이인데, 기술학원은 직원 한사람이 3.5명 정도를 맡으면서도 사랑으로 못 다스리고 불을 지르고 도망가게 했다는 것은 뭔가 잘못돼 있거나 예산을 편성해 예수교장로회라는 유령단체에 주어 월급으로 주는 등 국고를 낭비한 것"이라며 "적은 수의 학생을 거느리는 데도 불상사가 날 정도라면 과연 지도자들이 능력이 있는 것이냐"고 신문했다.

또 보고서 내용에 게재된 1994년도 통계를 예로 들면서 "134명 정원 중에 44명이 취업을 하고 89명의 학생에 대해 귀가조치를 했으며 결혼이 1명으로 돼

---

22) 박인화, 위 자료

있다"며 10억원의 예산을 들여 89명을 귀가조치 시켰을 때 사후조치도 없다는 것은 결국 국고를 낭비한 것이라는 점을 지적했다.

교사를 겸한 경비인원이 11명인 점에 대해서도 "여학생 138명을 지키는데 경비인원을 11명으로 배정한 것은 과다하고, 더구나 철조망까지 쳐놓았다는 것은 운영상의 문제가 아니라면 탈출을 시도할 이유가 없는 게 아니냐"며 의혹을 제기하기도 했다. 또 의원들은 "한 달에 약 1억원을 지출하는 가운데 지도자 월급이 50%가량 차지한다"며 "나머지 약 7000만원으로 시설보수, 운영비, 기자재 구입비 등에 사용한다고 했으나 정작 원생들에게 돌아가는 것은 거의 없는 형편아니겠냐. 더구나 시설보수비가 연 1억이 넘는데도 빗물이 새는 것을 방치했다"고 질타했다. 이 재단은 경기도의회 행정감사에서 횡령 의혹이 제기돼 왔었다. 뿐만 아니라 목사에게도 월 80만원씩을 지급한 것으로 밝혀졌다. 의원들은 "1년 예산 약 11억4000만원을 지원받으면서 재단보조금이 600만원에 불과한 것은 자격미달이라는 점"도 아울러 지적했다.

경기도는 효율적인 운영을 내세우며 1962년부터 사업소 형태로 직접 운영하던 이 학원을 1983년 대한예수교장로회총회 자선사업재단에 넘겨 위탁 운영했다.

1995년에 약 11억4000만원을 지원하는 등 매년 운영비를 전액 지원했다. 이중 국비는 9766만2000원이며, 도비는 10억4088만4000원이다. 종교재단이 지원한 금액은 600만원에 불과하다.

항목별로 지출항목을 보면 인건비가 4억9227만6000원이며, 운영비는 5억6037만5000원이다. 시설보호비가 1억16만7000원이며, 기자재 구입비가 3155만원이다.

교육 내용

교육 내용은 직업, 취미, 교양교육 등으로 크게 나뉘며 이 가운데 직업과목은 총 6개 과목으로 미용과, 양재과, 기계자수과, 요리과, 한복과, 피부미용과 등이다. 특히 요리과와 양재과의 경우 5~7명의 원생을 교사 4명이 지도할 정도로 과도한 교사 배정 문제가 심각했다.

당시 여성 직업교육을 실시했던 YMCA가 도배, 페인트, 타일, 나전칠기, 금은세공, 전기용접, 건축제도(기능사 2급) 등 현실적으로 수요가 많은 과목을 다수 교육하고 있던 것과도 대조된다.

이같은 내용은 사건 1년 전인 1994년 경기도의회 보사환경위원회 행정사무감사에서 지적된 바이며, 매월 평균 원생 200명에 대한 지원금을 책정 받았으나 실제 학원측이 수용하는 원생은 130명에 불과한 사실이 적발되기도 했다.

학원은 예산 지출 근거인 교육기간을 늘리기 위해 원생들에 대한 징계시 1주일~3개월까지 교육기간을 연장해 내규 상 10개월인 교육기간을 12개월까지 늘리는 편법을 적용하기도 했다.[23] 또 일찍 자격증을 취득해도 취업알선을 해주지 않았고, 부모 동의하에 귀가를 요청해도 10개월 교육기간을 채우도록 학원에 강제로 남게 해 원생들의 반발을 사기도 했다. 이는 방화사건의 한 원인이기도 했다. 물론 이와관련 학원측 원장은 복학증명서만 가져오면 내보냈다고 해명했다.[24]

---

23) 박인화, 위 자료
24) 위 국감회의록

경기도, 사상자 및 유족 등 최종 피해자 보상 부담[25)

경기여자기술학원의 피해자 보상은 경기도가 도민의 혈세로 대부분을 부담했다.[26) 사망자 40명과 부상자 13명 중 2명을 제외한 11명에 대해 위로금 20억원과 사망자 1인당 1억5000만~1억6000만원, 부상자 1인당 200만원에서 최고 3억원 등 모두 64억여원의 피해보상금이 지급됐다.

경기도는 이 가운데 6억1000만원에 대한 구상권만을 위탁운영자였던 사회복지법인 대한예수교 장로회총회 자선사업재단에 청구해 변제받기로 했을 뿐 나머지는 경기도와 방화 가담 원생들이 공동 책임지기로 했다. 그러나 방화 가담 원생들의 경우 배상능력이 없어 58억여원을 도에서 전액 부담했다.

경기도는 당초 대한예수교장로회 총회 자선사업재단측과 체결한 위·수탁 약정서의 '수용원생의 보호를 소홀히 하거나 선량한 관리자로서의 주의의무를 태만히 해 인명피해 등 중대한 사고가 발생할 경우 위탁해지 및 손해배상 청구가 가능하다'는 조항을 근거로 1996년 말 서울지방법원에 재단측을 상대로 피해보상액 가운데 특별위로금 20억원을 제외한 피해보상금 43억원에 대한 손해배상 청구소송을 제기했다. 그러나 법원은 "방화사건에 대한 책임은 방화원생과 경기도, 재단측에 공동으로 있다"며 "재단측은 도에 6억1000만원만을 배상하라"고 판결했다.

결국 50여명의 인명피해를 낸 방화사건의 피해보상은 지도 감독을 소홀히 한 경기도의 책임으로 인해 대부분 도민이 부담을 떠안았다.

---

25) 김광호, 1997. 3.27. 「경기여자기술학원 피해보상 대부분 道가 부담」, 연합뉴스, https://news.v.daum.net/ v/19970327085500172?f=o

26) 사건 당일인 8월 21일자 연합뉴스 기사에 따르면 사상자 명단 53명 가운데 경기도 출신 12명 외에는 신원, 주소 미상자 및 타도 출신이다.

감독관청의 소홀한 관리실태 및 그 이유[27]

이 참사는 소유자인 경기도가 정기적인 감사를 실시하지 않고 학원측의 편법 운영을 방치해온 것이 문제였다. 경기도는 대한예수교장로회 재단과 위탁운영계약을 맺고 지원금만 지원한 채 철저한 관리 감독을 외면해 왔다. 이 학원은 10대 가출소녀들이 원생의 대부분을 차지하기 시작한 1990년대부터 인권시비와 예산횡령 등의 의혹이 제기돼 왔지만 경기도는 매년 한차례씩 형식적인 지도 점검만 실시해 왔다. 학원설치조례상 입·퇴소생은 경기도심사위원회의 심의를 받아야 하나 학원이 이를 무시하고 자체 심사위원회를 설치하여 입·퇴소를 결정한 사실을 경기도가 적발하고도 미온적으로 대처했다. 경기도는 매년 연말 실시하는 회계감사도 위탁운영주체인 종교재단에 일임하고 직접 회계감사를 하지 않은 채 재단측 감사 결과만을 토대로 미불예산을 정산한 것으로 밝혀졌다.

그도그럴것이 국정감사에서 드러난 바에 따르면 위탁운영을 맡았던 재단은 1982년 경기도와 수탁계약 할 때 기존 공무원 신분으로 근무하던 원장 포함 직원들을 그대로 승계하는 것이 계약의 전제조건이었고, 이후 직원 채용시에도 경기도 공무원 출신 등으로 채웠다. 물론 급여도 사회복지 종사자가 아닌 경기도 공무원 수준이었으며, 장기근속자가 대부분이어서 인건비 지출이 컸다. 전문 상담원과 사회복지사는 전무할 수밖에 없었고, 철저한 관리는 처음부터 불가능했다.

---

27) 박인환, 위 자료

국회도서관 입법조사분석실의 경기도여자기술학원 방화참사 분석 내용[28]

1995년 9월 국회도서관 입법조사분석실에서 경기도여자기술학원 참사 사건의 실태를 분석한 바에 따르면 "윤락여성 재활교육시설인 경기여자기술학원에서 일어난 방화사건은 관리 문제가 참사 못지않은 충격"이었다며 "근본 원인은 복지시설의 관리 운영에 있고, 청소년 가출문제 또한 심각하다"고 분석했다.

경기도여자기술학원 사건은 사회복지적 요구가 적절히 반영되지 않은 채 30여년 전의 설립 목적과 용도에 따라 구태의연하게 운영되고 있는 정부지원 여성복지시설의 실상을 여실히 보여주는 예라고 할 수 있다. 입소자들의 보호, 재활 기능을 수행해야 할 복지시설에서 인권문제가 발생하고 있을 뿐만 아니라, 증가하고 있는 청소년의 탈선 비행에 대한 선도보호 및 재활교육의 부재 등도 심각한 지경이었다.

분석한 바에 따르면, "경기도여자기술학원은 기술학원이자 보호시설이며 재활기관이지만 실제로는 감금이 주목적인 곳과 크게 다를 바 없다"며 "외출금지, 극도로 제한된 면회와 전화, 호된 벌, 고참들의 구타와 기합 등이 이곳 학원생들의 나날이었다"고 파악했다. 분석에 따르면 "한국여성개발원이 지난 1993년 과거 직업보도시설에 수용된 경험이 있는 윤락여성을 대상으로 조사한 결과 3명중 1명은 부녀직업보도시설을 감금장소로 생각하고 있다"고 밝혀 이같은 사실을 뒷받침 했다.

뿐만 아니라 분석에서는 "윤락여성 대상의 낡은 교육 방식에 낙후된 교육 내용 또한 보호생들이 재수용 되는 악순환을 반복하게 하는 원인이 됐다"고 지

---

28) 박인화, 위 자료

적하며 "기술학원이 사회적 자립을 돕기 위한 교육 시설임을 명시하고 있지만, 실제 양재, 미용, 한복 등 사회에서 그다지 요구되지 않는 과목을 형식적으로 운영한 것에 불과하다"고 진단했다. 특히 보호시설과 사회교육기관을 유기적으로 연결하는 종합적 재교육 프로그램의 부재가 문제였다고 밝혔다. 외부와 철저히 차단된 가운데 과거 윤락여성 중심의 이렇다할 변화가 없는 폐쇄적 교육 방식이 문제를 키웠다고 분석했다.

이 사건에서 무엇보다 중요한 것은 가출 청소년에 대한 교정복지의 부재다. 분석한 바에 따르면 "10대 소녀들을 부녀직업보도시설에 입소시킨 것도 모자라 이 시설에는 전문 상담사는 고사하고 사회복지사가 단 한사람도 없었다. 청소년 문제는 대상자 특성에 따라 종합적, 전문적, 체계적으로 대처해야 한다. 성인과 달리 교정, 교화, 개선의 가능성이 높기 때문에 청소년기 비행에 관해서는 전문화, 개별화, 사회화 된 접근이 필요한 것"이라고 밝히고 있다.

당시 가출하는 청소년들이 급증해 사회문제가 되고 있었다. 교육부 통계에 따르면 1990년대에는 청소년 가출이 6984명에 불과했으나 1991년 이후 연간 1만명 이상씩 가출하는 것으로 나타났다. 가출 이유는 부모의 무관심, 부모의 건전하지 못한 사생활, 학습의욕 감퇴, 용돈부족, 친구의 유혹 등이었다. 성별로 볼 때 여중생의 가출이 많았다. 이는 여학생들이 조숙하고, 이미 가출을 경험한 친구가 부추겨 유흥가로 끌어내는 동반가출이 많았다. 초등학생 가출도 늘고 있어 1993년 54명에서 1994년 79명으로 늘어 여중생과 함께 특별지도대책마련이 시급한 실정이었다.

당시 서울, 경기지역의 청소년 보호시설 총 수용인원은 500명 안팎으로 해마다 늘고 있는 가출 청소년들을 일시 보호하기에도 턱없이 부족했다. 수용규모도 적지만 재정난으로 일회성 보호에 그치고 있어 가출 청소년의 근본적 문제 해결과도 거리가 멀었다.

당시 선진국들의 청소년 보호 방식을 살펴보면, 미국의 경우 각 지역공동체별로 자원봉사자가 자발적으로 비행 가출 청소년 선도에 참여하는 시스템을 갖추고 있었으며, 일본은 각 도마다 본드흡입 등 청소년 문제에 대한 전문치료시설까지 갖춘 가출 청소년 보호시설을 평균 7개씩 갖추고 있었고, 영국은 각 동사무소별로 아동상담소를 갖고 있었다.

청소년관련 부처가 이곳저곳으로 분산돼 있는 것도 문제였다. 복지업무는 보건복지부, 육성업무는 문화체육부, 교육은 교육부, 청소년 비행 및 교정은 행정자치부, 법무부 등으로 업무가 분산돼 유기적 정책 집행이 어려웠다. 이같은 난맥상으로 전국적인 가출청소년 보호시설 실태를 총체적으로 파악하고 있는 관계 당국조차 없었다.

우리나라 여성복지의 변천과정[29]

여성복지정책의 변천과정

우리 나라에서는 1944년 조선구호령이 효시가 되면서 직업보도, 모자복지 등이 포함되어 부녀복지행정이 일부 실시되었다. 여성복지는 1950년 6 · 25전쟁으로 발생한 전쟁미망인, 윤락여성 등을 보호하기 위한 소극적인 보호위주의 부녀복

---

29) 「여성복지의 변화과정과 접근방법 그리고 향후 과제」, 지식월드

지로 시작되었다고 볼 수 있다.

1960년대에 이들의 문제를 해결하기 위한 생활보호법, 윤락행위 등에 관한 방지법 등 관련법이 제정·시행되었고, 부녀상담소의 설치와 시립부녀복지관의 설립 등 주로 부랑여성과 근로여성의 문제에 관심이 집중됐다.

1970년대에 들어서면서 여성복지의 주된 방향은 불우가정 여성의 보호에서 사전예방 사업으로 전환되기 시작, 여성의 모성보호문제가 관심을 끌게 되었으나 1980년대 이전까지 여성복지 대상은 주로 요보호여성에 국한되었다.

1980년대 이후 여성운동을 계기로 여성복지정책이 사회전반에 걸친 성차별적인 법이나 제도, 고용관행은 물론 여성에 대한 의식이나 태도, 가치관 등 문화적인 요인에까지 확대되었다. 1980년대에는 1983년 한국여성개발원 설립, 1987년 남녀고용평등법 제정, 1988년 정무장관 제2실 발족, 1989년 모자복지법 제정 등 여성의 지위향상과 복지증진을 위한 제도적 기틀이 마련됐다.

1990년대에는 1991년에 영유아보육법이 제정되면서 여성복지의 개념이 보편적 서비스의 개념으로 전환됐다. 1995년 9월 북경에서 개최된 제4차 세계여성회의에서 여성복지에 관한 논의가 본격적으로 이루어졌고, 행동강령 및 실천계획이 수립됨에 따라, 우리나라에서도 1995년 여성발전기본법을 제정하여 여성복지 수준의 향상을 꾀하게 되었다. 또한 산업화, 서구화, 도시화, 핵가족화, 여성취업 증가 등 급속한 사회변동으로 인한 전반적인 사회구조의 변화는 여성복지 욕구의 다양화와 증대를 가져왔으며 지방자치제의 실시와 함께 광의의 여성복지로 발전하게 되었다.[30] 즉 1980년을 전후로 선별주의적, 잔여주의적, 소극적 여성복지에서 보편주의적, 제도주의적, 적극적 여성복지로 발전하기 시작

---

30) 김옥희, 1998, 「한국여성정책의 현황과 발전방향」, 사회복지개발연구 제4권 제4호

했다.

여성복지 행정조직의 발달과정

1944년 조선구호령이 효시가 되면서 직업보도, 모자복지 등이 포함된 부녀복지 행정이 실시되었다. 1945년 해방이후 불우여성에 대한 복지를 증진하기 위해 1946년 정부수립과 함께 부녀국이 설치되었다. 1947년 10월부터 전국 시ㆍ도에 부녀행정조직에 착수하여 여성계장을 임명, 여성들의 자질향상을 위한 지도자 강습, 선거계몽 등을 추진하였다.

우리나라에서 여성정책이 자리 잡기 시작한 것은 1975년 세계여성의 해 제정으로 볼 수 있다. 그 이전에는 여성문제가 일반적인 사회정책의 부분으로 다뤄져 왔을 뿐, 여성만을 위한 독자적인 것은 아니었다. 불과 1990년대까지도 여성정책은 부녀복지 사업을 중심으로 저소득여성, 가출여성, 미혼모, 윤락여성, 편모가정, 성폭력피해자 등에 대한 서비스가 대부분이었다. 일반여성 대상 사업도 여성단체활동 지원에 국한되어서 사회적 욕구를 지닌 여성정책에 대해서는 고려가 거의 없었다. 그러나 1970년대 이후 경제성장과 급속한 산업사회 정착에 따라 인구학적 변화, 가족유형의 변화, 여성취업의 증가 등으로 여성복지에 대한 법체제가 개선되어야 한다는 자각이 일기 시작했다. 이에따라 1980년대 후반부터 여성복지 관련법이 제정되면서 여성에 대한 사회복지적 관심이 구체화되기 시작하였다.

1987년에는 남녀고용평등법이 제정되었고, 1989년에는 모자복지법, 1991년에는 영유아보육법 등 여성복지 관련법이 제정되었다. 여성관련 복지법이 제정되면서 외형적으로는 여성복지에 대한 법제도가 어느 정도 정비되었다고 볼 수 있으나 이러한 정책들이 여성문제를 실제로 해결하고 전통적인 성차별 문화를 수정했다고는 할 수 없다.

1995년 이후 지방자치시대를 맞이하여 특히 광역자치단체들은 종전의 가정복지국 부녀복지과를 여성정책과나 여성복지과로 개편하는 등 점차 여성정책이 지방으로까지 확산되어갔다. 1998년 새 정부 출범 이후 정무장관(제2)실이 여성특별위원회로 개편되었고, 중앙부처간 여성정책의 연계강화를 위하여 중앙의 관련부처에 여성정책담당관이 배치되었다. 2001년 1월에는 중앙부처인 여성부가 신설되어 여성정책의 획기적인 전기가 마련 되었다.

70~90년대 여성복지 시설 운영주체의 변화과정[31]

여성복지시설은 1980년대 이전과 1980년대, 1990년대가 각각 운영주체와 시설 유형면에서 상이하다.

1980년대 이전 여성복지시설의 운영주체는 주로 종교단체 산하 법인이나 사회복지법인이 운영했다. 80년대에 설립된 시설은 사회복지법인이 운영했다. 80년대는 우리나라의 사회복지가 사회보장과 서비스 부문 모두에서 발전하는 시기에 속한다. 90년대에 설립된 시설은 정부와 사회단체가 운영하는 시설이 포함된다. 사회단체가 여성복지시설을 운영하는 것은 여성운동이 구호와 주장에서 실천 과정으로 변화 발전해 가고 있음을 의미한다.

시설 유형별로 보면, 80년대 이전 시설은 6·25 전후의 전쟁미망인과 자녀

---

31) 「여성복지시설의 현황 및 변화, 1980-1990년대」, 지식월드

를 보호하기 위한 모자보호시설(모자원)과 출산여성을 보호하고 선도하기 위한 선도보호시설이 대표적이다. 80년대는 윤락여성 구제를 위한 직업보도시설과 미혼모 시설이 나타난다. 90년대는 학대받는 여성과 자녀, 그리고 성폭력 피해 자를 보호하는 모자 일시보호시설과 성폭력피해자 보호시설이 등장한 반면, 선 도보호시설은 퇴락했다. 이는 시기별로 여성복지시설이 여성의 지위 향상을 반 영하고 있음을 보여준다.

여성복지시설은 설립 시기별로 조직 목적과 시설 운영자금 면에서도 차이 가 나타나고 있다. 80년대 이전에 설립된 시설에서는 여성의 보호가 강조되었으 며, 80년대 시설에서는 여성의 자립과 지위 향상이 강조되었다. 90년대에는 여 성의 보호가 강조되었다. 다만, 90년대 여성의 보호는 80년대 이전 보호시설과 는 의미적으로 차이를 보이고 있다. 80년대 이전의 여성 보호는 경제적인 의미 에서 무의탁 여성에게 보호를 제공하는 것이라면, 90년대 보호는 남성의 폭력 으로부터 여성을 보호한다는 의미를 갖는다. 즉 90년대의 여성 보호는 성차별 적인 인식에 기초한다.

재정적인 면에서는 80년대 이전부터 90년대로 갈수록 재정 규모가 소규모 화 하고 있다. 재정규모가 작아진다는 것은 시설 규모가 작아지고 있다는 것을 의미하며, 이는 시설별로 서비스 대상 인구가 감소하는 것과 같은 맥락에서 설 명할 수 있다. 즉, 여성복지시설이 기숙사 형태에서 주택형태로 변화하고 있다는 것을 의미한다. 시설의 소규모화는 서비스 이용자들이 느끼는 시설 거주에 대한 사회적 낙인감을 감소시키고, 서비스 전달자의 업무 분담을 줄이고, 지역사회와 보다 친화적인 교류를 가능하게 한다. 여성복지시설이 재정적으로 충분하지 못 함에도 특수사업(프로그램)비용에 대한 인식이 높아지는 것으로 나타났다. 80년대 이전이나 90년대나 여전히 난방비 등의 시설운영비 부족이 가장 시급히 해결해야 할 과제라는 현실을 감안하면 특수사업비에 대한 논의는 시설의 진보성을 나타낸다고 볼 수 있다.

여성복지시설의 서비스 전달자의 특성에서도 시기별로 변화가 나타나고 있다. 서비스 전달자는 수적으로는 시기별로 별다른 변화가 없으나 서비스 전달자의 학력과 전문 직급수가 향상됨으로써 서비스의 질적 향상을 가져왔다고 할 수 있다.

서비스 이용자의 특성에 있어서도 서비스 이용자의 연령이 낮아지고 있다. 입소 사유도 사별에서 이혼으로 변화하고 있다. 사별에서 이혼으로 입소사유가 변화하는 것은 서비스 이용자의 의식 변화와 입장의 변화를 의미한다. 시설을 이용하는 여성들이 단순히 주어지는 서비스를 받는 소극적인 입장보다는 적극적으로 자신의 권리를 주장하고 찾아가는 적극적인 태도로 변화하고 있음을 보여준다.

여성복지시설과 지역사회 교류에서도 시기별 변화가 나타나고 있다. 시설의 설립 시기별로 지역사회와 교류 정도는 긍정적으로 변화하고 있다. 협력기관의 유형과 숫자, 그리고 자원봉사자의 활동영역 등의 측면에서 80년대 이전에 설립된 시설은 주로 학습지도와 종교상담이 강조되고 있는 반면, 90년대 시설에서는 법률 서비스가 강조되고 있다. 따라서 여성복지시설과 지역사회와의 관계가 긍정적으로 변화하고 있다.

서비스 전달자의 서비스에 대한 인식의 변화도 나타나고 있다. 90년대 이후에 설립된 시설에 종사하는 서비스 전달자들은 전문가 주의를 매우 강조하고 있다. 90년대 이전 시기와 차별적으로 나타나는 90년대의 특성을 살펴보면, 바람직한 서비스로 법률 서비스와 의료적 서비스, 심리적 서비스를 들 수 있다. 법률 서비스, 의료 서비스, 심리적 서비스는 모두 전문가에 의해 제공되는 서비스이므로 이러한 서비스 전달자의 인식은 종사자 스스로 전문가주의를 추구하고 있는 것을 보여주며, 서비스 이용자의 삶의 질 향상에 대한 기대와 부합하여 나타나는 현상이다.

　새로운 서비스를 제공하는 데 있어서 장애요인도 90년대 이전에 설립된 시설의 종사자들은 불충분한 재원으로 보고 있는데 비해, 90년대 이후 설립된 시설에서는 전문가의 인력 부족과 이용자의 호응 부족이라는 시각을 갖고 있다. 90년대 이전의 시설과 비교할 때 문제에 대한 인식이 보다 구체적으로 변했다고 할 수 있다. 결과적으로 80년대로부터 90년대에 이르기까지 열악한 재정구조에서도 시설의 외형이나 내적 측면 모두에서 여성의 지위 향상을 점차 반영하는 변화를 보여주고 있다. 이같은 변화를 가져온 주요 요인은 서비스 전달자의 전문성 향상과 여성 권리에 대한 의식화, 그리고 서비스 이용자의 특성과 요구의 변화, 이에 대한 정부의 여성 지위 향상에 대한 지지적인 태도가 포함된다.

청소년복지 변천과정[32]

청소년복지는 1970년대까지 아동복지에 포함되어 서비스와 프로그램이 제공돼 왔다. 해방이후 1960년대까지는 긴급구호 차원에서 의무교육과 사회적 기능을 수행하지 못하는 요보호 아동이나 비행청소년에게 구호 및 보호서비스를 제공

---

32) 김향초, 「청소년복지의 문제점」, 협성논총 제15집, 2003

하는 것이 전부였고, 1970년대까지는 1961년 제정된 미성년자보호법과 1968년 제정된 아동복리법을 통해 비행의 우려가 있는 미성년자의 보호와 근로청소년의 복지, 장애청소년의 복지에 초점을 뒀다. 일반 청소년들도 포괄적인 욕구 충족과 문제해결보다는 선도와 보호에 초점을 뒀다.

그후 1981년 아동복지법으로 전면 개정됐으며, 1987년 청소년 정책을 위한 근거법으로 청소년보호육성법이 제정되면서 아동복지와 구별되는 청소년복지 영역이 생겼다.

정부는 체육부에 청소년국을 설치하고 시도에 가정복지국 청소년과를 설치해 행정체계를 확립했다. 1988년에는 소년법이 전면 개정됐다. 1990년 청소년헌장 제정과 1991년 청소년육성법을 전면 개정한 청소년기본법 제정을 통해 청소년육성을 위한 기본 법제를 갖추고 본격적으로 청소년복지가 정부의 정책 과제로 대두됐다. 1998년에는 청소년헌장을 새롭게 개정했다. 1997년 7월부터는 청소년보호법이 시행되었으며 2000년 7월부터는 청소년성보호에 관한 법률이 시행됐다.

외국의 경우는 1980년대 중반부터 청소년을 권리를 누리는 주체에서 권리를 행사할 수 있는 주체로 인식하는 변화가 생겼다. UN은 1985년을 세계 청소년의 해로 선포하고 청소년이 미래의 주인공이 아니라 오늘의 주인공이라는 의미에서 청소년의 권리 증진을 위해 '참여, 발전, 평화'를 청소년의 해 주제로 삼았다. 청소년을 미래의 주인공이라는 미명 아래 오늘의 권리를 빼앗는 것은 인권침해라는 인식이 반영됐다. 또 인류, 지구, 미래를 위해 청소년의 참여가 있어야 한다는 의미를 갖는다.

1989년 UN 총회에서는 보다 더 구속력을 갖기 위해 아동 권리에 관한 국제협약을 통과시켰다. 이 법의 적용대상은 18세 미만의 아동 청소년으로 돼 있고, 1990년 9월 2일부터 국제법으로 발효되고 있다. 우리나라는 1990년 9월에 이 협약에 서명함으로써 1992년을 청소년의 해로 정하고 청소년 육성을 차질 없이 행하게 함으로써 청소년에 대한 인식 변화를 모색했다. 이런 변화 속에 요보호청소년 및 일반 청소년 등 모든 청소년이 청소년복지의 대상으로 확대됐다.

우리나라는 1990년부터 청소년 정책이 국가 중요 정책과제로 부각됐다고 할 수 있다. 1998년에 문화관광부가 청소년육성 5개년 계획(1998~2002)과 청소년헌장 개정을 통해 청소년의 권익과 자율참여를 강조했다.

청소년복지는 사회복지의 한 분야임에도 사회복지의 한 영역으로 연구 발전 됐다기 보다는 국가청소년정책의 한 부분으로 제시되면서 사회복지의 다른 분야에 비해 상대적으로 늦게 분파됨으로써 청소년업무의 명확한 한계가 설정되지 않았고 독립된 업무로서의 정체성이 확립되지 않았다. 또 청소년정책이 내포하는 다양성과 광범위함으로 인해 청소년정책의 방향이 매우 모호하게 전개되었고, 이에 따라 청소년정책의 효과가 희석됐다. 청소년관련 부처도 나뉘어있어 일관된 정책에 난맥상을 드러냈다.

가출청소년에 대한 쉼터에 대한 연구도 미진한 상황이며, 학교부적응 학생을 위한 직업훈련프로그램들도 여전히 전문적으로 운영되지 못하는 상황이다. 청소년들의 일에 대한 관심을 활성화 시켜 직업상담소에서는 청소년의 능력과 흥미에 맞는 일거리를 많이 개발해 소개해야 함에도 유해환경 접촉을 조장하기도 한다.

청소년들의 자질과 능력을 신장시키고 자기개발과 사회성을 함양시키는 것은 물론 인권교육과 인권훈련을 실시함으로써 다른 사람의 권리를 보호하고 자신의 권리를 존중하도록 하여 청소년 문제의 발생을 저지하는 것은 매우 중요하다.

결론

경기도여자기술학원의 인권유린과 방화참사는 종사자들의 탐욕과 비전문성, 그리고 여성복지정책 담당자들의 무지와 무능, 무소신, 봐주기 등에서 빚어졌다.

당시 경기도 가정복지국은 사건발생 전 이미 경기도의회 행정사무감사에서 경기도여자기술학원의 횡령 의혹을 비롯해 인권 문제 등이 누차 지적돼왔음에도 아무런 조치 없이 동일한 기관에 시설 운영을 지속적으로 맡겨왔다. 이는 경기도여자기술학원 직원들이 경기도 공무원 출신 등으로 채워진 데 원인이 있을 것으로 보인다.

특히 관리감독기관인 경기도는 어린 소녀들을 윤락여성 재활시설에 입소시키는 것을 보고도 제지하지 않았다. 화재참사 당시 경기도기술학원 화재조사를 위한 경기도의회 보사환경위원회에 출석해 보고한 경기도 가정복지국장은 참사를 당한 소녀들의 행실에 문제가 있었기 때문에 철창을 덧치고, 규제를 할 수밖에 없는 상황이었다고 답변해 위탁운영기관과 같은 판단을 했음을 보여준다.

경기도의회 의원들의 지적대로 12~16세의 가출 소녀들은 성을 매매하는 윤락여성이 아니었고, 따라서 윤락여성 직업보도기관에 입소시킬 수 없었으며, 상담을 통해 학교와 가정으로 돌려보내는 게 마땅했다. 단지 가출했다는 이유로 어린 소녀들을 윤락여성 시설에 강제로 입소시켜 자유를 빼앗고 인권탄압 등을 자행하면서 오래 전부터 윤락여성에게나 적용했던 낙후된 프로그램을 그대로 적용하도록 허용한 것은 경기도가 소녀들을 돈벌이 수단으로 삼는 위탁기관의 부정을 눈감아준 것으로밖에는 이해할 수 없다.

그러나 이같은 사실은 경기도만의 문제가 아니었다. 당시 사회복지시설들은 소외지역으로 방치돼 있었다. 집에서 버린 아이들, 부랑인, 가출청소년들을 시설에 맡기고 행정당국만이 알아서 감독하도록 했다. 따라서 시설은 점점 폐쇄적이 되었고 사회에서 격리되었다. 시설 종사자들만으로는 끊임없이 발생하는 청소년 가출, 장애아 유기, 정신질환 등의 사회 병리적 문제에 대처해 나갈 수 없었다. 사회에서 버림받거나 소외된 사람들을 수용하는 시설의 경우 늘 강제와 재활 사이의 긴장이 조성되기 쉬운 환경이었다. 대상자 관리가 쉽지 않은 만큼 인권시비가 일 소지가 다분했다. 시설 입소에 대한 법적 근거가 확실했어야 하며, 이들의 관리와 재활을 위해서는 전문가가 필요했던 상황이었으나 현실은 그렇지 못했다. 전문가 양성, 주민자원봉사, 정부지원, 국민의 따뜻한 관심 등 총체적 개선이 필요했다고 할 수 있다. 보호, 재활 시설에 대한 재정적 뒷받침과 국가 사회적 관심이 충분했어야 함은 물론 수용자의 이력, 개성, 희망에 따라 세분화되고 전문적인 교육과 교화가 이뤄졌어야 마땅했다.[33] 이는 20년 세월이 흐른 지금도 경제적 풍요를 구가하는 것만이 능사가 아니라 그에 걸맞는 복지정책 및 행정의 질적 향상과 국민적 관심이 반드시 수반돼야 함을 보여주는 좋은 예라고 할 수 있다.

박숙현 용인신문 대표

---

33) 박인화, 위 자료

6부

환경문제

압축성장의 부작용
- 원진레이온 가스 중독사건과 시화호 수질오염

들어가는 말

2018년 여름 내내 전국토의 흙과 물이 열기에 일렁였다. 온 나라가 거대한 아지랑이 속에서 흔들리는 것 같았다. 사막에서나 가능한 온도라고 생각했던 40℃가 넘는 날들이 이어졌다. 식물이 타들어가고 저수지가 말랐다. 사람도 쓰러졌다. 모두가 재앙이라고 입을 모았다. 기온이 단지 전년도에 비해 2~3도 오른 것뿐인데 우리는 한 계절을 아주 힘겹게 견뎌냈다.

견디는 동안 사람들은 그 어느 때보다도 자주 환경오염과 기후변화에 대해 생각했고, 그 어느 해보다도 에어컨에 의지했다. 에어컨이 기온상승을 이끈다는 것을 알지만, 에어컨이 아니고서야 이겨낼 방법이 없을 만큼 더위는 혹독했다. 에어컨을 대체할 것이 없으니, 한동안은 기온의 상승세를 막을 수 없을 것이다.

이런 상황은 30여 년 전, 국토개발과 산업화를 위해 환경의 희생이 불가피하다는 논리를 펴던 시절과 어떤 부분에서 상통한다. 당시에는 산업화보다 앞선 것은 없었다. 그것은 인간을 중시하는 것으로 여겨지기도 했다. 인간의 편리와 발전을 위한 것이므로 불가피했다. 환경이 파괴된다고 해서 멈출 수 있는 것이 아니었다.

'인간을 중심으로 지속 가능한 개발이 논의되어야 한다. 인간은 자연과 조화를 이룬 건강하고 생산적인 삶을 향유하여야 한다.'

위 문장은 '환경과 개발에 관한 리우 선언'의 제1원칙이다. 지구상의 150여 개 국가들은 1992년 6월 브라질 리우데자네이루에서 지구인의 행동 강령으로서 리우선언을 채택했다. 그보다 20년 앞서 1972년 6월 국제사회는 스웨덴에서 '인간환경선언'을 채택했다. 인간환경선언의 첫 번째 원칙은 '인간은 품위 있고 행복한 생활을 가능하게 하는 환경 속에서 충족한 생활조건을 향유할 기본적 권리를 가짐과 동시에 장래의 세대를 위해 그 환경을 보호하고 향상시킬 엄숙한 책임을 진다.'이다.

두 선언 사이에서 가장 눈에 띄는 것은 '지속 가능한 개발'이라는 개념이 등장했다는 점이다. 지속가능한 발전이란 경제와 환경의 조화로운 발전을 의미한다. 경제 개발은 지속적으로 추진해나가되, 환경이 감내할 수 있는 범위 안에서 추진하자는 것이다. 인간중심의 개발에 매진하던 인간이 지속 가능한 개발을 말하기 시작했다. 이러한 변화에는 위기감이 서려있다. 20년 사이 지구 환경은 변했는데, 그 변화는 인간이 예측한 것보다 훨씬 더 인간에게 불리했다.

우리가 환경 변화를 미처 다 예측하지 못했던, 혹은 절망적인 예측 가운데서도 별 걱정 없이 살 수 있었던 것은 환경의 변화가 당장 손에 잡히지 않기 때문이다. 빙하는 멀리 있고 태풍은 한철이고 황사는 중국 때문이었다. 반면 국토개발과 산업 발전으로 인한 편리는 가깝다. 즉각적이고 피부에 와 닿는다. 잘 닦인 도로와 고속철도 덕분에 부산이 가까워 졌고, 에어컨은 켜는 즉시 더위를 날려준다. 더욱 따뜻하거나 한결 시원한 섬유가 개발되고 있으며 휴대폰 하나로 집안의 각종 시스템을 제어할 수 있게 됐다.

계속 이렇게 살 수 있다면 환경 변화를 걱정할 필요가 없을지도 모른다. 그러나 한철의 폭염으로 농작물이 죽고 어류와 가축이 폐사했다. 인적 피해도 컸다. 5월~8월 발생한 온열질환자수는 전해보다 두 배 이상 늘었다. 2011년 조사를 시작한 이후 최대치다. 우리는 더 이상 산업화의 안락함 속에서 안전할 수 없다는 것을 올여름 비로소 실감했다.

수십 년 앞서 국토개발과 산업화의 어두운 면을 경험한 이들이 있다. 그들은 멀리 있지 않고, 드물지도 않다. 우리 모두의 주변에 있는 이웃이다. 그들의 희생을 발판삼아 우리나라는 고속 성장과 고도의 발전을 이루어냈는지도 모른다.

이제 지속가능한 성장을 추구하게 된 우리는 그들로부터 지속불가능함을 배울 수 있다. 대한민국에서, 경기도에서, 산업화의 효자 산업이었던 방직 공장과 갯벌에서 일어났던 산업화로 인한 환경 문제 사례를 이야기 하고자 한다. 두 가지 사례는 환경이 우리 삶을 어떻게 바꾸어놓을 수 있는지를 여실히 보여준다.

원진레이온 이황화탄소 중독사건

1977년 김봉환

김봉환 씨는 1977년 원진레이온에 입사했다. 외동딸을 둔 40대 중반의 가장이고 산업화 시대의 믿음직한 일꾼이었을 그가 새 직장에 바라는 것은 열심히 일한데 대한 정당한 대가였을 것이다.

그가 원진레이온 원액과에서 일한 시간은 7년이다. 그 시간동안 그에게 일어난 변화는 숙련도가 향상되고 월급이 오르고 동료애가 돈독해지는 것이 아니었다. 수많은 동료들과 함께 이황화탄소 중독 증세에 시달려야 했다.

원진레이온은 인견사 및 인견면(레이온) 제조업체다. 주요 공정은 이황화탄소를 사용해 비스코스액을 만들고, 여기에 산을 가해 인견사를 재생하는 것이다. 인견사를 재생하는 과정에서 첨가했던 이황화탄소가 다시 분리돼 나온다. 노동자는 일하는 내내 이황화탄소와 산 등에 노출된다. 후처리과에서는 제조한 인견사를 세척하고 말리는 작업을 한다. 운반부서에 일하는 노동자들도 인견사를 운반하기 위해 방사과 등의 공장 내부에 머무는 시간이 상당했다.

이황화탄소는 인체에 독가스 버금가는 악영향을 끼친다. 한국산업안전보건공단의 자료에 따르면 이황화탄소는 호흡기나 피부로 흡수된다. 만성 노출 될 경우 중추신경장해를 일으켜 무력감과 온 몸에 찌르는 듯한 통증을 느끼게 한다. 또한 불안증상, 우울증, 보행 장해 등 말초신경계 질환, 허혈성 심장질환 및 뇌혈관질환, 신부전증, 망막혈관질환 등 여러 장기에 장해를 일으킨다. 한 번 발병하면 치료가 불가능하다.

1991년 6월 월간 『말』에 실린 '원진레이온 직업병과 김봉환 씨의 죽음'이라는 기사는 원진레이온 공장 내부를 이렇게 묘사했다. '원진레이온 공장 내부, 특히 그동안 많은 환자가 발생한 방사과 내부에는 온통 퀴퀴하게 썩는 냄새가 진동했다. 방사기를 지탱하기 위해 설치해놓은 철골 구조물은 부식되어 휘어있었고 유독가스를 뽑아내기 위해 설치된 환기통마저 고물상의 고물처럼 녹슬어 있었다. 방사과 내부는 벽면과 기계 그리고 바닥 할 것 없이 온통 녹스는 것을 방지하기 위해 덧칠해놓은 페인트와 덧씌워 놓은 납으로 얼룩졌다. 방사기 안의 이황화탄소가 밖으로 새어나오지 못하도록 설치해놓은 덧문은 짝이 맞지 않아 덜그덕 거렸다. 성한 것이라고는 오직 방사기에 걸린 채 상아빛으로 반짝이는 인견사(레이온사)뿐'이었다.

인견사 제조 공장에서의 이황화탄소 중독 사건은 1890년대 독일에서 처음 발생한 것으로 알려졌다. 1950년대 미국, 유럽, 일본에서 비스코스 레이온사 제조가 활발해지면서 중독자가 많아졌다. 이들 국가는 자국의 작업환경을 개선하는 동시에 레이온 제조공장을 다른 나라로 이전했다. 미국은 중남미 지역으로, 일본은 한국과 대만으로 옮겼다.

원진레이온의 전신은 1959년 12월 화신그룹의 박흥식 씨가 설립한 흥한화학섬유㈜다. 1962년 경기도 미금시 도농동 1번지, 14만 7천290평 부지에 4만평 규모로 공장건물을 짓고 일본 도레이사에서 낡은 중고기계를 수입해 사업을 시작했다. 5 · 16군사정부가 주도한 제 1차 경제개발 5개년 계획에 따른 전략 산업의 집중 육성 방침에 따라 일본 정부의 차관자금을 지원받았다. 펄프를 이황화탄소, 황화수소, 가성소다 등과 작용시켜 비스코스레이온을 만드는 섬유공장이 당시만 해도 첨단 기술이라고 인식되어 공장가동식에는 박정희 대통령까지 와서 격려해 주었다.

1966년 12월부터 이 공장을 가동해 1일 15t의 인견사를 생산했다. 그러나 사업 확장 실패로 1968년 10월 1차 부도를 내고 산업은행의 법정관리를 받았다. 그 후 4년간의 은행 법정관리를 거쳐 1972년 4월 정영삼 씨가 인수, 세진레이온㈜로 명칭을 변경하고, 1976년 12월 이원천 씨가 다시 인수한 뒤 원진레이온㈜가 됐다.

김봉환 씨가 입사하던 해 6월 10일자 한국일보에는 '수명 20년 철선 1년 만에 삭아'라는 제목의 기사가 실렸다. '다른 지역 (철로의) 전선은 당초 예상한 수명 20년을 지탱하기에 거뜬하나 유독 원진레이온의 독가스가 스치는 이곳의 전선은 시설한 지 1년이 못가 부러지고 있다'는 내용의 기사였다.

원진레이온 방사과에서 일하던 노동자 중 한 사람은 작업공간의 독성을 이렇게 설명했다. "하루의 작업이 모두 끝나면 온몸이 나른합니다. 탈의실에 벗어놓은 겉옷 주머니의 백동전이 하루 일과를 끝내고 보면 색바랜 10원짜리 동전처럼 까맣게 변합니다. 이러니 사람 몸인들 오죽하겠습니까."(월간말)

원진레이온을 퇴직한 김봉환 씨는 경비원으로 일하며 생계를 꾸려갔다. 갖은 통증으로 여러 병원에서 치료를 받던 그는 89년 고혈압으로 쓰러진 이후 말을 더듬기 시작했다. 이때 직업병을 의심하게 돼 회사 동료들로부터 사당의원을 소개받아 진찰을 받았다. 진찰 결과 혈압이 240에 이르는 점과 손발저림, 발음장애 등의 현상을 근거로 이황화탄소 중독의증으로 판단되므로 정밀검사와 요양이 필요하다는 판정을 받았다. 죽기 몇 달 전부터 산재 요양승인을 받기 위해 열심히 뛰어다녔다. 그러나 그가 산재를 인정받은 것은 사망하고 나서였다.

그는 1983년 퇴사하고 1991년 숨졌다. 사망당시 53세였다. 고등학교 1학년인 외동딸의 등록금을 내고 오던 길에 쓰러져 다시 일어나지 못했다.

1988년, 민주화 바람을 탄 직업병 투쟁

안전보건연구동향 4월호(2010년)에 실린 '원진레이온 이황화탄소 중독사건의 전말'에 따르면 원진레이온 노동자 중 가장 처음 이황화탄소 중독 환자로 기록된 사람은 홍원표 씨다.

홍원표 씨는 1980년 9월에 입사하고 한 달 후인 10월과 1981년 1월, 3월 가스 중독으로 입원치료를 받았다 하니 그 당시 작업 조건이 얼마나 열악했었는지 짐작할 수 있다. 그러나 그 당시만 해도 전두환 군사 독재 치하였고 원진레이온 사장이 공군 소장 출신이었기 때문에 회사를 상대로 직업병인정투쟁을 한다는 것은 몹시 어려운 일이었다. 반신마비, 언어장해가 남을 만큼 심한 중독이었는데도 5백만 원을 받고 회사와 합의할 수 밖에 없었다. 나중에 변호사가 도와주

려했지만 회사의 압력을 받은 동료 노동자들과 이웃 주민들이 법정 증언을 기피해 소를 취하할 수밖에 없었다.

　1987년 1~2월에는 방사과에서 14~18년 동안 근무하다가 퇴직한 정근복, 서용선, 김용운, 강희수 씨가 팔다리의 감각 이상 및 마비증상, 언어장애, 기억력 감퇴 등 전신증상이 업무와 관련해 발생했다며 노동부와 청와대에 조사 요구를 진정했다. 당시 노동부는 조사를 통해 최초로 이황화탄소에 의한 직업병을 인정했고, 산재에 의한 요양 승인을 했다. 진정을 제기했던 노동자들은 장해 정도에 따라 2~9등급의 장해보상을 받고 치료를 종결했다. 원진레이온이 이들에게 지급한 민사배상금은 1인당 600만원이다. 이 일을 계기로 원진레이온에 근무하는 방사과 근로자들의 특수건강진단이 실시됐고, 방사과에 대한 작업환경 측정이 시작됐다.

　1988년은 사회적으로 직업병에 관한 관심이 증폭된 해다. 그 해 7월에 15살에 불과한 소년이 수은중독증으로 사망하면서 산업재해노동자장이 열렸다. 7월 3일 문송면 군 사망을 주요 일간지와 방송사가 보도한데 이어 7월 19일 정근복 씨 등 원진레이온 직업병 가족들이 평민당 구리지구당, 구리노동상담소를 방문해 도움을 호소했다. 7월 22일 한겨레신문 등의 언론이 원진레이온 직업병문제를 보도했다. 한겨레신문의 이날 기사를 통해 원진레이온 공장에서 이황화탄소 중독환자가 잇따라 발생해 말과 몸 움직임이 부자유스러운 중증마비상태에 빠진데다, 회사는 1986년 이후 이들 중 12명을 강제로 퇴직시켰다는 사실이 드러났다. 원진레이온 경영자에 대한 설명도 있었는데, 1979년 이후는 모두 군인 출신이었다. 기사에는 '59년 세워진 원진레이온 공장은 경영부실로 79년부터 산업은행이 관리하고 있는데 현재 종업원 1천5백80명, 지난해 4백55억 원의 매출액을 올린 대기업이다. 79년 산업은행 관리로 들어간 뒤 이규학(전 합참의장), 전창록(전 공군소장) 씨를 거쳐 지금은 백영기 (전 육군소장)씨가 경영을 맡고 있다'고 기록돼 있다.

이어지는 보도에서는 진상조사단의 조사 결과를 확인 할 수 있었다. 8월 6일자 기사에는 '이황화탄소 중독 등으로 인한 직업병 환자를 강제 퇴사시켜 말썽을 빚은 원진레이온에서 지난 13년 동안 8명이 산업재해로 사망했으며 이황화탄소에 중독된 직업병 환자도 지금까지 알려진 것보다 9명이 더 있다고 5일 원진레이온 직업병 발생 진상조사반(반장 박영숙 평민당 부총재, 노무현 민주당 의원)이 발표했다'고 나와 있다. 또한 노동부가 이렇게 직업병 환자가 속출하고 있는데도 지난 1986년 8월 원진레이온이 산업재해 예방에 진력한 결과 1984년 3월 1일부터 1986년 5월 11일까지 2백50만 시간 무재해기록을 달성했다며 무재해기록증을 주었던 것으로 밝혀졌다.

8월 원진레이온 직업병 환자와 가족들은 '원진레이온 직업병 피해자 및 가족협의회(원가협)'를 만들고 진상조사 요구, 항의방문, 보고대회, 성명서 발표, 기자회견 등 항의 집회와 진정, 호소를 거듭했다. 그 결과 9월 당시 평민당 부총재의 중재로 원진레이온과 노동자 단체가 각각 3명씩 의사를 추천, 이들로부터 직업병과 장애등급을 판정받아 산재요양과 별도로 1급 1억 원에서 14급 1천만 원의 장애보상금을 지급한다는 내용의 합의를 이루었다. 이를 통해 1989년에는 35명, 1990년에는 34명이 직업병임을 진단받고 보상금을 받았다. 이러한 과정에서 직업병 사망자도 속출했다. 김봉환 씨는 그들 중 한 명이었다.

그는 1991년 1월 이황화탄소 중독의증으로 치료를 받고 있었다. 그러나 원진레이온은 김봉환 씨가 이황화탄소 비유해 부서에서 일했다는 이유로 직업병 인정을 거부했다. 김 씨는 이황화탄소 중독의증이라는 의사 소견서로 노동부에 직업병 검진을 받게 해달라고 진정했다. 노동부가 이를 승인한 당일 갑자기 쓰러져 사망했다.

서울대학교 보건환경연구소 자료에 따르면 김봉환 씨 사망 이후 업무관련성 여부를 놓고 원진레이온과 노동자 측 추천 의사 사이에 논쟁이 벌어졌다. 노동자 측은 수차례 정부와 사측에 대한 항의집회를 열었다. 이 때문에 고인의 장례식은 사망 후 86일 만에 진행됐는데, 그나마도 순조롭지 못했다. 장례식 당일 유족과 대책위가 원진레이온 정문 앞에 관을 놓고 노제를 지내던 중 사측 사람들과 충돌이 일어났다. 유족과 대책위 사람들은 관을 회사 정문 앞에 두고 다시 농성에 들어갔다. 이 농성은 52일간 이어졌는데 이 사이 직업병 피해자 권경룡 씨가 정신장애와 통증 등으로 신병을 비관해 자살했다. 언론이 이를 김봉환 씨 관련 투쟁과 함께 일제히 보도하면서 여론이 다시 집중됐다.

국회는 실태조사 소위원회를 파견했다. 위원회는 김봉환 씨는 이미 사망했기 때문에 직업병 판정을 하는 데 문제가 있으나, 재직 당시의 작업환경과 근속년수 등 직업력과 임상, 부검, 병리 소견을 고려할 때 직업병에 걸렸을 개연성이 충분한 것으로 판단했고 이를 상임위에 보고했다. 이 보고서에 따라서 1991년 5월 19일에 원진레이온과 유족 및 대책위 그리고 노동부가 장애등급 7등급에 해당하는 유족보상 등을 중심내용으로 한 합의서에 서명하면서 137일 만에 김봉환 씨의 장례가 마무리 됐다.

이 합의서는 기존 원가협, 원노협의 합의서와는 달리 전 부서의 근로자에게 해당 유해요인에 의한 특수검진 실시를 담고 있다. 즉 1990년 원노협의 합의서가 '유해부서'만을 검진대상으로 한 데 비해 이 합의서에서는 그런 구분을 두지 않은 것이다.

합의서를 바탕으로 91년 5월 서울대 보건대학원 김정순 교수를 비롯한 36명의 조사자가 원진레이온 퇴직근로자 208명과 재직 근로자 1천164명 등 1천554명을 대상으로 1년간 이황화탄소 중독증에 대한 역학조사를 실시한 결과 중독자 42명, 중독기준 의심자 85명으로 나타났다. 1993년 노동부는 '업무상재해 인정기준'(노동부 예규 제234호)을 발표했다. 노출수준 10ppm 이상에서 10ppm 내외로 조정하고 특정 1가지 이상 소견 시 인정한다는 것으로 완화된 내용이었다.

1992년 원진레이온 사내 보고 자료에 의하면 이황화탄소 중독증 직업병 판정받은 노동자는 209명이며 특수건강진단결과 이황화탄소 중독 직업병 유소견자는 81명이었다. 원진레이온이 납부한 산재보험료는 1991년 9천200만원, 1992년 1억700만원, 1993년 1억2천만원이다. 1993년 원진레이온은 폐업했으나 이황화증독증으로 지불된 산재보상금은 2008년 307억원으로 같은해 산재 보상금액 3조 4천억원의 약 1%에 달했다.

원진레이온 이황화탄소 직업병 환자들의 단체인 (사)원산협의 자료에 의하면 2015년까지 발생한 이황화탄소 중독 환자 수는 915명이다. 본격적으로 문제가 드러나기 시작한 1988년 발생 환자가 25명, 역학조사를 실시한 이후 1992년 143명, 1993년 238명 , 2000년 이후에도 20명이 발생 했다. 이 중 직업병에 의해 사망한 노동자는 103명이다.

2010년 안전보건 연구동행 4월호에 실린 원진레이온 이황화탄소 중독사건의 전말 자료에 따르면 향후 보상할 산재보험금을 추산할 때 1조원 가까이 소요될 것으로 예상된다. 경제개발계획에 따라 정부의 지원까지 받아 운영됐던 기업의 초라한 성적표다.

1993년 폐업, 그러나 계속되는 고통

국내 유일의 인견사 제조업체였던 원진레이온은 창업 34년 만에 폐업했다. 공장 경영이 가져다 줄 경제적 이익에만 눈이 어두워 있던 시절이라 이황화탄소라는 독가스를 마시며 일하는 노동자의 건강과 생명을 보호할 안전 설비의 설치는 생각할 수도 없었다. 경영 성적이 좋았던 것도 아니다. 창업 10년도 못돼 경영부실로 산업은행의 관리 하에 있었고, 국내 사상 최악의 산업재해를 일으킨 기업으로 기억됐다.

서울대학교 보건환경연구소 자료에 따르면 1993년 폐업 당시 원진레이온 노동자는 물론 많은 사람들이 폐업에 반대했다. 그러나 6월 원진레이온 폐업안은 당정협의회를 통과했고 정부의 의결을 거쳐 폐업이 결정됐다. 이에 원진레이온 노조, 원가협, 원노협 및 관리직 사원 등은 '직업병대책과 고용보장쟁취 위한 원진레이온 비상대책위원회(이하 원진비대위)'를 출범시켜 폐업을 저지하고자 했지만 6차에 걸친 폐업에 관한 간담회 끝에 회사와 노동조합은 노동부, 산업은행 등이 입회한 가운데 1993년 11월 9일 폐업 및 폐업 후속대책에 관한 합의서에 서명했다. 서울 인근 아파트 부지를 제공해 실리를 얻고 더 이상의 문제발생을 제거하려는 산업은행 등 관계당국은 직업병 관리기금을 내놓았고, 기금을 관리하기 위해 산업은행과 노동부는 비영리 공익법인인 원진직업병관리재단을 만들었다. 재단기금으로 총 150억원이었다. 현금 50억원, 파산채권으로 50억원, 토지를 파는 등의 수단으로 잉여금 발생시 50억원을 산업은행이 내도록 하고 환자진료를 위한 진료기관을 만들기 위해 노력한다고 약속했다. 이 시기 원가협과 원노협은 '원진직업병피해자협회(원직협)'로 통합됐다.

1996년 2월 29일 원진레이온 공장부지가 아파트 부지로 3천670억 원에 매각됐다. 산업은행은 원진레이온의 채무를 제하고도 1천600억 원에 달하는 차액을 남기게 됐다. 원직협과 원진비대위는 통합해 '원진노동자 직업병위원회(이하 원노위)'를 결성했고 산업은행을 상대로 이득금 일부를 원진전문병원 건립기금화 및 재해위로금으로 추가 출연할 것을 주장했다. 이들은 1997년 3월 명동성당에서 농성을 시작했다. 44일간의 노숙 끝에 4월 24일에 추가 재해위로금 96억원과 직업병전문병원 건립을 위한 110억원 등 206억원을 산업은행이 출연할 것에 대한 합의서를 작성했다. 이 기금을 바탕으로 1999년 6월 5일 원진녹색병원, 노동환경건강연구소, 원진복지관 등을 갖춘 직업병 예방과 치료 전문기관 '원진종합센터'가 출범했다.

그러나 직업병 문제가 해결된 것은 아니었다. 이황화탄소 중독은 치료되지 않는 병이었고 원진레이온에는 1970년대 평균 약 3천명의 상시 노동자가 근무했고 1980년대에도 1천500명 정도가 근무했다. 폐업 후에도 재직했던 사람들에 대한 정밀검진을 지속적으로 진행해 직업병자가 계속 발견됐고 그들의 고통은 평생 지속됐다.

노동자 뿐 아니라 주변 환경, 특히 토양에 미친 영향도 컸다. 아파트 부지로 매각한 원진레이온 공장 부지는 또다른 문제로 전환됐다. 경향신문 보도에 따르면 ㈜부영은 1993년 원진레이온 폐업 3년 뒤 동광주택 등 관계사 4곳과 컨소시엄을 구성해 3천670억 원에 47만㎡에 달하는 공장 부지를 사들였다. 부지매입을 마무리 지은 부영은 곧바로 아파트 건설공사에 착수했는데 원진레이온산업재해 피해자협회에서 부지 내 토양오염 의혹을 제기하면서 공사는 1년 만에 중단됐다.

제기됐던 의혹은 사실로 드러났다. 남양주시가 해당 부지에 대해 토양 관련 전문기관인 광업진흥공사에 의뢰해 정밀조사를 벌인 결과 부지에서는 톨루엔이 검출됐고, 납과 6가 크롬이 토양오염기준을 초과한 것으로 드러났다. 공장 부지는 산성·중금속에 오염된 상태로 아파트를 지을 경우 콘크리트가 부식돼 건물이 위험할 수 있다는 결론이 나왔다. 나몰라라 공사를 진행하던 부영은 오염 사실이 외부로 공개되자 뒤늦게 오염 정화작업을 벌였다.

공장 안에 있던 기계들은 어떻게 됐을까? 일본 도레이사에서 우리나라로 수출됐던 그 오래된 기계들은 1994년 중국 단둥시 화학섬유공사에 팔려갔다. 일본에 직업병 환자가 늘어서 우리나라로 왔고, 우리에게 직업병을 남긴 기계는 병과 함께 중국으로 옮겨간 셈이다.

그 후 30년

2018년은 원진레이온의 직업병이 세상에 알려진지 30년 되는 해다. 긴 시간이 지났지만 원진레이온은 잊히지 않았다. 직업병이 사라지지 않았기 때문이다.

지난 2001년 5월 27일 MBC는 '원진레이온이 문을 닫은 지는 벌써 8년이 지났지만 올해도 원진에서 근무했던 27명이 추가로 직업병 판정을 받았다'고 보도했다. 기자의 마지막 말은 "원진레이온은 사라졌지만 고통은 계속되고 있습니다."였다. 2007년 4월에는 오마이뉴스가 '세계산재사망노동자 추모의 날'을 기리며 원진레이온 직업병 노동자들의 현재를 보도했다. 다음은 기사를 발췌한 내용이다.

실이 나오는 기계를 조립하고 망가진 것을 교체하는 정비과에서 24년을 일한 강한성(69) 환자는 구리 원진 녹색병원에 입원해 있다. 한 수저를 먹어도 다 토하는 증상 때문에 밥을 거의 먹지 못한다. 강 씨를 간병하는 간병노동자가 옆에서 "살이 많이 빠졌다"는 말을 보탰다. 등창이 심한데다 팔다리에 마비가 와 잠을 잘 수가 없다고 한다.

같은 병원 다른 병실에 있는 김평길(67) 환자는 14년째 병원 생활 중이다. 원액을 녹여서 보내는 원액과에서 15년을 일했는데 냄새가 너무 심해 항상 머리가 아팠다고 한다. 지금은 말을 거의 할 수 없는 상태라 옆에서 간호하는 아내가 통역을 하다시피 했다. "수면제를 먹어도 잠을 못 자 앉아서 산다"며 환자 상태를 설명한 아내 박영림(63)씨는 "주사를 하도 놔 이제는 혈관을 찾을 수가 없고 고통이 심해 계단에 가서 떨어져 죽는다고 하는 것을 '아들 장가가는 것 보고 가라'는 말로 달래서 데리고 오는 적도 있다"면서 눈물을 흘렸다.

1978년부터 1988년까지 10년을 방사과에서 일한 장석봉(53) 환자는 하루 4번, 6시간마다 복막 투석을 한다. 신장이 안 좋아 요독이 쌓이면 안 되기 때문이다. 이렇게 복막 투석을 한 지가 10년 되었고, 그전에는 5년간 혈액 투석을 했다. 장기간 혈액 투석으로 혈관이 비대해져 복막 투석을 하는데, 염증이 생기면 복막염이 될 수 있어 늘 조심에 조심을 기울인다. "몸이라도 건강하면 한창 일할 나이인데…"라며 말을 흐리던 장석봉 환자는 "죽고 싶은 마음에 수면제를 모아 놓기도 했다"면서 힘겨운 나날을 들려주었다.

10년이 넘는 직업병 고통이 우울증이나 정신질환을 가져와 자기학대나 자살 등으로 이어지기도 한다. 환자를 돌보는 가족도 고통의 나날을 보낸다. 24시간 옆에 붙어 있어야 해 외출 한 번 제대로 못 하고 이는 대인관계 단절을 가져와 간병하는 가족이 우울증에 걸리기도 한다.

원진레이온 직업병 사태를 처음 보도했던 한겨레신문은 2013년 6월28일 '원진레이온의 자살행렬은 끝나지 않았다'는 제목의 기사를 내놓았다. 기사에 따르면 이황화탄소중독으로 1988년 직업병 판정을 받은 한 노동자가 2013년 스스로 목숨을 끊었다. 판정을 받은 지 25년이 지난 시점이었다. 그는 다리에 감각이 없어 통증약을 먹으며 생활했었다. 그의 원진레이온 동료가 말했다. "그래도 평소와 다름없이 생활을 하던 사람이었는데… 3년 전부터는 우울증과 불면증이 심해서 잠을 못 잔다고 했지요. 사실 나도 우울증 약을 먹고 있어요."

1988년 '노동자병원'인 구로의원에서 노동자 상담을 맡았던 김은혜 원진직업병관리재단 이사는 "경제성장의 허구가 문송면과 원진레이온 사태를 통해 드러났다. 정부는 파이를 키워야 한다고 했지만, 노동자들은 방치됐다"고 말했다. 기사는 25년 전과 비교해 달라진 게 별로 없다고 주장했다. "그 때보다 산재발생률은 줄었지만, 산재사망률은 경제협력개발기구(OECD)에서 1위다. 정규직과 비정규직 사이의 산재위험도의 현격한 차이가 발생했으며, 삼성 백혈병 사건에서 보듯 대기업조차 비밀주의와 무책임한 태도로 일관한다고 전문가들은 지적한다."

그리고 올해, 2018년 문송면·원진 30주기 산재사망 노동자 합동추모제가 열렸다. 이에 따라 직업병에 관한 수많은 보도가 이어졌다.

KBS는 7월 15일부터 8월6일까지 4차례에 걸쳐 '위험 속 노동자들'을 보도해 국내 노동환경을 알렸다. 보도에 따르면 2015년~17년 3년 동안 해마다 전국의 6만~6만5천여 곳의 사업장을 대상으로 작업환경을 측정한 결과 8천500개 안팎의 사업장이 유해인자 노출 기준치를 넘어선 것으로 나타났다. 이 가운데 95.8%인 6만3천255 곳이 '소음' 기준치가 넘어서 노동자를 가장 크게 위협하고 있으며, 망간과 톨루엔, 산화에틸렌과 같은 각종 화학물질류에 속하는 '화학적 인자'가 기준을 초과해 검출된 사업장은 지난 3년간 788곳, 규산(유리), 석탄가루와 같은 '분진' 유해인자가 기준치를 초과해 검출된 사업장이 531곳으로 집계됐다. 또한 화학적 인자, 특히 각종 유기화합물 초과 사업장 수는 꾸준히 증가하고 있다고도 보도했다.

오마이뉴스는 7월 '천 명 넘게 죽고 다쳤는데, 왜 이토록 바뀐 게 없나'라는 제목의 기사를 통해 15년 넘게 해결되지 못했던 삼성 반도체 공장 노동자들의 직업병 투쟁 및 국내 산업재해 실태를 다루었다. 기사에 따르면, 지난 10여 년간 삼성전자, 삼성전기, 삼성 에스디아이(SDI) 등 삼성 계열사에서의 직업병 발병 제보는 320명, 사망자는 118명이다. 76명이 근로복지공단에 산재를 신청했지만 산재 인정률은 매우 낮아서, 겨우 12명만 산업재해를 인정받았다. 불인정 판결을 받은 35명 중 25명은 행정소송을 제기했고, 그중 12명이 산재 확정 판결을 받았지만, 그 외의 사람들은 여전히 힘겨운 법정 투쟁을 이어가고 있다.

삼성전자 직업병 투쟁은 故황유미씨의 죽음에서 시작됐다. 황씨는 2003년 10월 고3 나이에 삼성전자 기흥공장에 취직했다. 출근 후 언제부턴가 먹으면 토하고, 멍이 자주 들었다. 병원을 갔더니 더 큰 병원에 가보라고 했다. 2006년 6월 혈액검사 결과 백혈병 판정을 받았다. 회사는 투병중인 황 씨에게 연락하지 말라고 동료들을 단속한 것으로 알려졌다. 황 씨에게는 보상은커녕 500만원을 줄 테니 공장에서 병에 걸렸다는 말을 외부에 하지 말 것을 종용했다. 온몸에 뼈밖에 남지 않을 때까지 투병하던 황유미는 아버지 황상기 씨의 택시 뒷좌석에서 갑자기 생을 마감했다. 22살이었다.

처음에는 산업재해 신청자가 황유미 씨뿐이었다. 황 씨에게 이 문제를 반드시 해결하겠노라 약속한 아버지 황상기 씨는 수원 다산인권센터의 문을 두드렸다. 그의 제보 이후 자신이 삼성의 반도체 공장에서 일하다가 비슷하게 아팠다거나 가족이 죽었다며 연락을 취해오는 사람들이 늘어났다. 반올림이라는 이름으로 대책위가 활동을 전개했고, 지금은 400명의 피해자까지 확인했다.

황상기 씨는 지난 7월 2일 서울 광화문 세종문화회관 계단에서 열린 기자회견에서 이렇게 말했다. "오늘이 삼성 앞에서 농성한 지 꼭 1000일째 되는 날입니다. 지금까지 삼성의 반도체·엘시디 공장에서 일하다 '반올림'(반도체 노동자의 건강과 인권지킴이)에 제보해 온 분만 3백 몇십 명이고 그중 118명이 사망했습니다. 총을 쏴서 사람을 죽인 사람은 살인죄로 처벌하는데, 화학약품으로 노동자들을 죽게 한 기업은 어떠한 처벌도 받지 않습니다. 이대로는 안 됩니다."

우리에게 남긴 것, 그리고 녹색병원

문송면 · 원진 30주기 추모위 대표를 맡은 김명환 민주노총 위원장은 "재작년 삼성과 LG의 휴대전화 부품 하청공장에서 불법파견으로 일하다 메탄올 중독으로 7명의 청년들이 실명했다. 19살 청년이 지하철 스크린도어를 홀로 수리하다 사망하고, 현장 실습 중 특성화고 학생이 사망했다. 젊은 청년들의 죽음이 지금도 반복되는 처참한 현실을 더 이상 연장할 수 없다. 국회는 중대재해를 양산하고 노동자 목숨을 위협하는 기업에 대해 분명한 처벌법을 만들어야 할 것"이라고 말했다. 산업재해, 직업병 투쟁은 오늘도 진행되고 있다.

그러나 원진레이온이 해결의 열쇠를 우리에게 쥐어준 것은 분명하다. 원진레이온 사태는 노동자들에게는 안전보건에서의 노동자 권리를 깨닫게 하고, 사업주 및 정부에게는 노동자 건강에 대한 성찰과 제도 마련의 계기가 됐다. 조금 더 실질적으로는 노동계가 추천한 전문가가 참여하는 직업병판정위원회가 설립되는 기회가 됐으며, 직업병 인정기준 변경, 산업재해보상보험법 개정, 산업안전보건법의 전부개정 등 법과 제도에 주목할 만한 변화를 이끌었다. 또한 1993년 11월 비영리공익법인인 원진재단이 설립됐고, 이는 전문치료기관인 녹색병원의 설립으로 이어졌다. 노동안전, 산업보건 전문가들은 원진레이온을 직업병 해결의 모범사례로 꼽기도 한다.

녹색병원(원진재단 부설 녹색병원)은 서울 중랑구 면목동에서 2003년 9월 20일 개원했다. 이에 앞서 1999년 6월 5일 구리시 인창동에 원진녹색병원, 원진노동환경건강연구소, 원진복지관으로 구성된 원진종합센터가 문을 열었다. 이 센터는 1988년 원진직업병피해자가족협의회(원가협)가 십 년을 넘게 이어온 긴 투쟁과 협상의 대표적인 결과물이다. 구리시에 있는 원진녹색병원은 9개과 50병상으로 개원했다. 그러나 이황화탄소 중독증으로 고통 받는 노동자들을 제대로 치료하기 위한 의료기관과 전문인력, 시설, 장비들과 직업병 환자들의 재활치료를 꾸준히 도울 수 있는 환경의 필요성은 더욱 절실해졌다.

이러한 이유로 녹색병원이 설립됐다. 원진레이온 노동자들의 산재보상금과 공장 부지 매각 대금 등으로 건립된 최초의 산재전문 종합병원이다. 개원 당시 '인도주의실천의사협의회' 소속 의사들이 대거 참여했으며, '바가지 진료 안하기', '과잉 진료 안하기'를 운영원칙으로 삼았다. 시설 및 규모도 대학병원이 부럽지 않다. 400여 병상에 21개 진료과목을 갖추고 있으며 33명의 전문의가 있다. 장기 환자나 만성병 환자들이 주로 이용할 수 있는 요양센터도 설립됐다.

또한 의료사각지대에 놓인 취약계층, 사회의 다양한 영역에서 물리적·정신적 아픔을 겪어온 환자와 지역주민을 대상으로 의료서비스를 제공하고 있다. 2015년부터는 '인권클리닉'을 개설해 양심적 병역거부자, 용산참사 피해자, 북한이탈주민, 알바노조 청년들, 일터에서 본인의 권리와 일자리를 지키기 위해 싸우는 노동자, 간첩조작사건으로 고문을 받고 오랜 세월 수감생활을 해온 피해자, 성소수자 등 인권을 보장받지 못한 채 차별 당하거나 폭력을 당해온 피해자들의 치료와 회복을 위해 전문적인 의료서비스를 제공해왔다. 2017년 인권치유센터로 한 단계 업그레이드해 소방공무원과 가족을 위한 마음건강 돌봄사업, 인권활동가를 위한 건강증진사업, 다양한 영역에서 발생하는 트라우마와 스트레스를 치료하기 위한 트라우마·스트레스클리닉 등을 운영하고 있다. 2018년 7월에는 서울시가 '산재, 직업병 인권침해 피해자 지원 안전망병원'으로 지정했으며, 9월에는 산재보험에 가입하지 못했거나 성폭력 피해를 입은 예술인에 대한 의료서비스 등을 지원하기 시작하는 등 다양한 계층을 위한 의료서비스를 제공하고 있다.

녹색병원의 또 한 가지 큰 특징은 지역주민들 모두가 쉽게 찾을 수 있는 의료기관이라는 점이다. 다른 병원에서는 볼 수 없는 '주민사랑방'이 병원 건물 1층을 차지하고 있다. 병원을 방문한 지역 주민들이 담소를 나누거나 쉬었다 갈 수 있게 배려한 것이다. 또한 독거노인이나 저소득층 환자들을 찾아가는 '왕진' 의료봉사를 계획할 정도로 지역사회 연계에 공을 들이고 있다. 녹색건강교실과 다양한 건강강좌를 진행하고, 녹색바자회, 음악회 등으로 병원의 문턱을 낮추었다.

대신 병원장실은 지하2층에 있다. 지하2층, 지상 7층짜리 병원 건물 중 가장 낮은 곳에 원장실을 만들었는데, 개원 이후 한 번도 이 곳을 벗어난 적이 없다. 볕이 잘 드는 공간은 환자들에게 양보한다는 병원의 철학이 녹아 있다.

아파야만 이런 곳에 올 수 있다는 것이 서글프지만 또한 이런 곳이 있다는 것은 우리나라 노동자들의 희망일 것이다.

시화호 수질오염

1987년 도요새

도요새는 겨울철을 따뜻한 남쪽에서 보내고 봄에는 번식을 위해 이동한다. 그들의 번식지는 러시아 툰드라지역 등의 습지나 초원이다. 호주나 뉴질랜드에서부터 번식지까지의 거리는 1만km쯤이다. 여러 도요새 중 몸이 가장 작은 것이 10cm를 조금 넘고, 가장 큰 것은 60cm 정도이니, 어느 도요새에게나 1만km는 아주 먼 거리다. 그러므로 중간에 반드시 쉬어가야 한다. 도요새가 한반도 서해안으로 오는 이유다.

남반구에서부터 4천km를 날아온 새들은 그 이상을 더 날기 위한 준비를 서해안의 갯벌에서 한다. 풍요로운 갯벌에서 그들은 충분한 먹이를 얻고 휴식을 취하며 에너지를 충전한다. 도요새는 갯벌에서 살기 적합한 몸을 가졌다. 대부분 도요새종은 하늘의 포식자 눈에 띄지 않도록 등쪽은 갯벌과 비슷한 갈색이고, 배쪽은 갯벌 속 먹이감에게 들키지 않도록 연한 하늘색을 띤다. 부리도 갯벌에서 먹이를 얻기 좋게 발달했다.

많은 동물들에게 그렇듯, 도요새에게 가장 위협적인 존재는 사람이다. 사람에게 잡아먹혀서가 아니라, 사람에 의해 생존에 필수적인 터전을 잃어서 그렇다. 1987년 서해안의 어느 갯벌은 도요새를 반겨주지 못했다. 그해 시화방조제 건설 공사가 시작돼 7년 동안 이어졌다. 1994년 공사가 끝났지만 진짜 문제는 공사가 끝나고부터 시작됐다. 갯벌은 더 이상 도요새의 여행을 돕는 생명의 땅이 되어주지 못했다.

방조제 공사 결과 여의도 면적의 60배에 해당하는 1만7천300ha의 토지와 6천100ha의 시화담수호(유효저수량 1억8천만 t)가 조성됐다. 이와 동시에 그 토지 면적 이상의 생산성 높은 갯벌 조간대가 사라졌다. 갯벌이 사라졌으므로, 새들은 갯벌에 내려 몸을 쉬지 못했다. 수천 km를 날아온 도요새는 지칠대로 지쳐있는데다, 영양분을 채워 몸집을 불리지 않으면 다시 번식지로 날아갈 수 없다. 번식하지 못하며 그들은 사라진다. 도요새뿐만이 아니다. 2002년 국립환경연구원 조사 결과에 따르면 봄철 서해안을 찾는 철새는 41만여 마리, 가을철 24만여 마리다.

많은 새들이 떠났다. 새들은 떠날 수 있었지만, 떠나지 못하는 셀 수 없이 많은 생물들이 사라진 갯벌과 함께 사라졌다. 그들은 갯벌의 변화, 파괴, 죽음을 목격하고 죽어갔다. 안산 대부도종현마을 홈페이지에 따르면 서해안 갯벌에 서식하는 어류는 230종, 게류가 193종, 새우류가 74종, 조개류가 58종 이상이다. 갯벌에 이토록 많은 생명체가 살 수 있는 이유는 갯벌이 물과 육지가 만나는 경계지대에 형성돼 영양염류와 에너지가 풍부하기 때문이다. 또한 일차생산성이 높고 생물다양성이 높아 이에 의존하는 개체도 풍부하다. 해양생태계의 먹이사슬이 갯벌에서 시작되기 때문에 연안해양생물의 66%가 갯벌생태계에 직접적인 연관이 있으며 많은 어류가 먹이를 얻고 번식하는 장소로 이곳을 이용하고 있으므로 어업활동의 90%가 갯벌에 직 · 간접적으로 의존하고 있다.(사이언스올, '갯

　　또한 갯벌은 육상에서 배출되는 각종 오염물질을 정화한다. 하천에 의해 부유물질의 농도가 높은 물이 갯벌에 유입되는 경우, 갯벌의 가장자리에서 자라고 있는 식생이 유속을 떨어뜨려 부유물질과 그 밖의 여러 물질이 이곳에 퇴적된다. 또한, 갯벌 속에 살고 있는 다양한 미생물에 의해 화학물질의 분해가 활발히 진행돼 수질을 개선하는 효과가 있다. 이러한 여러 이점 때문에 한국환경정책·평가연구원의 김충기 박사는 "갯벌 1km^2의 연간 가치가 63억 원에 달한다"며 '마르지 않는 통장'으로 표현하기도 했다.

　　1998년에 해양수산부에서 실시한 갯벌 조사 결과에 따르면 남한의 서남해안에 분포한 갯벌 면적은 2천393km^2다. 이는 국토면적의 2.4%에 해당된다. 이중 경기도에 35%가 분포해있다. 드러나 이 당시에는 갯벌을 황무지쯤으로 여겼다. 갯벌 속에 사는 작은 생물과 가끔 찾아오는 새때에 관심을 가질 여유가 없었다. 지금은 갯벌을 지키기 위해 우리나라 뿐 아니라 전 세계가 노력을 기울이고 있다. 우리나라도 갯벌을 지키기 위한 노력을 20여 년 전부터 시작했다. 인간에게 직접적인 악영향이 미치기 시작하고부터다.

1994년 시화방조제

시화방조제는 1985년 경제기획원이 발표한 '시화지구 간척사업계획'에 따라 만들어졌다. 시흥군 군자면과 화성군 대부면의 12.6km를 연결해 1억8000만t의 담수호를 만든다는 계획이었다. 이를 통해 간척지와 배후지 개발 등 총 2만4천430

ha를 개발함으로서, 수도권의 공업용지와 도시 개발 용지를 공급해 공장 이전을 촉진하고, 우루과이 라운드에 대비해 우량 농지를 조성하고 도시근교 첨단 복합 영농단지 등을 개발해 경쟁력 있는 농업을 육성하고, 수도권과 농어촌의 휴식 공간을 조성하며, 또한 수자원을 확보해 공업용수 및 주변 농경지에 농업용수를 공급한다는 취지였다. 1단계로 방조제와 배수갑문, 830만평의 공단 부지를 만들고, 2단계로 5300만평의 농지를 만들어 1990년대 말까지 사업을 완료하는 것이 목표였다. 간척공사는 산업기지개발공사가, 방조제 공사는 농업진흥공사가 나눠 맡아 1987년 4월 30일 착공했다.

방조제 축조에 11개의 건설회사가 참여했다. 조차가 최고 8.8m에 이르는 해역에 바닥폭 2~300m, 상부폭 30m, 높이 27m의 당대 최장 길이 둑을 세우는, 모험같은 공사였다. 불도저 28대 등 400여대의 각종 장비가 투입됐다. 오이도에서 채취한 토석으로 폐염전과 갯벌을 매립했다. 1994년 1월 24일에 방조제 공사가 완료됐다. 바닷물이 차있던 곳에 시화담수호가 생겼다.

'인공호수 시화호와 주변해역의 생태계 연구(허성희 부경대학교 해양학과, 오임상 서울대학교 해양학과, 1997년)'에 따르면 시화호 주변에 위치해 있는 반월공단 등 주변 공단과 안산시를 경유하는 반월천, 화정천, 안산천, 신길천, 동화천 등의 6개 하천이 시화호로 흘러들어오고 있는데, 이 하천을 통해 막대한 양의 공장폐수와 생활하수가 대부분 정화되지 않은 채 시화호로 직접 유입됐다. 시화호는 원래 계획과 달리 공업용수뿐 아니라 농업용수로도 부적합한 오염수로 변하고 말았다. 조성된 지 3년도 못 돼 이른바 '죽음의 호수'로 불리며 환경오염의 대명사로 악명을 떨쳤다.

디지털안산문화대전 자료에 따르면 시화호의 수질을 악화시키는 이유 중

하나는 유입되는 자연수에 비해 호수 용량이 너무 커서 호수 안에서 순환이 이루어지지 못한다는 것이다. 이 때문에 유입된 오염 물질이 대부분 호수 밑에 정체됐다. 또다른 이유는 호수 유역이 공단 및 시가지로 개발됐다는 것이다. 환경운동연합 자료에 따르면 시화호의 오염이 급속히 진행된 원인은 시화호의 유입 원인 6개의 지천이 건천으로 변해버렸으며, 시화호 주변 5천700개 이상의 오폐수관거와 우수관거가 오접돼 있어 정화되지 않은 오폐수가 시화호로 유입된다는 것이 감사원 조사 결과 밝혀졌다.

한국수자원공사는 시화호의 오염을 저감시키기 위해서 방조제 완성 이후 시화호에 고인 3억여t의 오염된 물을 1996년 3월부터 하루에 1천t씩 바다에 버렸다. 간조시 호수물을 버리고, 만조시 해수를 호수물에 섞는 방법으로 오염을 희석시킨다는 것이었다(동아일보, 1996년 4월 28일자). 그해 5월에 오염수 3천650만t을 방류했고, 6월에도 호우주의보가 내린 가운데 상류인 반월공단과 두 차례에 걸쳐 호수 내 오염된 물 3천250만t을 바다로 방류했다. 이는 저수량 3억 2천만t의 약 10%에 달한다. 이 때문에 시화호에서 10여km 떨어진 팔미도와 덕적도, 영흥도 등 인근 섬까지 방류된 폐수가 띠를 형성한 채 확산돼 연안 어장에 큰 피해를 주었다.(현대해양, 1996년 8월호). 그 이후에도 오염된 시화호 물을 바다로 다시 방류하려던 계획이 당국에 의해 여러차례 수립됐으나 인근 해양생태계가 파괴될 것을 우려한 환경단체와 시화호 주변 주민들의 반대로 무산됐다.

시화방조제는 공사가 시작된 직후부터 인근의 주민들에게도 피해를 입혔다. 영흥도 주변 양식장으로 오수와 바닷진흙이 흘러들었고, 인근의 어폐류 수확이 줄어든 데다, 완공된 뒤에는 어장을 잃었다. 어민들은 보상을 요구했고, 한국수자원공사는 군산수산전문대학에 예상 피해 조사를 의뢰했다. 조사 결과 29개

어장에서 256억4천800만원의 피해가 발생할 것으로 예측됐지만 정부는 예산부족을 이유로 생계보조금만 지급하고 2년간 보상을 미루었다. 방조제 공사가 끝난 다음해인 1995년에는 시화 간척지의 소금과 퇴적물이 바람에 날려 화성군(현 화성시)과 안산시 대부도 일대의 포도 농작물이 해를 입었고, 1996년 8월에는 수십만 마리의 물고기가 떼죽음을 당했다. 1997년 3월부터 시화방조제 배수갑문을 개방해 바닷물을 유입한 이래 1998년부터 매년 여름 간척지와 호수 접촉면의 해양생물이 떼죽음을 당했다.

바닷물에 삽질하기

시화호의 오염이 국가적 관심사로 떠오르자 정부는 4천493억원이 소요되는 시화호 정화 종합대책을 1996년 7월 발표했다. 방조제 축조비용 4천950억원에 버금가는 국민 세금을 투입한다는 것이다. 정부는 1999년까지 시화호 수질개선을 위해 안산시, 시흥시, (당시)화성군에 하수처리장을 신·증설하고 오·폐수가 호수로 직접 유입되지 않도록 시화호에 環배수로 18㎞를 설치한다고 밝혔다. 이와 함께 시화호로 들어오는 신길천, 반월천, 안산천 등 6개 샛강에 대한 물밑 정화작업과 함께 인공습지 15만평을 조성, 부레옥잠, 미나리 등 수생식물에 의한 자연정화를 실시키로 했다.

그러나 정부의 노력에도 불구하고 시화호의 수질은 더욱 악화됐다. 이에따라 1997년 7월 22일부터는 하루에 두 번씩 갑문을 열어 시화호의 오염수를 하루에 500여t씩 주변해역으로 방류시키고 또한 동량의 해수를 시화호에 유입시

컸다.(한국일보 1997년7월31) 이 때문에 주변해역의 수질이 점차 악화됐으며, 시화호의 염분농도가 점점 높아졌다. 1998년 11월 정부는 시화호의 담수화를 사실상 포기했고, 같은 해 12월 농림부도 시화호 물을 농업용수로 쓰지 않겠다는 방침을 환경부에 공식 전달했다. 2000년 2월에는 해양수산부 역시 시화호 및 인천연안을 특별관리해역 시범해역으로 지정했고, 정부는 2001년 2월 공식적으로 시화호를 해수호로 인정했다.

환경단체들은 시화지구 개발사업은 발상부터 잘못된 전시행정의 산물이라고 맹렬히 비난했다. 1997년 4월 발표한 시화호 살리기 안산 · 시흥 · 화성 범시민 대책회의 '시화호 오염의 원인과 현황' 자료에 따르면 당시 환경단체들은 시화지구 개발사업은 개발지역의 필요보다는 중동특수 이후에 복귀하는 장비 활용과 집권이후 전시적 성과물을 필요로 하는 정권의 밀어붙이기 전시행정의 산물이라고 주장했다. 입지조건을 포함해 타당성에 대한 객관적 검토가 이루어지지 않았다는 것이다.

환경운동연합은 농어촌진흥공사가 시화호 유역은 큰 하천 없이 담수자원 확보가 곤란하고 체류시간이 길어 수질이 쉽게 악화되는 등 입지상 타당성이 부족하다는 1996년 환경부 자료를 무시했다고 주장했다. 또한 1995년 약 20만, 1999년 약 30만으로 예상한 인구가 끝막이 공사 무렵인 1994년 말 이미 45만을 넘어 예측인구의 두 배에 이르러 시화호에 가장 많은 생활하수를 방류하고 있는 안산시가 인구예측에 실패했다고도 지적했다. 시화호 계획은 분류관로 시스템에 따라 반월공단과 안산시로부터 생활하수 및 산업폐수가 전혀 유입되지 않을 것이라는 전제하에 출발했는데 상당한 오접률 (약80% 추정)과 기술적 한계에 의한 누수율로 폐수가 무단 방류되는 결과로 이어졌다.

시행과정에서도 환경 재앙은 예고됐다. 환경영향평가는 시화방조제를 막기 전에 오염물질 유입을 차단 또는 경감할 수 있는 조치를 취하도록 권고했으나 수자원공사는 최대인접도시인 안산시의 생활하수 처리시설과 반월 및 시화공단의 산업폐수 처리시설이 완공되기도 전에 끝막이 공사를 강행했다. 인구예측실패, 오폐수처리용량부족, 차집관로 오접과 누수 등의 문제를 감안할 때 시행과정에서 계획수정이나 일조조정 등의 기회가 얼마든지 있었음에도 불구하고 처음 계획한대로 밀어부쳤다.

결과는 위에서 기술한 바대로 처참했다. 생태계 보고인 갯벌이 파괴되고, 경기만이 오염돼 어획고가 감소했으며 농민들은 간석지 노출로 인한 염해鹽害를 입었다. 녹지도 대대적으로 파괴됐다. 방조제 건설과정에 필요한 토석을 조달하기 위해 대부도와 시화지구의 야산을 파헤쳤다. 특히 대부도는 섬의 주봉인 황금산을 절개해 토석을 채취하느라 상당량의 녹지가 훼손됐다. 또한 시화주거지역의 악취파동은 토석채취와 토지이용효율의 근대화를 위해 주변의 구릉을 모조리 몰아내고 완전히 평지를 만들어 대기오염물질의 차단막을 없애버린 개발방식에 상당한 원인이 있다는 주장이 제기됐다. 이러한 재앙을 지켜보며 국민들은 죄책감과 피로감에 시달렸고, 정부와 정부 정책을 불신하게 됐다.

대책, 대책, 대책

정부는 수습에 나섰다. '시화호' 홈페이지 자료에 따르면 1996년 7월 발표한 시화호 정화 종합대책에 이어 2000년 2월 해양수산부가 시화호 및 인천 연안을 특별관리해역으로 지정했고, 2001년 건설교통부는 시화지구 장기종합계획 수립을 위한 용역에 착수했다. 같은 해 해양수산부는 시화호 종합관리계획을 확정하고 2006년까지 7천451억원을 투자하기로 했다. 2002년에 이를 위한 세부계획을 확정하고 2003년에는 환경개선사업을 위한 연구용역에 착수했다. 한편, 2002년 12월 총리 훈령으로 시화호 관리위원회가 설치됐고, 위원회는 2004년 시화호 종합관리계획 개선계획을 확정, 사업비를 2천71억 원 늘리기로 했다.

2007년에는 2단계 시화호 종합관리계획을 확정했다. 이에 따르면 종합대책이 나온 지 10년이 지난 2006년까지 5천301억 원을 투입해 수질 및 저질 환경 관리, 생태계/생물자원 관리, 연안이용 및 공간관리 등 34개 사업을 추진한 결과 계획대비 56%가량 이행됐다.

2006년까지 COD 2ppm 이하(해역수질기준 II등급)로 개선하려던 계획은 2005년말 COD 4.2ppm에 머물렀다. 시화호에는 해양오염에 상대적으로 강한 특정 기회종만이 생존했고, 부영양 상태로 인한 식물플랑크톤 대증식으로 적조가 연중 발생했다. 인위적인 배수갑문 수위조작으로 수변 생태계도 불안정한 상황이었다. 또한 방조제 내 미고형 유기물 퇴적층의 축적량은 약 1천100만에 이르는 것으로 추정됐다. 2006년을 기준으로 전체 시화호 내 퇴적물에서 납, 구리, 아연 등 중금속이 저서생물을 안전하게 보전할 수 있는 기준치를 초과하여 검출됐는데, 당시 해수부가 계획 중이던 조력발전 시설을 가동할 경우 시화호 내 축적된 퇴적물이 바다로 방출돼 오염될 우려가 컸다. 이 당시 건교부는 시화호 북측간석지(MTV) 317만평, 남측간석지(송산그린시티) 1천720만평, 남측간석지(농업용지) 1천330만평 개발사업을 추진하고 있었는데 공사를 진행하면 대기 및 수질오염이 심해질 것은 불 보듯 뻔했다.

이에 더해 지역개발과 환경보전을 둘러싼 이해당사자 간 갈등이 깊어졌다. 2004년 건교부가 정부 및 지자체 등 관계기관을 비롯해 주민, 전문가, 시민환경단체로 구성된 시화지속가능발전협의회를 발족했으나 2006년 수자원공사가 시화 MTV사업 개발검증용역 경과를 발표하자 3월 안산시가 탈퇴한데 이어 7월 참여 시민단체 중 일부가 탈퇴해 MTV개발반대대책위를 구성했다. 안산시는 10월에 협의회로 복귀했지만 12월 대부도 주민들이 '대부도 토사반출 반대추진위원회'를 결성하는 등 파행을 빚었다.

10년 동안 진행한 종합 대책 사업 끝에 내놓은 2단계 계획에서는 1단계에서 시화호 내부 및 시화호 유역만을 사업 대상으로 한 것과 달리 2009년 시화 조력발전소 건설·운영 시 해수교환·유통이 상시 확대될 것에 대비해 시화호 외해까지 관리범위를 확장하고, 시화호관리위원회 사무국 기능강화 및 계획의 순환관리체계를 확립해 유역통합의사결정기구로서 위원회를 활성화 하는 등 관리체계를 강화하기로 했다.

한편 정부는 1999년 들어 뒤늦게야 환경부와 해양수산부가 공동으로 '연안관리법'과 '습지보전법'을 잇따라 제정했다. 갯벌기초조사 결과 생물다양성이 풍부하거나, 희귀 또는 멸종위기의 야생 동식물이 서식, 도래하는 갯벌 또는 자연경관이 우수하여 보전할 가치가 있는 갯벌은 습지보호지역으로, 그 주변지역은 주변관리지역으로 지정·관리하도록 했으며, 습지보호지역에서는 매립면허, 골재채취허가, 건축물의 신·증축, 습지의 수위, 수량 증감행위, 동식물의 포획·채취 등의 행위를 할 수 없도록 했다.

그러나 우리 습지는 여전히 위협받았다. 1991년 새만금 개발사업이 시작됐다. 만경강·동진강 하구의 갯벌을 개발해 최대한의 용지를 확보하고, 종합 농수산업 시범단지를 조성하며, 항만과 도로 등 사회간접자본을 확충해 장차 새만금 국제무역항의 건설 기반을 구축하는 등의 목적으로 세계에서 가장 긴 방조제 건설공사가 벌어졌다. 수많은 반대에 부딪혀 중단과 재개를 거듭한 끝에 19년 8개월만인 2010년 4월 27일 새만금 방조제가 완공됐다. 공사기간 중 시화호와 마찬가지로 전라북도의 어업생산량은 급격히 줄어들었고, 철새 개체수가 크게 줄었다는 호소가 계속됐지만 끝내 공사를 완료해 방조제 안쪽으로 전주시 면적의 두 배, 여의도의 약 140배에 이르는 4만 100ha의 땅이 생겼다. 이 땅에서는 앞으로 대대적인 개발사업이 이루어질 것이다.

2013년 해수부 조사결과에 따르면 우리나라 갯벌 면적은 10년동안 계속 줄었다. 2003~2008년 사이에는 여의도 면적의 21배인 60.8㎢가, 그로부터 또 5년 뒤에는 2.2㎢가 줄었다. 줄어드는 속도는 늦춰졌지만 1987년 3천203㎢이던 갯벌면적이 2013년 2천487㎢으로 22% 감소했다.(통계청)

2010년 도요새

한동안 시화호에 되돌아온 철새는 곧잘 신문과 방송 뉴스의 주인공이 됐다. 사람들은 돌아온 새들을 환영했다. 최근 시화 방조제에는 낚시를 즐기는 사람들의 발길이 이어지고 있고, 주변 습지는 생태공원으로 재탄생했다. 환경 복원을 위한 꾸준한 노력의 결과다.

2004년 구성된 시화지구 지속가능발전협의회는 현재까지 매월 1차례 이상 모여 시화지구의 전체적인 개발 방향과 환경개선대책을 마련, 추진하고 있다. 2018년 8월 경인일보 특집보도에 따르면 협의회는 시화하수처리장의 처리 능력을 증설해 시화호 수질개선에 주력했다. 시화호 상류에 82만m^2 규모로 국내 최대의 갈대 습지를 조성해 수질정화를 도모했다. 공단에서 시화호로 방류되던 오 · 폐수는 차집해 하수처리장으로 이송, 처리 후 시화호 외해로 방류토록 11km의 임시 차집 수로를 설치했고 오염된 간선수로 등 하천도 정비했다.

또한 시화호 수질 개선과 청정에너지 개발 등 복합적인 목적의 시화호 조력발전소를 건설했다. 하루 유통량 1억6천만의 조력발전소 운영 후 외해 수질이 COD 2~3ppm(조력발전운용전 20ppm) 수준으로 개선됐다. 이를 유지하기 위해 환경정화 및 단속활동도 꾸준히 전개하고 있다. 매년 환경정화 및 수중정화활동(스쿠버)으로 총 44t에 이르는 오염물을 처리하고 있으며, 시화호 인근 시민단체, 기관과 대청결운동도 실천하고 있다.

또한 협의회는 시화 · 반월 산단 대기오염의 근본적인 원인 분석과 해결방안을 강구하기 위해 다양한 전문기관과 공동으로 조사 · 연구, 시범사업 등을 시행했고, 환경에너지센터 건립을 추진하고 있다. 이를 통해 시화 · 반월산업단지 악취 배출량의 60%, 연간 40t의 미세먼지 감소 효과와 함께 매년 기업의 활성탄 구입비 약 30억 원을 절감해 배출업체의 경영 개선에도 기여할 것으로 기대하고 있다.

국내 최초, 세계 최대의 조력발전소인 시화 조력발전소는 일간 25만kW, 연간 552GWh의 전기를 생산한다. 이는 소양강댐 발전량의 1.6배 규모로 일반 가정에서 1인당 하루 평균 3kW의 전력을 사용한다고 가정하면 총 50만 명에게 공급할 수 있는 양이다. 또한 수년 내 세계 최대 규모의 태양광발전시설이 들어설

예정이다.

시화조력발전소의 달 전망대와 문화공간으로 조성한 시화나래 조력문화관 및 조력공원, 시화나래 휴게소 등은 연간 100만 명이 찾는 관광 명소가 되었다. 시화호 지킴이로 알려진 최종인 씨는 지난 2014년 한겨레신문과의 인터뷰에서 "수질은 아직 좀 부족하지만 물고기들한테는 양호한 서식지가 조성된 셈이고, 생산성 높은 갯벌이 육상화된 것은 안타깝지만 그래도 포유류나 철새들의 서식지가 됐습니다. 방조제를 허물어 공사 이전으로 되돌아가는 것이 현실적으로 불가능한 상황에서 이 정도로 생태계가 다시 자리를 잡은 것은 성공이라고 봅니다"라고 말했다.

그렇다면 시화호에서 벌어진 30여년 동안의 갈등과 논란은 해피엔딩으로 끝난 것일까? 도요새가 돌아온 것과 때를 맞춰 국내에도 갯벌 되살리려는 움직임이 시작됐다. 연안·하구 의 생태를 복원하는 '역간척'은 간척사업으로 생긴 제방이나 육지화한 땅을 허물어 간척하기 이전의 상태로 돌려놓는 일이다. 대규모간척사업에서 반대쪽으로 방향을 돌린 이유는 갯벌의 가치를 인식한 것과 더불어 간척사업의 가장 큰 목표인 농지 및 산업단지를 확보할 필요성이 줄었기 때문이다.

시화호와 새만금 등 대규모 간척사업이 사회적으로 큰 이슈가 되면서 갯벌에 관한 많은 연구가 이루어졌다. 이 결과 갯벌을 보전하는 것이 경제적, 사회적, 환경적으로 봤을 때 훨씬 이익이라는 인식이 확산됐다. 환경단체의 노력으로 해외의 역간척 사례도 국내에 알려졌다. 오마이뉴스가 2015년 6월29일 보도한 '서해안 관리 근본적 방법은 역간척' 기사에 따르면 독일, 덴마크, 네덜란드는

1980년대부터 간척사업을 중단하고 연안습지의 자연 복원을 추진했다. 대표적인 사례가 이들 3개국에 걸쳐 있는 와덴해(Wadden Sea)다. 세 개 국가는 '하나의 생태학적 완전체'로 보호하고 관리하는 것을 목적으로 1982년 공동협약을 채결했다. 1987년에는 공동 보호 전략을 수립했고, 1993년부터는 공동으로 모니터링을 진행하고 있다.

국내 갯벌 복원대상 조사지역은 인천의 강화와 옹진, 충남의 태안과 서천, 전북의 부안과 고창 등 81곳이다(국토해양부). 이 중 가장 먼저 나선 지역은 충청남도다. 2014년부터 충남 서해안 7개 시군의 279개 하구둑 등 간척지를 전수 조사했다. 제 기능을 못하는 간척지를 원래 갯벌 상태로 복원하는 자연순환형 연안 · 하구 생태 복원을 2017년 정부에 건의했으며, 2018년에는 더불어민주당 박완주 의원(충남 천안을)이 '연안하구 복원 · 관리에 관한 특별법'을 대표발의했다. 특별법안에 따르면 정부와 지자체가 연안하구 복원 및 관리계획을 각각 10년, 5년마다 수립 · 시행해야 한다. 습지, 갯벌 등 자연생태가 잘 보존돼 있거나 반대로 하굿둑, 배수갑문 등 인공구조물 때문에 하구의 고유한 특성을 잃은 곳 등으로 '관리대상 연안하구' 지정기준을 명확히 했다. 특히 연안하구 복원사업 시행자를 '국가'로 못박고, 사전협의를 거쳐 지자체, 공공기관 등을 사업시행자로 지정할 수 있도록 하고 있다. 이를 통해 역간척에 관한 관심과 논의는 늘어날 것으로 보이지만, 역간척 비용이 적게는 수십억에서 많게는 수천억이 드는 터라 국민적 합의가 필요한 상황이다.

끝내는 말

독일에서 온 카스텐 자흐 유엔기후변화협약 당사국 총회(UNFCCC COP) 독일 협상단 대표는 2018년 6월 서울 광화문 한국프레스센터 외신기자클럽에서 열린 세계경제연구원 특별 조찬 강연회에서 "환경 보호 정책이 없으면 경제 성장도 없다"고 말했다. 또한 "독일은 G20에서 기후 변화 문제를 최우선 안건으로 올려놓을 만큼 기후 변화 문제에 관심을 기울이고 있다"며 "기후 변화 정책이 수립되기 위해선 비용이 따르지만 결과적으로 경제적 이득을 보는 점이 더 높다"고 밝혔다.

그는 기후변화에 초점을 맞추어 말했지만 환경과 경제성장의 관계에 대한 그의 말에 동의하지 않을 수 없다. 앞서 살펴 본 두 가지 사례는 환경을, 인간이 포함된 자연을 등한시한 결과가 얼마나 강력하게, 오랫동안 지속하는지 알려준다. 인간의 편의와 경제적 이익을 위한 것이었지만 인간은 결국 더 큰 대가를 지불해야 했다. 대가는 비단 비용에만 국한된 것이 아니다. 화폐단위로 환산 할 수 없는 무수한 것들이, 이름 모를 갯벌 생명체와 어느 여고생의 찬란했을 한 시절 같은 것들이 사라졌고, 사라지지 않은 존재들에게는 불안이 드리워졌다.

우리의 생활환경은 30여 년 전과 비교할 수 없이 좋아졌다. 교통 발달로 진국이 일일 생활권이 됐고, 자율주행 자동차가 등장했고 스마트폰으로 쇼핑부터 친구사귀기까지 할 수 있게 됐다. 이 모든 것은 대가 없이 이루어지지 않았다. 매일 아침 우리는 인사한다. 안녕하세요? 당신은 밤새 안녕하셨습니까? 혹시 살균제로 세척한 가습기로 적당한 습도를 유지하며 라돈침대에서 충분한 수면을 취하지는 않으셨는지요? 우리는 이렇게 묻고 있는 것인지도 모른다. 우리 모두는 치약으로 양치질을 하고 샴푸로 머리를 감고 물티슈로 손을 닦는다. 누군가는 아주 짧은 순간이나마 그것들을 사용하면서 불안해했을지도 모른다. 우리의 이웃 중 누군가는 서해안에서 잡아 올린 어패류를 꺼리고, 레이온 섬유를 피하면서 살아가고 있을지도 모를 일이다.

그러나 다시, 30여 년 전과 비교하면 우리는 달라졌다. 30년 동안의 하루하루가, 작은 노력들이 쌓여 변화의 큰 산을 이루었다. 더 이상 노동자를 산업화의 도구로 여기지 않고, 갯벌을 되살려야 한다는 주장을 응원하는 사람들은 늘어났다. 산업화는 더 이상 가장 앞선 가치가 아니라는 것에 동의하고 돈보다 더 값진 것이 있다는 것을 안다. 인간의 편리와 경제적 발전에 대해 달리 생각하고 함께, 지속가능한 사회를 만들기 위해 노력한다. 꾸준히 그렇게 나아가리라는 희망이 우리 앞에 놓여있다.

민정주 경인일보 지역사회부 기자

7부

사이비종교

사이비종교가 저지른 집단학살사건
- 영생교, 아가동산, 오대양, 백백교 -

동서고금을 막론하고 종교는 인간사회에 지대한 영향을 미친다. 그 영향이 사회적이든 정치적이든, 문화적이든, 때로는 종교적이든 그 시대를 살아가는 사람들의 삶 속에서 개인들의 이야기들의 단편들이 한데 모여 역사를 바꾸기도 한다. 더구나 정통성, 윤리성이나 도덕성 등이 철저하게 결여된 채 혹세무민惑世誣民 (세상을 어지럽히고 백성을 속임. 혹은 정신을 혼란스럽게 하여 어지럽힘)하는, 흔히 사이비 종교로 불리는 종교 집단에 의한 신도 집단 살해 등과 같은 사고는 해당 종교 집단이 활동됐던 시대에 직·간접적으로 영향을 끼칠 수 있음은 자명한 사실이다.

물론, 종교계의 시각이 아니더라도 특정 종교나 종교집단 등을 사이비나 이단의 집단으로 분류하는 데는 조심스럽다. 종교는 객관적인 관점보다는 주관적인 관점이 더 짙기 때문이다. 더구나 현대사회에서 종교는 종교 그 자체보다는 정치, 사회, 경제, 문화 등의 요인들과 결합해 물리적인 반응 보다는 화학적인 반응을 보일 수도 있다. 또한, 지난 1990년 이후 이라크나 중동 사태 등에서 알 수 있듯, 특정 종교에 대한 경시나 폄훼 등은 경우에 따라서는 해당 지역 사회의 갈등을 넘어 지구촌의 분쟁과 전쟁 등으로 이어질 수도 있기 때문이다.

이 같은 의미에서 경기지역에서 근대와 현대에 걸쳐 발생한 종교, 또는 종교집단 등에 의한 사건들을 분석하면 고생대와 중생대 등으로 나뉘는 고대 지층처럼 그 시대의 단면 등을 명확하게 엿볼 수 있고, 경기도의 근 · 현대에 발생한 주요 사고들을 통해 명과 암도 엿볼 수 있다.

특히, 경기도 지역에서는 지난 1930년대부터 특정 종교 집단의 신도 암장이나 자살 등과 같은 사고들이 발생해 사회에 큰 반향을 던졌다. 영생교, 아가동산, 오대양, 백백교 등 특정 종교 집단에 의한 신도 암장이나 자살사건 등이 대표적이다. 일제강점기에 발생했던 백백교 신도 암장사건은 살해된 피해자 수도 수백 명에 이르는 것으로 밝혀져 당시의 끔찍했던 참상을 짐작하게 해주고 있다.

더구나 백백교 교주는 숱한 여성들을 성폭행하는 범죄를 서슴지 않았다. 여성 성폭행까지 감안한다면 사건 당시 사회에 엄청난 피해를 입혔다고 볼 수 있다. 현대에 들어와 발생한 영생교와 아가동산, 오대양 등의 종교집단 신도 암장사건이나 집단자살 등의 배후에는 신도들을 강제로 노역에 동원해 그 임금을 착취한 것으로도 드러나 충격을 던져주고 있다.

발생 시점을 기준으로 최근 순으로는 영생교 신도 암장사건, 아가동산 신도 암장사건, 오대양 신도 집단자살사건, 백백교 신도 암장사건 등으로 살펴볼 수 있다.

우선 영생교 신도 암장사건은 지난 1980년대 후반 경기도 용인시(당시는 용인군) 내사면 남사리에서 발생했다. 신도 10명이 희생당한 사건이다. 영원한 삶을 교리로 표방한 이 종교 집단은 수 백 명의 직원을 고용한 기업도 경영하면서 수십 억 대 임금을 교단 자금으로 빼돌린 것으로도 드러나는 등 물의를 빚기도 했다. 이 사건은 지난 2004년 4월 교주인 조희성에 대해 사형이 선고되면서 일단은 일단락됐다.

아가동산 신도 살해 사건의 발생 시점과 장소는 지난 1987년과 1988년 경기도 이천시(당시는 이천군) 대월면 대대리 등으로 신도 2명이 무참히 살해됐으며 1명은 암매장된 것으로 사법 당국의 조사 결과 밝혀졌다. 해당 종교 집단이 세상에 실체를 드러낸 건 지난 1996년 12월 1일이었다. 아가동산 측에 의해 지난 1987년과 1988년 신도 2명이 무참히 살해됐으며 이 가운데 1명이 암매장됐다는 내용을 담은 진정서가 검찰에 제출되면서 세상에 알려졌다.

지난 1997년 4월 29일 해당 교주에게 사형이 구형됐고, 지난 1997년 5월 20일 열린 1심 선고 공판에서 조세 포탈과 횡령, 폭행 등 6가지 혐의에 대해 유죄가 인정돼 징역 4년, 벌금 56억 원 등이 선고됐다. 그러나 해당 교주는 무혐의 처분과 함께 보석으로 석방됐다. 결국, 범죄의 흉악성에 비춰 사법 당국의 처벌은 미흡해 많은 아쉬움을 남겼다.

㈜오대양 신도 집단자살 사건은 지난 1987년 8월 29일 경기도 용인시(당시는 용인군) 남사면에 위치한 공예품 생산 공장에서 발생했다. 박순자 교주를 포함한 신도 32명이 집단 자살한 채로 발견돼 세상을 경악하게 만들었다.

지난 1991년 7월 사건 발생 당시 수배됐던 ㈜오대양 직원 6명이 경찰을 통해 자수했다. 하지만, 이들이 어떤 이유로 4년이나 지나 자수했는지는 밝혀진 바가 없다. 이들을 통해 ㈜오대양의 총무였던 노 모 씨, 기숙사 가정부 황 모 씨, 육아원 보모 조 모 씨 등은 이미 사건 발생 이전에 규율을 어겼다는 이유로 신도들에게 살해돼 암매장 당한 사실도 추가로 드러났다.

이들의 자수 내용을 토대로 대전지검의 오대양사건 재조사가 추진됐지만 별다른 정보를 찾아내지 못했다. 이 사건 역시 아가동산 신도 살해 사건과 마찬가지로 사법 당국의 심판은 많은 아쉬움을 남겼다.

백백교 신도 암장사건은 일제강점기인 지난 1937년 경기도 양평군 일대에서 발생했다. 사건 당시 현장에서는 무려 300여 구의 시신이 발견돼 세상을 놀라게 했다. 특히, 이 사건은 한 두 차례에 걸쳐 살해가 이뤄진 것이 아니라 지난 1928년부터 10여 년 동안 80여 차례에 걸쳐 진행된 것으로 알려져 경악을 금치 못하게 했다.

영생교 신도 암장사건

지난 1990년대 초반 한 종교집단의 의한 신도 암장이라는 끔찍스러운 사건이 사법당국에 의해 밝혀져 세상을 놀라게 했다. '살아 영생永生', 곧 영원한 삶을 교리로 표방한 이 종교집단은 수 백 명의 직원을 고용한 기업도 경영하면서 수십 억 대 임금을 교단 자금으로 빼돌린 것으로도 드러나는 등 사회적으로 큰 물의를 빚었다.

당시 연합뉴스 등 언론 보도에 따르면 서울지검 강력부(김승년 부장검사)는 지난 1995년 3월 10일 경기도 용인시(당시는 용인군) 내사면 양지리 '학산 마을' 영생교 신도 살해암장 사건을 수사, 영생교 내 '배교자 처단팀'의 핵심 인물로 개종 신도들의 실종사건에 직접 개입된 것으로 밝혀진 영생교 전 신도인 나 모 씨와 김 모 씨 등 5명에 대한 출국금지조치를 법무부에 요청키로 했다고 발표했다.

영생교의 신도 살해 암장사건 발생은 이로부터 6년여 전으로 거슬러 올라간다. 영생교는 지난 1989년 영생교의 열성 신도였던 경북대 신 모 교수가 영생교를 그만두자 신 교수를 20일 동안 감금 · 폭행한 것을 비롯해 지난 1992년 9월 28일에는 영생교의 비리를 수사하려던 경찰들을 폭행 · 감금했다. 이후 영생교의 계열 기업인 근화실업과 노동 착취 문제로 교주 조희성이 지난 1994년 1월 체포돼 사기, 횡령, 감금 등의 혐의로 구속됐을 때 진실이 밝혀졌다. 영생교 안에는 이탈 신도인 배교자를 전문적으로 처리하는 이른 바 킬러(처단조)들이 있었다. 교주 조희성이 체포됐을 때 국제종교문제연구소와 영생교 등에 들었다가 가족이 실종됐다는 피해자들의 가족들이 영생교에 납치돼 실종된 사람이 15명에 이른다면서 수사를 요구했고, 결국 검찰은 수사를 진행해 이로부터 한 달이 지난 뒤 영생교 행동대원 3명을 구속해 추궁한 결과 범행 전모가 밝혀졌다. 이와 함께 실제로 지난 1984년 교단의 비리를 파헤치려다 행방불명됐다는 소 모 씨와 김 모 씨 등의 암매장된 유골도 나왔다.

이 사건은 피해자 수는 적지만, 영생교 측이 기업을 꾸리고 신도들에게 노동을 강요해 임금을 착취했다는 점에서 사회범죄학적으로 심각한 폐해를 끼쳤다는 지적을 받고 있다.

종교집단 영생교의 신도살해 암장사건 1995년 마침내 세상에 드러나

당시 검찰이 영생교 신도 암장 사건과 관련해 출국금지를 요청키로 한 사람은 나 모 씨와 김 모 씨 등 2명과 소 모 씨(당시 23세)를 납치 살해하는 데 가담한 것으로 밝혀진 지 모 씨 등 3명이었다. 검찰은 이날 소씨에 대한 납치살해 범행과 관련해 박 모 씨(당시 32세) 등 이미 조사를 받은 3명을 제외한 지 씨 등 3명을 공개 수배했다.

검찰은 또한 지 씨 등과 함께 범행에 개입한 것으로 드러났으나 정확한 신원이 밝혀지지 않은 부천지역 폭력배 2명이 서울 성동구 화양리 일대에 근거지를 둔 조직폭력단의 일원이라는 첩보에 따라 이 일대를 중심으로 행방을 쫓고 있다고도 덧붙였다.

검찰은 이와 함께 실종 신고가 접수된 개종 신도들의 가족들을 중심으로 결성된 '영생교 피해대책협의회'로부터 넘겨받은 피해 신도들의 신상명세서와 당시 행적 등이 담긴 관련 자료에 대한 정밀 검토 작업도 계속하고 있다고 설명했다.

검찰은 '영생교 피해대책협의회'로부터 실종 신고가 접수된 신도들의 명단 등 관련 자료를 넘겨받은 뒤 이들 중 살해 암매장됐을 가능성이 큰 3~4명에 대해 당시 행적을 집중 추적하기도 했다.

검찰은 경기도 용인시(당시는 용인군) 내사면 양지리 '학산 마을' 인근 쓰레기 매립장에서 발굴된 소 씨의 유골을 이날 오전 대검찰청 유전자분석실과 국립과학 수사연구소 등에 보내 정밀감정을 의뢰했다. 검찰은 또한 서울구치소에 수감 중인 영생교 교주 조희성 씨(63)를 재소환, 소 씨를 납치살해토록 직접 지시했는지 여부 등을 추궁하고 있다고 밝혔다.

검찰은 앞서 지난 1995년 3월 7일 피의자의 진술대로 경기도 용인에서 지난 1984년 암매장됐던 소 씨의 것으로 추정되는 유골을 발굴했다. 이처럼 영생교의 암매장 사실이 사실로 확인되자 검찰은 수사를 확대, 또 다른 실종 신도들에 대한 수사를 확대했다. 수사의 대상이 된 실종자들의 가족들도 언론의 인터뷰에 응했다.

이후 지난 2003년 9월 2일 언론은 최종적으로 영생교에 의해 살해된 신도는 모두 10명이라고 발표했다. 당시 언론의 보도 내용을 인용해본다.

"교주의 지시를 거스르는 신도들을 살해 · 암매장 해온 것으로 알려진 영생교는 모두 10명의 신도를 살해한 것으로 드러났다. 이 사건을 수사 중인 수원지검 강력부(부장검사 이경재)는 지금까지 수사 결과 모두 10명이 교주의 지시에 의해 살해·암매장된 것으로 확인됐다고 밝혔다.

검찰은 이에 따라 교주 조 모 씨(72)를 살인교사 혐의로, 전 신도 김 모 씨(66) 및 정 모 씨(44) 등 3명을 살인, 공갈미수 등 혐의로 구속 기소하는 한편 신도 황 모 씨(65)를 범인 도피 혐의로 각각 구속했다.

검찰에 따르면, 초기에는 지난 1990년에 살해당한 지 씨가, 이후에는 현재 도피 중인 나 모 씨(61)가 신도들을 살해하는 역할을 담당했으며 범행 가담자를 극히 제한적으로 활용, 10차례에 이르는 살인사건 가운데 구속된 김 씨 및 조 모 씨(54), 도피 중인 정 씨와 나 씨 이외에는 관련자가 거의 없어 조직적인 범행 은폐가 가능했다는 것이다.

검찰에 따르면 지난 1984년 1월 살해된 김 모 씨(35)는 영생교에서 분리된 S교의 전도대원으로 활동하면서 영생교 신도들에게 접근하자 3개월 이상 감금됐다가 살해돼 경기도 부천시 범박동 야산에 묻혔다.

지난 1987년에 살해된 안 모 씨(36)는 교주 조 씨와 함께 기거하다 독립한 후 영생교를 비판한 데다 영생교 창설 이전 교주의 사생활을 거의 유일하게 알고 있는 인물인 만큼 교주의 '신격화'에 장애가 된다는 이유로 살해됐다.

특히 이때 같이 살해당한 김 모 씨(36)는 안 씨를 납치하는 과정에서 '목격자'라는 이유로 함께 납치된 후 범행 은폐를 위해 살해된 것으로 밝혀졌다.

지난 1990년에 살해된 지 모 씨(35)는 당초 교주의 경호원 역할을 수행하면서 수차례 살인을 주도했으나 이후 각종 명목으로 자주 금품을 요구한 데다 많은 범죄에 연루돼 폭로 가능성 때문에 살해됐다.

또한, 지난 1990년 11월 살해된 이 모 씨(53)는 영생교 회계업무를 맡아 일하면서 내부 비리에 회의를 느껴 가족들과 함께 탈퇴하고 교주를 비난하다 살해됐고, 지난 1992년 2월에 살해된 전 모 씨(50)는 영생교 측이 판매하던 게르마늄 도자기 대리점을 개설했다 큰 손해를 본 뒤 교주 반대 활동을 하던 중 살해됐다.

검찰 조사에 따르면, 교주 조 씨는 범행을 교사할 때 동기 부여를 위해 "○○는 대마귀"라는 등 극도의 증오심을 갖게 했고 살인 장소로 밀폐된 지하방이나 야산, 주차차량 안 등을 선택했다. 이들은 범행한 뒤에는 반드시 사체를 암매장하는 등 치밀하게 범죄를 은폐한 것으로 드러났다.

암매장 장소 부천 외에도 용인과 안성, 시흥, 전북 정읍 등 전국에 산재

수사 당국은 암매장 장소는 경기도 부천시 범박동, 용인시 기흥읍 야산, 안성시 금광면 야산, 시흥시 금이동 야산, 전북 정읍시 산내면 야산, 완주군 소양면 야산, 경남 함안군 남해고속도로 부근 공터 등 전국에 걸쳐 있다고 설명했다.

검찰은 살해에 가담한 인물들은 범행 후 전국적인 영생교 조직을 총동원, 교주 조 씨의 지시 아래 조직적으로 숨겨줬다고 밝혔다.

구속된 김 씨의 경우 지난 1989년께부터 도피생활을 시작해 부산, 대구 등지로 옮겨 다니면서 지역 영생교 조직을 통해 매달 생활비를 지급받았으며 도피 중인 라 씨와 정 씨 역시 마찬가지 방법으로 도피 중인 것으로 파악되고 있다.

그러나 이들은 대개 월 20만~30만 원 정도의 최저생활에도 미치지 못하는 돈을 받았고 결국 이 문제가 발단이 돼 구속된 김 모 씨와 정 모 씨 등이 교주 조 씨를 협박하는 내용을 담은 비디오테이프를 제작한 것이 사건 해결의 열쇠가 됐다.

검찰은 현재 달아난 주범 나 모 씨, 정 모 씨(48·여) 등 2명을 전국에 지명 수배하고 이들의 도피를 도와주고 있는 것으로 파악된 신도들에 대해서도 수사를 확대하고 있다.

신도 암장에 참여한 영생교의 조직인 '배교자 처단팀'은 크게 지 모 씨 파와 나 모 씨 파 등으로 나뉘었다. 지 씨 파가 소 모 씨 납치 살해를 주도한 뒤 나 씨 파가 지난 1990년 지 씨를 살해한 후 배교자 처단을 주도해왔던 것으로 수사 결과 드러났다.

검찰은 당시 잠적했던 나 씨를 비롯한 배교자 처단팀을 공개 수사하기로 했다. 검찰은 앞서 지난 1995년 5월 16일 용인에서 발굴된 유골이 부검 결과 소 모 씨의 것임을 입증하는 데에도 성공했다.

또한 이듬해인 지난 1996년 12월 11일에는 또 다른 사이비종교 사건인 아가동산 사건이 발생한 시점에서 경기도 부천에 위치한 영생교 밀실 정원에서 유골이 발견됐다. 제보자는 유골이 지난 1987년 6월 납치된 안 모 씨나 함께 납치된 김 모 씨 가운데 한 사람의 것이라고 주장했다. 김 씨는 영생교 신도가 아니었고, 교주 조희성과 아무런 관계가 없었음에도 불구하고 단지 안 씨가 납치된 사실을 목격했다는 이유만으로 함께 납치, 살해당했다고 한다.

그로부터 10여 년 뒤인 지난 2003년 8월 영생교의 범죄행각이 또 다시 수면 위로 떠올랐다. 경기도 안성시의 금광저수지 근처 야산에서 지난 1990년 나 씨에게 살해된 지 씨의 것으로 추정되는 유골까지 발견됐다. 뿐만 아니라 검찰은 같은 해 8월 17일 전라북도 정읍에서 지난 1990년 실종된 박 모 씨의 것으로 추정되는 유골도 발굴했다. 같은 해 8월 18일에는 전북 완주군에서도 지난 1990년 실종된 양 모 씨의 것으로 추정되는 유골이 발굴됐다.

신도 암장을 완강하게 부인하던 교주 조희성과 '배교자 처단팀' 행동대장 나 씨 등은 결국 이듬해인 지난 2004년 2월 사형을 선고받았다. 수원지법은 혐의를 완강하게 부인하던 교주 조희성과 나 씨 등에게 사형을 선고했다. '배교자 처단팀' 간부인 김 모 씨는 무기징역, 조 모 씨와 정 모 씨 등은 각각 징역 15년, 12년 형 등이 선고됐다.

그러나 교주 조희성과 간부들은 항소했으며 원심과 달리 항소심에서 교주는 직접적으로 신도 살해를 지시했는지 여부에 대한 뚜렷한 증거가 없다는 이유로 살인에 대해서는 무죄를 선고받았고, 나 씨의 도피를 방조한 것에 대해서만 2년형을 선고받았다. 서울고법은 교주 조희성과는 대조적으로 나 모 씨, 김 모 씨, 조 모 씨, 정 모 씨 등에 대해서는 각각 원심대로 판결했다.

이후 교주 조희성은 상고심 계류 중에 심근경색으로 사망했다. 한편, 같은 해 9월 나머지 간부들은 1심과 2심 그대로 나 씨는 사형, 김 씨는 무기징역, 조씨와 정 씨 등에게는 각각 징역 15년과 12년형 등을 선고한 원심이 그대로 확정됐다.

영생교, 과연 어떤 종교집단인가…'살아 영생永生'이라는 교리 표방

영생교는 지난 1980년대부터 대한민국 사회에서 크게 물의를 일으킨 바 있다. 영생교 승리제단은 지난 1989년 5월 9일에 한 때 지난 1988년 10월 30일 승리신문에 기고한 적이 있을 정도로 열성 신도였던 신 모 경북대 공법학과 교수가 영생교를 그만두자 같은 해 5월 20일 동안 감금, 폭행했다. 지난 1992년 9월 28일에는 경찰관 3명이 영생교의 종말론 유포와 헌금 부정 사건을 수사하려 했으나, 영생교 신도들이 교주를 연행하려던 경찰관 3명을 폭행하고 이 가운데 1명은 3시간 여 만에 풀어주었던 사실이 드러났다. 지난 1994년 1월 12일에는 교주 조희성이 서울지검에 사기, 횡령, 경관 감금 등의 혐의로 구속됐다.

한편, 영생교는 '근화실업'이라는 기업을 세우고 신도 200명을 고용했다. 그러나 근화실업은 사원들에게 지급해야 할 임금, 즉 사원들이 받아야 할 노동의 정당한 대가를 영생교의 활동자금으로 빼돌렸던 것으로 밝혀졌다. 지난 1991년 8월부터 1994년 2월까지 원래 30만~70만원씩 지급하기로 한 임금을 2만~10만원만 지급하는 수법으로 모두 15억 원을 교단 자금으로 빼돌렸다. 서울지방검찰청 특수부는 특정경제범죄가중처벌법 위반(업무상 횡령) 혐의로 지난 1994년 3월 9일 당시 총무였던 윤 모 씨(지난 1994년 당시 49세)를 구속하고 교주 조희성 씨에게도 같은 혐의를 적용하는 한편, 사장인 양 모 씨를 전국에 지명 수배했다.

영생교는 지난 1981년 교주 조희성에 의해 경기도 부천시에서 영생교 하나님의 성회 승리제단이라는 이름으로 창설된 종교 집단이다. 이런 가운데, 영생교 교주 조희성에 대해 학문적으로 연구한 학자는 거의 없는 것으로 알려졌다. 영생교와 조희성은 교리에 대한 체계적인 연구가 이뤄지기 전에 먼저 사회적으로 물의를 일으켜 언론에 보도됐기 때문이다. 이처럼 영생교에 대한 연구가 적은 이유는 사회적 인지도가 낮아 학문적 연구대상으로 관심을 받지 못했기 때문으로 분석되고 있다.

영생교는 기독교 등 다른 종교가 '사후死後 영생永生' 또는 '사후死後 극락極樂' 등의 교리를 갖춘 것과 달리 '살아 영생永生'이라는 교리를 표방하고 있는 것으로 알려졌다. 인간이 육신을 가지고 영생하는 것은 불가능하다는 게 오늘날의 과학적 결론이지만 영생교는 사람의 실체는 원래 신이었기 때문에 현재의 사람이 원래의 실체로 돌아가면, 즉 신神이 되면 죽지 않는 불사不死의 영생체가 된다고 주장하고 있다.

　이 같은 내용은 성경과 불경, 격암유록 등 여러 경전에 언급돼 있다고 주장한다. 즉 요한복음서 3장 5절의 "사람이 물과 성령으로 나지 아니하면 하느님 나라에 들어갈 수 없느니라"에서 '사람이 성령으로 나지 아니하면'을 '사람이 하느님으로 다시 태어나지 아니하면'으로 해석하고, 하느님이 사시는 나라를 하느님 나라라고 해석해 '사람이 하느님이 되어야만 하늘나라에 들어갈 수 있고, 구원을 받을 수 있다'고 해석한다. 그들은 불경도 '사람이 부처님이 되어야 극락에 갈 수 있다'고 해석한다.

유사종교, 기성 종교와 비슷하나 실제로는 다른 종교 구분해 이르는 말

지난 2016년 세상을 떠들썩하게 만들고, 마침내 박근혜 전 대통령의 탄핵까지 이어지게 했던 최순실 게이트가 터졌다. 그러자 갑자기 사이비 종교에 대한 관심이 집중된 적이 있다. 사이비 종교 또는 유사 종교類似宗敎는 기성 종교와 비슷하지만 실제로는 다른 종교들을 구분해 이르는 말이다. 사이비似而非는 문자 그대로의 의미는 '비슷해[似] 보이나[而] 그렇지 않다[非]'는 뜻이기도 하다.

　종교계에 따르면 사이비 종교는 곧 '종교인 것 같아 보이나 종교가 아닌 것'을 의미한다. 이런 뜻에서는 사이비 종교에 해당하는 단체는 '깨달음을 표방하는 다르마 계통의 종교', '구원을 표방하는 아브라함 계통의 종교', '무위자연을 표방하는 도교道教' 혹은 '수기치인修己治人을 표방하는 유교儒教' 등과 같은 종교적 본질을 표방하기는 하나 실제로는 추구하지 않는 종교 단체를 말한다.

이단異端이라는 표현도 있다. '이단'은 엄밀한 의미에서는, 배타적인 시각에서 자신의 신앙과 일치하지 않는 다른 신앙, 종교 또는 종파 등을 뜻한다. 이런 가운데, 최근에는 이단과 사이비를 흔히 혼용해 사용하기도 한다. 이단의 경우, 종교적 · 도덕적 기준에 따르나, 사이비는 종교적 · 도덕적 기준 이외에 법적 기준이 적용되기도 한다.

국내에서 유사 종교란 말은 국법國法의 공인과는 관계없이 대중 사이에서 갑자기 퍼져나간 종교집단들을 지칭하는 말로 흔히 쓰인다. 그래서 신흥 종교와 구별 없이 사용되는 경우들도 많다. 국내에서 유사 종교란 말을 쓰게 된 건 일제강점기인 지난 1919년부터 비롯된다. 당시 조선총독부 내 문무성 종교국은 "신神 · 불佛 · 기基의 종파에 속하지 않고 종교유사宗教類似의 행위를 하는 자를 조사 통보하라"는 지시를 내렸다. 이들은 한국인의 종교를 조사 정리할 때 신 · 불 · 기에 속하지 않는 민족종교 양상들을 일괄해 '조선의 유사종교'라고 불렀다.

오늘날도 많은 사람들이 신 · 불 · 기를 제외한 신흥 종교를 저급하고 열등시 하려는 데서 유사 종교라는 말을 쓰는 경향이 있다. 유사 종교란 말은 그 어휘에서 두 가지 개념을 찾아볼 수 있다. 하나는 유사성類似性, 또 하나는 사이비성 등이다. 유사성은 모방성과 의사성擬似性을 내포하고, 사이비성은 권모술수가 심한 집단이거나 반사회성을 지닌 집단이란 의미가 내포돼 있다.

특히, 종교의 자유는 헌법에 보장돼 있다. 특정 종교를 "잘못됐다"고 규정하는 것은 종교를 믿는 사람에 대한 또 다른 폭력일 수 있다. 하지만, 주변 사람들을 고통으로 몰아넣고 개인을 일상생활에서 고립시키는 잘못된 교단 또한 분명히 존재한다.

영생교와 최태민의 영세교와는 완전히 다른 종파

이처럼 잘못된 사교의 하나로 최순실의 부친 고故 최태민씨가 만든 영세교라는 종교집단이 있다. 최순실의 선친인 고故 최태민씨는 지난 1970년대 초 불교 · 기독교 · 천도교를 통합했다는 영세교를 세우고 교주가 됐다.

영세교는 불교 · 기독교 · 천도교 등의 종교를 종합해 '살아 영생永生'이라는 교리를 표방한다. 일반적인 종교는 사람의 육신이 죽고 나면 '사후死後 영생永生', '사후死後 극락極樂' 등에 대해 이야기한다. 이에 반해 영세교는 사람은 원래 신神이었고, 현재의 사람이 원래의 신체神體로 돌아가 신이 되면 '불사不死'의 영생체가 된다고 주장했다.

영세교에서는 "사람이 하느님이 되어야만 하늘나라에 들어갈 수 있고, 구원을 받을 수 있다"는 교리를 갖추고 있다. 고故 최태민 씨는 박근혜 전 대통령의 일을 봐준다는 구실로 이권을 챙긴 것으로 밝혀졌다. 박근혜 전 대통령은 자신을 이용한 이 사람을 은인이라고 생각했던 것으로 알려졌다. 박근혜 전 대통령의 청와대에서 행정관을 지낸 박관천 경정은 당시 이렇게 밝힌 바 있다. "우리나라 권력서열 1위가 최순실, 2위는 정윤회, 3위가 박근혜 대통령 등이다." 당시 국민들은 처음 그 말이 나왔을 때 "설마"라고 생각했다. 하지만, 이 같은 주장은 결국 사실로 드러나 박근혜 전 대통령은 권좌에서 물러났다. 전혀 근거 없는 말이 아니었다는 사실을 알 수 있다. 박근혜 전 대통령과 고故 최태민 씨가 인연을 맺게 된 것은 고故 육영수 여사가 피살된 뒤였던 것으로 알려졌다.

고故 최태민 씨가 당시 박근혜 영애의 꿈에 나타나 고故 육영수 여사의 메시지라며 여러 차례 편지를 보낸 데서 시작된 것으로 전해진다. 그러면서 박근혜 영애가 퍼스트레이디 역할을 하던 당시에 고故 최태민 씨에게 크게 의지했다. 그러다 지난 1976년 박근혜 영애는 고故 최태민 씨가 여러 단체를 통합해 만든 '새마음봉사단'의 총재를 지냈고, 그 단체의 대학생 회장이던 고故 최태민 씨의 다섯 번째 딸 최순실을 만나고 오늘의 사태에 이르렀다.

우리는 영세교를 '사이비 종교'라고 부른다. 그와 같은 사이비종교를 감별하는 방법이 있다. 종교계에 따르면 첫째, 많은 금전 혹은 노동력 등을 요구한다. 둘째, 완전무결한 '신의 대리인'을 내세운다. 셋째, 여신도들에게 성적인 접촉을 시도한다. 넷째, 지도자와 성적인 접촉을 통해 구원을 받는다. 다섯째, 특정 종교를 믿지 못하도록 물리적으로 강제한다.

종교가 우리의 일상을 단절시키고, 행복을 가져다주지 못하며, 금전을 과도하게 착취하려고 한다면 그 종교는 이미 정법正法이 아니다. 모르고 믿으면 미신迷信이다. 그래서 열 가지 법法을 일일이 살펴보고 그 중에서 가장 우월한 종교를 선택해야 사이비종교에 빠지지 않을 수 있다.

이런 가운데, 박근혜 전 대통령의 탄핵정국 당시 정치권이 '최순실 게이트'와 관련해 박근혜 전 대통령과 최 씨의 무속 신앙 연관성을 꺼내 들고 나서 눈길을 끌기도 했다. 오래 전부터 이어져 온 두 사람의 관계가 상식적으로는 이해하기 힘들다는 점을 강조하기 위해 공식 석상에서 좀처럼 등장하지 않는 무속 관련 언급을 한 것으로 관측된다. 이 같은 견해들은 주로 박지원 민주평화당 국회의원과 추미애 전 더불어민주당 대표, 김종민 더불어민주당 국회의원 등에 의해 제기됐다.

언론에 따르면 박지원 민주평화당 국회의원은 당시 비선 실세 최 씨 의혹에 대해 "지금 상황은 박근혜 대통령께서 최태민, 최순실의 사교에 씌어 이런 일을 했다고밖에 볼 수 없다"고 주장했었다. 박 의원은 사교邪敎에 대해 최 목사가 한때 내세운 영세교라고 설명했다. 박 의원은 국회에서 열린 비대위 회의를 통해서도 "미르·K스포츠 재단도 (이름을) 연결시키면 미륵(미르+K(ㄱ))이라고 한다. 미륵이란 여러분이 잘 알다시피 최순실 씨 선친인 고故 최태민 목사다. 그는 스스로를 미륵이라고 했다"며 이처럼 설명했다. 이어 "'최순실 대통령', '박근혜 부통령'이라는 말까지 시중에는 나돌고 있다"며 "심지어 최순실 대통령이 독일 순방을 마치고 귀국해야 모든 진실이 밝혀질 것이라는 말도 하고 있다"고 덧붙였다. 고故 최 목사는 지난 1970년대 박 대통령과 인연을 맺은 계기가 된 새마음봉사단 총재를 지내기에 앞서 불교와 기독교, 천도교의 교리 일부를 통합한 영세교를 세웠다. 그리고 그의 이런 종교는 딸 최순실 씨에게 이어진 것으로 알려졌다.

추미애 전 더불어민주당 대표도 기자들과 만나 "최순실 씨가 10년 가까이 독일에서 유아교육 관련한 공부를 하고 돌아와 육영재단에 합류했다는 말이 있다"며 "과연 최 씨가 공부한 분야가 유아교육인지가 석연찮다"고 말했다. 이어 "독일은 예로부터 (마틴) 루터의 종교 개혁이 일어나고 심령술이나 무속 등이 활발했던 곳"이라며 최 씨의 과거 행적에 대한 의혹을 제기한 바 있다.

김종민 더불어민주당 국회의원도 비슷한 견해를 내비친 적이 있다. 김 의원은 예산결산특별위원회 전체 회의를 통해 "박근혜 전 대통령의 해외 순방표에 최 씨가 자필로 보라·빨강·하얀 색깔을 써서 대통령의 옷 색깔을 집어넣었다"

면서 "전문가들의 얘기를 들어보니 대통령 사주와 색깔의 궁합을 맞춰 최 씨가 대통령 신변 안전을 위해 색깔을 지정했다고 주장하고 있다"고 지적했다. 김 의원은 이어 "최 씨가 (박근혜 전 대통령의) 주술적인 멘토라는 얘기를 많이 들었는데 믿을 수 없다. 이를 규명하기 위해서는 대한민국 국정시스템이 대응해야 한다"고 말했다. 이 같은 주장들에 대에 대해 박근혜 전 대통령 시절 청와대에 재직했던 이원종 전 대통령 비서실장은 "저런 문제에 조금 관심을 가져야겠다는 생각이 든다"고 대답하기도 했다.

아가동산 신도 암장사건

1990년대 후반 또 다른 종교집단에 의한 신도 암장사건이 밝혀져 세상을 깜짝 놀라게 했다. 이 사건 이후 해당 종교집단 측은 최근 인터넷 등 온라인에 올려 진 보도 자체를 삭제해줄 것을 요구하는 등 갈등을 빚기도 했다.

　이 사건이 발생한 건 지난 1987년과 1988년이다. 신도 2명이 무참하게 살해됐으며 1명은 암매장된 것으로 사법 당국의 조사 결과 드러났다. 해당 종교집단이 세상에 실체를 드러낸 건 지난 1996년 12월 1일이었다. '아가동산'의 피해자라고 주장한 30여 명이 "아가동산은 사이비 종교 집단이다. 아가동산은 지난 1987년과 1988년 신도 2명을 무참히 살해했다. 이 가운데 1명이 암매장됐다"는 내용을 담은 진정서를 검찰에 제출하면서 본격적으로 세상에 알려지게 됐다.

　아가동산의 교주인 김기순 회장은 남편과 함께 지방을 돌며 도피 중이던 지난 1996년 12월 16일 검찰에 출두해 조사를 받았다. 김 회장은 조사를 통해 신도 살인과 암매장 등에 대해 모두 부인했다. 이듬해인 지난 1997년 4월 29일 김 교주에게 사형이 구형됐고 지난 1997년 5월 20일 열린 1심 선고 공판에서 조세 포탈과 횡령, 폭행 등 6가지 혐의에 대해 유죄가 인정돼 징역 4년, 벌금 56억 원 등을 선고받았다. 그러나 무혐의 처분과 함께 보석으로 석방됐다. 신나라 유통 정 모 부사장과 관리인 김 모 피고인 등에 대해서는 징역 1년 6월에 집행유예 3년 등이 각각 선고됐다. 경리 담당 심 모와 조 모 피고인 등에 대해서는 징역 2년, 집행유예 3년, 벌금 30억 원 등이 선고됐다. 살인 등 혐의로 기소된 정 모 피고인에 대해서는 의료법 위반죄가 적용돼 벌금 150만 원이 선고됐다.

그러나 지난 1998년 3월 4일 열린 항소심 공판을 통해서는 교주인 김기순 회장의 살인이나 사기 등 주요 혐의는 입증할만한 충분한 증거를 확보할 수 없어 증거재판주의 원칙 아래 무죄가 선고됐다. 김 회장의 지시를 받고 주민들을 살해해 암매장한 혐의로 구속 기소된 최 모 씨 등 5명에 대해서도 무죄가 선고됐다. 종업원들의 임금을 횡령한 혐의로 구속 기소된 신나라유통 강 모 대표에 대해서는 징역 2년 6월에 벌금 56억 원이 선고됐다.

4년 후 일부 신도들이 행방불명 됐던 강 모 씨의 암매장 장소를 지목함에 따라 경찰이 발굴 작업에 나섰다. 아가동산에서 중기 운전기사로 일했던 윤 모 씨는 "지난 1988년 강 씨를 신도 2명과 함께 사무소 인근에 묻었다"고 주장했다. 지난 2002년 4월 18일 서울지법 민사합의 25부는 피고인 김 회장에게 2천만 원을 배상하라는 일부 승소 판결을 내렸다.

김기순, '삭발교' 신도에서 '아가동산'으로 성장…신도들 강제노동 시달려

아가동산의 교주인 김기순 회장은 원래 지난 1978년 전라북도 이리시(현재의 익산시) 주현동 주현교회에서 같은 교회에 다니는 이교부 목사의 신도였다. 당시 이교부 목사는 신흥 종교인 '삭발교'의 창시자였다.

그러나 이교부 목사가 이른바 나체 댄스 사건(지난 1978년 12월 3일부터 지난 1979년 1월 11일까지 이교부 목사가 자신의 신도들과 함께 나체로 춤을 추면서 예배를 본 사건)

에 연루돼 구속되면서 2년 6개월의 실형을 선고받자 김기순 회장은 이 목사가 맡고 있던 조직을 이탈하게 된다.

이 후 김기순 회장은 서울에 살다가 지난 1982년 경기도 이천시(당시는 이천군) 대월면 대대리에 있던 임야 1만3천200여m^2(4천여 평)를 구입해 이 곳에 아가농장을 세웠다. 지난 1985년 김기순 회장은 이 곳을 '신나라'로 선포했고 지난 1989년에는 마침내 '아가동산'을 창립한다.

김기순 회장은 기존의 성경 책자와 찬송가 등에서 나오는 예수를 자신을 뜻하는 자신의 아호이자 우아한 노래를 뜻하는 단어인 '아가야'로 바꿨다. 자신의 지휘로 협동농장, 비밀장부, 의료, 학생, 세무 등 각 분야별 책임자가 아가동산을 운영하도록 지시했다. 아가동산 신도들은 매일 새벽 6시부터 밤 12시까지 16시간 동안 계속된 공동생활과 공동 작업, 강제 노동과 집단 성폭행 등에 시달려야만 했다. 신도들은 1년에 단 나흘(새해 첫 날과 광복절, 성탄절과 교주 생일 등)만 쉴 수 있었다. TV 시청과 신문 구독은 물론 외출과 면회 등도 철저하게 금지됐다. 심지어 김기순 회장은 신도들에게 금욕 생활을 강요해 부부 신도들도 동침이 허용되지 않았고 아가동산이 개최한 각종 행사와 종교 의식 등은 김기순 회장을 찬양하는 내용 일색으로 채워지기도 했다.

김기순 회장은 신도들의 사유 재산을 교단의 공동 재산으로 귀속시켰고 신도들의 노동력을 착취해 불과 6년 만에 아가동산 면적을 43만m^2(13만여 평)로 늘리는 한편 지난 1982년 12월에는 서울 동대문구 용두동에 레코드 유통 전문기업인 신나라레코드를 설립해 아가동산 농장에서 나오는 수익금으로 킹레코드와 명반레코드, 신나라레코드백화점 등을 설립해 운영했다.

김기순 회장은 자신을 '아가야'라고 지칭하며 하얀 드레스를 입고 춤을 추거나 꽃가마를 타고 다니는 등 기이한 행각들도 보였다. 자신은 신神이며 3살짜리 아기여서 어떤 말이나 행동을 해도 죄가 되지 않는다고 주장했다. 아가농장이라고 불리는 곳을 만들어 신도들의 노동력을 착취했다. 이 과정에서 과로로 죽은 신도들이 여러 명 있다는 증언도 나왔다. 신도를 구타하고 예배가 진행되는 동안 신도들과 함께 나체로 춤을 춰 물의를 빚기도 했다.

사회적 논란 사건 무죄 판결 시 관련 기사 인터넷에서 삭제돼야 하나?

아가동산 신도 암장사건은 사건 발생 이후 해당 종교집단 측이 관련 기사 삭제를 요청하면서 또 한차례 논란을 빚기도 했다. 아가동산 교주인 김기순 회장이 언론사에 인터넷상에서 검색되는 관련 기사 삭제를 요청했기 때문이다. 김 회장은 지난 1998년 대법원에서 '무죄'로 확정 판결을 받았는데도 자신을 음해하려는 사람들이 각 언론사 인터넷 홈페이지에 있는 관련 기사를 모아 명예를 훼손하고 있다며 종합일간지와 통신사 등에 관련 기사 삭제 요청을 통고했다.

　　김기순 회장은 이들 언론사에 대해 △교주 김 씨가 최 모 씨와 강 모 씨를 폭행해 죽이고 강 모 씨를 아가동산에 매장하는 등 살인 및 사체를 유기했다는 내용 △아가동산이 사이비 종교집단이고, 교주 김 씨가 그 교주라는 내용 △교주 김 씨가 아가동산의 재산을 빼돌려 가족의 명의로 많은 재산을 갖고 있다는 내용과 각 내용을 미뤄 알 수 있거나 암시하는 내용에 대해 삭제를 요청하고, 그 결과를 통보해달라고 요구했다.

　　이에 대해 언론계 내부에서는 "확정 판결이 난 만큼 법적 분쟁으로 가면 언론사가 불리하므로 삭제를 해줘야 한다"는 입장과 "판결 여부를 떠나 한 시대를 풍미했던 사건의 기록들을 통째로 삭제하는 것은 역사의 한 페이지를 찢는 것과 같다"는 입장으로 나뉘기도 했었다.

이에 대해 김 회장의 법률대리인 측은 "사실과 다른 기사를 웹 사이트에 게시했을 경우 그 내용이 사실과 다르다는 것을 관리자가 알면서도 내용을 방치하면 법적 책임을 져야 한다는 판결이 이미 나와 있다"며 "기사를 삭제하지 않는 언론사에 대해서는 소송을 제기할 계획"이라고 밝혔다. 이어 "경제지, 스포츠지, 시사주간지, 지방지 등은 물론 PDF상에서의 삭제도 추가로 요청하겠다"고 덧붙이기도 했다.

오대양 집단자살사건

지난 1987년 8월 29일 경기도 용인시(당시는 용인군) 처인구 남사면에 위치한 공예품 생산 공장을 업무 차 들렀던 이 공장 사무실 직원은 자신의 눈을 의심해야만 했다. 생산직 근로자들이 이용하는 구내식당 천장이 내려 앉아 있었기 때문이다. 이를 이상하게 여긴 사무실 직원은 천장 위를 밀어 들여다 보다 아연실색했다. 생전 처음 맡는 역겨운 냄새가 풍겨왔기 때문이다. 바로 사람 시체가 썩는 냄새였다. 종교집단인 오대양이 운영하던 ㈜오대양 생산 공장에서 발생한 생산직 근로자 32명의 집단자살사건은 이렇게 세상에 그 실체를 드러냈다.

발견된 변사체는 여자 28명, 남자 4명 등으로 이들 가운데 19명은 손발이 묶이고 헝겊 등으로 목이 졸린 채 천장 입구 쪽에서, 12명은 3m 떨어진 반대 쪽에 노끈으로 목이 졸려 포개진 채로, 나머지 1명은 천장철골에 목을 매단 채 숨겨 있었다.

이 직원은 곧장 종교집단인 오대양의 박순자 교주 남편에게 알렸고, 이를 전해들은 박순자 교주의 남편인 최 모 씨는 이날 오후 4시께 경찰에 신고해 언론을 통해 밝혀졌고, 일반인들에게 알려지게 된다.

사건 현장에는 먹다 남긴 주먹밥 30여 개가 든 비닐봉지와 라면 4상자, 사망자들이 먹다 버린 것으로 보이는 약병 6개, 손목시계, 현금 280여 만 원 등이 널려 있었다. 시체 주변과 손가방 속에서는 "사장이나 다른 사람이 독약을 타려고 물을 가지러 갔다", "절대 비밀을 유지하라" 등 숨지기 직전에 쓴 것으로 추정되는 낙서가 발견됐다. 또한 "못 견디겠다. 너도 못 견디겠지"라는 대화체 메모와 "우리가 고통 없이 갈 수는 없을까"라는 메모 등도 발견됐다. 사망자 32명 가운데 11명은 2~4명 단위의 한 가족이었던 것으로 사법 당국의 조사 결과 드러났다.

"사장이 독약과 물을 가지러갔다"등 숱한 억설들이 난무했던 처참한 현장

"사장이 독약과 물을 가지러 갔다", "○○도 지금 매우 고통을 받고 있다", "XX가 꿈을 꾸었는데 그곳이 지옥이라고 했다", "남자는 다 잡혀가고 여자는 다 헤어졌다"

당시 사건 현장에서 발견된 메모들이다. 메모의 내용으로 미뤄 집단으로 독약을 먹고 중독사한 것이 아닌가라고 추정됐으나 부검 결과 독극물은 검출되지 않았다. 대신 신경안정제 성분인 하이드라민만이 현장에서 검출됐다. 사법 당국의 조사 결과 멀미약과 신경안정제 등을 섭취한 후 정신이 몽롱한 상태에서 누군가에 의해 목이 졸려 사망한 것으로 밝혀졌다. 사법 당국은 이들의 사망 사유를 자살로 결정짓고 수사를 종결시켰다. 단서는 너무 적었고 사건의 실마리를 갖고 있을 것으로 추정되는 ㈜오대양 직원 11명은 집중 수배됐으나 잡히지 않은 상태로 종결됐다.

그로부터 4년이 흐른 지난 1991년 7월 당시 수배됐던 ㈜오대양의 직원 6명이 경찰을 통해 자수했다. 하지만 이들이 어떤 이유로 4년이나 지나 자수했는지는 밝혀진 바가 없다. 이들을 통해 ㈜오대양의 총무였던 노 모 씨, 기숙사 가

정부 황 모 씨, 육아원 보모 조 모 씨 등은 이미 사건 발생 이전에 규율을 어겼다는 이유로 신도들에게 살해돼 암매장 당한 사실이 추가로 드러났다. 자수 내용을 토대로 대전지검의 오대양사건 재조사가 추진됐지만 별다른 정보를 찾아내지 못했다.

그렇다면 오대양이라는 종교집단은 과연 어떠한 과정을 거쳐 성장했을까.

오대양의 박순자 교주는 지난 1974년 횡격막에 병이 생겨 고통을 받다 어떤 이유에서인지 병이 회복되는 일을 겪었다고 주장했다. 그는 자신의 병을 고친 게 신이라고 믿어서였는지 신학교를 다니다 여호와의 증인에 입문했고, 다시 기독교복음침례회, 소위 구원파 신도가 됐다. 이후 박순자 교주는 구원파를 이탈, 구원파에서 자신을 추종하는 신도들을 데리고 떨어져 나와 시한부 종말론을 숭상하는 종교집단을 직접 만들었다. 오대양이라는 명칭은 박순자 교주가 "오대양을 지배할 사람으로 앞으로 전 세계를 주관하게 될 것"이라고 공언한데서 나온 것으로 알려졌다.

이런 가운데, 박순자 교주가 구원파에서 이탈한 것을 두고 위장 이탈이 아니냐는 주장이 제기되기도 했다. 박순자 교주는 구원파의 대전지역 자금 조달 책임자였고 오대양은 외부의 돈을 끌어 모으려는 구원파의 위장 계열사였다는 주장이 이를 뒷받침해주고 있다. 과거 구원파와 오대양 등지에서 일했던 관계자 일부가 언론에 제기한 내용이고, 실제로 오대양과 구원파 계열 사업체 간에 자금 거래 내역도 일부 확인됐지만, 집단 자살 사건 이후 검찰은 수사를 이용해 오대양과 구원파 간의 명확한 관계를 확인하지 못했다.

오대양 교단은 유치원과 양로원과 고아원 건물을 사들이거나 임대해 사회사업을 하는 것처럼 꾸미기도 했다. 겉으로는 시설을 당시로선 최신식으로 꾸며 고아들을 잘 키우는 것처럼 위장했지만, 실제 속내는 신도들의 자녀를 세뇌하게 해 아이들에게 부모는 없고 너희는 고아이며 박순자 교주만이 진짜 어머니라고 유도했다. 아이들에게 부모를 찾으면 지옥에 떨어질 것이라는 소리도 공공연히 유포했다.

이와 함께 신도들과 신도들의 자녀들을 모아 집단으로 생활하게 했고 이 과정에서 신도들을 철저하게 통제하기도 했던 것으로 알려졌다. 부부들에게는 각방을 쓰고 금욕생활을 강요했고 외출도 금지했다. 2주일에 한 번씩 많은 사람들끼리 단체로 외출하는 것만 허용했고, 외출 이후에는 반드시 외출 시에 같이 나간 상대방이 밖에서 했던 모든 행적을 일일이 보고하도록 한 것으로도 알려졌다. 매월 한 번씩 반성의 시간도 진행했다. 신도들은 이 행사를 통해 규율을 어긴 사실이 드러나면, 벌을 받는다는 명목으로 가차 없이 집단 구타당했다. 딸이 어머니 잘못을 처벌한다며 두들겨 패고 어머니는 이를 감사해 하는 황당한 일까지 있었던 것으로 알려졌다.

박순자, 1984년부터 공예품 제조공장인 오대양 설립하는 등 사업 확장

오대양의 박순자 교주의 사업 연대기를 복기하면 오대양 신도 집단자살 사건과 관련된 일련의 과정이 일목요연하게 드러난다. 박순자 교주는 갑자기 오대양을 기업으로 운영하기 시작해 지난 1984년 공예품 제조 회사를 꾸리면서 회사 명칭도 오대양으로 짓는다. 처음 오대양은 대전에 수입품 판매장을 만들면서 사업을 시작했고, 이후 대전과 용인 등지 공장들을 본격적으로 사들이면서 사업을 확장했다. 그러나 지난 1986년 4월 일본의 전자 부품 생산 기업체와 합작해 당시로선 거액인 7억 원을 투자해 전자 제품을 만들려고 했으나 사기를 당한 것으로 드러나 사업은 실패했다.

박순자 교주는 손실을 메우기 위해 신도들에게 사채를 많이 끌어 오라고 명령을 내리고, 신도들은 자신의 일가 친척들에게도 돈을 빌려 박순자 교주에게 헌납했다. 이 결과 박순자 교주가 신도들에게 강요해 끌어 모은 사채는 무려 170억 원에 이르렀다. 박순자 교주는 신도들에게 계속적으로 사채를 끌어 오라고 독촉했고, 이에 따라 신도들이 갚아야 할 사채 이자도 갈수록 눈덩이처럼 쌓여갔다. 이런 가운데, 박순자 교주에게 7억 원을 빌려 준 이 모 씨라는 사람이 자신의 부인과 함께 빌려준 돈을 갚으라고 독촉하려고 오대양 공장을 찾았지만, 되레 신도들에게 집단 구타당했다. 이에 이 씨는 경찰에 오대양을 고소했다. 다른 채권자들도 박순자 교주와 오대양을 고소하면서 경찰은 사기 혐의로 박순자 교주를 조사하기 시작했고 사회에서 주목받게 됐다. 엄청난 사채 이자를 더는 감당하지 못할 지경에 이르고 경찰과 언론의 압박까지 계속되자 박순자 교주는 특별히 사채를 가장 많이 끌어 모은 열성 신도와 자신의 가족 31명과 함께 오대양 용인 공장 내 식당 천장에 나흘 동안 숨었다.

이런 가운데, 지난 1987년 8월 29일 오대양 직원이 경기도 용인 공장에 왔다가 내려앉은 숙소 천장을 보고 이상히 여겨 식당 쪽으로 갔는데 식당 천장에서 죽어 있는 박순자 교주를 포함한 32명을 발견했고, 때 마침 가족을 찾으러 공장에 온 박순자 교주의 남편에게 알렸다. 박순자 교주의 남편이 경찰에 이날 오후 4시께 신고해 집단 변사가 세상에 알려지게 됐다.

수사 당국은 가장 먼저 박순자 교주가 공장장인 이 모 씨에게 자신을 목 졸라 죽이게 한 뒤 이어 이 씨를 비롯한 남성들이 여성들을 목을 졸라 죽이고 여성들이 모두 죽은 사실이 확인되자 박순자 교주의 두 아들들이 철골 서까래에 줄을 매고 자살한 뒤 마지막으로 이 씨가 목을 매고 자살한 것으로 결론을 내렸다. 사망자들의 사망 정황은 드러났지만, 이 사람들이 집단으로 왜 자살했는지는 명확히 드러난 바가 없이 사건은 종결됐다. 수사 당국은 사건의 열쇠를 쥔 것으로 보이는 오대양 직원 11명을 공개 수배했지만, 이들은 당시에는 잡히지 않았다.

사건의 전모가 드러나게 된 건 지난 1991년 7월이었다. 사건 당시 수배됐던 오대양 직원들 가운데 6명이 자수하면서 의문점들이 일부 밝혀졌다. 자수한 사람들의 진술로 사건의 열쇠를 쥔 것으로 주목받았던 오대양 총무 노 모 씨, 기숙사 가정부 황 모 씨, 육아원 보모 조 모 씨 등이 이미 사건이 발생하기 전에 반성의 시간을 통해 규율을 어겼다는 이유로 오대양 직원들에 의해 살해된 뒤 암매장당한 사실이 드러났다. 오대양 직원들의 자수로 대전지검이 재조사했지만, 검찰도 지난 1987년 경찰의 수사 결과처럼 32명은 집단 자살한 것으로 결론을 내리고 수사를 마무리했다.

오대양 신도 집단 자살사건은 자살이 아니라 타살이다?

사건이 발생할 당시에 세간에는 죽은 사람들이 자신의 뜻으로 죽은 게 아니라, 강제로 죽였거나, 심지어 살해당한 것이라는 주장이 제기됐다. 신도들이 살해된 것과 관련해 세간에 여러 가지 설들이 난무했기 때문이다. 이 같은 주장을 공식적이자 본격적으로 처음 제기한 정치인은 박찬종 전 국회의원(현재는 변호사)이었다. 박 전 의원은 지난 1991년 7월 19일 열린 기자회견을 통해 박순자 교주가 한 때 몸을 담았던 구원파와 구원파 신도가 경영하던 모 회사가 사건의 배후라는 의혹을 제기하면서 일파만파로 확산됐다.

구원파가 사건에 개입됐으리라고 의심한 사람들은 박순자 교주는 알고 보면 구원파를 완전히 이탈한 게 아니고 모종의 이유 때문에 구원파를 이탈한 척하면서 오대양을 차린 것이라고 주장했다. 구원파 신도가 경영하던 모 회사 자금을 마련하려고 오대양을 차린 박순자 교주는 이 회사의 자금을 조절하고자 신도들에게 거액의 사채를 끌어오게 했다는 것이 이 같은 주장의 핵심이다. 그러다 오대양이 세간에서 주목받고 경찰의 수사망이 좁혀오자 구원파나 모 회사가 박순자 교주와 31명을 살해했다는 게 당시 세간에 떠돌던 타살 의혹의 골자였다.

이에 구원파와 모 회사는 자신들은 박순자 교주와 무관하다고 반박했다. 박순자 교주는 이미 구원파를 떠났고 자신들과는 무관하다는 게 이들의 주장이다. 수사 당국이 이 같은 의혹을 수사했으나 무관하다면서 무혐의로 처분했다. 하지만 사법 당국은 관련 재판에서 구원파 신자였던 김 모 씨가 "구원파의 실제 대표는 고故 유병언 전 회장이고 헌금을 자신의 회사 운영 자금에 충당했다"라고 진술한 점, 오대양이 끌어 모은 사채 중 일부를 세모그룹 관계자들이 사용한 점을 근거로 관련성을 인정했다. 당시 수사 관계자는 "오대양교라는 것은 없고 박순자 교주는 구원파의 대구지부 총책으로 헌금 등을 세모 측에 전달하는 역할을 했다"고 주장했다.

일각에선 죽은 사람들이 모 처에서 살해당한 뒤 공장 식당의 천장으로 옮겨졌다고 주장했지만, 사건 현장을 감식했던 경찰은 현장의 상황상 다른 곳에서 살해됐다는 건 전혀 가능성이 없다고 일축했다. 사망자들 가운데 여자들을 부검

하니 정액 양성 반응이 나와 죽기 전에 강간당한 게 아니냐는 주장도 제기됐지만, 당시 부검의는 국립과학수사연구원의 정액 양성 반응은 오류였다고 밝혔다.

지난 1987년 경찰이 결론한 대로 32명 가운데 박순자 교주를 포함한 29명은 목이 졸려 살해당했고 박순자 교주의 두 아들과 공장장 이 모 씨는 목을 매 죽은 것으로 검찰도 결론을 내렸다. 그러나 과연 이들이 자의에 의해 죽었는지, 아니면 타의에 의해 죽음을 강요받았는지 등에 대해서는 명백히 드러나지 않은 채 미스터리로 남았다.

사건 발생 초기 170억 원에 달하는 거액이 오대양과 밀접한 관련이 있던 종교집단인 기독교복음침례회로 흘러 들어갔던 것으로 보고, 기독교복음침례회 목사 자격으로 있던 고故 유병언 전 세모그룹 회장을 배후로 지목해 조사했지만 연관성을 밝혀내지는 못했다.

백백교 암장사건

백백교 신도 암장사건은 일제강점기인 지난 1937년 경기도 양평군 일대에서 발생했다. 당시 언론 보도에 따르면 사건 당시 현장에서는 무려 300여 구의 시신이 발견돼 사람들을 충격에 빠트리게 했다고 전해진다. 특히, 이 사건은 한 두 차례에 걸쳐 살해가 이뤄진 것이 아니라 지난 1928년부터 10여 년 동안 80여 차례에 걸쳐 진행된 것으로 알려져 경악을 금치 못하게 했다.

백백교의 전신은 동학에서 파생된 백도교白道敎로 전정운이라는 사람이 지난 1900년 금강산에서 도를 닦고 평안남도 영변군에서 창시한 것으로 전해졌다. 그는 여인 60여 명을 거느리고 교인들의 재산을 갈취해 방탕한 생활을 했던 것으로 알려졌다. 전정운이 지난 1919년 사망하자 그의 세 아들에 의해 각각 인천교, 백백교, 도화교 등으로 갈라졌다. 백백교는 이 가운데 둘째 아들인 전용해에 의해 창시됐다. 이들은 '백백백의의의적적적감응감감응하시옵숭성白白白衣衣衣赤赤赤感應感感應하시옵崇誠'이라는 주문을 외우면 무병장수한다고 믿었다. 백백교는 여러 가지 문제를 일으켰다. 이들은 신도들의 재산을 상납하게 요구했고, 딸들을 자신의 시녀로 바치게 해 성적 학대를 일삼았다.

백백교는 어떤 종교?…동학교 방계인 백도교의 분파로 탄생

백백교는 불만이 있는 신도들을 여러 차례에 걸쳐 살해했다. 그러다가 지난 1937년 일본 경찰에 의해 대대적인 수사가 시작됐고, 경찰에 쫓긴 교주 전용해가 시체로 발견되면서 살인 사건은 일단락됐다. 그가 죽은 후, 일제 경찰은 경기도 양평군 일대에서 시체 발굴 작업을 진행했다. 그런데, 무려 300여 구의 시신이 현장에서 발견됐다. 이 사건은 1940년 간부들에게 사형 및 무기징역이 선고되고 이외의 사람들에게 징역형이 선고되면서 종결됐다.

조선 후기 철종 때 최제우가 유儒 · 불佛 · 선仙 삼도三道의 교리를 종합 · 절충해 동학東學을 창시했고, 동학에서 많은 유사 종교들이 파생됐다. 백도교도 이 가운데 하나인 종교다. 나중에 백도교가 다시 분파해 인천교人天教와 백백교 등으로 분파됐다. 지난 1923년 차병간이라는 사람이 경기도 가평에서 퇴폐한 민심을 교화해 광명세계를 실현한다면서 포교를 시작했다. 하지만 처음부터 뚜렷한 교의教義나 깊은 사상적 근거를 갖지 못한 채 사이비 종교로서 타락과 부패의 길을 걸었다.

더구나 전용해가 교주가 되면서 백백교는 하나의 범죄 단체로 전락해 우매한 민중을 현혹해 그들의 재물을 가로 채고 여신도들을 속여 간음을 자행했던 것으로 알려졌다. 교주 전용해는 변태성욕자로서 많은 여신도들이 보는 가운데서 정사를 벌였으며, 이를 신神의 행사라고 합리화했던 것으로 전해졌다. 이 같은 범죄행위가 세상에 드러나게 되자, 이를 은폐하기 위해 비밀을 누설할 염려가 있는 자들을 심산유곡深山幽谷으로 끌고 가서 가차 없이 죽여 버리기도 했던 것으로 알려졌다. 당시 이 일을 책임진 사람을 벽력사霹靂使라고 불렀다.

백백교에 들어가 재산은 물론, 딸까지 바친 신도가 있었는데, 그 아들이 백백교의 범죄행위를 경찰에 고발함으로써 이들의 악행이 백일하에 드러나 당시의 사회를 깜짝 놀라게 했다. 경찰에 쫓긴 교주 전용해가 자살함으로써 끝장이 났는데, 그들에게 피살된 시체만도 48구가 발견됐다. 시체마저도 나오지 않은 희생자는 더 많았을 것으로 추측됐었다. 교주 전용해의 두개골은 국립과학수사연구원에 범죄형 두개골의 표본으로서 보관돼 오다, 불교단체 모니노가 행정안전부에 인체 표본 전시가 비인도적이라고 진정해 인체 표본 폐기 결정이 났다. 그의 두개골은 사망 70년 만인 지난 2011년 10월 25일 서울시립승화원에서 화장됐다.

백백교는 위에서 언급한대로, 근세 우리나라에 유포된 대부분의 신흥 종교와 같이 동학에 근원을 둔 것으로, 동학교의 방계인 백도교白道敎의 분파로 탄생됐다. 지난 1899년 평북 영변 태생인 동학군 전정운이라는 사람이 금강산에 들어가 4년 동안 수도해 도통道通하고, 그의 부친이 살았던 함남 문천군 운림면 사람들을 대상으로 교화했다.

신도가 늘어나자 지난 1912년 강원도 금화군 근동면 수태리 오성산에 본거지를 두고 교명을 백도교라고 바꾸고 교세를 확장, 지난 1916년 백도교 교세는 1만 여 명에 이르렀다. 지난 1919년 교주 전정운이 죽자 유산 분배 문제로 골육 간에 분열이 일어났다. 지난 1923년 교주의 장남 전용수가 서울(당시는 경성)에 인천교人天敎를 세우자, 차남 전용해는 경기도 가평군 북면 적목리에 백백교를 설립하고, 3남 전용석도 경성에 도화교道花敎 등을 세웠다. 지난 1930년 강원도 김화경찰서에 전 교주 전정운이 오성산중에 그의 애첩 4명을 생매장한 구악이 폭로돼 백도교 간부들이 검거됐다. 이에 장남 전용수는 피신하고 이후 백백교는 지하로 잠적했다.

교주 전용해는 무지몽매한 산골 사람들을 대상으로 그의 추종자들로 하여금 "우리 백백교주 전용해는 신비한 힘을 갖고 있으며 멀지 않은 장래에 천위天位에 등극할 인물이므로, 지금 일본의 통치에 있지만은 가까운 장래에 반드시 백백교주 통솔 하에 독립이 될 터이니 교도의 헌금과 기량에 따라 대신, 참의, 도지사, 군수, 경찰서장 등의 영직에 임명한다"고 혹세무민해 이들의 재산과 딸들을 바치게 했다. 교도의 딸 중에 미모의 여자는 자기의 애첩으로 삼고 나머지는 간부들에게 불하했던 것으로 전해진다. 신도들이 점차 속았다는 것을 깨달았을 때 이들은 산간벽지나 광산에서 야음을 틈타 살해돼 암매장됐던 것으로 알려졌다.

혼자서 170명을 죽였다는 백백교 간부 문 모 씨는 자기는 교주의 명령에 따라 했을 뿐이라고 당시 언론은 보도했다. 100여 명을 죽였다는 이 모 씨는 사람을 죽이게 된 동기를 신도들의 재산과 정조를 뺏은 비행을 숨기기 위해서였다고 당시 언론들은 전했다. 백백교 사건은 지난 1935년 7월 강원도 금화 사건이 들춰진 뒤 지난 1937년 2월 21일 백백교주 전용해의 자살을 끝으로 해서 세상에 그 전모가 드러났다. 이 사건은 일제가 우민정책愚民政策을 은연 중 조장한 데서 빚어졌고, 상당 부분 조작되고 부풀린 보도였을 것으로 추정된다. 조선총독부는 이 사건이 전국에 충격적인 화제로 등장하자 신흥 종교에 대한 탄압을 본격화하면서, 특히 민족의식이 있는 종교단체들을 대상으로 그들을 해체시키는 구실로 삼기도 했다.

교주 전용해, 학식 없었지만, 인간 심리 교묘하게 이용 '神의 아들' 자처

백백교 교주 전용해는 비록 뚜렷한 학식은 없었지만, 사람의 심리를 교묘하게 이용해 마음을 끌어들이는 재주가 있었던 것으로 알려졌다. 그는 자신을 '신의 아들'이라고 자칭하며, 말 그대로 혹세무민했다. 불로장생과 부귀영화 등을 미끼로 신도들에게 과도한 헌금을 요구하는 등 사기행각도 벌였던 것으로 전해진다. 총참모격인 이 모 씨와 문 모 씨 등 간부들을 각지로 보내 예쁜 딸을 가진 부모들을 골라 백백교에 입교시킨 뒤 그 딸을 전용해의 시녀로 바치게 해 성폭행했던 것으로도 알려졌다. 전용해는 이렇게 끌어들인 젊은 여성들을 항상 첩으로 거느리다 싫증이 나면 살해하는 것을 능사로 삼았던 것으로 알려졌다.

전용해 일당은 백백교를 배반하거나 백백교에 불만을 품은 사람들은 물론 그 가족들도 함께 살해했던 것으로 알려졌다. 나중에는 너무 많이 몰려 먹여 살리기 힘들다는 이유로도 죽었고, 경찰에게 들킬까봐 죽이기도 했던 것으로 당시 언론은 전하고 있다. 내부 다툼으로 부교주를 살해하고 매장까지 했다는 주장도 나왔다.

한 사람을 제외하곤 모든 신도가 학교 문턱을 밟아본 적도 없었던 것으로 당시 언론은 보도했다. 그래서 모두 교주인 전용해의 속임수에 넘어가, 그를 신의 아들로 믿고 그의 말에 철저하게 복종했던 것으로 알려졌다. 그의 말에 따라 살인도 저질렀다. 또한 가족 신도들을 지역 별 지부에 흩어지게 만들어 자신이 도망치면 다른 가족들이 죽임을 당할까봐 복종하는 경우도 있었던 것으로 알려졌다.

일제 경찰은 8개월에 걸쳐 전용해의 아지트와 전국 각처의 백백교 비밀 장소에서 346구의 시체를 발굴했다. 전용해는 몇 달이 지난 후 솔밭에서 동쪽을 향해 누운 채 칼로 목이 찔린 사체로 발견됐으나, 얼굴 쪽을 산짐승이 먹어치운 탓에 그게 정말 전용해인지 여부를 놓고 논란을 빚기도 했던 것으로 당시 언론은 전했다.

세간에선 신출귀몰한 전용해가 자신과 체격이 비슷한 사람을 잡아다가 자신의 옷을 입히고 자살한 것처럼 위장하고 도망쳤을 것이라는 추측도 나돌았다. 하지만, 전용해의 자식이 직접 보고 아버지라고 울부짖었다는 기록이 남아있어 자살한 것으로 판정받았다.

조선총독부는 지난 1937년 사건이 드러나면서 당황했다. 사람을 하나둘 죽인 게 아니라 수백 명을 죽인 사실이 차례로 드러났기 때문이다. 당시 영어권 기사로도 보도될 정도로 세계적으로 화제가 됐었다. 당시 잡힌 사람만 해도 100여 명이 넘었는데다 확인된 살인만 해도 300여 건이 넘어 수사와 예심을 준비하는 데만 3년이 걸려 지난 1940년에 첫 공판이 열리기도 했다.

공판에는 무수히 많은 방청객들이 몰려들었고, 백백교 관련 기사들이 쏟아져 나왔다. 하지만, 당시 기사의 내용을 살펴보면 살인 행각보다는 교주 전용해의 무수히 많던 첩들과 음란한 행위와 관련된 가십 기사 등이 대부분이었다. 혼자 170명을 죽인 김 모 씨, 167명을 죽인 이 모 씨, 127명을 죽인 문 모 씨 등 간부급 살인마들에 대해서는 사형이 선고되고 나머지 10여 명에 대해선 징역형이 선고되면서 희대의 살인마 사교 사건은 막을 내렸다.

소설 등 문학작품과 영화 등으로 스크린에도 오른 백백교 신도 암장사건

백백교 신도 암장사건은 이 사건이 발생한 당시에는 물론이고, 오늘날의 기준으로도 상당히 충격적이어서 영화와 소설화되기도 했다. 이 사건을 처음으로 다룬 작품은 구보 박태원 작가의 장편소설 〈금은탑〉이다. 지난 1938~1939년 조선일보에 〈우맹〉이라는 제목으로 연재됐다. 단행본은 지난 1949년 〈금은탑〉으로 출간됐다. 백백교의 재산 갈취, 여신도 농락, 살인행각과 한 청년에 의해 무너지는 과정 등을 그렸다.

지난 2014년 도진기 작가의 추리소설 〈유다의 별〉도 백백교 사건을 배경으로 하고 있다. 이 소설은 교주 전용해의 죽음에 대한 의혹과 관련해 살아있을 지도 모른다는 이야기를 담고 있다.

백백교 사건의 영화화는 2차례에 걸쳐 이뤄졌다. 지난 1960년 작품은 그냥 계몽성 극화 수준이고 배우 허준호의 아버지인 배우 허장강이 전용해 역으로 출연했다. 지난 1992년 작품은 배우 이대근이 주연이고 나름 제대로 보여줬다는 평가를 받기도 했다. 이 영화는 신흥종교문제 연구소장이었던 고故 탁명환 교수의 자료 제공 및 자문 등을 통해 만들어졌다. 특히 주색잡기에 몰두하는 불한당과 얼굴 가리고 눈빛과 목소리만으로 광기 넘치는 사이비 교주를 넘나드는 배우 이대근의 연기가 일품이었다. 영화는 '전용해가 자살을 빙자해 사실은 살아있지 않을까'라는 찜찜한 엔딩으로 마무리된다. 다만, 영화적 허용으로 고증에 맞지 않는 장면들도 많다. 영화는 유곤룡이라는 청년이 백백교에 위장 입교한 뒤 누이동생을 구하기 위해 관계자들을 찾아다니며 환심을 사는 내용으로 진행됐다. 전용해의 사이비 행각, 부하들의 각종 범죄행위 등도 화면을 통해 교차된다. 하지만, (영화를 통해 묘사된 바대로) 유곤룡이 백백교의 실체를 밝힌 것은 사실이지만, 영화 상 감금당한 누이 유정전은 이미 전용해의 첩으로 백백교에 심취한 인물이었던 것으로 알려졌다. 유곤룡과 유정전의 아버지도 (영화를 통해서는) 초반에 살해당하는 것으로 묘사되지만, 실제로는 뒷방 늙은이으로나마 멀쩡히 살아 있었고, 훗날 법정에서 백백교의 역사를 진술하기도 했던 것으로 전해졌다.

허행윤 전 경기일보 문화부 부장

8부

안전사고

280명의 희생자를 낸 대부도 통운호 사건

일본은 지난 20세기 36년 동안 한반도를 강점하면서 우리 민족에게 숱한 침탈과 만행 등 범죄에 해당되는 숱한 고통들을 남겼다. 특히, 일제강점기 말기에는 급기야 태평양전쟁까지 일으켜 조선의 젊은이들을 전쟁터로 강제로 동원하고, 소녀들을 위안부로 강제로 끌고 가 유린까지 하는 만행도 서슴지 않았다. 그러나 일본은 아직까지도 자신들의 아버지와 할아버지가 저지른 행위에 대해 사죄하지 않고 뉘우치지도 않고 있다. 제2차 세계대전 때 같은 전범 국가였던 독일은 전쟁기간 동안 저지른 만행에 대해 진심으로 사과한 것과 비교되고 있다.

이런 가운데, 일제로부터 해방되던 해인 지난 1945년 1월 옹진 선재도 앞바다에서 여객선 한 척이 침몰해 수백 명이 숨지는 참사가 발생했다. 이 배는 친일 해운회사 소속의 선박이었던 통운호로, 당시 인천에서 대부도와 영흥도 등 서해 도서지역을 연결하던 정기 여객선이었다. 당시 사고 원인은 정원 초과와 과적 등으로 알려졌다.

역사학자들은 제대로 청산하지 역사는 반복된다고 주장하고 있다. 그래서일까. 이 참사가 발생한 지 70여 년이 흐른 지난 2014년 4월 16일 전남 진도 앞바다에서 세월호 참사가 발생했다. 두 참사의 공통 원인은 똑같이 정원 초과와 과적 등으로 추정되고 있다. 물론, 세월호 참사의 정확한 원인에 대해서는 아직까지도 규명되지 않고 있다. 하지만, 70여 년의 공간을 훌쩍 뛰어 넘어 대형 해운

사고가 되풀이 된 점은 마치 데칼코마니처럼 닮았다. 청산하지 못한 일제의 잔재殘滓로 남아있는 70여 년 전의 해운사고가 아무런 교훈이 되지 못했기 때문이다. 정확한 진상 규명이 없었기 때문으로도 분석된다. 반성과 기억, 치유 등도 없이 그냥 묻힌 것이다. 언론의 보도 태도 역시 70여 년 전 통운호 사건 보도와 세월호 참사 보도가 별반 차이가 없다는 지적도 나왔다. 언론들의 보도는 축소 또는 누락 등으로 점철됐다. 통운호 사건은 일제강점기 당시 조선총독부 기관지였던 매일신보 1945년 2월 1일자 2면에 참사가 난 뒤 나흘 만에 '익사자가 다수/선재리 도선 전복'이라는 제목의 1단 기사로 처리됐다. 참사 발생 경위와 수습과정 등을 보도하면서 구조된 사람은 73명이고 다수가 익사한 것으로 전했다.

반면, 당시 선감도에 살았던 일본인은 회고록을 통해 "사고의 희생자는 무려 280명에 이르렀다. 겨우 65t의 작은 배에 어찌 그렇게 많은 손님을 태울 수 있었단 말인가"라고 말했다. 당시는 일본이 전시 상태여서 민심 동요를 막기 위해 보도 통제를 한 것으로 보인다. 이후 후속 보도는 단 한 차례도 없었다. 그래서인가. 지난 2011년 통운호 참사 현장 길목에는 희생자 위령비가 아니라 선주의 영세 불망비가 세워졌다고 한다.

전쟁과 국가 폭력, 개인적 탐욕 등이 빚어낸 아픈 역사는 반드시 극복돼야 한다. 통운호 참사처럼 청산하지 못한 역사는 또다시 반복되기 때문이다. 그 출발은 진실 규명이다. 그리고 억압받은 기억은 새로운 정체성으로 전환시켜 나가야 한다. 과거를 진정으로 극복하는 시점은 아픈 역사를 자유롭게 이야기 할 수 있을 때일 것이다.

1945년 1월 대부도 앞바다에서 280명 익사한 통운호 침몰 사고

대부도에서 통운호 참사가 발생한 지난 1945년 1월로 되돌아가보자. 당시는 일본이 몇 해 전 미국 해군 기지가 있던 진주만을 습격하고 미국에 대한 선전포고 이후 미국과 벌인 이른 바 태평양전쟁이 한창 진행 중인 가운데, 일본의 패색敗色이 갈수록 짙어가던 시기였다. 일본은 이로부터 7개월 여 후 미국의 히로시마와 나가사키 원자폭탄 투하에 무조건 항복을 선언하고 조선의 독립이 이어지게 되던 시점이었다. 일본으로서는 한치 앞도 내다보이지 않던 시기이기도 했다. 그래서 일제의 한반도에 대한 탄압과 수탈 등은 날이 갈수록 기승을 떨치고 있던 시기이기도 했다.

지금으로부터 70여 년 전인 지난 1945년 1월 정원의 5배가 넘는 인원을 태우고 과적까지 하고 대부도를 출발한 '통운호'라는 배가 영흥도에서 또 한 차례 승객을 더 싣고 출항했다 침몰한 일이 발생한다.

조선총독부 기관지였던 매일신보는 1945년 2월 1일자 2면에 당시의 상황에 대해 '익사자 다수多數'라는 제목의 1단 기사로 여객선 사고를 보도했다.

기사를 한번 들여다보자.

"지난 28일 오후 3시 경 경기도 부천 영흥면 선재리 나루터로부터 인천으로 향하여 떠난 부천통운조합 소속 발동선 통운환通運丸 제1호(36t)가 많은 손님과 짐까지 가득히 싣고 바다로 배를 띄워서 10여 m 가량 나가서 전복 침몰하여 다수의 익사자와 행방불명자를 내었다. 급보를 받은 인천 경찰서에서는 후지가와藤川서장 예하 계원과 경방단원 등이 경비선으로 현장에 가서 구조에 착수하였는데 30일 오후 4 시까지의 조사에 의하면 구조된 사람은 73명뿐이었고 다수多數가 익사한 것이 판명되었고 그 중 25명은 아직 행방을 알 수 없다. 그리고 선박 명부도 없기 때문에 조난한 승객의 주소 성명은 알 수 없으나 그 대부분은 부천군 영흥면민이라고 한다. 원인은 정원 26명의 작은 배에 정원보다 훨씬 많은 승객과 화물을 많이 실었기 때문이라 한다. 경찰에서는 관계자를 취조 중이다."

이 기사를 토대로 분석해보면, 1945년 1월 당시에는 일본이 패망을 앞두고 전시체제 하에 민심의 동요를 막기 위해 보도를 통제하고 있었던 것으로 분석된다. 조선총복부 기관지였던 매일신보인 만큼 어쩌면 당연한 조치일 수밖에 없겠지만, 동아일보나 조선일보 등 이른 바 민족지라고 자평하고 있던 언론들마저 조선총독부에 의해 강제로 폐간됐거나, 폐간되지 않았더라도 조선총독부의 의도대로 사실 자체를 축소하거나 왜곡됐던 게 당시의 현실이기도 했다.

이 때문에 통운호 참사는 무려 280명이 숨지는 큰 사건이었음에도 불구하고 나흘 만에 조선총독부의 기관지였던 매일신보에 1단 기사로 보도됐다. 희생자 가운데 상당수가 대부도 주민들이었다. 하지만, 기사의 내용은 선재리 선착장과 영흥면 주민만을 강조하고 있다. 당시의 상황으로 미뤄 기자가 현장 취재를 한 것이 아니고 인천에서 경찰의 발표만 그대로 기사화한 것으로 추정되는 대목이다.

또한 기사 가운데 "조사에 의하면 구조된 사람은 73명뿐이었고 다수(多數)가 익사한 것이 판명되었고"라는 문구를 감안하면 사망자는 73명보다 훨씬 많았을 것이라는 점도 추측해 볼 수 있다. 물론, 이후 신문에서는 후속 기사를 찾아볼 수 없었다.

그러나 신문 보도 외에 또 다른 기록은 사고가 난지 40여 년이 흐른 뒤 사고 당시 선감도에 거주했던 일본인이 자신의 기억과 일부 주민의 증언을 통해 정리한 내용이 있다. 이에 따르면 통운호 침몰사건으로 280여 명이 익사했다고 한다.

선감도에 거주했던 일본인의 증언을 들어보자.

"1945년은 뜻밖의 대참사로 막이 열렸다…. 제1통운호가 선장의 실수로 대부도 바다 근처에서 침몰해 버렸던 것이다. 대부 면장인 김완수의 모친의 회갑 축연에 초대된 선장이 그 술에 취하여 일어난 사고였다. 사고의 희생자는 무려 280명에 이르렀다. 겨우 65t의 작은 배에 어찌 그렇게 많은 손님을 태울 수 있었단 말인가? 사고를 저지른 선장은 다케시타[竹下]라는 일본인이었다…. 그러나 연 초부터 섬을 뒤덮은 대참사에 관한 소문들도 전시하戰時下의 중압重壓에 눌리어 어느 틈엔가 흐지부지되어 버렸다."

많은 사람들이 잊고 있는 잃어버린 역사적 사실이지만 아직도 대부도의 많은 어르신들은 "웬수(김완수 대부면장을 지칭함) 면장네 배가 '떼초상'을 내서 대부도 사람들이 '떼제사'를 지냈다"라고 기억하고 있다.

"웬수 면장네 배가 '떼초상'을 내서 대부도 사람들이 '떼제사' 지낸다"

대부도 통운호 참사 사고의 정확한 원인에 대해서는 지금까지도 뚜렷하게 드러난 바가 없다. 다만, 당시 대부면장 소유의 부천통운조합 소속 선박이었다는 사실만 밝혀져 있을 뿐이다.

이처럼 사고의 근본 원인이 무엇이었는지, 사망자는 몇 명이었는지, 사후 조치는 어떻게 진행됐는지 등에 대해서는 지금까지도 그 실상을 알 수 없다. 다만 사고가 난 배가 당시 대부면장이 운영하던 부천통운조합 소속이었다는 점만 알려져 있다. 신문에 보도된 기사와 증언 기록 등을 통해 보면 사고 원인은 선박과 승객 등의 안전은 뒷전인 채 돈벌이를 위해 안전수칙을 지키지 않은 정원 초과와 과적, 그리고 선장의 음주 등이었던 것으로 보인다. 당시 조선총독부의 서슬 퍼런 언론 통제의 영향이기도 하겠지만, 사실 규명이 철저하게 외면당하고 있던 현실을 내비치고 있는 것이다.

지난 1930년대 초까지 대부도를 오가는 노선을 비롯한 경기 연안의 여객선 운영은 인천기선회사가 독점적으로 운영했다. 이 회사는 외딴 섬에 여객노선을 운영하면서 발생하는 손실을 보전하기 위해 조선총독부로부터 지급받는 보조금을 1년에 2천 원씩 받았다(당시 화폐 가치는 금 1돈이 4~5원). 그러나 지난 1933년 대부면장이 경기 연안 섬에 여객선을 운행하기 위한 신생 회사로 부천통운조합을 세우기로 확정하자, 조선총독부는 보조금을 부천통운조합 측에 주기로 전격적으로 결정했다.

회사 설립만 결정됐는데도 조선총독부 보조금을 지급하겠다고 한 점은 대단한 특혜로 보인다. 보조금을 받아오던 인천기선회사는 부천통운조합에 보조금이 넘어가고 손님이 줄어들자 인천~마산포(대부도 선) 구간을 폐지하고 다른 노선에 대해서는 요금 인하 경쟁을 벌이기 시작했다. 이에 부천통운조합도 요금을 인하해 상대 회사의 승객을 유치했고, 치열한 경쟁 결과 지난 1939년 승객과 국가보조금 등을 빼앗긴 인천기선은 마침내 항로를 부천통운조합에 양도했다.

이렇게 조선총독부의 비호를 받는 부천통운조합은 이후 지난 1940년 1월 조선총독부 기관지였던 매일신보에 '일본 황기 2600년 기념', '조선총독부 시정施政 30주년 기념' 축하광고 등 조선총독부를 찬양하는 광고를 게재했다. 경쟁 상대 없이 항로를 운영하면서 독점 노선을 확보한 부천통운조합은 요금을 인상하기 시작했고, 정원 초과와 과적 등을 일삼았던 것으로 보인다. 이처럼 무리하게 운행하다 결국 대부도의 많은 주민들을 '떼 초상'에 이르게 하는 대형 사고를 낸 것이다.

통운호 희생자 위령비 대신 대부면장 송덕비 세워져

조선총독부 기관지였던 매일신보에 조선총독부를 찬양하는 광고를 게재하고 경쟁 상대 없이 독점적으로 항로를 운영하면서 요금도 일방적으로 올리는 전형적인 친일파 인사가 경영하던 부천통운조합과 조선총독부와의 결탁과 비리 등은 여기서 멈추지 않았다.

지난 1945년 통운호 참사가 발생한 지 70년 가까이 흐른 몇 해 전 대부도에서 통운호의 침몰 현장인 영흥도로 가는 큰 길 가에 사고 선박을 운영했던 대부면장의 영세불망비(송덕비)가 세워졌다. 대부도 '주민 일동'의 이름으로 되어 있지만 일제강점기 대부면장에 대한 주민들의 인식은 최근에 채록된 '선감도 나룻배 사공'을 비롯한 이 지역의 설화에도 잘 나타나 있다.

강압에 의해 소통이 제대로 이뤄지지 않는 사회에서 주민들의 불만은 떠도는 말이 설화가 되어 전하고 있다. 과연 진정한 대부도 주민들 모두의 뜻으로 송덕비가 세워졌을까? 이 같은 물음에 대한 답은 명쾌할 것이다. 지난 1945년 당시 '떼죽음'을 당한 대부도 주민들은 원혼이 돼 구천을 떠돌지도 모른다. 이 원혼들을 달래는 위령비를 세우는 것이 먼저가 아닐까한다.

사고 선박을 운영했던 대부면장의 영세불망비(송덕비)를 세운지 얼마 지나지 않아 지난 2014년 세월호 침몰로 무고한 수많은 어린 목숨이 희생됐다.

"기억하지 않는 역사는 되풀이 된다"라는 말을 다시 한 번 새겨 볼 때이다.

광복 71주년을 맞았으나 우리 지역 내 일제 잔재를 청산하지 못하면서 아픈 역사는 다시 반복된다.

이 가운데 대표적인 사고가 바로 지난 1945년 대부도 앞바다에서 침몰한 통운호 사건과 60년 뒤인 2014년 4월 16일 진도앞바다에서 발생한 세월호 참사를 꼽을 수 있는 이유이기도 하다.

이런 의미에서 다시 한 번 구체적으로 통운호 참사에 대해 복기해보자.

일제강점기 말기인 지난 1945년 1월 대부도에서 발생한 통운호 참사에 대해서 한 마디로 명쾌하게 요약한다면, 서슬 퍼런 일제의 치하에서 친일 기업인의 돈벌이에 안타깝게 280여 명의 희생자를 낸 잘 알려지지 않은 사건이라고 규정할 수 있다.

지난 1945년은 일제 치하에서 해방된 해이기도 하다. 일제 치하에서 해방이 되던 해 1월 대부도 앞바다에서 280명의 승객과 함께 통운호가 침몰했다. 정원이 넘는 인원을 승선시키고, 과적한 점이 원인이었던 것으로 최근 사회단체와 관련 연구소 등에 의해 뒤늦게 밝혀졌다.

당시 신문들의 보도와 기록, 증언 등을 토대로 면밀하게 분석해보면, 100명 이상의 승객들을 태우고 다니는 여객선으로서는 65t이라는 비교적 소규모인 작은 배에 정원의 5배가 넘는 인원이 타고 있었을 것으로 정진각 안산지역사연구소장은 추정했다.

안산지역사연구소의 분석 자료에 따르면 지난 1945년 2월 1일 조선총독부 기관지였던 매일신보 2면에 '익사자 다수(多數)'라는 제목으로 부천 영흥면 선재리 나루터에서 인천으로 출항한 통운호 침몰 사건이 보도됐다. 기사에는 구조된 사람은 73명뿐이고, 다수가 익사한 것으로 판명됐다고 나와 있다.

40여 년이 흐른 뒤 당시 선감도에서 거주했던 일본인과 일부 주민 등이 증언한 내용을 정리한 자료를 분석해보면 지난 1945년 1월에 발생한 통운호 침몰 사건으로 280여 명이 익사했다고 밝히고 있다. 겨우 65t의 배에 300여 명이 넘는 손님을 태우고, 과적까지 한 것으로 보인다.

최근 한 언론을 통해 보도됐던 정진각 안산지역사연구소장과의 인터뷰에서 밝힌 정진각 소장의 의견을 들어보자. "대부도에 많은 토박이 어르신들은 당시 사건에 대해 면장네 배가 이른 바 '떼 초상'을 내서 대부도 사람들이 '떼 제사'를 지냈다고 기억하고 있다"고 말했다.

통운호는 친일 기업이 소유하고 운행했던 연락선이었다

사고 당시 통운호의 소속은 대부면장 김완수가 운영하던 부천통운조합이었다. 김완수는 지난 1928년부터 1945년까지 일제강점기에 15년 가까이 부천군(당시) 대부면장을 지낸 전형적인 친일파였다. 지난 1930년대 초까지 대부도를 오가는 노선을 비롯한 경기 연안 여객선을 운영하는 인천기선회사로부터 지난 1939년 항로를 양도받았다.

조선총독부가 당시 외딴 섬에 여객노선 운영으로 손실 보전을 위해 인천기선회사에 지급했던 국가보조비(1년에 2천원)를 부천통운조합으로 돌리면서 인천기선회사는 문을 닫았다.

조선총독부의 기관지였던 매일신보는 지난 1945년 2월 1일 2면 당시 전시체제 하에 보도를 통제하던 때여서 280명이 숨지는 큰 사건임에도 불구하고, 나흘 만에 1단 기사로 처리하고 말았다.

'익사자溺死者가 다수多數/仙才里 도선渡船 전복顚覆'이라는 제목으로 보도됐던 기사를 보도 당시의 원문 그대로 구체적으로 다시 한 번 들여다보자

"(인천지국 전화) 지난 28일 오후 세시경 경기도 부천 영흥면 선재리 나루터로부터 인천으로 향하여 떠난 부천통운조합 소속 발동선 통운환通運丸 제1호(36t)가 많은 손님과 짐까지 가득히 싣고 바다로 배를 띄워서 10여 m 가량 나가서 전복 침몰하여 다수의 익사자와 행방불명자를 내었다. 급보를 받은 인천 경찰서에서는 후지가와[藤川]서장 예하 계원과 경방단원 등이 경비선으로 현장에 가서 구조에 착수하였는데 30일 오후 네시까지의 조사에 의하면 구조된 사람은 73명뿐이었고 다수多數가 익사한 것이 판명되었고 그중 25명은 아직 행방을 알 수 없다. 그리고 선박 명부도 없기 때문에 조난한 승객의 주소 성명은 알 수 없으나 그 대부분은 부천군 영흥면민이라고 한다. 원인은 정원 26명의 작은 배에 정원보다 훨씬 많은 승객과 화물을 많이 실었기 때문이라 한다. 경찰에서는 관계자를 취조 중이다."

이 기사에 따르면 앞에서도 지적했지만, 사망한 승객만 280명이었는데도 사태의 심각성은 전혀 내비치지 않고 있다. 당시 선감도에 살았던 일본인의 기록도 다시 한 번 찬찬히 들여다보자.

"1945년(쇼와 20년)은 뜻밖의 대참사로 막이 열렸다. 1월이 되어 아직 새해의 기분이 남아 있던 16일의 일이었다. 제1통운호가 선장의 실수로 대부도 바다 근처에서 침몰해 버렸던 것이다. 대부 면장인 김완수의 모친의 환갑축연에 초대된

선장이 그 술에 취하여 일어난 사고였다. 사고의 희생자는 무려 280명에 이르렀다. 겨우 65t의 작은 배에 어찌 그렇게 많은 손님을 태울 수 있었단 말인가? 사고를 저지른 선장은 다케시타라는 일본인이었다. 제1통운호의 사고에는 선감도로부터 대부도로 전출된 사람 중에도 몇 사람인가의 희생자가 있었다. 그러나 연초부터 섬을 뒤덮은 대참사에 관한 소문들도 전시하戰時下의 중압重壓에 눌리어 어느 틈엔가 흐지부지돼 마치 꼬리를 집어넣고 사라져가는 형국이었다."

위의 두 기록은 날자와 숫자상에 차이를 보인다. 하나는 신문 기사이고 또 하나의 기록은 회고록 성격의 글로 큰 흐름은 같다. 신문 기사는 당시 일본이 전시상태 하에서 민심동요를 피하기 위해 보도 통제를 하던 시기여서 '다수의 익사자와 행방불명자'라고 표현했고, 일본인의 회고록에는 '280명의 사망자'라고 표현했는데 그 외의 기록은 찾지 못했다. 다만 그때를 기억하는 대부도민들은 "김웬수 면장네 배가 사고를 내 '떼초상'이 났다"라고만 기억하고 있다.

이런 가운데, 통운호 침몰사고가 발생한지 66년이 흐른 지난 2011년 통운호 침몰 현장인 영흥도로 가는 큰길가에 희생자들의 위령비가 아닌 대부면장의 영세불망비永世不忘碑·송덕비頌德碑가 세워져 또 한 번 논란을 빚고 있다.

일부 대부도 주민들이 시가 절반 정도의 예산을 지원하는 마을가꾸기 사업에 조선시대 우물복원 사업을 진행하면서 송덕비 복원을 함께 추진한 것으로 알려졌다. 지난 1957년에 옛 부둣가에 세워져 있던 대부면장의 송덕비를 옮기면서, 현대식 송덕비를 그 옆에 새로 세웠다. 이 사실을 알게 된 안산지역사연구소 등은 지자체가 철저한 고증절차를 거치지 않은 채 사업을 진행한 것을 지적하며, 송덕비 철거를 요청했다. 시는 시 예산은 우물 복원에만 지원했다며 지금까지 별다른 답변을 내놓지 않고 있는 것으로 알려졌다.

이에 대해 정진각 안산지역사연구소장은 "지난 1945년 1월에 발생한 대부도 통운호 침몰 참사는 1960~70년대 대형사고 해운일지 작성 시 꼭 등장하는 사건 중 하나다. 역사에서 기억을 해야 하는데 오히려 대부면장의 송덕비를 세웠으니, 그 때 빠져죽은 300여명의 원혼들은 얼마나 원통하겠나"라고 말했다.

결론적으로 지난 1945년 1월 일어난 대부도 통운호 참사는 일제의 패색敗色이 짙어가는 당시 정국과 맞물려 조선총독부의 철저한 언론 통제 등의 영향으로 정원을 초과한 승객과 화물 등을 과적한 채 무리하게 운항하다 침몰돼 무려 280명이나 희생당한 여객선 사고를 축소 왜곡한 사건이었다.

사람들은 과거의 역사를 망각하려는 경향이 있다. 특히 치욕적이거나 어두운 역사적 사실에 대해서는 더욱 그러한 경향이 짙은 것 같다.

이 시점에서 우리는 잊지 말고 분명히 되새겨야 하는 것들이 있다. 100여 년 전 일본의 강제 침탈로 나라를 빼앗긴 채 36년 동안의 식민지 지배를 당하고 해방된 지 불과 몇 십 년이 채 지나지 않아 일제 수탈의 상징이었던 조선총독부 건물을 비롯한 그 흔적들을 깨끗이 없애버렸다. 그랬던 우리는 300명이 넘는 희생자를 낸 지난 2014년 4월 16일 세월호 참사에 대해서도 제대로 된 진상 규명도 이뤄지지 않은 채 잊어버리고자 하고 있다. 이 점은 분명 잘못되고, 과거의 어두운 역사를 다시 그늘 속에 폐기하는 그릇된 처사이고 판단이다.

일제강점기와 해방, 대한민국 수립, 남북한 분단, 6·25 전쟁 등 다사다난했고 굴곡 진 격동과 질곡桎梏의 현대 역사를 지나오면서 겪은 역사적인 일들을 그대로 묻어두려고 하는 것은 결코 바람직하지 않기 때문이다. 잘못에 대해서는 반성하고 앞으로 나아가야 마땅하다. 잘못을 까맣게 잊고 눈감아버려서는 안 된다. 사람들이 역사를 이해함에 있어서 어떤 관점을 가져야하는 지는 스스로가 판단할 문제다. 하지만 우리가 명심해야할 바는 "기억하지 않는 역사는 되풀이 된다"라는 점이다.

160여명의 사상자를 낸
오산 건널목 군용트럭 사고

조선 후기와 대한제국, 일제강점기 등을 거쳐 대한민국이 수립되고 한국전쟁을
거쳐 오늘에 이르는 동안 가장 혁명적인 교통수단은 마차에 이은 기차였다. 물
론, 오늘날에는 자동차가 가장 대중적인 교통수단이 되긴 했지만, 그래도 최근
까지 기차라는 교통수단은 물류 이동에 있어서 중요한 역할을 수행하고 있다.

　　기차와 자동차는 각각 철로(레일)와 도로 등의 이용 공간이 전제돼 각각 해
당 이용 공간을 따라 운행되고 있다. 경우에 따라서는 기차가 이용하는 철로와
자동차가 이용하는 도로 등이 교차하거나 만나는 지점들이 발생한다. 이 같은
경우, 철로에는 건널목이 설치돼 운영되면서 충돌 등 안전사고에 대비하고 있다.

　　이런 가운데, 기차와 자동차가 서로 충돌하는 사례들이 종종 발생하고 있
다. 지난 1954년 경기도 화성시(당시는 화성군) 오산면 수청리(현 오산시 수청동)에
서 발생한 기차와 자동차 충돌사고가 그것이다. 당시 기차는 승객들이 탑승한 통
근열차였고 자동차는 급식재료를 실은 군용트럭이었다. 이 사고로 사상자 160
여 명이 발생했다. 흔히 오산 건널목 군용트럭 사고로 불리는 이 사고는 한국전
쟁 이후 지난 1950년대 발생한 기차와 자동차 충돌사고 가운데 가장 피해 규모
가 큰 것으로 알려졌다.

　　사고가 발생한 시점은 지난 1954년 1월 31일 오후 7시 35분께였다. 장소
는 경기도 화성시(당시는 화성군) 오산면 수청리(현 오산시 수청동) 경부선 부산기점

390.2km 지점에 위치한 철도 건널목이었다. 수색발 천안행 789호 통근열차(견인기 파시1-7호)와 급식재료를 싣고 전라남도 광주시(현 광주광역시) 육군보병학교로 가던 군용 트럭이 충돌해 군인과 민간인 등을 합쳐 160여 명의 사상자가 발생한 대형 사고였다. 사망자만 군인 6명과 기차 승객 등 50여 명에 이르렀던 것으로 집계됐다.

특히, 사고가 발생했던 장소에 위치한 경기도 화성시(당시는 화성군) 오산면 수청리(현 오산시 수청동) 건널목은 이 사고가 발생한 이후에도 1970년대까지 3차례나 비슷한 사고가 발생했던 것으로 조사 결과 밝혀졌다. 이 때문에 당시 언론들은 이 건널목에 대한 대책 마련에 나서라고 촉구하고 나서기도 했다. 결국 이 장소에는 지난 1982년 건널목 대신 육교가 설치되면서 안전문제는 해결됐다. 그러나 이 육교도 국도 제1호선 병점~오산 구간 확장 및 직선화 공사 등으로 지난 2010년 철거됐다.

지금으로부터 65년 전에 발생한 이 사고 지점은 세월이 그만큼 흐른 만큼 현재의 행정적인 위치와는 상이해 조정이 필요하다. 현재 부산기점 390.2km 지점은 경기도 오산시 세교동 죽미령(세마역 남쪽) 구간이다. 이 구간은 지난 2000년대 초반 이설된 구간이다. 이설 전의 노선을 기준으로 하면 오산시 외삼미동(현 병점차량사업소 인근)에 해당되는 것으로 밝혀졌다. 경부선은 한국 전쟁 이후 여러 구간이 이설되면서 전체 노선 길이가 감소했다. 지난 1954년 당시의 부산기점 390.2km 지점은 현재보다 오산역 방향으로 남쪽(현 오산대역 남쪽 수청동 철도육교 자리)에 위치하고 있었다.

사고 발생을 당시 언론 보도 등을 통해 구체적으로 재현해보자.

사고 기차는 지난 1954년 1월 31일 오후 4시 50분께 객차 20량을 연결하고 경의선 수색역을 출발해 천안역으로 가던 중이었다. 이날 오후 7시 21분께 병점역을 발차, 시속 40km로 오산역 방향으로 가던 중 사고 지점인 오산 북쪽의 건널목에 이르렀을 때였다. 명태 등 군납용 부식품을 싣고 건널목으로 갑자기 진입한 육군보병학교 소속 군용 트럭과 충돌했다. 증기 기관차, 탄수차 및 앞쪽 객차 3량 등이 탈선돼 전복되면서 군용 트럭을 덮친 것이었다. 이 사고로 군용 트럭에 타고 있던 군인 6명과 열차 승객 등 46명이 그 자리에서 숨지고 100여 명이 중경상을 입었다.

이후 서울특별시 영등포구 이태리 병원으로 이송된 부상자 가운데 7명이 추가로 사망, 사망자는 모두 53명으로 늘었다. 현장에서 사망자 3명이 추가로 발견돼 최종적으로 사망자는 56명으로 집계됐다. 이 사고로 경부선 하행선 운행이 전면 중단돼 사고 다음 날인 2월 1일 밤 9시 15분에야 복구가 완료됐다.

건널목 차단기 미설치에 규정 속도위반 등이 대형 참사의 원인

당시 수사 당국은 사고 경위를 수사하던 중, 화물 트럭을 몰고 사고 현장을 지나던 운전기사가 기차와 군용트럭의 충돌 장면을 목격, 당국에 진술하면서 사고 원인 규명에 큰 역할을 했던 것으로 나타났다.

애초 사고 군용트럭은 현장에서 사망한 공군 헌병 성 모 일병(당시 22세)이 운전한 것으로 알려졌으나 군용트럭에 실려 있던 명태 하주 가족의 증언을 통해 당시 운전자는 성 일병이 아닌 육군보병학교 소속 이 모 이등중사였던 것으로 조사 결과 드러났다. 이 이등중사는 사고 당시 군용트럭에서 뛰어내려 다리 부상을 당해 영등포 이태리 병원에 입원한 것으로 최종 확인됐다. 이 이등중사는 위법행위가 확인돼 군 수사기관에 이첩됐다.

재판 결과에 따르면 사고가 난 기차의 기관사인 정 모 씨와 부기관사 박 모 씨 등은 지난 1954년 2월 1일 수원경찰서에 구속됐으나, 같은 해 3월 18일 열린 1심 공판에서 무죄 선고를 받고 3월 20일 보석으로 풀려났다. 함께 구속됐던 당시 교통부 육운국장 진 모 씨 역시 무죄 판결을 받았다.

차량 통행량이 많은 간선 도로임에도 불구하고 사고 현장에는 기차 진행 시 차량의 진입을 막는 차단기가 설치돼 있지 않았던 것으로 수사 결과 밝혀졌다. 또한 해당 열차의 종착역이었던 천안역에는 당시 전차대(턴테이블) 시설이 설치돼 있지 않아 기관차는 탄수차를 앞으로 향한 채 운행했고, 당시 해당 구간의 제한 속도는 시속 30km이었으나 열차는 시속 50km로 주행했다는 사실도 조사 결과 드러났다. 또한 차단기가 설치되지 않은 건널목에서 열차가 통과하던 중이었고, 사고가 난 기차의 기관사가 4~5차례나 기적을 울렸음에도 불구하고 사고가 난 군용트럭이 과속으로 무리하게 열차를 앞질러 건널목을 건너려 했던 점도 원인이었던 것으로 당국의 조사 결과 드러났다.

이 사고 이후에도 같은 장소에서 여러 차례 기차와 관련된 사고들이 발생했다. 이듬해인 1955년 12월 28일에는 서울 용산발 목포행 상무호 군용기차와 공군 트럭이 충돌해 2명이 사망했고, 1962년 2월 2일에는 같은 장소에서 시동이 꺼진 다른 트럭을 밀어내 구원하던 미군 트럭이 달려오는 기차를 미처 피하지 못하고 들이받히는 사고가 발생했다. 1975년 12월 3일에는 인근 화성국민학교 학생 4명이 건널목 2km 전방에서 철도를 무단 횡단하다 서울발 부산행 특급열차에 치어 숨지기도 했다. 이 건널목은 당시 언론도 안전시설이 전혀 없어 위험한 곳으로 지적됐고, 결국 1982년 들어서야 이곳에 육교가 설치되면서 안전문제는 해결됐다. 이 육교는 오산 세교신도시 건설에 따른 국도 제1호선 병점~오산 구간 확장 및 직선화 공사 등으로 지난 2010년 철거됐다.

교통기관 변천사 속에 기차와 자동차 충돌…발생했다 하면 대형사고

오산 건널목 군용트럭 사고가 발생한 시점은 지난 1954년이었다. 당시는 6·25 전쟁으로 수백만 명의 인명 피해와 함께 온 국토가 유린된 뒤 채 1년도 지나지 않은 시기였다. 이 때문에 정치, 경제, 사회, 문화적으로 어수선한 분위기가 계속됐다. 특히, 도로 등 사회간접시설들에 대한 정비도 시작되지 않은 시점이었다. 이런 가운데, 건널목에서 기차와 군용트럭이 충돌해 많은 피해가 발생한 것은 여러 요인들도 있었겠지만 사회적인 요인들도 상당 부분 차지한 것으로 분석되고 있다.

지난 1950년대까지 국내 중요한 교통수단들에 대해 들여다보자.

국내에서 조선 말기까지 사용되던 마차 이후 처음 사용된 교통수단은 지난 1884년 도입된 증기선이었다. 조정은 이 해에 150t급 증기선 3척을 독일로부터 들여와 세곡미 수송용으로 동해와 서해, 남해 등지에서 운항하기 시작했다. 이어 지난 1899년 5월 서울 서대문과 청량리 간에 전차, 같은 해 9월에는 서울(당시는 경성)과 인천을 연결하는 철로인 경인선이 개통되면서 기차가 나타나 교통혁명을 일으켰다.

가장 편리한 육상 교통수단인 자동차가 처음 등장한 것은 지난 1901년이었다. 하지만, 실제로 대중교통에 사용할 수 있는 자동차가 나타난 것은 그로부터 10여 년이 흐른 1912년이었다. 하늘의 수송기인 비행기가 처음 나타난 시기는 지난 1913년이었지만 수송용이 아니라 국토의 지형조사를 위해 일본으로부터 빌려온 것이었다. 항공 수송용 비행기는 지난 1927년부터 실용화되기 시작했다.

이처럼 차례로 등장한 교통수단들은 기관 자체의 기술적 부족, 운전하는 사람들의 조종술 미숙, 국민의 이해 부족과 사회여건의 결함 등의 이유로 지난 1950년대까지 사고들이 빈발했다. 이 가운데에서 사고를 가장 많이 낸 교통수단이 전차였고, 다음이 자동차였다. 대량 수송 교통수단인 선박과 기차 등은 사고를 냈다고 하면 피해 규모가 대규모였고, 어설펐던 비행기는 아예 목숨을 그 자리에서 앗아가기도 했다.

특히 6 · 25 전쟁을 겪고 난 뒤에는 기관차나 화물트럭 할 것 없이 워낙 낡은 차량들이어서 고장 투성이에 사고뭉치였던 것으로 확인됐다. 1950년대 서울~부산, 서울~목포 간 장거리 교통수단은 자동차가 맡을 수 없어 철도에 의지할 수밖에 없었다. 그런데, 자동차와 기차가 번갈아 가면서 크고 작은 사고들을 연일 내는 바람에 목숨을 건 교통지옥시대를 면치 못했다.

이어 이듬해 기차와 관련된 대형 사고가 발생했다. 물론, 건널목에서 기차와 자동차와의 충돌사고는 아니었지만, 기차 내에서 화재가 발생해 180여 명이 사상을 입는 참사였다. 사고가 발생한 시점은 지난 1955년 2월 2일이었다. 이날 오후 6시께 부산역 제3번 홈에 정차해 있던 제7 여객 열차에서 불이 나 순식간에 42명이 불에 타 숨지고 41명이 중경상을 입었다. 원인은 한 장사꾼이 갖고 올라탄 벤젠 통이 넘어져 새어나온 액체를 발견한 강생회(지금의 홍익회) 판매원 한 명이 발견하고 무엇인가를 확인하기 위해 촛불을 갖다 댄 것이 잘못이었던 것으로 당시 조사 결과 밝혀졌다. 불은 20분 만에 객차 한 량을 전부 태우면서 앞 뒤 칸으로 옮아갔지만 출입구를 막아 놓은 생선 상자들로 인해 탈출하지 못하고 독가스에 질식해 죽은 사람들이 많았던 것으로 당시 당국의 수사 결과 드러났다.

이 사고는 인화물질 반입 등 수화물취급제도가 허술해 생긴 것으로, 주무 행정당국인 교통부가 오히려 일개 강생회 판매원의 잘못으로 돌려 책임을 회피한다는 강한 여론을 받았으나 사망자 1인당 4만 원의 보상금과 판매원의 구속으로 사건은 일단락됐다.

기차 자체의 사고는 물론 보행사고도 끊일 날이 없었다. 기차의 통행이 금지된 철교나 철로 위를 걷다가 죽거나 다치는 사람들이 1개월 평균 120명, 지난 1956년에는 반 년 동안 무려 700여 명이 발생했던 것으로 당시 조사 결과 밝혀졌다. 지난 1956년 5월 20일 일요일에는 하루에 전국에서 선로 보행으로 8명의 사망사고를 일으켜 해방 후 최고기록을 남겼다. 이처럼 철로 사고가 많았던 이유 중 하나는 당시 강력한 철도보호법이 없었기 때문으로 분석됐다.

연착 등 기차의 철로가 낡아 승객에게 피해를 주는 간접 철도사고들도 잇따라 발생했다. 지난 1956년 6월 5~6일 이틀 동안 경부선 특급 통일호와 호남선 특급 태극호, 급행열차 등 9개 열차가 기관 고장으로 최소 40분에서 최고 10시간 20분이나 연착해 승객들이 큰 곤욕을 치렀다. 같은 해 5일 밤 8시께 경부선 제62호 완행열차는 김천역 구내에서 고장을 일으켜 서울에 10시간 20분이나 늦게 도착하는 연착 최고 기록을 수립했다.

이뿐만이 아니었다. 빨리 가야 하는 급행열차가 무려 7시간이나 연착해 해방 후 급행열차로서는 최고의 기록을 세우기도 했다. 지난 1956년 12월 24일 오후 6시 30분께 서울을 출발, 부산으로 가던 제3호 급행열차가 기관차 고장으로 부산역에 7시간 15분이나 연착해 대소동을 빚었다.

개찰도 하지 않은 상태에서 기차만 떠나버려 일대 소동을 빚은 사건들도 잇따랐다. 지난 1956년 12월 3일 아침 동두천을 출발, 서울역을 거쳐 문산으로 가던 제303호 완행열차는 서울역에 정시에 도착, 10분 동안 섰다 승객이 다 탑승한 줄 알고 떠나 버렸다. 대합실에 대기하고 있던 승객 200여 명을 개찰시키지 않고 늦장을 피우다 뒤늦게 열차가 출발해 버렸음을 안 서울역 측은 신촌역에 연락, 기차를 잡아두게 한 후 서울역 앞에 있던 영업용 스리쿼터(미군의 0.75t 소형트럭을 개조한 차량) 7대를 동원해 승객을 신촌역까지 수송해 기다리고 있던 기차에 태우는 소동을 벌였다.

당시 서울시내 중요한 대중교통 수단이었던 전차 사고도 빈발했던 것으로 당시 언론은 보도하고 있다. 일제강점기인 지난 1929년 4월 23일 발생한 사고가 대표적이다. 당시 언론은 '질주 전차 탈선 전복-70여 여학생 부상'이라는 제목으로 사회면을 통해 알렸다. 당시 언론 보도에 따르면 이날 오전 9시께 진명여자고등보통학교 3~4학년 학생 100여 명을 태우고 급한 속도로 적선동(서울) 전차 정류장을 떠나서 십자각의 커브를 돌아가던 효자동~남대문 간 통행의 제162호 전차가 돌연 전복돼 이 가운데 10여 명의 중상자와 60여 명의 경상자 등 70여 명의 부상자를 내어 조선에서 일어난 전차사고로는 처음 보는 일대 참극을 연출했는데 중상을 당해 선혈에 젖은 부상자 중에 목하 세 사람은 생명이 위독하다고 전했다.

당시 언론은 서울 진명여자고등보통학교가 사고가 발생하기 며칠 전 창립 26주년을 기념하기 위해 전교생 400여 명이 3대의 전차를 대절해 청량리 순비묘소 참배를 가다 참변을 당했다고 보도했다. 그렇지 않아도 하루가 멀다 하고 일어나는 전차사고에 불안한 나날을 보내던 30만 서울 시민은 이 대형 참극을 계기로 전차운영회사인 경성전기로 몰려가 한동안 큰 항의를 벌이기도 했던 것으로 알려졌다.

일제강점기에는 전차와 자동차가 부딪치는 사고도 발생했던 것으로 당시 언론은 전하고 있다. 당시 언론 보도에 따르면 "지난 1938년 4월 27일 오전 6시 50분께 제222호 전차가 동대문을 향해 종로 2정목의 탑골공원 앞을 통과 할 즈음 자동차 1대가 동대문으로부터 질풍과 같이 달려오므로 어쩔 수 없이 전차를 불시에 정차 하였던 바 달려오던 자동차는 마침내 전차와 정면충돌하여 운전수는 가슴과 얼굴에 심한 타박상을 당한 이외에 턱이 떨어져 인사불성에 빠졌다. 조사 결과 가해 자동차는 시내 황금정 1정목에 있는 스타자동차부 소속 택시로 운전수는 김 모 씨(당시 24세)로 판명됐다. 승객은 시내 화천정에 있는 모 요정의 기생 박 모 씨, 홍 모 씨, 박 모 씨 등 3명으로 별로 다친 데 없이 무사하나 운전수는 생명이 위독하다"고 전했다.

6·25 전쟁 이후에는 기차와 마찬가지로 당시 시민들의 중요한 교통수단이었던 버스 사고도 빈발했다. 버스기사의 음주운전으로 인한 사고도 잇따랐고, 정비 불량으로 인한 사고도 자주 발생하기도 했던 것으로 당시 언론들은 전하고 있다. 이와 함께 버스 안에서 원인 모를 화재로 인한 사고도 발생해 서민들을 전율에 떨게 했다. 하지만, 당시는 6·25 전쟁이 끝난 뒤 경제적으로 빈곤한 시대여서 요즘처럼 승용차가 흔하지 않아 서민들은 울며 겨자 먹기 식으로 대중 교통수단을 불가피하게 이용할 수밖에 없었다.

실제로 지난 1954년 11월에는 춘천에서 버스가 굴러 불이 나는 바람에 승객 16명이 불에 타 숨지는 사고가 발생했다. 사고가 난 버스는 지난 1954년 11

월 3일 오후 5시 20분께 강원도 춘천을 출발, 서울로 가던 G여객 소속으로 의암
호수 근방 의암리에서 앞바퀴가 펑크가 나면서 운전 실수로 20m 낭떠러지 아래
로 떨어져 휘발유 탱크의 폭발로 불이 나서 16명이 타 죽고 26명이 중상을 입었
다고 당시 언론은 보도했다.

　이어 지난 1955년 3월에는 음주 운전으로 수원에서 다리 밑으로 버스가 떨
어져 38명이 사망하는 사고가 발생했다. 당시 언론 보도에 따르면 지난 1955년
3월 9일 낮 12시 30분께 수원을 출발, 평택 안중으로 가던 P여객 소속 버스가 수
원 남쪽 횡계리에 있는 높이 7m 규모의 다리인 화산교에서 정원 초과에다 만취
한 운전수가 과속으로 달리다 운전 실수로 다리에서 추락, 승객 50여 명 중 사망
38명에 중상 14명이라는 사고를 냈다고 전하고 있다.

　이 처럼 운전기사의 음주 운전으로 발생하는 버스 사고도 많았지만 정비 불
량으로 일어나는 사고가 더 많았던 것으로 집계됐다. 지난 1955년 11월에는 하
루에 2건의 정비 불량으로 인한 사고가 같은 장소인 한강다리 위에서 발생하기
도 했다. 같은 달 23일 S승합 소속 버스는 한강다리 위를 노량진 쪽에서 남대문
을 향해 과속으로 달리다가 뒤 왼쪽바퀴가 송두리째 빠져 달아난 채 20m나 미
끄러져 강으로 추락하기 직전 마침 영등포 쪽으로 가던 주한미국대사관 소속 승
용차와 정면으로 부딪쳐 아슬아슬하게 추락을 모면했다고 당시 언론들은 보도
하고 있다.

　역시 같은 날 낮 12시 15분께 한강다리를 신나게 달리던 S여객 소속 시내
버스에서 갑자기 불이 나 타고 가던 승객 11명 전부가 전치 2주의 화상을 입은
사고가 발생했다. 발화 원인은 카브레터에 휘발유가 잘 올라오지 않아 엔진시
동 상태가 좋지 않자 운전사가 기화기에 부어 놓은 휘발유가 차가 흔들리는 바

람에 플러그의 불꽃에 옮겨 붙어 불이 난 사고였던 것으로 당시 당국의 조사 결과 밝혀졌다.

이 처럼 버스들이 계속 사고를 일으키자 당국은 이를 방지하기 위해 처음으로 운행위반 단속벌칙을 만들어 각 업체와 운전사들에게 강력히 경고했다. 지난 1955년 3월 12일 정원 초과 단속을 우선 서울시내버스부터 실시하면서 운행단속법과 위반 때의 벌칙을 다음과 같이 각 시·도에 전달 실행토록 지시했다.

운행상의 단속 사항으로는 시외버스 운행은 서로 경쟁을 금하며 각 운행 노선 주변에 있는 경찰지서에 운행시간표를 제시해 감독을 받고, 각 경찰서는 산하 버스회사에 기술경관을 순화 파견해 입회하에 출발을 점검하며, 각 버스업체는 출발 일련번호를 각 버스에 지정해 순서대로 출발시키고, 사거리를 제외하고 버스정류장은 전차정거장의 중간에 설치한다는 등의 내용이었다.

위반 차량에 대한 법칙은 차량정비 태만 때는 사용금지 또는 정차처분을 내릴 것이며 운전수는 면허정지 또는 취소 처분하고, 정원 초과의 경우 정원의 10% 미만일 때는 2개월, 10% 이상일 때는 5개월 간 면허징지 또는 벌금 처분하며, 음주 운전 시는 면허를 취소한다고 규정했다.

이 시기에는 트럭 사고도 빈발했다. 트럭 사고는 버스보다 한 수 위였다. 버스는 대부분 회사 단위로 영업했기 때문에 교통부와 경찰 등이 비교적 통제하기 쉬웠지만 트럭은 거의가 개인소유 영업이어서 통제하기가 매우 어려웠던 것으로 알려졌다. 당시는 버스가 귀해 정부는 트럭이 사람과 화물을 수송해도 구체적인 단속을 하지 않았으므로 트럭이 오히려 수익성이 높았던 것으로 당시 언론들은 분석했다. 지방 소도시의 경우 버스는 대개 오전에 한 번, 오후에 한 번 운행했기 때문에 버스 교통이 불편했다.

시골장마다 찾아다니는 트럭이 버스보다 많아 오히려 시골 주민들은 트럭 타기가 쉬웠다. 장을 찾아가는 빈 트럭들은 장짐을 태산처럼 실은 위에 장사꾼이나 여행객들이 콩나물시루처럼 올라타고 다니는 것이 예사였다.

게다가 정비 불량 측면에선 버스가 무색할 만큼 고물에 가까운 트럭들이 많아 한 번 사고를 냈다 하면 화물 파손은 물론 사람까지 살상하는 이중 교통사고의 주범이었다고 당시 언론들은 보도했다.

실제로 지난 1954년도 트럭이 냈던 사고 가운데 가장 큰 것은 같은 해 8월 전남 무안서 전복사고로 57명의 사상자가 발생했다. 당시 사고를 언론 보도를 통해 복기하면 지난 1954년 8월 20일 새벽 6시께 무안군 현계면 2m 높이 비탈길에서 운전실수로 전복해 57명의 승객 중 6명이 그 자리에서 숨지고 31명이 중상, 20명이 경상을 입었다. 이 사고는 운전면허증도 없는 조수가 운전하다 일어난 것으로 분석됐다. 트럭의 경우 운전수가 귀해 지방에서는 면허증 없는 조수들이 운전하는 일이 많던 시절이었기 때문이다.

6 · 25 전쟁으로 자동차 교통이 폐허를 만났던 1950년대 중반부터 신진과 현대자동차가 제대로 설계된 코로나와 코티나, 버스, 트럭 등을 생산하기 이전까지는 주로 정비업자들이나 운수업체들이 고물차를 재생하거나 군용 폐차들을 민수용으로 개조해 사용했다. 이에 따라 굴러가면 자동차라는 업자들의 사고방식 때문에 인명이나 안전과는 거리가 먼 자동차여서 사고를 달고 다닐 수밖에 없었다.

위에서 살펴본 것처럼, 지난 1954년 발생한 오산 건널목 군용트럭 사고는 당시 교통수단의 열악함과 도로 등 사회간접시설 등의 부족 등에 따른 여건이 중요한 원인이었던 것으로 분석된다.

안양 흥안초등학교
수학여행단과 나룻배 침몰

지나간 1960년대는 우리의 역사에 있어 일제강점기와 해방, 대한민국 정부 수립, 한국전쟁 등을 겪으면서 고故 박정희 대통령 시절부터 본격적으로 산업화가 진행되던 시기였다. 이 시기에는 봄과 가을철에 초등학교(당시는 국민학교)와 중학교, 고등학교 등 각 급 학교에서 탐구학습 프로그램의 일환으로 수학여행修學旅行이 잇따랐다. 수학여행은 학문을 닦기 위한 학사과정이기도 했으며, 경주나 설악산 등 명승고적 등을 대상으로 학년 단위로 기차나 버스 등을 이용해 며칠 동안 교사들의 인솔로 함께 여행을 다녀오는 프로그램이다. 물론 이와 관련된 사고들도 빈발했었다. 수학여행 중에 발생했던 사고들은 대부분 기차를 타고 가다 일어나는 경우들이 많았고, 버스 사고도 있었다. 가끔씩은 선박과 관련된 사고도 발생했다.

이런 가운데, 지난 1963년 가을 여주 남한강에서 안양 흥안초등학교(당시는 흥안국민학교) 학생들을 태운 나룻배 침몰사고가 발생했다. 이 사고로 학생은 물론 학부모와 교사 등 50여 명이 숨졌다. 당시 참사가 벌어진 조포 나루는 여주시(당시는 여주군) 여주읍 연양리에서 북내면 천송리 남한강변에 위치한 신륵사를 건너다니던 나루였으며, 한강 4대 나루로 불릴 만큼 유명했었다.

이 사고가 발생했던 당시의 정치적인 상황에 대해 더 구체적으로 들여다보

자. 당시는 일제강점기를 거쳐 제2차 세계대전 종전 이후 강대국들에 의해 조선도 해방된 뒤 당시 미국과 소련 등에 의해 남한에는 대한민국이 수립되고, 북한에는 공산주의 정권이 각각 수립된다. 이후 북한의 남침으로 6·25 전쟁이 발발하고 이후 이승만 초대 대통령에 의한 자유당 정권이 수립됐으나 잇따른 비리와 급기야는 3·15 부정선거에 시민들이 분노해 항거, 4·19 혁명이 일어난다. 그러나 고故 박정희 소장을 비롯한 군부가 이를 계기로 집권한 민주당 정부의 무능 타파를 주장하며 5·16 쿠데타를 감행해 군사정권이 들어선다. 한 마디로 질곡桎梏과 질풍노도疾風怒濤의 시기였다. 사회적으로나 정치적으로 안정을 되찾지 못한 채 표류하던 시기이기도 했다.

이번에는 지난 1963년 가을 여주 남한강에서 발생한 안양 흥안초등학교(당시는 흥안국민학교) 학생들을 태운 나룻배 침몰사고에 대해 들여다보자. 지금까지도 사고의 원인 등이 명쾌하게 규명되지는 않았지만, 이 참사에 대한 배경과 실상 등에 대해 객관적으로 고찰함으로써 이 같은 참사 재연을 예방할 수 있는 단초를 마련할 수 있기 때문이다.

지난 1963년 10월 23일 오후 2시 50분께 여주시(당시는 여주군) 북내면 천송리에 위치한 신륵사로 수학여행을 갔다 귀향하던 안양시 흥안초등학교(당시는 흥안국민학교) 5~6학년 학생들이 탄 나룻배 한 척이 침몰했다. 이 사고로 학생을 포함한 교사·학부모 등 49명(남학생 15명, 여학생 22명, 교장을 포함한 학부모 12명)이 익사했다. 이날 사고는 남한강을 거의 건너 연양리 선착장 5m 전방에서 일어났다. 사고 원인은 정원 70명에 67명을 초과해 137명이 승선한 나룻배를 밀어주던 모터보트가 선착장에 도달하면서 떨어지자 그 충격으로 학생들이 앞으로 몰리면서 과중한 중량을 못 이겨 배가 침몰한 것으로 당시 언론은 보도했다. 사고 직후 모터보트에 매달려 구조된 88명은 생존했으나 홍안초등학교(당시는 홍안국민학교) 유 모 교장을 비롯한 49명은 심장마비로 익사했다.

정원초과해 승선시킨 점이 원인⋯농번기 끝나고 신륵사 왔다 귀가길 참변

사고가 난 지점인 남한강은 수심이 2m로 이날은 통행인이 적었다. 현장에서 승객들의 안전을 점검해야 하는 경찰관도 근무하지 않아 사공이 정원을 초과해 승선시킨 점이 원인인 것으로 당국의 사고 조사 결과 밝혀졌다. 여주경찰서는 지난 1963년 10월 23일 오후 3시 15분께 급보를 받은 뒤 경찰관과 의용소방대원, 여주읍 시내 의사 등이 총동원돼 구조작업에 나섰으나 대부분이 심장마비로 익사했다. 당일 오후 4시께 시신 49구를 모두 인양해 여주읍사무소 등 시설에 안치했다가 당일 자정께 버스 2대와 트럭 2대 등이 동원돼 안양으로 옮겼다.

안양 홍안초등학교(당시는 홍안국민학교)는 모두 11개 학급 631명으로 경기도 향토교육학교로 지정돼 사고가 발생했던 지난 1963년 10월 21일부터 3일 동안 농번기 휴가를 끝내고 10월 23일 여주시(당시는 여주군) 북내면 천송리 신륵사로 소풍 겸 수학여행을 왔다 귀교 길에서 참변을 당한 것으로 경찰의 조사 결과 드러났다.

당시 언론 보도에 따르면 이 국민학교는 5학년 1반 65명과 2반 64명, 6학년생 61명 등 모두 190명이 참가 대상이었으나 이 가운데 63명은 교통비 120원을 내지 못해 소풍에 참가하지 못해 화를 면할 수 있었다고 전해지고 있다. 당시 홍안초등학교(당시는 홍안국민학교)가 위치했던 관할 행정구역 지방자치단체인 시

홍군(현 안양시)은 사고가 나자 지난 1963년 10월 24일 오전 11시 군청 회의실에서 기관장 긴급회의를 열고 사고수습대책위원회를 구성해 10월 29일 오전 10시 홍안초등학교(당시는 홍안국민학교) 강당에서 위령제를 열기로 했으며, 합동장례를 하지 못하는 유족에게는 1가구당 위로금 2만 원을 주기로 결정했다.

사고가 난 여주시(당시는 여주군) 여주읍 연양리에 위치한 조포 나루는 신륵사 관광을 위해서는 반드시 건너야 하는 나루로 1959년 여름에도 9명이 익사한 나룻배 사고가 발생했던 곳이다. 사고를 낸 나룻배는 너비 2m, 길이 20m 등의 규모로 3년이 지나도록 보수를 하지 않은 낡은 배라고 당시 언론은 일제히 보도했다.

학생과 학부모 교사 등 49명이 숨진 참사 현장을 당시 언론 보도를 통해 자세하게 들여다보자.

"1963년 10월 23일 여주 신륵사 앞 남한강 조포나루터, 찢어진 일기장 하나가 뒹굴고 있었다. '내일 소풍을 간다. 친구들과 함께 버스를 타고 신륵사에 가면 참 재미있을 거야. 부처님도 있다고 하는데 무슨 소원을 빌까? 중학교 합격? 그렇지 않으면 무사히 돌아오게 해달라고…. 엄마에게 무슨 선물을 사다주어야 할지 모르겠다. 잠이 안 온다." 언론 보도에 등장하는 일기장은 안양 홍안초등학교(당시는 홍안국민학교)의 이름을 알 수 없는 여학생의 것이었던 것으로 알려졌다. 소풍 전날의 설렘이 고스란히 담겨져 안타까움을 더해줬다. 특히 "친구들과 함께 버스를 타고 신륵사에 가면 참 재미있을 거야. 부처님도 있다고 하는데 무슨 소원을 빌까? 중학교 합격? 그렇지 않으면 무사히 돌아오게 해달라고…"라는 대목에서는 어린 여학생의 소박한 소원이 참사로 이어진 기막힌 현실에 숙연해진다. 당시는 초등학교 학생들도 상급 학교인 중학교로 진학하려면 입시시험을 치러야 했던 시기였다. 그만큼 일기장의 주인이었던 어린 여학생에게는 중학교 합격이 절실했던 숙명 과제이기도 했었다. 그런데, 중학교 입시시험도 치르지 못하고 숨졌으니 해당 여학생의 부모들도 얼마나 가슴이 찢어지는 고통을 겪었을까 미뤄 짐작해볼 수 있다.

당시의 언론 보도와 사건 기록 등을 통해 참사를 구체적으로 재현해보자.

흥안초등학교(당시는 흥안국민학교) 학생 5~6학년 재학생은 지난 1963년 10월 23일 여주시(당시는 여주군) 북내면 천송리 남한강변에 위치한 천년 사찰 신륵사로 수학여행을 갔다. 출발하기 전부터 학생들은 물론, 교사와 학부모들도 가슴이 설레기는 마찬가지였다. 특히 당시에는 흥안초등학교(당시는 흥안국민학교)가 서울 근교에 위치한 관계로 매년 10월 초순이면 수확철 농번기로 학생들은 부모들을 도와 농사일을 도와주기 위해 1주일 정도 학사과정을 중단하는 게 상례화 돼 있어 1주일 정도 등교하지 않고 부모를 도와준 학생들이나 부모들이 학교 측의 배려로 여주 신륵사를 찾아 탐구학습 겸 휴식을 취할 수 있는 기회였다. 물론, 당시 흥안초등학교(당시는 흥안국민학교)가 위치했던 지역은 현재 급속한 도시화로 아파트 등 공동주택이 들어선 시가지로 변모해 옛 모습을 찾기가 어려워졌다. 이런 가운데 어린 학생들과 교사, 학부모 등 150명은 설레는 마음을 애써 감추고 도시락으로 점심을 해결하고 서울 근교에 위치한 몇 곳 되지 않는 천년 사찰인 신륵사 경내를 두루두루 살펴보고 귀갓길에 다소 아쉬운 마음으로 남한강을 건너는 나룻배를 탔다. 이 때 학생들과 교사, 학부모 등 그 누구도 눈앞에 닥칠 불행을 알지 못했다. 그러나 학생들과 교사, 학부모 등을 태운 나룻배는 이들이 타자 몇 분 지나지 않아 기우뚱하며 한 차례 크게 흔들렸다. 그리고는 순식간에 뒤집혔다. 이 사고로 신륵사를 구경하고 재잘재잘 수다를 떨던 어린 학생 38

명과 학생들을 인솔하고 지도하느라 경황이 없던 교사들과 학부모 등 모두 49
명이 시퍼런 강물에 빠져 익사했다. 당시 신문의 1면과 사회면 등은 이들의 어이
없는 주검을 애도하느라 온통 먹빛이었다. 신문 여기저기에 실린 숨진 아이들의
안타까운 사연이 독자들의 가슴을 고통스럽게 저몄다. 엄마 아빠를 졸라 햅쌀을
판 돈으로 여비를 마련한 아이들이 태반이었다. 한 소녀의 주검은 배낭을 멘 상
태여서 읽는 이를 더욱 안타깝게 했다. 배낭 속에는 동생에게 줄 캐러멜 몇 개와
사과 한 개가 들어 있어 보는 이의 눈시울을 더욱 뜨겁게 만들었다. 경찰의 조사
내용을 토대로 살펴보면 참사의 원인은 정원 2배 초과였던 것으로 드러났다, 나
룻배를 밀어 주던 모터보트의 과속 등 참으로 어처구니가 없었다. 그러나 이를
지켜본 국민들을 더욱 충격에 빠트리고 슬프게 만든 것은 당국의 형식적인 반
성과 시늉 뿐인 대책이었다. 국민들은 "누가 가을에 여주 천년 고찰인 신륵사로
나들이 다녀오던 어린 학생들을 주검으로 몰아갔는가"라며 분노했다.

수백 명의 목숨을 앗아갔던 강나루는 당시 어떤 곳이었나

강나루는 여러 가지 형태가 있다. 첫째로, 강으로 인해 끊어진 길을 연결해주는
나루가 있다. 이런 경우, 사람들은 대부분 배를 이용해 강을 건너 맞은편에 있는
길로 가기 위해 나루에 도착한다. 둘째로, 강물이 바다 등으로 흘러들어가는 어
귀에서 강의 상류를 따라 올라가는 강의 선박들을 모아놓는 나루가 있다. 바다
속 지형과 강 속 지형은 다를 수 있다. 이에 따라 바다에서 운항하는 배와 강에서
운항하는 배의 구조가 다를 수 있다. 이럴 경우, 바다에서 운항하던 배로 싣고 오

던 사람이나 짐 등은 강어귀에서 강배에 옮겨 실어야만 한다.

셋째로, 강을 운항하던 배들이 운항 중에 머물던 나루가 있다. 뱃길이 긴 경우, 사공들이 식사를 하거나 잠을 자기 위해 나루에 머물러야 한다. 또 팔기 위한 상품을 실은 배들은 상행위를 하기 위해 나루에 머무는 경우도 있다. 이럴 경우, 나루는 숙식을 해결하는 장소이자 시장 등으로 활용된다. 넷째로, 백성들이 국가에 세금으로 납부하는 곡식 등을 보관하다 서울로 운반하기 위해 이용하던 나루가 있다. 이런 나루의 인근에는 커다란 창고들이 많이 있었다. 이와 함께 그 창고들과 관련된 관원들이나 사공들도 살고 있었다.

이렇듯 나루는 어떤 경우든 사람들을 불러 모으는 장소임에는 틀림없다. 다만 그 사람들의 숫자만 다를 뿐이다. 그래서 단지 끊어진 길을 연결해주는 기능만을 수행하는 나루는 강 건너편 마을에 장이 서거나 행사가 있을 때 북적거린다. 다시 말해 강 건너 마을의 상황에 따라 나루에 모이는 사람들의 수가 달라지는 것이다. 강어귀에 있는 나루는 일종의 환승역 역할을 하기 때문에 바다에서 들어오는 배가 있을 때만 북적거린다. 아울러 바다 배에 탄 사람들과 짐들은 그 나루 밖으로 벗어나지 않는다. 운항 중에 배가 머물던 나루는 배가 사람들을 끌어 모으는 역할을 담당했다. 사공들이 숙식을 해결하기 위해 나루에 내림으로써 나루에는 주막 같은 시설들이 크게 번성했다. 곡식 등을 서울로 운반하기 위해 이용하던 나루는 곡식을 서울로 옮길 때만 북적거린다. 이런 과정에서 떠나보내는 것과 받아들이는 것이 이뤄지는 것이다. 다시 말해, 강 건너편이나 다른 나루로 사람과 짐을 떠나보낸다. 또 강 건너편으로부터 오는 사람과 다른 나루로부터 오는 사람과 짐 등을 받아들이게 된다. 여기서 나루만의 독특한 문화가 생겨나기도 한다.

이 같은 사실은 여주시(당시는 여주군) 여주읍 연양리 남한강 조포 나루에서 어린 학생 38명을 포함해 49명이 숨진 나룻배 침몰사고가 발생했던 지난 1963년 10월 24일자 언론 기사에서 확인할 수 있다.

"이 근래에 보기 드문 참사는 조포나루 남안 5m 전방에서 일어났는데 사고 원인은 정원 70명을 초과한 나룻배를 밀고 가던 모터보트가 떨어지자 그 충격을 받아 아이들이 앞으로 밀려 몰리는 바람에 침수되기 시작, 침몰한 것으로 밝혀졌다. 참사가 일어난 직후 모터보트에 매달려 헤엄쳐 나온 88명은 살아났으나 흥안초등학교(당시는 흥안국민학교) 교장 유 모 씨를 비롯한 어린 학생 등 49명은 익사했는데 침몰 지점의 수심이 2m, 물이 차가와 대부분 심장마비로 죽었다."

일제강점기부터 학문 닦는다는 수학여행修學旅行 취지 되살렸나?
…폐지 논란도

일제강점기부터 시작된, 학문을 닦는다는 뜻의 수학여행修學旅行은 애초 초등학교(당시는 국민학교), 중학교, 고등학교 등 각 급 학교가 교육 활동의 하나로 근거지를 떠나 여행하는 프로그램이었다. 자연환경적인 측면이나 문화유적지 등 인간의 일생에서 최소 한 번 정도는 둘러볼 가치가 있다고 판단되는 지역이 여행 장소로 자주 선정됐다. 그래서 경주나 부여 등의 유적지나 제주도와 같이 화산섬이라는 특이한 지질학적 특성을 갖춘 곳도 많이 선정되기도 했다. 단순 위락지구 같은 경우는 여행지 검토 대상에서 제외됐다. 특히, 최근 들어서는 역사문화탐방, 전통문화탐방, 도시문화기행, 자연생태체험, 진로직업체험 등과 같이 교육적인 가치를 지닌 주제를 설정해 진행되고 있기도 하다. 공교육 과정에서 학교 밖의 사회에 대한 경험과 관찰 차원에서 이뤄지며 공교육이 이뤄지는 곳에서는 학사과정의 일환으로 진행된다.

수학여행이 소풍과 다른 점은 소풍은 보통 $50km$ 정도 이내에서 움직이며, 당일치기이고, 특별히 교육적으로 방문할 가치가 별로 없는 곳도 장소로 선정되는 야유회 개념도 있지만, 수학여행은 최소 하루 이상 숙박하고, 거리도 최소 $100km$ 이상 이동하는 경우가 대부분이라는 점에서 구별된다. 장소도 일반적으로 문화 유적지나, 지질학적 특이점이 존재하는 자연 환경 등 교육적으로 최소한의 가치를 지니고 있는 장소로 선정된다.

초등학교(당시는 국민학교) 때는 6학년, 중학교 때는 2학년, 고등학교 때는 1학년이나 2학년 때 수학여행을 가는 게 일반적이다. 하지만, 초등학교(당시는 국민학교) 5학년 때 수학여행을 떠나는 경우도 있었다. 수학여행을 가는 장소는 대체적으로 경주나 설악산 등을 낀 동해안 권역, 제주도를 포함한 남해안 권역 등이 선호되면서 지방 학교는 오히려 서울 및 수도권 근교로 가기도 한다(이 경우는 학생들이 선호하기도 한다.). 기간은 초등학교(당시는 국민학교)의 경우는 1박 2일이며 중학교와 고등학교 등은 2박 3일 등으로 이뤄졌다. 수학여행을 가는 시기는 학교마다 차이는 있을 수 있지만 4월에서 6월 사이에 보통 가게 된다. 절대적인 규정은 아니어서 어떤 학교는 3박 4일 또는 그 이상의 기간 동안 진행되거나 10월에서 11월 사이에 다녀오기도 한다. 다만 소규모 학교에서는 3년에 한 번 모든 학년이 한꺼번에 가기도 한다.

교통수단은 통상적으로 관광버스를 대절해 출발부터 도착까지 이용하지만 경주시의 교통편은 특이하게도 기차를 전세 내서 타는 경우가 많았다. 서울역에서 경주역까지는 철도를 이용하고 경주 관광지를 돌아다닐 때는 전세버스를 이용하는 방식이다. 가끔 2개 학교가 연합해 열차를 전세 낼 경우에는 기관차 2대를 중편하기도 한다. 지난 1990년대까지는 통일호 객차가 선호됐으나 지난 2000년대로 들어와서는 무궁화호 객차, 가끔 가다 KTX를 전세 내기도 한다.

이런 가운데, 수학여행과 관련된 여러 가지 폐단과 잡음 등으로 인해 폐지 논란도 제기되고 있다. 하지만 아직까지 학생들에겐 수학여행에 대한 이미지가 학교 수련회에 비해 상당히 긍정적이기 때문에, 수학여행이 존치될 가능성도 높다. 대신, 학년 전체가 한 곳으로 집단적으로 떠나는 것이 아니라, 학급별 또는 소규모 그룹별(6~10명의 학생+인솔자) 형태의 테마 수학여행이 대안으로 제시되고 있다. 실제로 서양에서는 동아시아처럼 학년 전체 수 백 명씩 대규모로 이동하는 것보다는 소규모 그룹별로 나눠 여행을 가는 경우가 많다.

국내 수학여행이 현재는 거의 수동적이고 관찰자적 움직임이 강조되는 관광 개념이라면, 해외 국가의 경우는 능동적이고 참여자의 실제 체험이 강조되는 진짜 여행의 형태로 가는 경우들이 많다. 여행지도 한국처럼 설악산, 제주도, 또는 경주 등 거의 전통적으로 정해진 목적지로 똑같은 코스를 가는 붕어빵 패키지여행의 경우보다는 소규모 그룹별로 목적지를 달리 해서 가는 경우가 대부분이다.

교육부는 최근 안전요원 배치 등 안전대책이 강구된 조건으로 소규모 단위로 수학여행을 재개하는 것으로 방침을 정하기도 했다. 그러나 현실성이 없고 까다롭기만 한 성의 없는 안전지침으로 인해 오히려 수학여행을 포기하는 학교가 속출했다. 간다고 해도 중학교 이하로는 학생들 끼리 코스를 여러 조건에 맞춰 정하는 것이 힘들고, 결국 흐지부지하게 된다. 또한 6~10명의 소규모가 아닌 학급 규모로 이동하는 학교도 많아 혼란스러운 상황이다.

모산역 수학여행 등 일련의 수학여행 사고 통한 역대 수학여행 참사

지난 1963년 10월 23일 여주시(당시는 여주군) 여주읍 연양리 남한강 조포 나루에서 발생한 흥안초등학교(당시는 흥안국민학교) 수학여행 침몰 참사를 이해하기 위해서는 현충사로 수학여행을 다녀오던 서울 경서중학교 학생들의 전세버스 사고 등 흥안초등학교(당시는 흥안국민학교) 수학여행 참사 이후 발생한 수학여행 사고들을 살펴 볼 필요가 있다.

모산역 수학여행 참사는 지난 1970년 10월 14일 일어났다. 아산시(당시는 아산군) 현충사에 수학여행을 다녀오던 서울 경서중학교 3학년 학생 77명을 태운 전세버스가 모산역 북쪽에 위치한 이내 건널목을 지나던 중 서울발 장항행 열차에 버스 왼쪽을 들이받힌 채 약 80여m 가량 밀려가면서 연료통이 폭발, 불길에 휩싸여 학생 45명과 운전기사가 그 자리에서 숨지고 30명이 중상을 입었으며 2명만 피해를 입지 않았다. 경서 중학교는 이 참사 여파로 5일 동안 휴교 조치를 내렸으며 교장 등 교직원 4명이 파면되고 8명이 해직 처분을 받았다.

원주 삼광터널 열차 충돌 참사도 이어졌다. 지난 1970년 10월 17일 인창고등학교 2학년 학생(430명)과 보인상업고등학교(185명) 및 보성여자고등학교(110명) 등 서울 시내 3개 고등학교 학생과 교사 등을 태우고 청량리역을 떠나 제천역으로 가던 6량 단위의 제 77호 보통열차가 원주역을 통과한 지 얼마 지나지 않아 사고 지점인 삼광터널을 지나가다 석탄과 목재를 싣고 가던 화물열차와 충돌했다. 이 사고로 학생 10명과 인창고교 교감 및 교사 2명, 동행 사진사 1명 등 14명이 사망하고 59명이 중경상을 입었다. 3일 전에 발생한 모산역 수학여행 참사 때문에 교육부(당시는 문교부)는 "모든 수학여행은 열차로 이동하라"는 지시를 내린 바로 뒷날에 발생한 참사였다. 이 참사로 한동안 전국적으로 수학여행 자체가 금지되기도 했다.

남원역 열차 추돌사고도 수학여행을 가던 학생들이 희생된 참사였다. 지난 1971년 10월 13일 전라북도 남원역 구내에서 군산으로 수학여행을 가던 학생 232명과 통학생과 시민들을 태운 순천발 용산행 192호 보통열차가 남원역을 출발한 후 1.5km 지난 지점에서 기관차 출력 부족으로 언덕에서 멈춘 뒤 후진해 후발 열차로 대기하던 유조 화물열차를 (역)추돌해 9번과 8번, 7번 등의 객차가 탈선됐다. 특히 7번 객차가 8번 객차를 반쯤 짓이겨 8번 객차에 탑승한 어린이들이 참변을 당했다. 이 사고로 인해 초등학생(당시는 국민학생) 15명, 고교생 3명 등이 사망하고 36명이 중경상을 입었다. 후에 중상자 중에서도 사망자가 발생해 모두 22명이 숨진 것으로 집계됐다.

추풍령 경부고속도로 연쇄추돌 참사도 빼놓을 수 없다.

지난 2000년 7월 14일 오후 2시 45분께 경부고속도로 부산방향 추풍령 고갯길에서 부일외국어고등학교 수학여행단을 태운 버스 2대와 고속버스 1대, 5t 트럭 1대, 승용차 3대 등 8대가 연쇄적으로 추돌해 부일외국어고등학교 학생 14명이 사망했다.

지리산 버스 추락 사고는 지난 2007년 5월 25일 발생했다. 지리산으로 체험학습을 떠난 순천 매산중학교 1학년 학생들이 탄 버스 1대가 지리산 도로를 지나가다가 30m 아래로 추락해 남학생 5명이 숨졌다.

이어 제주도 수학여행 버스 전복 사고가 일어났다. 지난 2008년 5월 7일 제주도로 수학여행을 떠난 순천 효천고등학교 1학년 학생들이 탄 버스 1대가 한라산 어승생저수지 앞 1100도로에서 전복돼 학생 3명과 운전기사 1명이 숨졌다.

안양탄약분해소 폭발 사고

지난 1960년대 중반 옛 안양교도소 뒤편인 의왕시 모락산 기슭에 위치한 공장에서 거대한 폭발사고가 나면서 100여 명의 사상자가 발생했다. 당시 언론은 1964년 3월 5일 오후 3시께 모락산 자락 옛 안양교도소 인근에 위치한 안양탄약분해소(당시 공식 명칭:한국탄약분해공업사 폐탄처리공장)에서 폭발 사고가 발생, 100여 명이 사상한 것으로 집계됐다고 보도했다.

　　이처럼 거대한 사고가 발생했던 의왕시는 특이한 역사를 지니고 있다. 의왕시는 경기도 중서부에 위치하고 있으며 동서가 협소하고 남북이 긴 고장으로 북쪽으로는 과천시, 남쪽으로 수원시, 동쪽으로는 용인시 수지구와 성남시, 서쪽으로 안양시, 군포시 등과 인접하고 있다. 경수산업도로와 경부선 철도 등이 관통하고 있는 교통의 요충지이기도 하다. 북동쪽에 국사봉(해발 540m), 남동쪽에 백운산(해발 567m), 서쪽에 오봉산(해발 205m) · 모락산(해발 385m) 등이 솟아 있어 전체적으로 분지상의 지형을 이루고 있다. 안양천의 지류인 학의천 상류에는 의왕저수지가 있어 안양시 평촌동 일대에 관개용수를 공급하고 있다.

　　의왕시는 원래는 광주부와 수원군(화성군)에 속했다가 지난 1963년 들어서야 시흥군에 편입돼 의왕읍이 됐다. 이 같은 내력으로 인해 주변의 안양시, 군포시, 과천시 등과는 달리 역사적인 연계성이 조금 약한 편이다. 하지만 지리적이나 생활권으로는 연계성이 크다. 이 때문에 지난 1963년 화성군에서 시흥군으로 관할 구역이 넘어 온 뒤 지난 1989년 시로 승격됐다.

　　의왕시는 안양시, 군포시 등과의 도시 연담화 현상(중심 도시의 팽창과 시가화의
확산 등으로 인해 주변 중소 도시의 시가지와 서로 달라붙어 거대 도시가 형성되는 현상)이 매
우 심한 지역이어서 행정경계 문제로 인해 주민들이 여러 불편을 겪고 있기도
하다. 이는 의왕시가 구 시흥군 의왕읍 때부터 과거 안양시 도시계획구역에 속
했고, 안양시의 팽창에 따라 의왕시와 안양시가 실질적으로 단일 시가지로 형성
됐기 때문으로 분석된다.

모락산 기슭 덮친 참극…그러나 사고사업장 관계자들에겐 솜방망이 처벌

이런 가운데, 지난 1964년 3월 5일 오후 3시께 모락산 자락 옛 안양교도소 인근
에 위치한 안양탄약분해소(당시 공식 명칭:한국탄약분해공업사 폐탄처리공장)에서 폭발
사고가 발생, 3명이 숨지고 109명이 부상을 입었다.

　　당시 언론에 보도된 내용들을 토대로 좀 더 깊게 들여다보자.

　　보도에 따르면 사고는 지난 1963년 3월 5일 오후 3시께 경기도 시흥군 안
양읍(당시의 행정구역) 안양교도소 뒷산 한국탄약분해 공업사에서 알루미늄 분리
작업을 하던 중 폭발사고가 발생해 인부 최 모 씨 등 3명이 현장에서 숨지고 안
양교도소 직원과 흥안 초등학교(당시는 흥안 국민학교) 학생 33명이 2~3개월 동안
의 치료를 요하는 부상을 입었으며 350만 원 상당(당시 기준)의 재산피해를 입혔
다고 전하고 있다.

　　이 사고를 1면과 사회면 머리기사로 보도한 당시 언론들은 이 사고의 제목

들을 각각 '땅 꺼진 대폭음 비극의 4시간', '모락산 일대에 덮친 초연의 참극', '폭음 4km 밖까지', '산산조각 초연에 비극을 묻고', '재소자 한때 철창 잡고 아우성', '교도소, 흥안교 어린이도 큰 피해' 등으로 뽑아 사고의 참혹함을 독자들에게 전달했다. 이 같은 기사 제목으로 미뤄 당시 사고의 규모와 충격 등을 짐작할 수 있다.

제목에서 알 수 있지만, 사고 당시의 폭발음이 땅이 꺼질 정도로 엄청난 대폭발이었으며, 이로 인한 참사의 시간이 무려 4시간 이어졌음을 제목만 봐도 알 수 있다. '모락산 일대에 덮친 초연의 참극'이라는 제목에서는 이 사고의 규모도 엿볼 수 있다. 폭발할 때 엄청난 굉음이 인근 4km 밖까지 퍼져 나갔으며 '산산조각 초연에 비극을 묻고'라는 제목에서는 참사의 아픔도 짐작할 수 있다. 이 폭발로 인근 교도소 재소자들도 철창을 잡고 아우성을 칠 정도로 공포에 떨어야만 했고, 인근에 위치했던 흥안 초등학교(당시는 흥안 국민학교) 어린이들도 상당히 위험했었던 것으로 보인다.

당시 목격자들의 증언도 들어보자.

"늦은 점심을 먹고 나른한 분위기에 눈꺼풀이 무겁게 내려앉아 잠시 눈을 붙이려고 하는데, 갑자기 어디선가 '쾅'하는 엄청난 괴력의 폭발음을 듣고 용수철처럼 앉은 자리에서 벌떡 일어나 밖으로 뛰어 나가보니 인근 흥안 초등학교(당시는 흥안 국민학교) 쪽에서 난리가 난 것 같았습니다. 상황 자체가 보통 심각한 게 아닌 것 같다는 직감이 들었습니다. 어린 학생들이 교실에서 정신없이 뛰쳐나오고, 교사들도 우왕좌왕하고 마치 전쟁이 터진 것 같았습니다. 학교 건물 지붕이 삽시간에 날아가 버렸습니다. 그래서 교실에 놓여 있던 학생들의 책상들과 의자들이 고스란히 바깥으로 드러났습니다. 동네 사람들은 일제히 '뭐 이런 일이 다 일어났느냐'며 역시 우왕좌왕하는 모습이었습니다. 그 전에도 일제강점기 때인가요, 인근에서 여러 번 폭발사고가 발생했던 것으로 기억하고 있어 더욱 놀랐습니다. 다시 전쟁이 터졌나, 아니면 북한의 폭격이 시작된 것일까, 아니면 북한의 전투기가 날아온 것일까 등등 별의별 소문들로 흉흉했습니다. 서너 시간 이 같은 분위기가 계속되다 경찰이 오고 그들로부터 설명을 듣고서야 안심이 조금 됐습니다."

이 사고로 학교 지붕이 날아가고 학생들이 부상하는 등 직접적인 피해를 본 홍안 초등학교(당시는 홍안 국민학교)는 사고 이후 학교 이름을 개명해 오늘에 이르고 있다.

사고 발생 이후 담당 판사였던 김상원 서울형사지법 판사는 이 사고를 일으킨 한국탄약분해공업사 사장 허 모 씨(당시 41세)에 대해 총포화약류단속법을 적용, 벌금 3만 원(검찰 구형은 징역 1년)을 선고했으나 작업현장 책임자인 오 모 씨(당시 35세)와 신 모 씨(당시 36세) 등에 대해서는 증거가 없다는 이유로 무죄(검찰 구형은 금고 2년)를 선고했다.

지난 1964년 3월 5일 발생한 한국탄약분해공업사 폐탄 처리공장 폭발사고는 앞에서 설명했듯, 100여 명의 사상자가 났고 폭발 사고 당시의 굉음이 4km 밖까지 퍼져 나가고, 인근의 초등학교(당시는 국민학교) 어린이들은 물론 교도소 재소자들까지 두려움에 떨 정도로 엄청난 규모의 폭발사건이었다. 그런데도 정작 사법부의 처벌은 사업주에게는 소액의 벌금(3만 원)에 현장 책임자들에 대해서는 증거가 없다는 이유로 무죄를 선고하는 등 솜방망이 처벌에 그쳐 논란을 빚기도 했다.

당시 이 일대를 뒤흔들었던 한국탄약분해공업사 폐탄처리공장의 폭발사고는 과연 우연히 발생한 것일까. 이 같은 명제에 전문가들은 명쾌한 답변을 제시하지 못하고 있다. 일제강점기를 거치면서 이 일대를 중심으로 크고 작은 폭발사고가 잇따라 발생했기 때문이다.

일제, 수리산에 탄약시설 설치하면서 시작된 악연?…잇따라 발생한 폭발

폭발사고와 우선 이 일대와의 인연은 일제강점기 말기인 지난 1941년 천혜의 요새인 인근 박달동 수리산 깊은 골짜기에 일제가 육군성 소속 탄약 저장시설을 설치하면서 시작됐다. 일제의 패망으로 탄약저장시설과 탄약 등을 인수한 미군은 일본군 탄약을 안산으로 넘어가는 본드레미 고개 아래 굴을 파서 그 안에서 폭발시켜 폐기 처리했다. 굳이 따지자면 첫 번째 폭발 사고이었던 셈이다.

당시를 목격했던 주민들은 언론을 통해 "주민 대피령이 내린 가운데 지축을 울리는 폭발 소리에 구도심의 창문이란 창문은 모조리 떨어졌고, 파편은 살고 있던 양칫말까지 날아왔다"고 증언하고 있다.

두 번째 폭발사고는 6·25 전쟁 기간 1·4 후퇴 중이던 지난 1951년 초 대량의 폭발물을 수송하던 탄약열차가 정차하던 중에 일어났다. 폭격을 맞아 폭발했다고 알려지기도 하고, 사고로 폭발했다고도 전해지는 이 폭발사고는 지난 1977년 11월 11일 발생한 익산역(당시는 이리역) 폭발사고를 능가하는 규모였던 것으로 전해지고 있다. 이 폭발 사고로 수많은 사람들이 숨졌고 이 때문에 안양권의 구도심이 몽땅 타버렸다고 당시의 목격자들은 증언하고 있다.

6·25 전쟁 당시의 폭발물과 관련된 수난은 여기서 그치지 않는다. 6·25

전쟁 중 안양에 주둔하고 있던 군단 급 중국군과 미 25사단 사이에서 벌어진 수리산 전투는 6·25 전쟁사에서 빼놓을 수 없는 가장 유명한 전투 가운데 하나다. 이런 가운데, 미군의 B29 폭격기를 통해 공중에서 투하된 네이팜탄에 불바다로 변한 수리산 속에서 앉은 채로 사망한 중국군과 북한군 시신이 산을 이뤘다고 전해지고 있다.

세 번째가 바로 지난 1964년 3월 5일 오후 3시께 모락산 자락 옛 안양교도소 인근에 위치한 한국탄약분해공업사 폐탄 처리공장에서 발생한 폭발 사고였다. 3명이 숨지고 109명이 부상한 것으로 집계된 이 사고로 인해 인근 흥안 초등학교(당시는 흥안 국민학교)는 학교 지붕이 날아가고 학생들이 부상하는 등 직접적인 피해를 입기도 했다.

학교 지붕까지 날아간 엄청난 폭발사고가 발생한 오전동의 특이한 내력

사고가 발생한 지역인 오전동의 내력도 특이하다. 다시 한 번 의왕시 오전동의 역사를 들여다보자. 오전동의 역사를 살펴보면 사회지정학적인 측면에서 지난 1964년 3월에 발생한 한국탄약분해공업사 폐탄 처리공장 폭발 사고와의 직집적이거나 간접적인 인과관계 등을 추정해볼 수도 있기 때문이다.

의왕시 오전동은 오늘날의 경기도 광주시와는 큰 연관이 없어 보이는 지역이나, 바로 밑의 고천동과 바로 위의 내손동 등과 함께 조선시대까지는 광주군 관할 구역이었던 곳이다. 지난 1914년 수원군에 편입돼 의왕면 오전리가 됐다. 이후 지난 1936년 일형면의 일부가 수원읍에 편입되고, 일형면의 나머지 지역들과 의왕면이 일왕면으로 통합돼 수원군 일왕면 오전리로 개편됐다. 그러다 해방과 대한민국 수립, 6·25 전쟁 등 격변의 현대사 중요 고비를 거쳐 지난 1963년 화성군 일왕면에서 옛 일형면 지역이 수원시로 편입됐는데, 이 때 일왕면의 옛 의왕면 지역은 원래 명칭으로 환원돼 시흥군으로 편입됐다. 이후 지난 1989년 의왕시로 승격돼 의왕시 오전동이 됐다.

이제부터는 가운데말, 뒷골, 등칙골, 목배미, 백운동(白雲洞), 사나골, 성라자로원마을, 오매기, 옻우물, 용머리, 전주남이, 강산(姜山), 고래들 등 예전부터 전통적으로 불리던 이 일대 자연취락 마을들에 대해 들여다보자.

우선 가운데말은 사나골과 뒷골 사이에 위치한 마을로 여러 취락 마을 중 가운데에 있는 마을이므로 이처럼 부르고 있다. 그러나 백운동 주민들은 이 마을을 '건너말'이라고 부른다. 문화 류 씨가 집성을 이루고 있는 마을이다.

뒷골은 백운동과 가운데말 사이에 위치해 있다. 가운데말 뒤에 있는 마을이라는 의미로 이렇게 불린다. 교하 노 씨가 집성촌을 이루고 있다. 마을에서는 용머리·사나골·가운데말·백운동 등 인근 오매기 주민들과 함께 매년 10월초 길일을 택해 강산(姜山)에서 산신제를 지내오고 있다.

등칙골은 현재 의왕중학교가 들어선 마을이다. 이곳 뒷산에 등나무가 많아 이 같은 이름으로 부르고 있다. 전주 이 씨 근령군 파(全州 李氏 謹寧君派) 후손인 이용(李容) 선생의 묘를 이곳에 쓴 후, 그의 아들 이정집이 묘하에 살면서 형성된 것으로 알려졌다.

목배미는 용머리 남쪽 길 건너편에 있는 마을로 왕곡동 홍치골로 넘어가는 고개 밑에 위치하고 있다. 인동 장 씨의 오랜 세거지로 마을 앞의 논이 기름진 문전옥답(門前沃畓)이다. 조선시대에는 이 마을길을 통해 서울·과천·수원을 왕래하고는 했다.

백운동은 오전 저수지 밑에 있는 마을로 백운산 아래에 자리를 잡고 있어 이렇게 불린다. 경주 김 씨와 광주 노 씨 등이 집성을 이루고 있다. 사나골, 건너말(가운데말), 용머리 등지 주민들과 함께 매년 10월초 길일을 택해 강산姜山에서 산신제를 지내오고 있다.

사나골도 문화 류 씨가 집성촌을 이루고 있는 마을로 1600년대 초에 문화 류 씨 하정공파 후손인 유항 선생(절충장군 역임)이 처음으로 터를 잡은 후 그의 후손들이 세거하면서 취락이 형성된 곳이다. 오매기 서쪽에 있는 이 마을은 산악 골짜기에 자리를 잡은 마을이라고 해서 이 같은 명칭으로 불리고 있다.

성라자로원 마을은 모락산 아래에 자리를 잡았다. 광복 이전만 해도 이곳은 산야지역이었다 광복 후 서울 세브란스 의전 출신인 소진탁 박사에 의해 폐결핵 요양소가 설치됐다. 이 후 지난 1952년 6월 2일 죠지캐롤 주교에 의해 성라자로 마을이 형성됐다.

오매기 마을은 마치 지형이 삼태기처럼 깊은 골짜기에 자리를 잡고 있어 예로부터 전쟁 등이 일어나면 피난의 최적지였던 것으로 알려져 오고 있다. 원래는 전주남이 동쪽으로 용머리, 사나골, 윗골, 가운데말, 백운동, 목배미 등을 통털어 오매기라고 불러왔다. 이 마을은 문화 류 씨를 비롯해 문 씨文氏, 진 씨陳氏, 광주 노 씨廣州 盧氏, 마 씨馬氏 등이 각기 1막一幕 씩을 짓고 살아 '오막동五幕洞'이라고 부르다 조선 말엽에 이르러 오매기로 변경됐다고 전해진다.

옻우물은 유한양행 옆(남쪽)에 있는 마을이다. 광복 직후인 지난 1948년까지만 해도 전주 이 씨 근령군 파 후손 2가구와 김 씨 등 모두 3가구가 살아오다 이 후 성라자로원 관계자들이 거주하면서 6~7세대로 불어났으나, 지난 1969년

부동산 붐이 일기 시작하면서 인구가 급격히 늘기 시작했다.

　　용머리는 오매기 입구에 있는 마을로 풍수로 보아 하천의 물 흐르는 형태가 이곳에 이르러 용의 머리처럼 휘돌아 가므로 이렇게 부르고 있다. 용의 머리 부분은 일제 강점기 말엽 도로를 개설할 때 파손됐다. 이 마을은 광복 이전만 해도 인동 장 씨 등 불과 서너 가구에 그쳤다가 지난 1960년대 초부터 민가가 늘기 시작했다.

이후 발생한 폭발사고와 비교⋯비슷하면서도 달랐던 이리역 폭발사고

1964년 3월 5일 오후 3시께 모락산 자락 옛 안양교도소 인근에 위치한 안양탄약분해소(당시 공식 명칭:한국탄약분해공업사 폐탄처리공장)에서 폭발 사고가 발생한 지 14년이 흐른 뒤 전라북도 익산역(당시는 이리역)에서 비슷한 폭발 사고가 발생했다. 사고는 1977년 11월 11일 밤 9시 15분께 전라북도 익산시(당시는 이리시) 익산역(당시는 이리역)에서 열차가 폭발해 59명이 숨지고 1천158명이 부상을 입었으며, 이재민 1천647세대 7천800여 명이 발생했다.

　　이 사고를 분석하면서 14년 전에 발생한 안양탄약분해소(당시 공식 명칭: 한국탄약분해공업사 폐탄처리공장) 폭발사고와 비교하는 취지는 다시는 이 같은 비극이 발생하지 않도록 경각심을 갖추기 위해서다.

　　당시 언론 보도에 따르면 사고는 광주역으로 가던 한국화약(한화그룹의 전신)의 화물열차가 정식 책임자도 없이 다이너마이트와 전기 뇌관 등 40t의 고성능 폭발물을 싣고 익산역(당시는 이리역)으로 가던 중 발생했다.

당시 수사 당국 발표에 따르면 호송원 신 모 씨가 어둠을 밝히기 위해 밤에 열차 안에 켜놓은 촛불이 다이너마이트 상자에 옮겨 붙은 것이 원인이었던 것으로 밝혀졌다. 여기까지만 보면 안전수칙을 무시한 개인에 의한 단순 과실 사고라고 여길 수도 있겠다. 하지만, 이렇게 되기까지의 과정을 살펴보면 인재(人災)였던 것으로 나타났다.

원인을 구체적으로 분석해보면 원래 이 같은 사고를 막기 위해 폭약과 뇌관 등은 함께 운송할 수 없도록 규정되고 있으나 이 원칙이 무시됐다. 또한 철도역의 화차 배정 직원들의 도덕적 해이가 심각한 수준이어서 속칭 급행료를 챙기느라 화약을 실은 화물열차를 역 구내에 40시간 동안 대기시켰다는 점도 들 수 있다. 철도법 상 화약류 등의 위험물은 역 내에 대기시키지 않고 바로 통과시켜야 한다. 그러나 뇌물을 얻어내기 위해 폭약을 실은 열차를 막아 세워둔 것으로 조사 결과 밝혀졌다.

이처럼 길어지는 대기시간에 호송원이 술을 먹고 열차 화물칸에 들어갔다. 애초 화약을 실은 화차 내부에는 호송원조차 탑승할 수 없고, 호송원은 총포화약류 취급면허가 있어야 하며, 호송원에 흡연자나 과다 음주자를 쓸 수 없는데 이 모든 게 무시됐다.

이와 함께 화차 내에 화기를 들일 수 없는 규칙을 무시한 호송원 신 씨는 그 안에서 촛불을 켜고 잠이 들었다. 당시 이 열차 화물칸에는 폭발물이 잔뜩 실려 있었다. 화약고 안에서 불을 붙인 셈이다. 불이 옮겨 붙은 상황에서 깨어난 호송원이 침낭으로 불을 끄려 시도했으나, 오히려 불이 더 크게 번졌다.

이런 가운데, 화약열차에 불이 붙은 것을 안 철도요원들은 모두 도주했고, 검수원 7명이 불을 끄기 위해 화차로 달려가 모래와 물을 끼얹었으나 폭발을 막지는 못했다. 역 내에도 제대로 된 소화기구가 없었다는 점은 차치하더라도, 책임을 져야 할 사람들이 앞장서서 도망쳤을 뿐 대피 명령을 내리는 등 제대로 대처하거나 최소한 위험을 주위에 제대로 알리는 것조차 하지 않은 것으로 조사 결과 드러났다.

폭발사고로 익산역(당시는 이리역)에는 지름 30m, 깊이 10m에 이르는 거대한 구덩이가 파였고, 반경 500m 이내 건물들이 대부분 파괴됐다. 당시까지 발생한 폭발사고 중 최악의 참사였다. 참고로 이전의 익산역(당시는 이리역) 주변이 판자촌과 홍등가가 난립해 있었는데 폭발사고를 계기로 역 주변이 말끔하게 정리됐다고 한다. 홍등가에 거주하던 관련 여성들의 인명 피해도 매우 컸다고 전해진다.

중요 시설물의 피해도 컸다. 익산역(당시는 이리역) 역사驛舍를 비롯해 구내의 객화차 사무소, 보선 사무소 및 구내에 정차 중이던 기관차와 객차 및 화물차 117 량이 파괴됐고, 선로 1천650m가 파손됐으며, 주택 675 채가 완파되고 1천288 채가 반파됐다. 한편 당시 익산시(당시는 이리시) 창인동에 위치해 있던 익산군청 청사가 폭발의 진동으로 건물 전체에 균열이 가는 피해를 입었다. 이는 1979년 익산군청이 함열로 신축 이전하게 되는 계기를 마련했다.

이로 인해 본래 이리고등학교 앞에 있던 남성고등학교 건물 일부가 붕괴돼 현재의 소라산 자리로 옮기고, 본래 자리에 남성맨션을 지었다. 폭발 지점으로부터 반경 4km 이내 건물들의 유리창이 깨지고 주변 1km 이내로 부서진 철도 레일 및 객·화차 등의 파편들이 날아들었다. 익산시(당시는 이리시)와 인접한 익산군 오산면, 황등면, 삼기면 및 김제군 백구면 등에서도 창문이 덜컹거릴 정도의 진동이 느껴졌고, 40km 밖 군산시에서도 폭발음이 들렸다고 한다. 이때의 폭발사고로 인한 파편이 당시 춘포면까지 날아간 것으로 알려졌다. 현재 익산역에서 춘포까지 직선거리가 7km임을 감안하면 당시의 폭발력을 짐작할 수 있다.

대규모의 폭발이 예고도 없이 순식간에 일어난 탓에 익산(당시는 이리)지역 사람들은 말 그대로 전쟁이 난 줄 알았다고 한다. 북한군의 공습으로 역이 폭발한 줄 알고, 반대로 서울에 사는 친지들의 안부를 걱정했다고 한다. 당시 익산(당시는 이리)에 주재하던 어느 기자는 서울 본사에 연락을 넣어 "이리는 쑥대밭이다! 서울은 무사하냐?"고 외쳤다고 한다.

사고가 발생하자 당시 김종희 한국 화약 회장은 즉각 대국민 사과를 발표했고 당시의 모든 재산인 약 90억 원을 모두 피해자와 이재민들을 위해 사용했다. 당시 한국 화약의 모든 직원들이 피해자들을 위해 헌혈했으며 익산역(당시는 이리역)에 직접 파견을 나갔다고 한다. 또한 한국 화약의 모든 직원들이 회사가 지급된 보너스를 다시 반납했다고도 한다.

이 사고로 인해 익산역(당시는 이리역)은 1년 뒤인 1978년 11월 당시의 위치에서 떨어진 곳에 신설됐다. 후에 이리시와 익산군이 통합돼 익산시가 출범하자 역 이름도 익산역으로 바뀌었다.

폭발 사고의 당사자인 호송원 신 모 씨는 사고 직후 도주했다 검거돼 이듬해 2월 법원은 부작위에 의한 폭발물파열죄(개정형법에 따르면 부작위에 의한 폭발물사용죄)를 인정해 징역 10년 형을 선고받았다. 불행 중 다행이라면 사고 시각 당시 승객 600여 명이 타고 있던 열차가 김제 부용역에 머물고 있었는데 이 열차가 제 시간대로 운행됐다면 사고 시간에 익산역(당시는 이리역)으로 들어왔어야 했다는 점이다. 그러나 기관사가 폐색 진입 시 통표를 잊어먹는 바람에 부용역에 계속 정차했고, 통표회수 누락을 무전으로 보고하던 중 해당 열차에 익산역(당시는 이리역)으로 들어오면 안 된다는 무전 답변을 받아 해당 열차 승무원과 승객들을 보호할 수 있었다고 전해진다.

또 한 가지 천만 다행으로 사고 당시 이리역 구내에 석유를 가득 실은 유조 열차가 정차 중이었는데, 마침 인근에 살던 기관사가 화재가 일어났다는 연락을 받고 급히 달려 나와 열차를 황등역으로 대피시켰다. 만일 열차가 구내에 계속 남아 있었다면 더 많은 사상자가 생길 뻔했다.

시가지의 80%가 물에 잠긴 안양 대홍수

동서고금을 막론하고 태풍이나 홍수나 가뭄, 지진 등 천재지변 등에 대해 인류는 별다른 대책 없이 속수무책이었다. 근·현대로 들어와 과학기술의 발달로 이를 예측할 수 있는 시스템이 속속 개발되고 있지만, 피해를 어떻게 하면 최소화할 수 있느냐 정도에만 초점이 맞춰져 있을 뿐 근본적으로 천재지변을 원천적으로 차단할 수는 없는 게 현실이다. 고대에서 중세를 지나 근·현대로 접어들면서 한반도에서도 숱한 천재지변으로 많은 사상자가 발생했다. 공식적인 기록상의 집계만으로도 그렇다는 이야기다. 기록되지 않은 사례까지 감안한다면 그 피해는 가히 천문학적이라고 할 수 있을 것이다.

일부 역사학자들은 인류와 천재지변과의 관계에서 인간에 의한 천재지변 극복의 기록이 곧 자연과학의 발전으로 이어졌다고 분석하고 있다. 그만큼 천재지변과 인간과의 관계는 특별한 방정식은 없지만, 정비례하는 가운데 인류의 역사가 지속돼 왔다고 볼 수 있다. 문제의 관건은 인간사회가 자연현상에 의한 불가피하고 불가역적인 천재지변에 어떻게 대처했느냐에 있다고 볼 수 있을 것이다.

무대를 한반도로 좁혀보자. 일제강점기를 거쳐 해방 이후 대한민국 수립과 한국전쟁, 그리고 본격적인 산업화시대에 들어와서도 끊이지 않고 발생한 대표적인 천재지변은 홍수라고 할 수 있다. 고대 이집트 문명과 중국 황하 문명에서도 엿볼 수 있지만, 인류는 물을 제대로 다스리기 위해 노력해왔고 이를 위해 다양한 관개기설과 수리시설 등을 개발하고 설치해왔다.

그런 만큼 홍수와 인간사회는 떼려야 뗄 수 없는 불가피한 역학관계에 있음은 주지의 사실이다. 다만, 홍수 예방에 평소 얼마나 노력을 경주했느냐에 따라 어쩔 수 없는 천재天災냐, 아니면 충분히 예방할 수도 있었던 인재人災냐 등으로 구분될 수 있다.

저녁 2시간 사이에 안양 시내에 무려 260mm가 넘는 장대비가 쏟아져…

지난 1977년 7월 초순 5시간 동안 안양시 일대를 덮친 호우로 시가지의 80% 정도가 물에 잠기는 대홍수로 수백 명이 숨지거나 실종되고 이재민도 수십만 명이 발생했다. 특히, 당시 언론은 노적봉이라는 자그마한 야산 기슭에서 산사태가 발생하면서 한꺼번에 수십 명이 숨졌다고 전하고 있다. 지난 1977년 발생했던 안양 대홍수는 일제강점기인 지난 1925년 발생한 을축년 대홍수 이후 가장 피해가 컸던 것으로 집계되고 있다. 을축년 대홍수 때는 같은 해 7월부터 9월 초순까지 4차례에 걸친 홍수로 전국의 하천을 범람시켰던 것으로 집계됐다. 을축년 대홍수로 전국에서 사망 647명, 가옥 유실 6천363호, 가옥 붕괴 1만7천45호, 가옥 침수 4만6천813호 등에 달했고 논 3만2천단보와 밭 6만7천단보 등이 물에 휩쓸려 유실됐다. 이 홍수로 인한 피해액만 1억300만 원에 달했다 이는 당시 조선총독부의 1년 예산의 58%에 달하는 금액이었다.

한편, 지난 1977년 발생했던 안양 대홍수 당시는 고(故) 박정희 대통령이 추진하던 경제개발 5개년계획에 따라 산업화가 본격화되면서 안양시도 여러 곳이 도시계획시설에 의해 개발되면서 도로와 교량 등 사회간접시설은 물론 관개나 수리시설 등도 제대로 갖춰지지 않아 피해를 키웠다는 지적이 나왔다. 이런 관점에서 본다면 1977년 발생한 안양 대홍수는 천재天災 보다는 인재人災에 가까웠다는 주장에 무게가 실리고 있다.

당시의 언론 보도를 통해 당시 피해 상황을 살펴보자.

"사망과 실종자 100여 명, 교량 도피 10여 개 소, 도로 유실 수십 개 소, 가옥 침수 5천여 동 등 안양 시가지의 80%를 휩쓸고 지나간 수마는 불가항역적인 것은 아니었다. 재난을 예측하지 못한 도시계획이 많은 인명을 앗아가고 재산을 물에 떠내려 보낸 것이다. 지난 1973년 안양시가 안양 중심지를 동서로 지나는 너비 40m의 수암천秀岩川을 20m로 좁혀 옹벽을 쌓은 것이 화근이었다. 1977년 7월 8일 오후 8시부터 5시간 동안 내린 432.1mm의 집중호우로 수암천이 범람하면서 안양천 제방 50m를 무너뜨려 두 하천의 교류지점인 안양2동, 박달동, 석수동 등지를 불과 20분 만에 수심 2~3m의 물바다로 만든 것이다. 갑자기 내린 폭우로 불어난 물을 수암천이 처리하지 못한데다가 이 개천에 설치된 4개의 교량의 교각에 물에 떠내려 온 나무판자 등이 걸려 범람된 것이다. 특히, 수암천 하류지점 전철 밑에 이르러서는 이 개천의 높이가 1.5m 밖에 안 돼 위에서 내려오는 물에 의해 안양천 제방이 무너진 것이다."

당시 보도에 따르면 1977년 7월 초순에 발생한 안양 대홍수는 불과 5시간 동안 내린 호우로 사망과 실종자 100여 명, 교량 도피 10여 개 소, 도로 유실 수십 개 소, 가옥 침수 5천여 동 등 안양 시가지의 80%를 휩쓸고 갔다. 그래서 당시 언론이 대홍수를 "수마(水魔)가 할퀴고 갔다"고 표현했을 정도로 피해는 컸다. 그런데, 여기서 중요한 사실은 이 같은 피해가 재난을 예측하지 못한 도시계획으로 인한 불가피하고 불가역적인 것이 아니라, 인재人災라고 지적했다는 점이다. 그 근거로 지난 1973년 안양시가 안양 중심지를 동서로 지나는 너비 40m의 수암천秀岩川을 20m로 좁혀 옹벽을 쌓은 것이 화근이었다고 분석하고 있다. 이 때문에 지난 1977년 7월 8일 오후 8시부터 5시간 동안 내린 432.1*mm*의 집중호우로 수암천이 범람하면서 안양천 제방 50m를 무너뜨려 두 하천의 교류지점인 안양 2동, 박달동, 석수동 등지를 불과 20분 만에 수심 2~3m의 물바다로 만들었다고 분석하고 있다. 갑자기 내린 폭우로 불어난 물을 수암천이 처리하지 못한데다가 이 개천에 설치된 4개의 교량의 교각에 물에 떠내려 온 나무판자 등이 걸려 범람된 것이라는 것이다. 특히, 수암천 하류지점 전철 밑에 이르러서는 이 개천의 높이가 1.5m 밖에 안 돼 위에서 내려오는 물에 의해 안양천 제방이 무너져 피해를 키웠다는 게 당시 언론의 분석이었다.

해마다 여름이면 연례행사처럼 수도권 강타했던 폭풍들, 그리고 홍수

안양 시민들이 최근 인터넷에 올린 당시 상황을 들어보기 위해 지난 1977년 7월 8일 저녁으로 되돌아가보자. 어느 이비인후과 전문의의 기억이다.

"우리 집은 병원이 있는 안양 1번가에서 2km 쯤 올라간 안양대교 건너 석수동에 있었다. 안양천이 넘칠지도 모른다는 소식을 듣고 병원 문을 급히 닫고 바지를 무릎까지 걷어 올리고 물속을 텀벙거리며 집을 향해 나섰다. 500m를 채 못가서 안양 역 근처에 오니 눈 깜짝할 사이에 허리춤까지 물이 차올라 왔다. 너무 놀라서 허우적거리며 다시 병원으로 돌아왔다. 집으로 전화를 넣으니 집에도 물이 들어올 것 같다는 말이 간신히 들리면서 전화도 끊겨 버렸다."

또 다른 시민의 기억이다.

"그날 1시간 평균 200mm, 하루 저녁 내 454mm의 비가 안양지역에만 쏟아졌다. 피해 인원 677명 중, 사망 208명, 실종 49명, 부상 420명, 재산 피해가 그때 돈으로 382억 원이었다. 당시 안양 인구가 10여 만 명이요. 10원이 지금 1천 원보다 비싸게 칠 때이니 어마마한 피해였다. 지난 동남아 지진 해일 사태의 축소판 같았다.

다음 날 가 보니 2년 전에 튼튼하게 새로 놓은 석수동 안양대교가 한 가운데서 두 동강이 나고 동강난 다리 밑으로 장농이니 냄비들이 둥둥 떠 다녔다. 철길 건너 방직공장에서 흘러나온 실 뭉치들이 수백m를 흘러 나와 길바닥에 굴러 다녔다."

당시 언론 보도에 따르면 지난 1977년 7월 8일 다음날 고(故) 박정희 대통령이 급히 안양에 내려왔고 대통령 긴급 지시로 공병내 수십 명과 장비가 동원돼 하룻밤을 꼬박 새우면서 동강난 안양 대교에 철골로 임시 가교를 설치했다. 가교로 급한 대로 사람과 차량이 다닐 수 있게 됐다. 그 옆에 끊어진 철교는 여러 날이 걸린 후에야 복구돼 기차가 다니게 됐다.

우리나라는 호우, 태풍, 폭설 등으로 인해 역사적으로 여러 차례 수해를 당했다. 많은 수해는 태풍으로 인한 폭풍, 해일 등으로 인한 피해와 홍수로 인해 일어났다. 지난 2010년 현재까지 수해의 원인을 분석해보면 호우가 28%, 강풍이 27%, 태풍이 19%, 폭설이 11% 등의 순을 차지한 것으로 나타났다. 태풍에 의해 부가적으로 발생하는 호우, 폭풍, 해일 등의 간접 피해까지 모두 포함한다면 태풍의 영향력은 더 크다.

　수해를 연대순으로 살펴보면 우선 지난 1980년 대 이전의 홍수로는 지난 1925년 을축년 대홍수를 들 수 있다. 을축년 대홍수는 20세기 한반도 최대의 홍수로 그해 7월부터 9월 초순까지 4차례에 걸쳐 홍수가 발생해 전국 대부분의 하천들을 크게 범람시켰다. 1차 홍수는 그해 7월 11일 한반도에 상륙한 태풍이 400mm에 가까운 집중호우를 동반, 한강 이남의 낙동강·금강·만경강 유역에 큰 피해를 끼쳤다. 이 가운데 낙동강 피해가 특히 컸다.

　2차 홍수는 또 다른 태풍이 그해 7월 15일 한반도에 상륙해 7월 18일까지 나흘 동안 300~650mm의 집중호우가 쏟아져 한강유역의 용산, 뚝섬, 마포, 영등포, 신설동 등지가 침수됐고 숭례문 앞까지 만수가 됐다. 익사자만 400여 명에 1만 2천여 호의 가옥이 유실됐다. 많은 토양이 유실되면서 백제의 풍납토성과 암사동 선사주거지가 이때 발견됐다. 당시 한강은 뚝섬에서 13.59m, 한강대교에서 11.66m, 구룡산에서 12.47m 등의 수위를 나타냈다. 3차 홍수는 그해 8월 12~13일 관서지방에 호우가 내려 대동강, 청천강, 압록강 등이 범람했고, 4차 홍수는 9월 6~7일 남부지방에 많은 비가 내려 낙동강, 영산강, 섬진강 등이 범람했다. 이 같은 4회의 대홍수로 전국에서 사망 647명, 가옥 유실 6천363호, 가옥 붕괴 1만7천45호, 가옥 침수 4만6천813호 등에 달했고 논 3만2천단보와 밭 6만7천단보 등이 물에 휩쓸려 유실됐다. 이 홍수로 인한 피해액만 1억300만 원에 달했다

　1959년 9월 한반도에 막대한 피해를 입힌 태풍이 발생했다. 중심부근 1분 평균 최대풍속 초속 85m, 평균 초속은 45m, 최저 기압은 952hpa 등을 기록해 당시에 기상관측 이래 가장 낮은 최저 기압이었다. 경상도에 특히 큰 피해를 남겼다. 사망·실종 849명, 이재민 37만3천459명, 총 1천900억 원_{(지난 1992년 화폐가치}

기준)의 재산 피해가 발생했다.

　태풍 사라호 피해도 컸다. 지난 1959년 9월 15일 서태평양 북마리아나제도 남부의 사이판섬 해역에서 발생해 일본 오키나와를 거쳐 같은 해 9월 17일 한반도 남부에 막대한 해를 입히고, 다음 날 동해로 빠져나가 소멸했다. 중심 부근 1분 평균 최대풍속 초속 85m, 평균 초속은 45m, 최저 기압은 952hPa 등을 기록했다. 1972년 8월 18일부터 8월 8일 사이에 발생해 중국에 상륙한 후 열대성 저기압으로 약화된 태풍 베티에 의해 생성된 강한 기압골이 8월 18일부터 8월 20일까지 대한민국 전역에 집중 호우를 뿌렸다. 이 호우로 인해 사망 실종 550명, 부상자 405명, 재산피해 1천846억 원 등을 기록했다.

　1980년대를 들어서는 1984년 8월 31일 발생한 한강대홍수를 들 수 있다. 1984년 한강대홍수는 태풍 준이 집중 호우를 동반하며 그해 9월 4일까지 5일 동안 서울 경기 강원 일대 한강 유역을 유린했다. 경기도 고양 일산과 서울 마포구 피해가 컸다. 최대 하루 강우량 314mm. 사망 189명, 실종 150명 등에 재산피해 2천502억 원에 이른 것으로 집계됐다. 이때 북한이 수재물자를 보내줬고 이를 계기로 남북한경제회담이 열렸다.

　태풍 베라에 의한 피해도 무시할 수 없다. 지난 1986년 8월 27일 태풍 베라가 한반도에 상륙해 29일까지 대한민국을 통과하면서 집중 호우를 뿌렸다. 특히 중부 한강유역 피해가 컸다. 34명 사망 및 실종, 재산피해 372여억 원. 화천 하루 최대 강수량 192mm 등이었다. 이듬해인 지난 1987년 7월 15일에는 태풍 셀마가 이틀 동안 남동부 지방을 휩쓸었다. 이재민 9만9천570명 발생에 사망 실종 345명, 재산피해 5천965억 원 등으로 피해가 집계됐다.

　1990년대로 들어서는 1990년 한강대홍수기 있었다. 그해 9월 9일부터 시작해 9월 12일까지 이어진 집중호우가 중부지방에 집중해 한강으로 과도한 수량이 모여들며 발생했다. 이 기간 한강 전역에 내린 평균 강우량은 370mm이고, 한강 본류 유역에 평균 438.6mm의 강우가 쏟아져 한강 인도교지점 수위를 기준으로 검토해 보면 지난 1925년 을축년 대홍수에 버금가는 수위를 기록했다. 1시간 최다 강우량도 10일 경기도 이천 59.0mm, 수원 56.0mm 등을 비롯해 강원 홍천 45.0mm, 평창 44.0mm와 11일 충북 충주 49.0mm, 제천 38.5mm 등은 관측 개시 이래 최대 기록이었다. 강우가 언제까지 이어질지, 댐의 방류량은 얼마로 해야 할 지 정부와 언론 등은 초미의 관심을 쏟았다. 한강 하류의 행주대교 부근 북쪽 제방이 무너져 경기도 고양 일대가 침수돼 막대한 피해를 입었다. 인명피해 163명, 재산피해 5천203억 원, 서울 경기 강원 충북지역에서 18만7천200여 명의 이재민이 발생했다. 이 때 넘치는 한강물에 비해 지난 1980년대 초반보다 상대적으로 피해가 적었던 이유는 목동, 마포 등 상습수해지역에 대한 방재대책이 조금은 성공한 덕분이었던 것으로 분석됐다.

지난 1991년 8월 22일 태풍 글래디스호가 강타하면서 8월 26일까지 수도권을 제외한 전국에 많은 비를 내렸다. 이재민 2만여 명, 사망 및 실종 103명, 부상자 72명, 재산피해 2천630억여 원 등으로 집계됐다. 강한 태풍은 아니었지만 중부지방에서 막혀 장기간 체류한 태풍이어서 영남 동해안에 많은 곳은 500mm가 넘는 강수량을 기록했다.

지난 1993년 8월21일에는 태풍 로빈호가 당일 하루 동안 강원, 동해안에 많은 영향을 미쳐 하천이 범람한 동해, 삼척지구가 특히 피해가 컸다. 사망 실종 69명, 재산피해 2천596억 원 등으로 집계됐다. 이어 지난 1995년 7월 24일 태풍 재니스호가 한반도를 강타해 7월 28일까지 호우를 동반하며 중부지역 전반에 큰 피해를 입혔다. 호우기록은 충남 보령 361.5mm, 강원 태백 140.0mm, 경기 양평 119.5mm 등이고 충북 괴산에서는 열차가 전복됐으며 충남 홍성에서는 농경지가 매몰됐다. 사망 실종 157명, 재산 피해 7천364억 원 등으로 집계됐다.

지난 1996년 7월 26일 경기와 강원 일대에서 집중 호우가 7월 28일까지 이어졌다. 강원 철원 527mm, 춘천 301mm, 인제 266mm, 홍천 149mm 등 특정 지역에 집중된 호우였고 연천 수력댐이 붕괴돼 한탄강유역, 파주지역 등지는 침수피해가 컸다. 사망 실종 29명, 이재민 1만 7천명, 재산피해액 4천274억 원 등으로 집계됐다.

1998년 7월 31일에는 서울 · 경기 · 충청지방 호우가 8월 18일까지 이어졌다. 강화지방은 일 최대강수량 481.0mm의 기록적인 비가 내리기도 했다. 피해내역은 사망 및 실종 324명, 피해액 1조2천487억 원 등이었다. 지난 1999년 7월 23일에도 집중호우가 쏟아지다 28일부터 태풍 올가의 내습이 겹쳐 8월 4일까지 경기 강원을 중심으로 큰 피해를 입혔다. 철원지역은 하루 강우량이 280mm를 기록. 사망 실종 67명, 피해액 1조855억만 원 등으로 기록됐다.

21세기로 접어들면서는 태풍 프라피룬이 지난 2000년 8월 23일 한반도를 상륙하면서 많은 비가 9월 1일까지 이어져 전국 전역에 피해를 입혔다. 이 태풍은 한때 흑산도에서 최대풍속 초속 58.3m를 기록했다. 사망 실종 35명, 피해액 6천295 억 원 등으로 기록됐다. 지난 2002년 8월 30일에는 태풍 루사가 9월 1일까지 사상 유례가 없는 강풍과 집중호우를 동반하며 전국 전역을 강타했다. 강릉지방은 8월 31일, 일 강수량이 870.5mm를 기록해 전국 기상관서의 기상 관측 이래 가장 많은 양으로 기록됐다. 특히 강릉은 1시간 최다강수량이 100.5mm를 기록해 기상 관측사상 초유의 극값을 갱신했다. 8월 31일 하루 강수량은 강릉 870.5mm, 대관령 712.5mm, 동해 319.5mm, 속초 295.5mm 등에 이르렀지만 태백산맥 서쪽의 영서 지방에서는 50~100mm에 불과한 강수량 분포를 나타냈다. 제주 고산지역의 순간 최대풍속은 초속 56.7m를 기록했다. 피해는 태풍 위험지역인 오른쪽 반원에 들었던 남부지방과 강원 영동 지방 등지에 주로 집중됐던 반면, 서울과 경기지방을 비롯한 서해안 지방은 상대적으로 피해가 작았다. 사망 실종 262명, 피해액 5조1천479억 원 등의 피해를 기록했다.

지난 2003년 9월 12일에는 태풍 매미가 9월 13일까지 한반도의 남부를 강타해 132명의 사망 실종자와 이재민 6만 1천여 명, 4조 7천억여 원 등의 재산 피해를 냈다. 부산과 경남지방이 특히 피해가 컸고 9월 22일 제주와 남해안 일대의 피해지역이 특별재해지역으로 선포됐다. 태풍이 통과하던 9월 12일에서 13일 사이에 쏟아진 폭우로 강원도 영동 지방과 경상남도 일부 지역에서는 400mm에 가까운 강수를 관측, 더욱이 대부분의 강수량이 6시간 동안에 집중되는 순간집중호우로 산간 지역에서는 산사태가 발생해 주택가를 덮쳐 많은 인명 피해가 나왔다. 산사태의 위험성이 제대로 경고되지 않은 것과 대피 명령이 없었던 것이 주된 원인으로, 지난 태풍 루사의 교훈이 제대로 지켜지지 않은 것이다.

지난 2004년 7월 4일 태풍 민들레는 필리핀과 대만을 거치면서 집중호우를 동반하였고 5일까지 이어져 사상자 60여명, 이재민 40여만 명의 기록적인 피해를 입혔다. 목포는 시간 당 64mm라는 100년 만의 기록적인 호우로 큰 피해를 입었다.

지난 2005년 9월 6일 태풍 나비는 대한민국을 비켜가긴 했지만 최고 초속 40m의 강풍과 570mm의 폭우를 몰고 온 초대형 태풍으로 산사태와 침수, 정전 등으로 6명의 인명피해와 720여명의 이재민, 1천385억 원의 재산피해를 냈다.

특히 동남해안과 울릉도에 큰 피해를 입혔다.

지난 2008년 제7호 태풍 갈매기가 북상하면서 그 전면에서 발달한 장마 전선의 영향으로 7월 19일 하루 동안 충청북도 청주 우암산에 222.0mm 등 중부지방에 비를 불렀다. 청주에서는 무심천에 주차됐던 승용차들이 침수되거나 떠내려갔고, 주택과 도로가 물에 잠겼다. 충청남도 공주와 연기에서도 도로와 농경지가 침수되고, 인천에서도 주택이 침수되는 등 피해가 발생했다. 태풍이 중국 쪽으로 진출하여 약화된 상태였기에 큰 피해는 입지 않았다.

지난 2010년 8월 11일 태풍 덴무는 초속 31m의 강풍과 한반도로 북상해 제주도에 최고 456mm의 폭우를 뿌렸고, 이날 새벽 5시 고흥반도 도하면에 상륙해 여수와 부산 등 전남과 영남 지방을 통과해 이날 오후 1시 50분 울산 방어진 해상을 통해 동해상으로 빠져나갔다. 이 태풍으로 5명이 숨지고, 331명의 이재민이 발생했다.

지난 1977년 안양 대홍수로 정부의 수해대책도 변화시켜

지난 1977년 발생한 안양 대홍수는 이후 정부의 수해대책도 크게 변화시켰다.

특히, 지난 1980년대 이후 급속한 경제발전으로 방재개념을 무시한 채 무분별한 각종 대형 토지개발 사업 등이 가속화되면서 재해규모가 점차 대형화되어가는 추세에 있었다. 재해예방대책사업은 5개소의 다목적댐 건설, 4대강 유역 하천개수사업과 농업기반개발, 사방사업 등 1970년대부터 추진해오던 계속사업과 제2차 국토종합개발 계획의 수립 및 추진과 더불어 낙동강 연안개발 Ⅰ~Ⅱ

단계사업, 수계치수 사업, 수해상습지 개선사업 등의 실시로 예방대책 사업도 괄목할 만한 성과를 거뒀다.

1980년대에 들어와서는 중부지방의 집중호우 및 태풍 셀마로 인한 피해규모가 1조원을 넘게 되자 종래의 지원기준으로는 현실적으로 복구사업이 불가능했다. 이때부터 중앙정부가 특별 지원을 시작, 그 동안의 국가재정 평균부담률도 43%에서 73%로 늘어났다.

1990년대는 1990년 한강대홍수와 1991년 태풍 글래디스 등으로 대형 재해가 많았음은 물론 방재기구의 대변환기였다. 우선 전 국토가 산업화, 도시화에 따라 날이 갈수록 재해의 양상이 다양화, 대형화하는 추세에 있어 이에 효과적으로 대처하기 위해 방재조직을 정비했다. 재해영향평가제를 도입해 일정한 규모 이상의 개발계획 수립 시 개발에 따른 재해영향평가를 필히 실시하도록 했다.

1995년에는 국가의 제도적 관리대상에서 제외돼 수해발생의 주원인이 되는 소하천에 대해 소하천정비법을 제정함으로써 체계적인 관리 및 투자를 위한 근거를 만들었다. 지방하천의 정비, 홍수예경보시스템의 본격적인 확장 등도 이뤄졌다. 특히 국민의 신뢰를 받을 수 있는 항구적이고도 종합적인 수해대책을 강구하는 대통령의 지시에 의해 지난 1999년 9월 대통령 비서실에 민간전문가와 관계 공무원으로 구성된 수해방지대책기획단이 한시 조직으로 설치됐다. 분야별로 보면 하천유역별 종합치수대책 등 47개 예방사업에 10년 동안 (2000~2009년) 24조 원이 투입됐다. 각종 개발계획 수립단계부터 방재사전심의제도를 도입, 적용하는 등 64개 제도를 개선했고, 하천유역관리위원회 설치 등 8개 조직을 정비했다.

안양 대교보신탕 폭발사건

인류 최초의 연료는 나무였을 것으로 추정된다. 이어 석탄이 그 자리를 대신했고, 급기야는 지난 18세기 증기기관까지 발명돼 마차 등을 이용하던 인류에게 증기기관차까지 대두된다. 20세기 후반으로 들어와서는 천연가스 등 가스류가 새로운 대체 연료로 등장한다.

하지만, 가스는 폭발 등 여러 가지 측면에서 위험성이 높아 이와 관련된 사고들이 수없이 잇따랐다. 특히, 가스와 관련된 사고는 발생했다 하면 대형 사고로 이어져 수많은 인명 살상까지 초래하고 있다. 국내에서도 상황은 마찬가지였다.

실제로 지난 1981년 8월 중순 안양 모 음식점에서 발생한 가스폭발사고로 수 십 여 명이 사상을 입는 사고가 발생했다. 이 사고로 인해 그동안 새로운 대체 연료라는 긍정적으로만 인식됐던 가스에 대한 경각심이 일기 시작했다.

당시 언론 보도에 따르면 문제의 사고가 발생한 시점은 지난 1981년 8월 13일 밤 9시 40분께였다. 경기도 안양시 안양2동 857의 5 안양천 변 대교보신탕 집(주인 장영조 · 당시 55세)에서 프로판 가스가 폭발, 식사를 하던 김 모 씨(당시 31세 · 서울 장안동) 등 손님과 종업원 등 11명이 그 자리에서 숨지고 김 모 씨(당시 28세 · 여) 등 20명이 중경상을 입고 안양시내 병원 6곳에 분산 입원, 치료를 받았다. 이 가운데 11명이 사망한 것으로 알려졌던 안양시 대교보신탕 집 가스 폭발사고 희생자는 사망자 확인과정에서 사망자로 처리됐던 이 모 씨(당시 34세 · 안양시 비산동)가 살아 있는 사실이 확인되면서 10명으로 줄었다.

이 폭발사고로 보신탕 집 1층 60평, 지하 50평, 옥상 6평 등 연건평 116평의 철근콘크리트 슬래브 건물이 형체도 없이 산산조각이 났고 집 앞에 있던 10년생 수양버들 2그루가 뿌리째 뽑혀 쓰러졌다. 또한 반경 100m 이내의 주택가 알루미늄 새시 창틀이 부서지고 유리창이 깨지거나 천장 벽돌담도 무너져 내렸다.

사고 당시 저녁식사를 마친 후 TV를 보거나 잠자리에 들려던 대부분의 주택가 주민들은 건물과 땅이 흔들리는 폭음에 놀라 집밖으로 뛰쳐나오는 소동을 벌였다. 집밖에서 바람을 쐬던 주민들은 한때 거리에서 갈 곳을 잃고 우왕좌왕하기도 했다.

당시 경찰은 이 음식점이 옥상에 50kg 들이 프로판 가스통 4개를 설치해 놓고 사용하고 있으나 이 프로판가스통이 폭발하지 않고 그대로 있는 점으로 미뤄 사고 원인을 다방으로 사용하다가 폐쇄된 뒤 문을 잠가 둔 지하실에 다량의 가스가 누출돼 바닥에 괴어 있다 누전 또는 화기에 의해 인화, 폭발한 것으로 판단했다고 당시 언론이 보도했다.

언론 보도를 토대로 사고 당시를 구현해보자.

보신탕 집 주인 장 씨에 따르면 지난 1981년 8월 13일 밤 9시 40분께 홀에서 식사를 끝내고 바람을 쐬려고 출입문을 나서는 순간 갑자기 "펑"하는 굉음과 함께 광풍이 몰아쳐 땅바닥에 쓰러져 정신을 잃었다 깨어 보니 식당이 산산조각 난 채 연기만 자욱해 아무 것도 보이지 않았다고 사고 당시의 현장 분위기를 전했다.

또한 식당 앞 노천 홀에서 일하던 여 종업원 이 모 씨(당시 25세)는 "일을 끝낼 시간이 되어 홀에서 청소를 하고 있었는데 갑자기 '펑'하는 굉음과 함께 머리 위에서 불길이 치솟고 벽돌이 날아와 급히 주방문을 통해 밖으로 뛰어나왔다"고 말했다. 이 씨는 벽돌에 얼굴·목 등을 맞아 중상을 입었고 주방 안에 있던 종업원 4~5명, 방안에 있던 손님, 노천 홀에 있던 손님 등 13~14명이 변을 당했다. 당시 사고 현장인 보신탕집은 철근이 엿가락처럼 앙상하게 휘어지고 뒤엉킨 채 건물은 산산조각이 나 기둥도 거의 형체를 알아볼 수 없을 정도로 파괴돼 폐허와 다름없었다. 슬라브 지붕과 벽 등은 손바닥만 한 파편과 가루가 돼 지하실로 쏟아져 내렸고 집 앞에 있는 두 그루의 수양버들도 뿌리째 뽑혔다.

연건평 116평 규모의 철근콘크리트인 이 건물은 사고가 나기 한해 전인 지난 1980년 10월까지 지하실 50평은 다방으로 세를 주었다 사고 발생 당시는 비워 둔 채 문을 닫아 놓고 보신탕집을 꾸몄으며 옥상에는 6평짜리 방과 프로판가스통 저장실 등이 있었다. 이 식당은 8년 전 보신탕영업을 시작, 안양은 물론 수원·시흥·영등포 등지에서 하루 평균 300여 명이 찾아오고 있으며 한꺼번에 120명 정도를 수용할 수 있었다.

석탄서 생산한 가스로 가로등 점화, 가스역사 1세기…안전관리는 40여 년

폭발사고가 발생한 식당에 가스를 공급해주던 J 프로판가스 주인 김 모 씨(당시 32세·안양2동)에 따르면 사고 이틀 전인 지난 1981년 8월 11일 낮 12시께 식당 주인 장 씨로부터 가스가 떨어졌다는 연락을 받고 20kg들이 1통과 50kg들이 2통 등을 가지고 가 연결시켜 줬으나 다음날 오후 3시께 다시 가스가 떨어졌다고 연락이 와 50kg들이 1통을 가지고 가 교체해줬다고 진술했다.

　김 씨는 하루만에 120kg의 가스를 쓴 데 의심을 품고 지난 1981년 8월 12일 밤 연결밸브 등을 점검한 결과 지하실로 연결된 호스에서 가스가 유출되고 있는 사실을 확인하고 다음 날 오전 8시 30분께 지하실 연결호스를 끊고 묶었으며 사고가 나기 3시간 전인 오후 6시께 다시 점검한 결과 저장실 가스통에는 25kg밖에 남지 않아 가스가 새는 것을 알았다고 진술했다.

　경찰은 폭발 사고가 가스통에 연결된 배관에서 가스가 유출돼 일어난 것으로 보고 주인 장 씨를 업무상과실치사상 혐의로, J 프로판 가스 주인 김 씨를 고압가스안전관리법 위반 혐의 등으로 각각 입건해 정확한 사고원인을 수사했다.

　이처럼 많은 사상자들을 낸 안양 대교보신탕 폭발사고의 원인은 결국 가스 배관 문제에 있는 것으로 당국의 조사 결과 밝혀졌다. 그렇다면 우리나라의 가스 사용 역사는 얼마나 될까.

　지난 1909년 서울 충무로에 저장했던 석탄에서 생산한 가스를 사용한 가로등이 켜지면서 시작된 우리나라의 가스 사용 역사는 이제 110여 년에 이른다. 지난 1969년 울산 정유공장에서 국내 처음으로 LPG를 생산해 소비자에게 보급되면서 본격적으로 가스 사용 역사가 시작됐다고 볼 수 있다. 실질적으로 연료용으로 가스를 사용한지는 이제 50여 년에 불과하다. 또한 지난 1986년 국내에 LNG가 도입되면서 급격하게 보급된 가스 연료는 이제 전 국민의 99%가 사용할 정도로 국민 연료가 됐다.

　가스사용 형태도 기본적인 취사용 이외에 난방용, 조리용, 산업용, 레저용, 차량용, 냉열이용 등 다양한 분야로 변화되고 있고, 사용기기도 가스레인지, 보일러 등 가정용 기기에서 가스자동차, 연료전지, 발전용 가스터빈 등 점점 복잡

하고 다양화 돼가고 있다. 최근에는 쓰레기 매립가스 및 바이오가스 등 신재생에너지와 수소 등 무탄소 청정에너지를 연료로 사용하기 시작하는 등 연료가스의 종류도 다양화되고 있다.

가스는 생활에 편리함을 주지만 쉽게 누출돼 가스폭발이라는 위험적인 특성을 갖고 있다. 지난 1971년 163명이 사망한 대연각 호텔 화재 사고의 LPG 용기 폭발로 고압가스안전관리법이 제정됐고 지난 1978년 46명의 사상자를 낸 신반포 아파트 LPG폭발사고로 가스사업법이 만들어졌다.

지난 1981년 11명의 사망자가 발생한 안양대교 보신탕 LPG 폭발사고는 현행과 같은 고압가스안전관리법, 액화석유가스의 안전관리 및 사업법, 도시가스사업법 등 3법체계로 전환되는 계기가 됐다. 특히, 가스안전을 전담하기 위해 지난 1974년 가스안전공사의 전신인 고압가스보안협회가 설립되면서 가스안전관리를 위한 법적 기틀도 마련됐다.

하지만, 가스 안전 관리 역사는 불과 40여 년 밖에 되지 않는다. 이에 반해 유럽에서는 지난 1812년 영국에서 가스공급회사가 설립 운영됐고, 미국은 지난 1938년 캘리포니아에서 천연가스법을 제정 공포했으며, 일본도 지난 1951년 고압가스보안법을 제정하는 등 가스 사용 역사는 200여년, 가스 안전 관리 법령체계는 미국이 80여년, 일본이 65년 등의 역사를 갖고 있다. 그만큼 우리나라의 가스안전관리 역사는 상대적으로 일천한 셈이다.

가스 안전 관련 법 체계가 갖춰진 이후에도 지난 1994년 서울 마포 아현동 도시가스 밸브기지 가스폭발사고, 지난 1995년 대구 지하철 공사장 도시가스 폭발사고, 지난 1998년 경기 부천 LPG 충전소 폭발사고, 지난 2002년 인천 부평 다가구주택 LPG 폭발사고, 지난 2008년 경기 여주 금다방 LPG 폭발사고,

지난 2012년 강원 삼척 노래방 가스폭발사고 등 가스사고가 지속적으로 발생하고 있다.

1970년 이후 1급 가스사고 31건…LP가스 인한 1급 사고 17건으로 最多

한국가스안전공사 집계에 따르면 지난 1990년 이후 발생한 1급 사고는 모두 31건으로 집계됐다. 이 가운데 LP가스로 인한 1급 사고가 17건으로 전체 사고의 54.8%를 차지하고 있다. 고압가스나 도시가스 등에서 발생한 1급 사고는 각각 7건으로 22.6%씩을 차지하고 있다.

발생 원인별로 보면 31건의 사고 가운데 35.3%인 11건이 시설 미비에 의해 발생했다. 이밖에 공급자 취급 부주의 10건(32.3%), 사용자 취급 부주의 및 제품 불량 등이 각각 3건(9.7%), 타 공사와 고의 사고 각 1건(3.2%), 기타 2건(6.4%) 등의 순으로 나타났다. 이 가운데도 LP가스 및 도시가스사고 등은 공급자 취급 부주의와 시설 미비로 인한 사고가 두드러진다. 고압가스의 경우는 시설 미비 사고가 전체 사고의 절대 다수를 차지하고 있는 것으로 집계됐다.

사용처별로는 허가업소, 요식업소, 주택 등에서의 사고 발생률이 상대적으로 높은 것으로 나타났다. 연도별로는 1970년대의 경우 처음 가스를 사용하기 시작한 요식업소 등 다중 이용시설에서의 가스 폭발이 대형 가스사고로 이어진 경우가 많이 발생했으나 1990년대 이후부터는 주택, 허가업소에서 대형 폭발 사고가 많이 발생하고 있다. 가스별로는 LP가스는 요식업소에서 다수의 사고가 발생한 반면 도시가스는 공급시설, 고압가스는 허가업소 등 가스의 취급 량이 많은 장소에서 다수의 사고가 발생한 것으로 나타났다. 현재까지 발생한 31건의 1급 사고로 인한 사상자는 사망자가 371명이며 부상자가 2천4명으로 모두 2천375명에 이르는 것으로 집계됐다. 사고 1건당 76.6명의 인명피해가 발생하고 있는 셈이다.

형태별로는 폭발로 인한 사고가 전체 사고 가운데 58.1%를 차지했으며 1970년대까지는 폭발, 중독, 화재 등이 비교적 고른 형태로 분포해왔으나 1990년대 이후에는 폭발사고가 절대 다수를 차지하고 있다.

지역별로는 전체 사고의 67.8%가 수도권에서 발생한 것으로 분석됐다. 특히, 인구밀도와 가스 사용량이 많은 서울에서 발생한 1급 사고가 15건으로 전체 사고의 48.4%를 차지했다.

대형 가스 사고 발생으로 정부 당국의 가스와 관련된 주요 정책들도 변화되고 있다. 우선 눈에 띄는 대목이 가스 관련법의 변천과정이다. 현행 3법 체계로 운영되고 있는 가스 관련 법의 역사는 국내 가스 사고의 역사와 맥락을 함께 해왔다. 특히 중 · 대형 인명 피해가 발생했던 1급 이상의 사고는 국내 법 체계의 변화를 이끌어 왔으며 현재도 마치 그림자처럼 관련법이나 규정을 개정하는 견인차 역할을 해오고 있다.

가스안전에 관한 법적 규제가 처음 시작된 건 지난 1962년 '압축가스 등 단속법'이 등장하면서부터다. 이후 지난 1973년 고압가스안전관리법으로 개정됐고 지난 1978년 가스사업법이 새롭게 제정되면서 가스 2법 시대가 열렸다. 이후 1980년대 가스연료의 대중화가 본격화되면서 지난 1983년 가스사업법은 고압가스안전관리법, 액화석유가스안전 및 사업관리법과 도시가스사업법 등으로 분리돼 현재의 3법체계를 갖추게 됐다.

국내에서 발생한 첫 번째 가스사고는 일제강점기인 지난 1940년 5월 3일 발생한 서울 신촌 세브란스의전 앞에서의 산소 누출 사고다. 산소를 운반하던 트럭에서 용기가 떨어져 가스가 누출된 사고로 기록되고 있다. 이후 1950년대 산소, 아세틸렌 등 일반가스의 사용이 일반화되면서 국내에서도 각종 가스관련 사고가 발생한다. 정부는 이를 예방하기 위한 차원에서 지난 1962년 12월 24일 압축가스 등 단속법을 제정하게 됐으며 이 때부터 본격적으로 정부의 가스사용에 대한 규제가 시작됐다.

국내에서 처음 발생한 LPG사고는 1964년 8월 19일 서울 마포에서의 용기 가스 누출·폭발사고다. 이 사고로 당시 2명이 화상을 입었다. 이를 시작으로 전국 각지에서 가스사고로 인한 인명 및 재산피해가 발생하기 시작했다. 결국 정부는 고압가스의 단속을 위해 제정한 압축가스 등 단속법을 지난 1966년 2월 23일 개정한다. 이는 지난 1964년부터 국내에서 자체적으로 LP가스를 제조하기 시작했고 이를 바탕으로 LP가스의 소비량도 급격히 증가하게 됨에 따라 그 사용처가 늘면서 관련 사고가 크게 증가했기 때문으로 풀이된다.

가스에 관한 규제가 결정적 변화를 맞게 된 것은 1970년대부터다. 1960년대까지 대부분의 가스사고는 몇 건의 소규모 LP가스 사고를 제외한 대다수가 일반 고압가스 취급과정에서 발생한 사고였다. 그러나 1970년대로 접어들면서 LP가스의 사용처가 점차 본격적인 증가세를 맞게 됐고 이로 인해 대형 인명 피해가 수반된 대형 가스 화재가 발생하기 시작했다. 가장 대표적인 사고가 서울 대연각 호텔 화재와 청량리 역전 대왕코너 화재, 신반포동 아파트 폭발사고 등이다.

대연각호텔 화재사고, 대형 인명피해 수반된 대표적인 대형 가스 사고

지난 1971년 12월 25일 발생한 서울 대연각호텔 화재사고는 전 세계를 놀라게한 초대형 가스 화재사고로 기록되고 있다. 165명이 숨졌고 67명이 부상을 입었으며 당시 7억 원이라는 엄청난 재산피해를 냈기 때문이다. 이 사고는 가스에 대한 전 국민의 인식을 새롭게 바꾸는 계기가 됐다. 그러나 이듬 해인 지난 1972년에도 서울 동대문구 청량리 대왕코너에서 또다시 가스 화재로 6명이 숨지고 67명이 부상을 입는 사고가 발생하면서 정부는 가스사고예방에 대한 근본적인 정책 보강과 전담조직의 필요성을 절감한다. 이 과정에서 탄생한 것이 바로 1973년 2월 7일 제정된 고압가스안전관리법이다.

고압가스안전관리법 제정과 함께 그동안 가스 관련 규제를 수행해오던 압축가스 등 단속법은 역사의 뒤안길로 사라지게 됐다. 관련 업무도 내부부에서 상공부로 이관됐으며 이를 근거로 지난 1974년 1월 7일 현재의 한국가스안전공사의 전신인 고압가스보안협회가 출범하면서 우리나라는 가스 수요증가에 따른 체계적인 안전관리 기반을 마련한다. 하지만 고압가스안전관리법 제정·공포된 이후로도 가스사고는 가스 수요 증가와 함께 크게 늘었다.

지난 1974년 11월 17일 서울 응암동 LPG충전소에서 탱크로리와 저장탱크의 호스연결 착오로 가스가 누출, 탱크로리가 폭발하는 사고가 발생했고 지난 1977년 8월 31일에는 산소용기에 질소를 불법적으로 충전, 이를 적십자병원에 오인 공급하면서 환자 2명이 사망하는 사고가 발생하는 등 크고 작은 사고가 잇따랐다. 이들 사고를 계기로 고압가스용기에 법으로 일정 색을 표시하게 하는 규정이 신설됐다. 특히, 의료용 용기의 도색은 공업용과 별도로 구분토록 하는 용기의 방청도장기준이 고시된다. 같은 해 12월 11일 서울 성동구 성수동 판매점에서 산소와 아세틸렌이 폭발하는 사고가 발생했고 이를 계기로 가스판매업소는 기능사 입회하에서만 작업을 진행하도록 하는 기준과 가연성가스와 조연성가스를 격리, 각기 보관토록 하는 규정도 신설됐다.

1970년대 중반 이후 정부의 주택건설 촉진으로 대단위 고층아파트가 잇따라 건설되면서 고층아파트에 대한 안전 확보에 대한 고민이 시작되던 중 지난 1978년 9월 4일 서울 신반포아파트 폭발 사고가 발생한다. 당시 사고는 아파트 보일러실에 엉성하게 연결한 배관의 나사 사이로 누출된 가스가 폭발한 사고로 5명이 숨지고 40명이 부상을 입었으며 4억2천만 원의 재산 피해를 입었다.

당시 신반포아파트 가스폭발사고는 개발시대 부산물인 안전 불감증에 대한 경종을 울리는 사고로 기록됐고 결국 이 사고를 계기로 정부는 법체계를 현실에 맞게 개선해야할 필요성을 다시 느끼고 고압가스안전관리법을 전면 개편하는 계기를 맞는다. 도시가스에 대한 관련 규제를 구체화하는 가스사업법이 새롭게 제정된 것이다. 이를 통해 가스법은 2법체계로 나뉜다. 개정된 고압가스안전관리법에 따라 지난 1979년 2월 1일 고압가스보안협회는 한국가스안전공사로 개편·발족된다.

1980년대로 들어오면서 가스사용가구는 더욱 급격히 증가한다. 이로 인해 크고 작은 사고도 늘기 시작했으며 그 양상도 달라지게 됐다. 1980년대 대표적인 대형 가스사고가 바로 안양 대교 보신탕 폭발 사고였다. 이어 대한화재보험 빌딩 폭발 사고, 남대문시장 폭발사고 등이 발생했다.

지난 1981년 12월 26일 사망 4명, 부상 129명, 재산피해 3천만 원 등의 피해를 유발한 대한화재 빌딩 지하식당 LP가스폭발사고는 새로운 충격을 던져줬다. 이 사고를 계기로 당시 대통령 특별지시에 따라 가스 안전 관리를 위한 장기 계획을 수립하게 됐으며 이후로도 지난 1983년 1월 14일 서울 청량리 미주아파트 폭발사고(1명 사망, 14명 부상, 재산피해 4천500만 원) 등 잇따른 LP가스사고가 계속되자 정부는 LP가스의 충전, 저장, 판매, 사용시설 및 가스용품 안전관리와 공급자의 자율적 안전관리, 보험 관련 사항 등의 규정을 골자로 고압가스안전관리법을 개정한다. 연료 수요의 패턴 변화에 발맞춰 가스사업법은 도시가스사업법으로 개정되고 이와 별도로 지난 1983년 12월 31일 액화석유가스안전 및 사업관리법을 새롭게 제정·공포됨으로써 현재와 같은 가스3법체계의 골격을 갖추게 됐다. 이와 함께 특정설비에 대한 재검사제도와 수집검사제도 등이 도입됐으며 지난 1983년 VIP 점검과 함께 소규모 요식업소에 대한 1만곳 가스시설 총점검제도가 도입되는 등 가스시설에 대한 안전점검활동도 본격화된다.

가스사고에 대한 시책변화 계기 만들어 준 안양 대교보신탕 폭발사건

이후 가스안전공사에 긴급 출동반이 확대 편성되는 한편 점검 대상시설도 확대됐다. 가스용품의 다양화, 보편화에 따라 각 가스용품에 대한 제조기준도 강화, 변경됐다. 당시 가스레인지 보급이 활성화되면서 가스레인지 콕의 기밀불량 또는 국물이 넘쳐 불이 꺼져 가스가 누출·폭발하는 사고가 빈발해지자 지난 1989년 3월 17일 모든 가스레인지에 가스가 꺼질 경우 유로를 자동 폐쇄하는 소화안전장치를 부착토록 관련 법령이 개정된다. 이후 생가스 누출로 인한 사고가 급격히 줄었고 정부는 지난 1996년 3월 가정용조리기구 오븐레인지, 그릴 등에도 관련 제품을 부착토록 의무화를 확대한다.

1990년대로 들어와 가정용연료의 비중은 LP가스에서 점차 도시가스로 옮겨지게 된다. 이로 인해 대형사고 중 도시 가스 관련 사고도 자연적으로 늘어나게 됐다. 대표적인 사고로는 지난 1992년 2월 23일 광주 해양도시가스에서 발생한 도시가스 폭발사고, 지난 1994년 12월 7일 서울 마포구 아현공급기지에서 발생한 도시가스폭발사고, 지난 1995년 4월 28일 발생한 대구지하철 공사장 폭발사고 등이다. 특히, 도시가스배관이 전국 도로망 지하에 매설돼 타공사에 의한 배관파손사고가 잇따라 발생하면서 관련 규제도 강화돼 왔다. 1990년대 대표적인 LPG 대형 사고로는 지난 1997년 7월 27일 언양휴게소 LPG폭발사고, 지난 1998년 9월 11일 부천 대성 LPG충전소 폭발사고와 같은 해 10월 6일 전북 익산 LPG충전소 폭발사고 등이다.

지난 1994년 서울 아현동 지하공급기지 폭발사고와 지난 1995년 대구 지하철 공사장 폭발사고 등은 국내 가스안전관리를 대대적으로 변화하는 계기가 된 사고였다. 지난 1994년 서울 아현동 폭발사고로 당시 12명이 숨지고 50명이 부상을 입었으며 6억 원의 재산피해가 발생했다. 이듬해 발생한 대구지하철 공사장 폭발사고는 사망 101명, 부상 201명이라는 국내 사상 최대 피해를 기록했으며 21억3천만 원의 재산피해를 기록했다.

LP가스분야도 지난 1997년 7월 27일 언양휴게소 폭발사고로 7명이 부상을 입고 8천200여 만 원의 재산피해가 발생하자 휴게소 등 다중이용시설에 대한 안전관리가 한층 강화된다. 특히 불특정 다수가 이용하는 고속도로 휴게소, 백화점, 종합병원, 호텔 등에 대한 시설기준이 강화됐으며 정기검사 주기도 6개월로 강화됐다.

이후 지난 1998년 9월 11일 경기 부천에서 발생한 LPG충전소 폭발사고와 전북 익산 동양LPG충전소 폭발사고 등 잇따른 LPG충전소 폭발사고는 LPG공급 시설의 안전에 일대 전환점이 됐다. 사고로 인해 막대한 인명 및 재산피해가 발생하자 당시 대통령 특별지시를 근거로 LPG충전소에 대한 안전관리도 더욱 엄격해진다. 특히 대성충전소 사고는 사망 1명, 부상 83명, 재산피해 95억7천만 원이라는 엄청난 피해를 기록, LPG충전소의 시설에 안전관련 시설을 대대적으로 확충하게 하는 직접적 도화선이 됐다.

이를 계기로 전국의 충전소 623곳에 대한 일제 점검이 시행되는가 하면 종사자에 대한 특별교육을 신설됐으며 지난 99년 3월 관련 법 시행규칙을 개정, 보험 가입액과 배상한도도 대폭 상향 조정됐다. 충전소의 안전거리 확대와 로딩암 설치 의무화, 살수장치 및 물분출장치 설치의무화, 충전원 특별교육의무화 등을 골자로 한 안전관리 대책이 시행됐다.

2000년대 가스 사고는 대형 인명피해를 수반한 참사는 발생하지 않았지만 다양한 가스사용처의 증가와 관련시설의 노후 등으로 인한 사고들이 집중되는 현상을 보인다. 또 가스공급자의 실수와 부적합한 시설에서의 사고 피해가 잇따르면서 관련 시설개선과 공급자에 대한 관리책 강화 등의 대책이 수립되고 있다.

지난 2001년 7월 24일에는 석유화학공단 내 가스수송배관 노후와 시공 잘못으로 가스가 누출되는 사고가 발생, 고압가스수송배관에 대한 시공감리제도가 도입되는 계기가 됐으며 지난 2002년에는 국무조정실 안전관리종합개선대책 100대 과제의 하나로 노후한 대규모가스시설에 대한 정밀안전검진제도가 도입됐다. 지난 2003년 7월부터는 외국에서 무분별하게 수입되는 불량 용기나 관련 부속품으로 인한 피해에 대비해 해외공장에 대한 등록제도도 시행됐다.

연천 예비군 폭사 참사

우리나라의 군사력 가운데 예비 병력인 예비군이 차지하는 비율은 상당하다. 김신조(현재 목사로 재직 중) 등이 이끄는 북한 민족보위성 소속 124군부대 소속 무장공비 31명의 서울 침입사건인 이른바 1·21사태를 계기로 지난 1968년 창설된 예비군은 군대 중에서 언제나 무장 상태로 유지하는 상비군이 아니라, 전쟁이나 천재지변 등 긴박한 상황 등 유사시에 병력 추가로 동원할 것에 대비해 일정한 규모의 전투력을 유지하는 수준에서 훈련을 시키는 병력이다. 이 제도의 대상은 비非상비군인 민간인이다.

예비군은 평상시에는 다른 일들을 하다가 비상소집 시 병사로 소집된다는 점에서 징집과 차이가 없다. 하지만, 일반적인 징집과는 달리 예비군 소속인 사람은 예비군 조직 내에 자신의 소속 위치가 이미 지정돼 있어 소집 이후 별도로 편제할 필요가 없고, 완벽한 민간인과는 달리 일정한 기간마다 전투력을 유지하기 위해 군사 훈련을 받으므로 단순 징집에 비해 빠르게 전력으로 쓸 수 있다는 장점이 있다.

다만, 우리의 예비군 실정은 군사훈련 자체는 거의 의미가 없는 형식적인 수준이었으나, 최근 해가 거듭 될수록 강력한 훈련으로 변모해가고 있다는 점이다. 실제로 육군 제50사단 예비군훈련장에서는 오전 시간 안에 분대 전투, 각개 전투, 시가지 전투, 목진지 전투, 실탄 사격 등을 진행하고 평가 점수를 매겨 우수한 성적을 거둔 조들은 조기 퇴소를 시켜주는 방식으로 훈련 방법을 채택 · 운영하고 있다.

이 때문에 예비군들이 적극적이고 열의적으로 훈련에 참여함으로써 예전과 같이 나태한 예비군의 모습은 많이 사라졌지만, 한편으로는 다 같이 땀을 흘리며 훈련을 열심히 받았는데 왜 퇴소시간에 차이를 두는가 하는 이의도 나오고 있는 실정이다.

이 외의 목적은 피복(군복, 전투화)류 개인 소지 점검, 거주지 주소 파악과 소집 점검 등이다. 즉, 예비군의 직장, 학교, 거주지 등 전역자의 신상을 추적해 파악하는 것을 국방부 차원에서 계속 유지함으로써, 유사 시 빠르게 강제 징집이 가능한 예비 전력을 확인 · 점검하고 구축하는 데 있다.

예비군은 전시 상비군(현역)과 동등한 지위를 보장 받고 대다수의 상비 사단과 감편 사단에 편성돼 있다. 부대별로 차이는 있지만 상비 사단의 경우 평시 현역 대 예비역 비율은 9대 1에서 8대 2 정도로 편성돼 있다. 예비역 본인이 예비군 소집 시 받는 편성이 상비 사단에 속해 있다면 편성이 유지되는 한 전시에는 해당 사단에 편성돼 현역과 동등한 지위를 보장 받으며 현역과 같이 적군과 싸워야 한다. 예비군이 운영되는 향토나 동원 사단의 경우 상비 사단에 비해 적은 현역 수를 유지하고 있으며, 전시에 부족한 병력은 예비역들로 보충돼 전시에 나라를 지키게 된다. 본인이 향토 사단이나 동원 사단에 편성돼 있어 전시에 안전할 것이라고 생각한다면 오산이다. 초전에 곡사포 등을 맞을 확률은 전방에 비해 확실히 적지만 후방 지역에는 최근 북한이 개발한 ICBM 등에 생화학탄을 가득 싣고 날라 올 수 있고 후방 주요 시설에는 적 특수부대가 100%의 확률로 타격하러 올 것이기 때문이다. 방독면을 꼭 챙기고 윗선에서 시키는 대로 잘 이행하려면 예비군 훈련을 잘 받아야 한다. 초전에만 후방에 있으며 전쟁 중반이나 후반 등에는 어차피 전방 부대의 재편성 시 후방에서 근무하던 동원 사단이나 동원 지원단 등이 전방을 지키게 된다.

다만 동원되지 않은 예비군 대부분은 별다른 군사훈련이나 군사지식 등이 필요 없고, 예비군 지휘관의 명령을 받아 최소한의 지역 주요 시설 경비 임무를 담당한다. 대표적으로 주요 관공서, 다리, 변전소, 송전탑 등이 있다. 후방 지역의 기본 치안 유지 기능도 수행한다. 본인이 예비군 훈련 받으러 가는 부대가 대체로 본인이 전시에 근무할 부대이며, 예비군 훈련 시에 받은 보직과 교육 받는 연대, 대대, 중대, 소대가 1년 동안 유지된다. 물론 이사를 가거나 직장이나 학생 등으로 인해 재편이 발생한다면 바뀔 수 있다. 이 외에도 '예비 부대'라는 뜻으로 쓰기도 하는데 같은 이름의 비非상비군 조직 역시 예비 부대이긴 하다. 아예, 상비군마저도 전군 간부화로 조직의 규모를 유사시 예비군으로 채우는 걸 염두에 두는 국가도 있다.

실제로 미군의 경우 평시 병력의 상당수를 예비군으로 운용하고 있으며 연간 최소 39일 복무하고 현역과 같이 기간 동안 월급도 나오고, 진급도 한다. 물론 미군들이 투입돼 있는 국가에서 실전에도 투입되고 있으며, 한국에서 훈련하는 미군들 가운데도 20~30% 정도는 미국에서 비행기를 타고 온 예비군들이 포함됐다.

이처럼 우리의 군사력에서 상당한 비중을 차지하고 있는 예비군이지만, 창설 이래 훈련 중 안전이 늘 문제점으로 지적됐다. 이런 가운데, 지난 1990년대 초반 전방에서 동원 예비군 훈련을 받던 예비군 수십 명이 숨지는 사고가 발생해 사회적인 문제로 대두됐었다.

포병 훈련 예비군 20명 폭발사고로 숨져…사고원인도 포탄 폭발로 밝혀져

사고가 난 시점은 지난 1993년 6월 10일 오후 4시 5분께이었다. 장소는 경기도 연천군의 다락대 사격장이었다. 육군 수도군단 예하의 제967포병대대가 훈련을 진행하던 중 폭탄이 폭발해 발생한 사고였다. 이 사고로 예비군을 포함해 20명이 사망했다. 예비군과 관련된 사고 가운데 최악의 인명 피해를 기록한 사건이자, 어처구니없는 소문들도 따라 다녀 최근까지도 종종 회자되고 있는 사고이기도 하다. 희생자 가운데 대부분은 인천시에 거주하는 육군 포병 예비군이었다. 사고 이후 해당 포병대대는 해체된 것으로 알려졌다.

사고의 원인이었던 포탄들은 니트로 글리세린처럼 충격에 민감하지도 않고, 회전판 등의 안전장치가 있어 포구를 통과하며 일정한 회전수 이상 포탄이 회전되기 전에는 쉽게 폭발하지 않도록 설계돼 있다.

그러나 신관 등 기폭장치와 결합된 경우 그 작동 반응은 결국 물리적 충격이고, 열에 약한 것도 사실이기 때문에 취급하려면 충분히 주의할 필요가 있다.

1개 포에 너무 많은 인원이 붙어 있다 몰살해 당시 예비군 훈련용 포가 부족한 게 아닌가 하는 지적도 나왔다. 거의 2개 포의 인원이 1개 포에 붙어 있었던 것으로 알려졌다.

이런 가운데, 이 사고와 관련돼 당시 많은 뜬소문들이 유포돼 물의를 빚은 바 있다. 유명한 소문 가운데 하나는 그 내용이 실로 어처구니가 없었다. 소문들이 대부분 그렇듯이, 일관된 내용은 없지만, 주된 줄거리는 예비군들끼리 "포탄에 충격을 주면 터진다 · 안 터진다"로 시비가 붙다 이 가운데 1명이 망치로 포탄을 내리쳐 터졌다는 내용이었다. 이 밖에도 예비군들이 술을 마셨다든가, 술을 먹은 예비군 한 명이 남들 모르게 포탄을 망치로 내리쳐 터졌다는 등의 내용이 포함되기도 했다. 이 같은 내용은 너무나 널리 퍼져 정설처럼 취급되기도 했었다. 확인되지 않은 소문에 따르면 이러한 내용이 군의 사고 사례로까지 소개된 적도 있었다.

조사 결과 당연히 예비군들끼리 포탄을 망치로 가격한 일은 없었으며, 실제로는 포탄을 추진시키는 화약인 장약에 어떤 이유로 불이 붙어 큰 화재가 발생했고 이로 인해 근처의 포탄이 폭발한 것으로 밝혀졌다.

예비군 사고 중 최악의 인명 피해 기록한 사건이자 어처구니없는 소문도

연천 예비군 폭사 사건을 사고 원인과 피해 내역 등을 중심으로 구체적으로 복기해보자. 이 사고는 정확하게 동원예비군 포사격 훈련 중 포탄 4발이 폭발, 예비군과 현역 장·사병 등 20명이 사망하고 5명이 크게 다치는 대형 참사였다. 지난 1993년 6월 10일 오후 4시 5분께 경기도 연천군 연천읍 수도군단 포병훈련장 8진지에서 포사격 연습도중 155㎜ 포탄의 장약에 불이 붙어 포탄 4발이 연쇄로 폭발해 수도군단 직할 967포병대대(대대장 배두용 소령) 소속 배한식 중위와 예비역 대위 최한식 씨 등 20명이 숨지고 5명이 크게 다쳤다.

부상자들은 수도군단의 앰뷸런스와 2.5t 트럭 등에 실려 양주군 회천읍 군야전 덕정병원에 옮겨져 응급 치료를 받았다. 부상자들은 이날 오후 5시 30분께 헬기편으로 모두 서울 등촌동 국군수도통합병원으로 옮겨져 치료를 받았다.

사고가 나던 날 훈련을 받던 임 모 씨(당시 30세·예비역 중위·인천시 부평구 효

성동)는 "당시 훈련장에는 포 12문이 있었고, 포탄 4발이 터졌는데 이 가운데 3발은 조명탄이었고 1발은 고폭탄이었다"고 말했다. 한 예비군은 "1개 포반이 8~9명으로 구성해야 하나 23명으로 구성돼 있었고 포탄 운반 등에 관한 안전교육도 제대로 받지 않아 사고 위험이 있었다"고 말했다. 사고를 당한 예비군들은 제967포병대대 소속으로 지난 1993년 6월 8일부터 11일까지 동원예비군에 소집돼 이틀 동안 주둔지 훈련을 끝내고 지난 1993년 6월 10일 새벽 5시께 포병훈련장에 도착, 포사격 실습을 하던 중이었던 것으로 조사 결과 확인됐다. 훈련장에는 이 대대 소속 예비군 394명과 현역 110명 등 모두 504명이 훈련을 받고 있었던 것으로 밝혀졌다.

사고가 발생하자 당시 권영해 국방장관은 대국민 사과성명을 발표하면서 "사망자는 현역과 예비역 구분 없이 전원 국립묘지에 안장, 보상하고 부상자는 완치될 때까지 군에서 치료하겠다"고 밝혔다.

권 장관은 이어 "현재 국방부와 육군, 제3야전군사령부 등의 주관으로 사고 원인을 조사하고 있으며 훈련관리를 소홀히 한 관계관에 대해서는 엄중하게 문책하고 동원훈련 전반에 걸쳐 개선책을 마련하겠다"고 덧붙였다.

이 사고와 관련해 포대장도 구속되고 수도군단장도 문책을 받았다.

결과직으로 연천군 포사격장에서 일어난 예비군 및 현역 19명 폭사사고는 155mm 포사격을 하기 위해 고성능 폭탄에 신관(점화장치)을 조립을 하던 중 폭탄이 폭발해 발생한 것으로 군 조사 결과 밝혀졌다. 사고 조사를 지휘해온 당시 장병용 국방부특검단장(당시 계급 중장)은 지난 1993년 6월 11일 오후 1차 조사 결과를 발표했다.

이 발표에 따르면 예비군 김형민 씨(당시 25세) 등 목격자 4명의 진술을 토대로 현장상황을 조사한 결과 이번 사고는 당초 추정했던 담뱃불에 의해 발생한 것이 아니라 포사격에 앞서 고폭탄에 신관을 조립하던 중 1차 폭발이 발생했고 파편의 옆에 놓여있던 조명탄 2발과 장약통 등을 관통하면서 점화되는 바람에 2차 폭발이 일어나 대형 참사가 빚어졌다는 것이다.

장 단장은 신관 조립을 누가 했는지에 대해선 "현역인지 예비군인지 아직 확인되지 않았다"고 말했으나 "당시 훈련장에 예비군은 상당수 있었던 반면 현역 숫자는 매우 적었다"고 밝혀 예비군이 고폭탄에 신관을 조립한 것으로 추정되고 있다.

장 단장은 또한 폭발 원인에 대해서도 "포수 요원에 의한 취급 부주의나 비정상적인 조작으로 판단된다"며 "그러나 안전장치 결함 등 신관 자체에 결함이 있었을 가능성도 배제할 수 없다"고 말했다.

당시 사고 조사는 국방부, 육군, 제3야전군사령부, 국방과학연구소, 국방과학수사연구소, 미8군 등이 합동으로 진행했다.

한편 사망자 장례식은 지난 1993년 6월 13일 오전 창동·덕정·일동·벽제 등지의 야전병원에서, 안장식은 지난 1993년 6월 14일 대전국립묘지에서 수도군단장으로 진행됐다. 육군은 당시 사망자에 대해 모두 1계급 특진을 추서했고, 부상자는 수도통합병원으로 옮겨 치료했다.

고폭탄 신관결합중 비정상 조작에 따른 폭발…속속 드러난 사고 원인

군 당국은 사고 당시 경기도 연천 다락대 포병 사격훈련장 폭사사고는 "포사격

을 준비하면서 고폭탄에 신관을 결합하던 중 포수요원의 취급 부주의 또는 비정상적인 조작 등으로 포탄이 폭발해 일어난 것으로 드러났다"고 발표했다.

사고 조사를 지휘한 장병용 국방부 특명검열단장(중장)은 "수도 통합병원에 입원 치료 중인 예비군 등 목격자 4명의 진술을 종합한 결과 이번 사고는 장약에 담뱃불이 인화되면서 포탄이 폭발한 것이 아니라 고폭탄 사격에 들어가기 위해 신관을 결합하던 중 폭발해 파편이 장약통을 관통해 연소되면서 고폭탄 옆에 있던 조명탄 2발이 차례로 폭발해 대형 참사가 빚어 졌다"고 밝혔다.

이처럼 예비군 훈련 중에서도 사회생활을 하다가 연간 3박4일(34시간)의 입영훈련을 받게 돼 있는 동원훈련에는 사고 위험이 상존하고 있다. 이 때문에 소집 동원 시 기강 해이 등 여러 가지 문제점들이 발생할 소지가 많으므로 관리부대가 안전관리를 특별한 주의를 기울여야 하는 게 동원교육의 기본적인 원칙이다.

그러나 이 사고의 경우, 예비군들에게 제대로 안전수칙을 교육하지 않은 상태에서 훈련을 진행, 사고가 일어난 것으로 밝혀져 허점을 드러냈다. 기강 해이와 근무수칙 미 준수 등 직접적인 원인 이외에 구조적인 문제점도 적지 않아 언제 이 같은 사고가 재연될지 모르는 상황이다.

예비군 연령이 지나치게 높아 훈련의 효율을 기하지 못한다는 게 예비군제도의 가장 큰 문제점으로도 제기되고 있다. 동원 예비군의 경우 30세나 전역 이후 4년차까지 편성돼 동원 훈련을 받도록 돼 있다.

그러나 현재 대부분의 예비군이 생업을 갖고 있고 연령도 평균 30세 정도임을 감안할 때 연령 인하와 함께 정예화 방안 등이 시급히 마련돼야 한다는 지적이 나오고 있다. 훈련 대상자가 많아 한 교장에서 수백 명씩 교육시켜 통제가 원천적으로 불가능한 실정이기도 하다. 수용능력 초과현상은 일반훈련 이외에 포사격, 소총사격, 수류탄 투척훈련 등에도 예외가 아니다.

또한, 예비군훈련 지휘관이 대대장으로 원칙상으로는 계급이 중령이어야 하지만 예비군 훈련의 경우 대부분 소령이 담당하고 있어 교육자와 피교육자의 나이가 비슷해 통솔에 어려움이 따른다. 사고가 발생했던 제967포병대대장도 계급이 소령이었던 것으로 밝혀졌다.

현재 동원 예비군의 경우 부대 입영 날짜를 군 당국이 임의로 지정, 소집하고 있어 생업 종사자들의 개인적인 사정이 무시되는 점도 문제점으로 지적되고 있다. 군 관계자들은 이에 따라 군 당국이 임의로 지정하는 등 동원 예비군 소집 일자를 일정 기간을 정해 소집 대상자가 원하는 날짜를 접수한 뒤 이를 조정해 소집하는 방안을 마련해야 한다고 지적하고 있다.

교과 과목이 대부분 시간 때우기 식으로 편성돼 있어 '차라리 하지 않는 것보다도 못하다'는 지적들도 제기되고 있다. 교육 기자재와 장비 등도 턱없이 부족한데다 교육 내용이 안보교육 위주로 편성돼 있어 실질적인 효과를 거두지 못한다는 것이다. 당시 국방부는 사고가 터지자 대책회의를 열어 동원예비군 제도를 전면 재검토하겠다는 입장을 밝혔다.

사실 예비군제도는 지난 1968년 창설 이래 민간인에 대한 군사교육이 타당한 지에 대해 논란은 계속돼 왔다. 특히 동원 예비군 훈련제는 복무연한 · 편제 · 훈련 내용 등 운영 전반에 걸쳐 끊임없이 문제점이 제기돼 왔다. 입영 훈련으로 인한 사회 · 경제적 손실이 연간 1조3천여 억 원이나 된다는 연구 결과도 제기됐듯이 대다수가 생업을 가진 사람들로 큰 불편을 겪어왔다. 이 때문에 예비군 입영훈련이 과연 필요한가하는 주장이 설득력을 얻고 있다.

이 때문에 현 제도의 단순한 보완 차원이 아닌 동원훈련 등 예비군 제도 전반에 걸친 전면적이고 획기적인 개선책을 이번 기회에 마련해야 한다는 것이 대다수 예비군 관계자들의 지적이다.

연천 예비군 폭발사고로 숨진 동원 예비군 현역 장병들에 대해서는 법률적인 보상인 사망 보상금과 연금 이외에도 별도의 위로금이 주어졌다.

현행 병역법 제34조는 '병력 동원 훈련 소집으로 입영한 자는 현역에 준해 복무한다'고 규정, 동원 예비군은 현역 군인과 같은 보상을 받게 된다.

군인연금법과 향토예비군 설치법 등은 사망 보상금으로 병장 이하 사병이 전사·순직할 경우 중사 1호봉 월급의 12배(154만1천 원), 하사관과 장교의 경우 해당 계급 월급의 12배 등을 지급토록 규정하고 있다. 여기에 '군 복무 중 전사·순직한 자의 유족은 유공자 예우에 관한 법률에 따라 보상받을 수 있다'는 병역법 제65조에 의해 사고 희생자 유족들은 국가유공자 예우에 관한 법률 11조와 13조 등의 적용을 받아 매월 연금을 받게 된다.

부상자는 완치될 때까지 무료로 치료를 받은 뒤 군 통합병원이 정한 상이등급에 따라 현역과 같은 금액의 보훈연금을 매월 받으며 별도의 장애 보상금도 지급된다.

국방부는 현행법에 따른 보상금이 너무 적은 것을 감안해 별도 보상금을 지급키로 했다.

예비군훈련의 문제점 한꺼번에 드러낸 인재
…군 기강 해이 몰고 온 참사

지난 1993년 6월 10일 경기도 연천 소재 육군 다락대 포병사격훈련장에서 발생한 현역 및 예비군 폭사사고는 현행 예비군 훈련이 안고 있는 문제점들을 한꺼번에 드러낸 인재人災로 군 기강 해이가 몰고 온 어처구니없는 참사였다는 지적에는 이견이 없다.

그렇다면 이 사고가 발생하기까지의 원인들은 무엇인지 구체적으로 살펴본다.

전례 없는 군軍 안전사고로 기록될 이 사고는 지금까지의 예비군 훈련이 해가 거듭 될수록 시간 때우기에 급급한 형식적 훈련으로 전락, 예비군 제도의 근본적인 취지가 흔들리고 있는데다 훈련에 임하는 예비군의 태도 역시 마지못해 억지로 응하고 있는 현실 등을 감안할 때 어쩌면 예고됐던 사고라고까지 할 수 있다는 지적도 나왔다. 현역이 아닌 병력이 타율적으로 억지로 훈련에 임하다 보니, 군기도 해이해지고 현역이 아니기 때문에 통제도 쉽지 않기 때문에 언제나 사고의 발생 가능성은 안고 있다는 것이다.

이와 함께 군 당국으로서도 그동안 엄청난 규모의 예비군 조직을 관리 · 유지하는 데 어려움을 겪어 왔으며, 경기도 연천 소재 육군 다락대 포병사격훈련장에서 발생한 현역 및 예비군 폭사사고도 이 같은 구조적인 문제에서 기인한 것도 사실이다.

예비군의 경우 현역 근무경력을 갖고 있지만, 이미 군 조직과 다른 사회생활을 하고 있기 때문에 동원 훈련 시 기강이 해이해질 수밖에 없다는 지적에도 무게가 실리고 있는 까닭이다.

게다가 냉전논리의 소멸, 사회 전반의 세태 변화 등으로 훈련을 받는 예비군들의 기강이 더욱 해이돼 있는데다 훈련을 시키는 현역 군인의 기강도 최근 사회적 양태를 반영, 함께 해이되면서 언제든지 크고 작은 참사가 일어날 위험성은 내재돼 왔다는 지적이다. 이 같은 와중에 발생한 사고가 바로 연천 예비군 폭사였다.

이 사고의 1차적인 원인으로는 우선 훈련 시 지켜야 할 기본적인 안전 및 통제수칙무시가 꼽히고 있는 점은 바로 이 같은 우려가 현실로 나타난 것이라고 할 수 있다.

특히 군대에서 '포군기砲軍紀'라는 말이 있을 만큼 엄청난 살상력 때문에 일반 소총사격 시보다 더 엄격한 안전수칙 준수가 요구되는 포사격 훈련임에도 불구하고 어이없는 폭발사고가 일어난 것은 그동안의 예비군 훈련 기강이 얼마나 해이됐었는 가를 단적으로 보여준 사례이기도 하다.

이 같은 기강 해이는 ▲포 사격 시 만약의 사고에 대비, 약간의 화기에 노출돼도 인화될 만큼 인화성이 높은 장약과 살상 반경이 50m나 되는 155mm 포탄을 포다리 좌우측에 최소 3m 이상 거리를 두어 관리해야 함에도 이 같은 사격철칙이 제대로 지켜지지 않았고 ▲실 사격 훈련 중인데도 일부 예비군이 포견인 차량에서 잠을 자거나 훈련 참가자들이 나눠먹기 위해 오이를 사러 가는 등 통제가 거의 이뤄지지 않았으며 ▲통상 사격 인원 8~9명의 3배나 되는 인원이 몰려 훈련을 실시했다는 군 당국의 자체 조사 결과에서도 분명히 확인됐다.

군 당국은 최종적으로 사고 원인에 대해 연천 다락대포사격장 폭사사고는 "포사격을 준비하던 중 고폭탄에 신관을 결합하면서 포수 요원의 취급 부주의 또는 비정상적인 조작 등으로 포탄이 폭발해 일어난 것으로 드러났다"고 발표했다. 사고 조사를 지휘한 당시 장병용 국방부특명검열단장(당시 계급 중장)도 "수도 통합병원에 입원해 치료받은 예비군 등 목격자 4명의 진술을 종합한 결과, 이번 사고는 장약에 담뱃불이 인화되면서 포탄이 폭발한 것이 아니라 고폭탄사격에 들어가기 위해 신관을 결합하던 중 폭발, 파편이 장약통을 관통해 연소되면서 고폭탄 옆에 있던 조명탄 2발이 차례로 폭발해 대형 참사가 빚어졌다"고 밝혔다. 이어 "조사는 국방부, 육군본부, 제3야전군사령부, 국방과학연구소, 국방과학수사연구소, 미군 등과 합동으로 진행됐다. 포탄 폭발 원인은 포수요원의 취급부주의나 비정상적인 조작으로 판단되고 있으나 포탄 및 신관 자체의 결함 개연성도 배제할 수 없다"고 설명했다.

화성 씨랜드 참사

지난 2014년 4월 16일 제주도로 수학여행을 가던 경기도 안산시 안산 단원고교 학생들을 포함해 승객 300여 명을 태우고 항해하던 중 침몰한 세월호 참사가 우리 사회를 충격으로 몰아넣었다. 당시 정부 당국의 소극적인 정확한 침몰 원인에 대한 규명 및 안이한 대처와 소중한 생명에 대한 존엄성 결여 등은 결국 박근혜 전 대통령의 탄핵으로 집권당의 몰락으로까지 이어졌다. 물론, 정치권 일각에서는 세월호 참사를 정쟁에 이용한 게 아니냐는 지적도 나오고 있지만, 이 참사를 계기로 기득권의 민낯이 노출됐다는 시각도 배제할 수 없다.

세월호 등과 같은 참사를 사회학적 시각에서 분석하면 특정한 연대와 공간 등을 엿볼 수 있는 정교한 크로니클(Chronicle:연대순으로 역사적인 사건과 현상 등을 열거한 기록)이라고 볼 수도 있다. 하나의 사고를 통해 그 사고가 발생했던 시점의 사회, 정치, 경제, 문화적인 측면의 단면들이 섬세하게 담겨져 있기 때문이다.

이보다 15년 전에 경기도 화성시(당시는 화성군) 서신면 백미리 한 청소년수련원에서는 화재로 유치원생들을 포함해 20여 명이 숨지는 사고가 발생했다. 바로 화성 씨랜드 청소년수련원 화재 사고다. 이 참사가 발생한 건 지난 1999년 6월 30일이었다. 희생자들은 유치원생 19명과 인솔교사 및 강사 4명 등 23명이다. 이 사고는 어른들의 부주의로 나이 어린 유치원생들이 희생당했다는 점에서 전국적으로 애도의 물결이 이어졌다. 대형 사고에 대비한 사회 안전망 구축이 시급하다는 지적도 제기됐다. 화성 씨랜드 참사는 지난 1999년 한국 사회의 사회, 정치, 경제, 문화 등 모든 분야를 총체적으로 들여다 볼 수 있는 하나의 거대한 화석이자, 이른바 크로니클이었다고 말할 수도 있다. 화성 씨랜드 참사를 계기로 화재에 대한 경각심은 물론, 사회안전망 구축이 시급하다는 국민 공감대가 형성된 점은 긍정적인 측면에서 시사 하는 바가 크다.

하지만, 화성 씨랜드 참사 이후에도 안전 불감증은 여전했고, 대형 화재와 천재지변 등의 발생에 대비한 사회안전망 구축은 요원했다. 사회학자들은 이 같은 안전 불감증이 15년 후에 세월호 참사로 이어진 게 아니냐고 주장하고 있다. 화성 씨랜드 참사가 발생한 해 10월 30일 인천 인현동에서 호프집 화재로 56명이 숨지고 78명이 부상을 입는 대참사가 발생하기도 했다. 정부 수립 이래 3번째 규모의 대형 화재 사고였다.

인천 인현동 호프집 화재의 피해자 대부분은 고등학생 등 청소년들이어서 유치원생들이 희생당한 화성 씨랜드 참사 못지않은 충격을 우리 사회에 던지기도 했다. 피해를 당한 학생들은 학교 축제를 끝내고 긴장이 풀린 상태에서 발생한 화재로 희생돼 안타까움을 더해주기도 했다. 물론, 논리적으로나 현실적으로 화성 씨랜드 참사가 논리적으로 인천 인현동 호프집 화재로 귀결됐다거나, 화성 씨랜드 참사가 인천 인현동 호프집 화재 발생에 원인을 제공했다고는 볼 수 없지만, 정부 수립 이래 3번째 규모의 대형 화재사고였다는 점에서 화성 씨랜드 참사 이후 우리 사회가 제대로 원인을 분석하고 복기하고 실천했다면 적어도 예방할 수는 있지 않았겠느냐는 지적도 나오고 있다.

더구나 충격적인 사실은 화성 씨랜드 참사 현장 옆에 불법 시설물 등으로 꾸며진 야영장이 조성돼 영업하고 있는 사실이 뒤늦게 드러났다는 점이다. 물론,

화성 씨랜드 참사 이후 10년이 훌쩍 지난 시점에 적발됐지만, 이 불법 시설물을 설치한 사람은 다름이 아니라 화성 씨랜드 참사의 현장이었던 시설의 당시 소유주이자 시설 운영자이어서 사회에 큰 반향을 일으켰다.

이런 가운데, 화성 씨랜드 참사의 영향으로 희생된 어린이 부모들을 포함한 어른들의 삶에는 커다란 변화가 오기도 했다. 어떤 부모는 관련 재단을 설립하는 등 화성 씨랜드 참사를 계기로 새로운 삶을 개척했는가 하면, 화성 씨랜드 참사가 발생하기 전 청소년수련시설 인·허가 업무를 담당하던 중 내부 고발을 했던 공무원은 주위의 냉대로 정들었던 직장을 떠나야만 했고, 어떤 부모는 아예 외국으로 이민을 가기도 했다. 하나의 사고로 인해 피해자들의 부모 등 가족들은 물론, 우리 사회 구성원들에게 어떤 영향을 미쳤는지를 살펴 볼 수 있는 대목이기도 하다.

모기향 추정되는 화재로 19명의 어린 새싹들이 숨져

화성 씨랜드 참사의 발생 시각은 지난 1999년 6월 30일 새벽 1시 30분께였다. 경기도 화성시(당시는 화성군) 서신면 백미리에 있는 청소년 수련시설인 놀이동산 씨랜드 청소년수련원에서 원인 불명(모기향으로 추정)의 화재가 발생했다. 이 불로 이 시설에서 잠을 자고 있던 유치원생 19명과 인솔교사 및 강사 4명 등 23명이 숨지고 6명이 부상당하는 참사가 발생했다. 화재 당시 씨랜드에는 서울 소망유치원생 42명, 안양 예그린유치원생 65명, 서울 공릉미술학원생 132명, 부천 열린유치원생 99명, 화성 마도초등학교 학생 42명 등 497명의 어린이와 인솔교사 47

명 등 모두 544명이 잠을 자고 있었다.

화재 발생 후 1시간이 지난 이날 새벽 1시 41분께, 신고를 접수한 소방서(당시 오산소방서)는 소방차 20여 대 와 소방관 70여 명, 경찰 250여 명 등을 사고 현장에 출동시켜 화재 진화와 인명구조 작업 등을 펼쳤다. 그러나 신고가 너무 늦었고, 소방서가 현장으로부터 70km 떨어진데다 화재가 발생하면서 생긴 유독가스와 건물 붕괴 위험 등으로 진화작업에 어려움을 겪었다. 화재는 가장 처음 수련원 3층 C동 301호에서 일어나 순식간에 건물 전체로 옮겨 붙은 것으로 추정됐다. 소방 당국은 화재 원인으로 방 안에 피둔 모기향이 옷에 옮겨 붙은 가능성이 크다고 보고 정밀 검식을 실시했다.

이 수련원은 콘크리트 1층 건물 위에 52개의 컨테이너를 얹어 2~3층 객실을 만든 임시 건물이었다. 청소년수련원 용도로 사용하기에는 부적합하고 여러 위험 요소를 안고 있는 구조물이었다. 생활관에는 화재경보기가 있었으나 불량품으로 판명됐고, 사용하지도 않은 빈 깡통의 소화기들도 발견됐다. 수원지검과 화성경찰서 등은 씨랜드 대표와 화성시(당시는 화성군) 관계자 등을 소환했고 수련원 준공과 사업허가 경위 등에 대해 집중적으로 수사했다. 화성시(당시는 화성군)로부터 준공 및 사업 허가 관련 서류 일체를 넘겨받아 이 과정에서 불법이 있었는지를 집중 조사한 검찰은 이들 사이에 인·허가를 둘러싸고 시시비비를 가려냈다.

이런 가운데, 화성 씨랜드 참사 이후 참사로 두 쌍둥이 딸을 잃은 고석 한국어린이안전재단 대표는 생업을 포기하고 관련 재단을 설립, 어린이 안전 운동가로 활동하고 있다. 당시 화성군 공무원으로 비망록을 통해 유착 관계를 고발했던 이 모 씨는 사고 다음 해 명예 퇴직했다.

아시안게임 금메달리스트이자 전 대한민국 국가대표 하키 선수 김순덕 씨는 "이 사고로 장남을 잃고, 씨랜드 참사 이후 4개월 만에 일어난 인천 인현동 호프집 화재 참사를 보니 미련이 남지 않는다"며 모든 훈장과 메달을 반납하고 "한국에선 살고 싶지 않다"고 밝힌 뒤 남편과 작은 아들 등과 함께 뉴질랜드로 이민을 갔다.

이런 가운데, 화성 씨랜드 참사가 발생한 지 13년 만인 지난 2011년 참사 현장 옆에 불법 시설물 등으로 꾸며진 야영장이 조성돼 영업을 하고 있는 것으로 드러났다. 이 불법 시설물을 설치한 인물은 이 사고 당시 소유주이자 시설 운영자와 동일인이어서 충격을 던졌다.

정확한 사고의 원인은 모기향 불?…대부분의 피해자 부모들 "전기 누전"

화성 씨랜드 참사 조사팀은 일단 화재의 원인이 모기향 불이었다고 발표했었다. 모기향이 잘못 엎어지면서 가연성 소재로 된 건물 내로 불길이 번지고 이와 동시에 매캐한 독가스를 내뿜으면서 피해가 커졌다고 설명했다. 이후 법원 판결을 통해서도 모기향이 화재의 원인으로 판단됐다.

그러나 불이 붙은 모기향으로 여러 방식으로 실험을 한 결과 모기향으로 불이 나는 건 거의 불가능하다는 사실이 방송 실험을 통해 입증됐다. 이전부터 전기가 들어왔다, 안 들어왔다 했다는 목격자 증언으로 미뤄 전기 누전을 화재의 원인으로 보는 게 사실에 가까울 거라는 게 대다수의 의견이어서 피해자 부모들이 조사팀에게 정확한 조사를 요구했다.

특히 많은 희생자가 난 이유 가운데서 가장 큰 원인은 신고가 늦었다는 점이 문제점으로 지적됐다. 오산소방서에 신고가 접수된 건 사고가 발생한 시점으로부터 1시간 후였고 게다가 관할 소방서인 오산소방서에서 화재가 발생한 씨랜드까지의 거리는 70㎞나 떨어져 고속도로에서 질주를 해도 40분은 잡고 가야하는 긴 시간이 걸렸다. 또한 고속도로처럼 선형 좋은 도로도 40분인데, 사고가 난 곳은 농어촌 지역 산길에 선형도 좋지 않았던 만큼 소방차가 신호를 무시하고 달리고 새벽이어서 교통량도 많지 않았다고　해도 화재 현장에 도착하기까지는 많은 시간이 소요된다는 건 더 이상 말할 필요가 없다. 화재 발생과 동시에 소방차가 출동해도 결국 화재 발생 후 40분 이상 지나고 나서야 도착하게 되는데 이 쯤 되면 무슨 일이 벌어지는지는 명약관화明若觀火하다. 결국, 동원된 소방인력만 553명에 70대가 넘는 소방차 등이 화재 현장에 출동했지만 끝내 어린이 19명을 포함한 23명은 세상을 떠나고 말았다.

　　이렇게 된 이유는 18명의 소망유치원생들은 씨랜드 3층의 한 개 방에 다 같이 자고 있었는데, 불길이 급격히 번진 데다 인솔교사들이 무책임하게 대응했기 때문으로 분석된다. 물론, 이 점에 대해선 의문이 있는 게 사실이다. 해당 유치원 인솔 교사들은 유치원생들이 자는 반대편 방에서 투숙 중이었고, 최초 발화지점도 그 장소였고 심지어 비치된 소화기는 쓰지도 못했고 객실 내 화재경보기마저 고장 나 있었던 터라 어린이들은 불길을 빠져나오지 못하고 그대로 희생됐다고 주장했다.

　　어린이들이 몰려 자고 있었던 방에 인솔 교사가 한명이라도 있었다면 어린이들을 대부분 살릴 수 있었을지도 모른다는 지적도 나왔다. 인솔 교사가 같이 자고 있던 방의 어린이들은 무사히 빠져 나왔을 수 있었겠지만, 대부분의 인솔 교사들은 밖에서 불을 피워두고 삼겹살과 소주 등을 먹고 있었던 터라 불이 발생했는지도 모른다는 분석도 있다. 물론, 모든 인솔 교사들이 삼겹살과 소주 등을 마셨던 것은 아니라는 게 당국의 조사 결과 밝혀진 사실이다. 이 때 술을 마시지 않았던 인솔 교사 1명과 이벤트 강사 3명 등이 어린이들을 구하기 위해 불길 속으로 몸을 던졌다가 변을 당한 비극이 이를 입증해주고 있다. 이와 함께 3층에서 투숙했던 소망유치원 이외에도 2층에서 투숙했던 부천의 다른 유치원에서도 유치원생 1명이 희생됐다.

특히, 수련원 측은 운영 과정에서 시공 및 감리회사 관계자들에게 뇌물을 제공했으며 화성시(당시 화성군) 공무원들은 이를 묵인, 비호했고, 충격적이게도 사고 당시 화성군수도 해당 수련원의 불법 운영에 개입하기까지 했던 것으로 당국의 조사 결과 드러났다. 이렇게 뇌물을 제공했으니 씨랜드의 건물은 불법적인 구조로 운영을 할 수 있었고, 안전 검사를 통과해 무시할 수 있었던 것으로 밝혀졌다. 이 시설은 콘크리트 건물 1층 위로 52개의 컨테이너로 가건물을 조합해서 운영되고 있었다. 게다가 건설비와 운영비 절감을 위해 가연성 소재로 인테리어를 설치했다. 그래서 불이 나면 쉽게 번지고 이 과정에서 유독 가스까지 추가로 발생한 것으로 조사 결과 드러났다. 그리고 이 같은 불법 구조로 인해 불이 났을 때 소방차가 밖에서 물을 뿌리더라도 건물 안으로 제대로 들어갈 수 없었다. 소화기나 화재경보기 등의 방화시설 점검도 형식적으로 이뤄져 화재를 키웠다는 지적도 나왔다.

잊지 말아야 할 사실…나이 어린 유치원생들이어서 신원 확인에도 닷새나

화성 씨랜드 참사와 관련해 우리가 잊지 말아야 하는 중요한 점이 있다. 피해자들의 상당수가 체격이 작고 골격이 아직 제대로 굳지 않은 어린이들이어서 거센 불길로 인해 시신의 상태가 좋지 않아 신원을 확인하는 데 닷새나 걸렸다는 점이다. 결국 어른들의 욕심으로 인한 인재(人災)로 이렇게 어린 새싹들을 하늘나라로 보낸 것이다.

반면, 소망유치원 원생들이 묵었던 301호의 맞은편에서 자고 있던 마도초등학교 학생들이 대피할 수 있었던 점은 학생들이 묵고 있던 2개의 방에 각각 한 명씩 인솔 교사가 같이 묵고 있었기 때문으로 분석됐다. 해당 인솔 교사는 화재가 발생하자 침착하게 학생들을 대피시킨 뒤 다시 들어가 다른 어린이를 구조한 덕분에 몇 명의 어린이가 목숨을 건질 수 있었다. 후에 두 인솔 교사는 탈진해 쓰러졌고, 소방관들이 한명을 구조하는 데는 성공했지만 김영재 교사(당시 38세)는 이미 숨을 거뒀다. 어쨌든 이 두 교사가 아니었으면 씨랜드 참사는 23명 이상의 피해로 번질 수 있었다는 게 당시 소방 당국의 설명이었다.

이 외에도 당시 레프팅 강사로 투입된 이벤트 업체 강사 서태용씨(당시 21세), 채덕윤씨(당시 26세), 박지현씨(당시 23세) 등 3명도 어린이들을 구하러 갔다가 희생됐다.

당시 화재가 다 진압되고 소방관들이 유치원 어린이들이 갇혔던 방에 도끼로 문을 깨고 강제로 진입했을 때, 문에는 손톱으로 긁은 자국이 수없이 있었다고 전해진다. 정말 소름이 끼치는 대목이다. 이에 대해 해당 소방관들은 "유치원생인 어린이들이 느꼈을 공포를 그대로 느꼈다"고 말했다.

경찰은 화성 씨랜드 참사 조사 과정에서 씨랜드 측과 화성시_(당시는 화성군)사이에서 온갖 비리 사실이 있었음을 밝혀냈고 전국적으로 비난 여론이 확대됐다. 참사를 당한 어린이들의 부모들은 지난 2001년 3월 23일 화성시의회를 통해 씨랜드 청소년수련의 집 화재사고 사상자 보상금 지급 조례가 통과되면서 보상금을 받게 됐다.

하지만, 어린이들의 생명은 그 어떤 것으로도 갈음할 수 없었다. 여자하키 종목으로 지난 1988년 열린 서울 올림픽에서 은메달, 2번의 아시안 게임에서 2개의 금메달까지 땄었던 김순덕 전 여자 하키 국가대표 선수는 이 사고로 아들을 하늘나라로 떠나보낸 후 4개월 만에 인천에서 또다시 화재 사고가 나자, 대한민국에 환멸을 느껴 그동안 받았던 훈장을 모두 정부에 반납한 뒤, 대한민국 국적을 버리고 뉴질랜드로 영구 이민을 떠났다. 이외에도 사고자들의 부모가 생업을 포기하는 경우가 속출했다고 한다. 한편, 18명의 희생자 중 13명의 가족들은 사고 이후 희생된 어린이들의 동생을 낳았다. 희생된 어린이들은 그해 8월 7일 올림픽공원에서 합동 영결식을 치렀고, 다음 날 아침에 사고 현장 반대 방향인 동해에 유골이 뿌려졌다.

해당 실무 공무원은 물론 화성군수까지 구속 영장이 신청됐고, 사건 당일 술을 마셨던 인솔 교사들도 모두 구속됐다. 그러나 당시 화성군수는 무혐의로 풀려났다. 화성 씨랜드 참사 당시 경찰은 몇 번이나 검찰에 기소를 요청 했지만 모두 기각 당했다.

이 사건과 관련해 청소년수련시설 등에 대한 인·허가 업무를 담당했던 담당 공무원 이 모 씨도 고초를 겪었다. 당초 씨랜드 인·허가 신청을 접수받은 담당 공무원 이 씨는 실사 결과 컨테이너를 얹은 부실하고 취약한 형태의 건물이어서 허가를 내주지 않았다. 그러나 이후 씨랜드 측의 갖은 회유와 협박 등에 시달린 것으로 알려졌기 때문이다. 이 씨의 상급 공무원들도 이 씨에게 빨리 허가를 내주라고 압력을 가했고, 나중에는 폭력배까지 동원해 협박했던 것으로 당국의 조사 결과 드러났다. 또한 씨랜드 회장인 박 모 씨도 이 씨를 무시하고 폭언을 하는 바람에 결국 이 씨는 다른 민원 부서로 옮겨야만 했고, 허가는 속전속결로 진행됐던 것으로 당국의 조사 결과 밝혀졌다.

해당 실무 공무원은 이러한 전말을 자신의 비망록에 남겼으며, 나중에 화성 씨랜드 참사가 발생하고 경찰로부터 조사를 받으면서 이 비망록이 관계자 처벌에 결정적으로 기여했다. 하지만, 결국 이 씨의 상급 공무원들이 해당 건으로 줄줄이 사법 처리를 받게 되자 조직 내에서 내부 고발자라는 이유로 냉대를 받았고, 다음 해 쓸쓸하게 명예퇴직을 하게 됐다.

이 같은 사고에도 불구하고 일부 정부 기관은 끝내 샌드위치 패널 등 내장재 관련 법안에 손을 대지 않았고, 결국 이로 인해 4년 후 대구 지하철 참사와 천안초등학교 축구부 합숙소 화재참사 등이 발생하자마자 건물 및 차량 등의 내장재가 불연재 또는 난연재 등으로 바뀌게 됐다. 만약에 정부가 내장재 관련 법안에 손을 대는 행위로 외양간이라도 고쳤다면 많은 생명을 잃는 사건은 발생하지 않았을지도 모른다는 지적에 무게가 실리는 까닭이다.

한편 이 참사로 인해 7살 쌍둥이 딸을 한꺼번에 잃은 유가족 대책회장 고석 씨는 지난 2003년 '안전교육이 유아의 안전능력에 미치는 영향'이라는 주제로 서울시립대학교에서 석사학위를 받았고, 한국어린이안전재단을 설립해 대표로 활동하고 있으며, 이후 안전문화 유공자로 인정받아 지난 2015년 국민포장을 받았다.

참사 발생했던 공간 인근에 불법 휴양시설 운영 물의…여전한 안전불감증

지난 2011년 8월 17일 화성 씨랜드 부지 옆에서 불법 휴양시설이 운영되고 있다는 사실이 보도됐다. 더욱 충격적인 사실은 해당 휴양시설 소유주가 화성 씨랜드 참사 당시 씨랜드 건물 소유주이자 시설 운영자였던 점이다. 물론, 해당 시설들은 당국에 의해 모두 철거됐다.

하지만 안타깝게도 화성 씨랜드 참사가 발생한 1999년 6월 30일로부터 정확하게 4개월이 지난 시점에 또 다시 청소년들이 희생되는 사고(인천 인현동 호프집 화재 사고)가 발생했고, 1년이 지난 2000년 추풍령 경부고속도로 연쇄추돌 참사에 이어, 14년이 지난 2013년 태안 사설 해병대 캠프 참사, 15년이 지난 2014년 세월호 참사 등으로 계속 이어졌다.

이외에도 안전 불감증으로 인한 사고는 여전히 우리 사회에 충격을 던졌다. 또한, 화성 씨랜드 참사처럼 샌드위치 패널 등 가건물에서 일어난 화재 사고도 잇따랐다. 지난 2001년 대구 성서공단 화재사고, 다음 해인 지난 2002년 서천 금매복지원 화재 사고, 역시 다음 해인 지난 2003년 충남 천안초등학교 축구부 합숙소 화재사고, 같은 해 경북 청도 대흥농산 버섯공장 화재사고 등이 대표적이다. 특히, 지난 2003년 발생한 충남 천안에서 발생한 천안초등학교 축구부 합숙소 화재사고는 화성 씨랜드 참사와 마찬가지로 초등학생 축구부 합숙소 화재라는 점에서 경각심을 던져주기도 했다.

이런 가운데, 문화예술계에선 화성 씨랜드 참사를 기리는 움직임이 대중가요로 구현되기도 했다. 문화예술도 정치, 사회, 경제 등이 담겨지는 거울이라는 점에서 안전 불감증에 대한 경고와 함께 다시는 이 같은 참사가 재발되지 않아야 한다는 결의가 녹여져 있다는 점에서 시사 하는 바가 크다. 더구나, 화성 씨랜 드 참사의 희생자들이 대부분 유치원을 다니던 어린 새싹이라는 점에서 기성세 대에게 "미래의 주인공인 어린이들에게 행복하고 안전한 사회를 물려줘야 한다" 는 강렬한 메시지이기도 했다.

지난 1990년대를 풍미했던 아이돌의 원조 격인 H. O. T가 대표적이다. H.O.T는 자신들의 4집 타이틀 곡 'I Yah!'를 통해 화성 씨랜드 참사로 희생된 어 린이들을 추모했다. 이 노래는 이후 지난 2014년 세월호 참사 때 재조명되기도 했다. 지난 1999년 콘서트 때는 오케스트라와 밴드 등과의 합동 공연으로 마지 막 곡을 열창했다. 초반 도입 부분(인트로)에 이 사건 관련 뉴스 클립들이 쓰이기 도 했다.

H. O. T뿐만이 아니었다. 지난 2001년 4월 11일에 발매된 자전거 탄 풍경 의 1집 앨범 가운데 10번 트랙 '담쟁이 넝쿨별'도 화성 씨랜드 참사로 희생된 어 린이들을 추모하기 위한 곡이다. 부제부터가 '씨랜드에 잠든 어린이들을 위해' 이다.

화성 씨랜드 참사 추모 메시지는 대중가요에 그치지 않고 단편소설 등 문 학으로도 이어졌다. 소설가 하성란 작가는 지난 2002년 창작과 비평에 〈별 모양 의 얼룩〉이란 제목의 단편을 발표하면서 화성 씨랜드 참사에 대해 다뤘다. 담담 한 어투로 써내려간 수작이었다는 게 문학계의 평가다. 이 작품은 이후 작가의 소설집 〈푸른 수염의 첫 번째 아내〉에도 수록됐다.

드라마에도 인용됐다. 지난 2009년 MBC 수목드라마 〈혼〉에서 극 초반 이 사건을 모티브로 한 스토리가 펼쳐졌다. 극 중에서는 여주인공 윤하나(임주은 분) 가 어린 시절 화재가 발생한 수련원에서 또래 아이들을 모두 잃고 혼자 살아남은 후 불에 대한 트라우마를 가진 여고생으로 나온다.

　행정 당국도 화성 씨랜드 참사 이후 청소년보호정책을 강화하고 수련원 시설의 소방법 및 건축법을 개정하는 등 제2의 참사를 막기 위한 특단의 대책 마련에 돌입했다.

　당시 정부는 사건의 초점을 단순한 화재에 두지 않고 업자의 탐욕 및 공무원 비리, 어른들의 안전 불감증 등이 복합적으로 일으킨 사회 구조적 문제라고 진단, 이에 대한 다각적인 대책안을 발표했다.

　이런 가운데, 여전히 경기도내 곳곳의 청소년수련원이 불법으로 건축물을 짓고 소방법을 제대로 이행하지 않는 것으로 나타나 행정 당국의 대책이 미봉책에 그쳤다는 지적도 나왔다. 더구나 일부 수련원을 중심으로 관계법에 저촉되지 않는 범위에서 건축물을 신축하는 등 법망을 교묘히 이용, 정부 대책안의 허점을 보여주고 있다.

화성 씨랜드 참사가 보여준 총체적인 부실…"사회 구조적인 문제"

화성 씨랜드 참사의 근본적인 원인은 과연 무엇인가. 사회적 안전 불감증이 빚어낸 인재人災라는 게 당시 수사를 맡았던 수원지검의 최종 결론이었다. 물론, 근본적인 원인은 총체적인 사회적 안전 불감증이다.

　특히 사고 당시 범정부 차원에서 진행된 행정규제완화방침에 따라 소방법 및 건축법, 청소년기본법 등 관련 법규가 느슨해진 틈을 타 진행된 위법 행위가 가장 큰 문제점으로 부각됐다.

우선 씨랜드는 59개의 객실을 갖추고 있는데도 소화기는 불과 16개 밖에 비치되지 않았고 소방전 및 스프링클러 등 소방시설들도 전무했었던 것으로 당국의 조사 결과 드러났다. 또한 실내장식물(커튼, 카펫 등)에 대한 방염시설 규제가 없어 유독가스로 인한 대형 인명 피해로 이어졌다. 화성 씨랜드는 참사 발생 후 1층 콘크리트 구조물을 제외한 2~3층 건물이 모두 불에 타고 골조마저 휘는 등 내화구조 설계에 취약했던 것으로 밝혀졌다. 당시 건축물대장에는 1~3층 모두 경량 철골구조로 허가를 받았으나 실제 2~3층은 열전도가 강한 가건물(스티로폼 및 목재)로 건축돼 피해를 가중시켰다는 지적도 제기됐다. 화재 현장으로 이어지는 진입로의 폭이 좁아 소방차의 접근이 어려웠다는 점도 지적됐다.

허울뿐인 소방법 및 건축법 등도 문제점으로 드러났다. 정부는 씨랜드 참사 이후 건축법을 개정, 청소년수련원의 내장을 방화 상 지장이 없는 불연 재료 또는 난연 재료 등으로 마감해야 한다고 규정했다. 수련원 진입로 관련법도 개정해 도시지역과 같이 넓이 2천m^2 이상의 건축물을 지을 경우 진입로를 길이 4m 이상으로 확보할 것을 법제화했다. 이와 함께 건축물에 대한 불법 용도 변경으로 인한 피해가 심각하다고 판단, 건축허가 전에 반드시 해당 공무원의 현장조사를 의무화했다.

그러나 이 같은 건축법 강화에도 불구하고 경기도내 일부 수련원을 중심으로 건축물에 대한 안전관리가 제대로 이뤄지지 않고 있다. 경기도가 최근 실시한 청소년수련원 교체 점검 결과 도내 전체 수련시설 129곳의 20%인 29곳이 건축 및 안전관리가 엉망인 것으로 드러났다. 실제로 화성 소재 H 수련원의 경우, 컨테이너 박스를 불법 가설한 후 매점으로 사용하다 적발됐고, 경기도 광주의 G 수련원은 숙박 정원 및 대피경로 등을 게시하지 않았고 안성의 O 수련원은 비상 유도등의 일부가 켜지지 않았으며 파주의 G 수련원은 1층 식당 화재 발신기가 작동되지 않은 것으로 조사됐다.

소방법도 건축법과 사정은 별반 차이가 없다. 정부는 화성 씨랜드 참사 이후 당시 소화기만 설치하도록 규정한 청소년 수련시설 소방법시행령을 대폭 강화, 옥내외 소화전은 물론 스프링클러, 동력소방펌프 설비를 갖추도록 조치했다.

또한 특수 장소에서 제외돼 방염시설 적용 대상이 아니었던 수련원에 대해 커튼, 카펫, 벽지 등 실내장식물 설치 시 반드시 방염 성능이 있는 것으로 시공해야 한다고 규정했다. 그러나 일부 수련원은 규제 범위인 넓이 2천m^2 이상 100명 이상을 수용하는 숙박시설에서 벗어나기 위해 넓이를 1천800m^2로 설치하는 등 소방법을 교묘히 피해 나간 것으로 드러났다.

실제로 용인의 H 수련원은 숙박인원이 어린이 기준 120명 규모의 시설을 갖추고 있음에도 불구하고 법적으로 성인 100명이 아니라는 이유로 화재감지기를 설치하지 않았다

겉도는 청소년기본법도 문제점으로 지적됐다. 씨랜드 참사 이후 청소년기본법이 대폭 수정됐다. 참사 당시 법적으로 배치해야 할 청소년지도사가 현장에 없었고, 사고 발생 이후 보상 등의 대책이 전혀 없는 점을 개선한 것이다. 청소년 수련시설의 의무보험가입제도가 개선됐고 운영기준도 강화됐다. 이와 함께 청소년 지도사에 대한 수련원 의무배치를 통해 안전사고에 대비한다는 게 당시 정부의 개선방안이었다.

하지만, 이 같은 정부의 대책에도 불구하고 청소년기본법의 실효성은 여전히 논란거리로 남고 있다. 특히, 청소년 지도사 의무 배치의 경우 수련시설 인·허가를 담당하는 일선 공무원조차 정확한 실태를 파악하지 못하고 있어 미흡한

제도와 개선된 규정의 철저한 관리와 감독 등이 요구되고 있다.

청소년 시설을 담당하는 한 공무원은 "시설 인·허가 시 청소년지도사 배치 등을 확인하지만 수련원 운영 중 지속적으로 확인하기 어렵고 원거리에서 벌어지는 임시적인 용도 변경 등도 감독하기가 어렵다"고 호소했다.

보험료·보상한도 조정과 자율적 가입 등을 유도해야 한다는 여론도 비등해지고 있다. 화성 씨랜드 참사 이후 사망자 23명에게 지급된 보상금은 특별 위로금 18억4천만 원(8천만 원 일괄 지급)을 포함해 모두 55억3천900여만 원이다. 당시 화성군(현재는 화성시)은 재원 마련을 위해 '씨랜드 화재사고사상자 보상금지급조례'를 신설하고 지방채 발행을 통해 22억 원을 충당했다. 정부는 화성 씨랜드 참사를 계기로 청소년수련시설 보험가입제도를 개선, 수용 규모와 수용시설, 연면적 등을 감안해 의무적으로 보험에 가입하도록 하는 강제 규정을 마련했다.

그러나 보험업계를 중심으로 수련시설이 의무보험 가입에 전적으로 의존할 게 아니라, 자율적인 보험 가입을 유도하는 방안이 선행돼야 한다는 지적이 나오고 있다. 보험료 수준 및 보상한도, 정부의 역할 등에 대한 충분한 검토 없이 관계 부처의 필요에 따라 책임회피식으로 의무보험제를 도입했다는 주장이다. 실제로 개정된 청소년활동진흥법 상 보험가입 기준을 보면 사망의 경우 8천만 원, 부상은 등급에 따라 500만 원~8천만 원까지 지급토록 규정하고 있다. 화성 씨랜드 참사 시 지급됐던 1명당 약 2억2천만 원(유아기준)과 비교해 턱없이 부족한 실정이다. 그나마 시설 건축 연면적이 1천㎡ 이하인 청소년 문화의집 등은 의무보험 가입 대상에서 제외돼 관련 법 개정이 시급하다.

보험금의 현실적 지급을 위한 가입 금액 확대는 물론 이에 앞서 책임회피용 의무보험이 아닌 수련원 스스로의 경쟁력을 높일 수 있는 자율보험 가입이 필요하다는 지적도 나오고 있다. 보험업계 관계자는 "선진국의 경우, 어린이 안전사고와 관련된 의무보험 제도를 찾아볼 수 없다"며 "수련원의 자율적 가입을 유도하고 안전의식을 높이는 등 계몽활동이 우선 진행돼야 한다"고 말했다. 그는 이어 "수련원이 의무보험제도를 악용할 경우, 대형사고 발생 시 현실적인 보상이 어려울 가능성이 높다"고 지적했다.

그날의 참사를 잊었나…수련원 인근에 버젓이 불법 야영장 조성

어린이 19명을 포함해 23명의 목숨을 앗아간 경기도 화성시 백미리 씨랜드 참사 부지 바로 옆에 불법 시설물 등으로 꾸며진 야영장이 조성돼 영업을 했던 것으로 밝혀져 물의를 빚기도 했다. 화성 씨랜드 참사가 발생했던 지난 1999년에서 10여 년이 지난 시점인 2011년 8월 17일의 일이었다.

이처럼 불법 시설물을 설치한 당사자는 지난 1999년 6월 30일 화성 씨랜드 참사 당시 씨랜드 건물 소유주이자 시설 운영자 등인 것으로 드러났다. 야영장 영업을 하고 있는 서신면 백미리 바닷가 부지 9천250여㎡ 한쪽에 방갈로 형태의 이동식 숙박시설 12동, 화장실 2동, 매점 1동, 관리사무실 1동, 창고 1동 등 모두 17동의 시설물이 설치돼 있었다. 일반인들에게 대여해 운영되고 있는 이 시설물 가운데 14동은 시청에 신고가 되지 않은 불법 시설물이었다.

이 부지는 지난 1999년 6월 30일 화성 씨랜드 참사가 일어났던 김 모 씨의 씨랜드 부지와 울타리를 사이에 두고 붙어 있었다. 이 부지의 소유주는 화성시에 거주하는 박 모 씨이고, 시설물을 설치한 인물은 박 씨의 동생인 것으로 확인됐다. 동생 박 씨는 화성 씨랜드 참사 당시 화성시(당시는 화성군) 수련시설 등록신청서에 씨랜드 건물 소유주이자 시설 운영자로 등록됐던 인물이다. 이 뿐만이 아니다. 그는 2년 전에도 같은 부지에 식당과 주거용 등으로 사용하기 위해 불법으로 건물을 조성했다 시에 적발돼 강제로 철거당한 바 있다. 해당 불법 시설물들은 지난 2010년 여름 다시 설치된 것으로 보였다.

당시 시설물 설치 당사자인 박 씨의 장모라고 밝힌 야영장 관계자는 "이 시설물들은 1년 전에 설치됐으며 내가 실질적으로 관리하고 있다"고 밝힌 뒤 "사위는 이곳에 가끔 온다"고 밝혔다. 이곳에 놀러와 텐트를 치고 있는 한 야영객은 당시 "이곳이 화성 씨랜드 참사가 났던 곳이라는 것을 전혀 몰랐다. 만약 사전에 알았다면 이곳에 오지 않았을 것"이라고 말했다.

씨랜드 건물이 위치했던 김 모 씨의 부지도 당시 야영장으로 사용되고 있었던 것으로 드러났다. 당시 화성시는 시설물 설치 당사자인 동생 박 씨를 형사 고발하고, 박 씨와 함께 부지 소유주인 형 박 씨에게 계고장을 보내 각 시설물들을 자진 철거하도록 했다.

한편, 야영장 관계자는 "화성시도 이 시설물들이 설치돼 있었다는 것을 오래 전부터 알고 있었다. 왜 이제 와서 그러느냐"고 말해 시가 불법시설물을 장기간 묵인한 것 아니냐는 지적도 제기됐었다. 이에 대해 당시 화성시의 한 관계자는 "해당 부지 소유자의 신청에 따라 근린생활시설 용지로 지정된 이곳에 불법 시설물이 있는 것을 확인하고 자진 철거하도록 명령했다. 이후 설계 감리사로부터 시설물을 철거했다는 증거 사진을 받은 바 있으나 이후 현장 점검을 한 적은 없어 영업 사실을 알지 못했다"고 말했다.

목숨과 바꾼 김영재 인솔교사의 제자사랑…16명 구속, 55억 보상했지만

"544명이 묵고 있던 수련원에/모기향 발화 추정되는 불이 났다.

교사와 함께 있던 마도초등학생들은 42명 전원이 무사했지만 301호 18명의

소망유치원생들은 교사의 부재 속에 모두 숨졌다.

씨랜드는 인·허가를 받기 위해 시공사·감리사 관계자 매수하고 공무원들

의 비호를 받았다.

16명 구속되고 55억 보상했지만 종합 안전대책이 미비한 사이 캠프 간 5명의

학생이 또 죽었다."

아직도 회자되고 있는 화성 씨랜드 참사와 관련된 주장들이다.

참사의 심각성을 고찰하기 위해 다시 한 번 당시의 현장을 복기해보자.

지난 1999년 6월 30일 새벽 1시 30분께 경기도 화성시(당시는 화성군) 서신
면 백미리 소재 씨랜드 청소년 수련원 3층 건물에서 화염이 솟아올랐다. 곧 이어
오산소방서 119상황실에 긴급 신고가 접수됐고, 소방차들이 화재 현장에 출동
했다. 소방서에서 현장까지는 70㎞가 넘는 거리였다. 소방차들이 출동하는 사이
수련원 건물 내부 여기저기에서 "불이야"라는 비명 소리와 함께 잠에서 깬 인솔
교사들이 어린이들을 대피시키는 부산한 움직임이 시작됐다. 바닷가에서 100m
떨어진 곳에 위치한 씨랜드 청소년 수련원에는 철골 골조물에 벽돌을 쌓은 뒤
바깥벽에 장식용 목재를 덧씌운 3채의 건물이 이어져 있었다. 허가받은 총 수용
인원은 630명으로 화재가 발생하던 날에는 서울 소망유치원생 42명, 서울 공릉
미술학원생 132명, 경기도 군포 예그린유치원생 65명, 경기도 부천 열린유치원

생 99명, 경기도 화성 마도초등학교 학생 42명 등 수련생 497명과 인솔 교사 등 모두 544명이 묵고 있었다. 대부분 어린이기 때문에 사상자가 발생한다면 엄청난 비극이 될 폭발성을 안고 있었다.

불이 난 301호에는 서울 소망유치원생 어린이 18명이, 건너편 방에선 화성 마도초등학교 6학년 학생 42명 등이 잠들어 있었다. 마도초등학교 홍상국 교사 (당시 46세)와 김영재 교사(당시 38세) 등은 학생들과 함께 훈련과 장기자랑, 축제 및 캠프파이어 등을 마치고 학생들과 함께 같은 방에서 자고 있었다. 반면, 소망유치원의 천 모 원장(당시 35세)과 공동 운영자인 남편 및 3명의 여교사 등은 314호에서 술을 마시고 있었다. 마도초등학교 학생들은 어른 보호자인 인솔 교사들과 함께 자고 있었지만, 더 어리고 위급 상황 시 대처 능력이 없는 소망유치원생들은 보호자도 없이 화염 속에 방치돼 있었던 것이다. 결국 301호에서 자고 있던 소망유치원생 18명은 모두 숨졌지만, 마도초등학교 학생들은 모두 구조됐다. 학생들을 모두 구조한 뒤 홍상국 교사와 김영재 교사 등은 탈진해 쓰러졌다. 홍교사는 다행스럽게도 출동한 소방관들에 의해 구조됐지만, 김 교사는 화재가 진압될 때까지 발견되지 못한 채 실종됐다가, 안타깝게도 주검으로 발견됐다. 김교사는 자신이 인솔한 마도초등학교 학생들을 모두 구조한 뒤 다른 어린이들도 구조하려고 있는 힘을 다 쓰다 306호 방 안에서 쓰러진 채 숨을 거둔 것으로 확인됐다. 소망유치원 어린이들에게 닥친 비극이 더욱 안타까운 건 화재가 시작된 곳이 소망유치원생들이 '성인의 보호 없이' 자고 있던 301호였기 때문이다. 소방기관, 경찰, 국립과학수사연구소 등은 수사 결과 그 방에 켜 둔 모기향이 인화성 물질이 포함된 가방에 닿으면서 발화됐다고 추정했다. 피해 학부모 등은 '모기향 발화설'에 대해 강력하게 반대했지만 불이 처음 난 곳이 301호라는 사실에는 의문의 여지가 없었다. 이 사고로 19명의 어린이와 인솔 교사 4명 등 모두 23명의 안타까운 생명이 산화하고 6명이 부상을 입었다.

씨랜드 청소년 수련원은 처음에는 '철골구조 벽돌건물'로 제대로 된 인·허가를 받은 청소년 수련시설인 것으로 알려졌다. 사실은 콘크리트 1층 건물 위에 52개의 컨테이너를 얹어 2~3층 객실을 만든 임시 건물이었다. 청소년 수련원으로 사용하기에는 부적합하고 여러 위험 요소를 안고 있는 구조물이었다. 생활관에는 화재경보기가 설치됐으나 불량품으로 판명됐고, 스티로폼, 목재 등 인화성이 강하고 열전도가 높은 물질들로 채워져 있었다. 비치된 소화기들 중 상당수도 사용 불능 상태인 사실도 수사 결과 발견됐다.

경찰은 곧 수사에 돌입해 사고 다음날 인 7월 1일 씨랜드 수련원 건물주 박모 씨(당시 40세)를 건축법 및 소방법 위반 혐의로, 서울 소망유치원 원장 천 씨 및 교사 신 모 씨(당시 28세) 등 4명을 업무상 과실치사 등의 혐의로 긴급 체포했다. 경찰은 이어 건물주와 건축사 및 건축설계사 사무실 등을 압수 수색하고 건축 관계자들 역시 긴급 체포했다. 이렇게 큰 문제를 안고 있는 청소년 수련시설이 버젓이 영업하며 어린이·청소년들의 안전을 위협하는 일이 인·허가 당국의 묵인 없이 가능했을까? 경찰 수사 결과 화성 씨랜드 청소년 수련원은 사고 발생 2년 전인 지난 1997년 6월에도 허가를 받지 않고 롤러코스터 등 놀이시설을 설치하고 영업하다, 지난 1998년 2월에도 무허가 건물을 지어 수련시설로 운영하다 적발을 당했던 것으로 조사 결과 드러났다. 특히, 지난 1997년 10월부터 지난 1998년 1월 사이에 한국전기안전공사로부터 전기안전 점검 시설 개선명령을 받았으나 전혀 이행하지 않았던 것으로 밝혀졌다. 이 처럼 무수한 문제에도 불구하고 화성시(당시는 화성군)는 지난 1998년 이 시설에 대해 건축허가를 내줬으며, 건축물대장에는 이 건물이 지난 1998년 2월 착공돼 같은 해 12월 완공된 것으로 기재돼 있었던 것으로 수사 결과 드러났다. 지난 1999년 3월에는 경기도가 화성시(당시 화성군)에 대해 '청소년 수련시설에 대해 재난예방 차원의 시설점검을 하라'는 지시를 내렸으나 화성시(당시는 화성군)는 해당 지시를 이행하지 않았던 것으로 나타났다.

'가족 몰살' 협박에도 버틴 공무원…속속 드러난 씨랜드 참사 관련 비리

화성 씨랜드 참사 이면에는 공직사회의 총체적인 비리가 있었던 것으로 조사 결과 밝혀져 또 한 번 우리 사회에 충격을 던졌다. 이런 가운데, 한 일선 공무원은 주위의 협박에도 불구하고 묵묵히 청소년 수련시설 인·허가 업무를 이행했던 것으로 드러나 눈길을 끌기도 했다.

화성 씨랜드 참사가 발생한 날로부터 나흘이 흐른 1999년 7월 4일이었다. 당시 화성경찰서는 씨랜드 건물 설계 변경과 용도 변경 등의 과정에서 불법 사실을 묵인한 혐의(업무상 중과실 치사상 등)로 화성시청(당시는 화성군청) 강 모 사회복지과장(당시 46세) 등 화성시청(당시는 화성군청) 공무원 6명을 긴급 체포했다.

경찰 수사 결과 씨랜드 쪽은 갖가지 변칙, 불법 행위를 되풀이하면서 시공회사와 감리회사 관계자들을 매수한 것은 물론, 그 때마다 화성시청(당시는 화성군청) 공무원들의 묵인 또는 비호를 받았던 것으로 밝혀졌다. 당시 경찰의 강도 높은 수사를 받던 화성시청(당시는 화성군청) 전 부녀복지계장 이 모 씨(당시 40세)가 경찰에 제출한 비망록에는 지난 1997년 9월부터 강 사회복지과장으로부터 씨랜드가 신청한 '청소년 수련시설 설치 및 운영허가 신청서'를 즉각 처리해주라고 부당한 압력을 받은 과정이 적나라하게 기록돼 있었다. 이 부녀복지계장은 상관의 부당한 지시를 거부하고 원칙을 지키며 버텼고, 강 과장의 부당한 지시와 압력, 폭언 등에도 아랑곳하지 않자 폭력배들이 이 계장의 사무실을 찾아와 행패를 부리고 집에 전화를 걸어 "가족을 몰살시키겠다"고 협박까지 했던 사실도 조사 결과 밝혀졌다. 지난 1998년 초 설날 연휴 기간에는 강 과장이 이 계장에게 "씨랜드가 보낸 것"이라며 10만 원 짜리 수표 5장이 든 봉투를 던져주고 갔다. 하지만 이 계장은 씨랜드 계좌로 이 돈을 모두 송금하고 입금증을 증거로 남겨 뒀다. 그로부터 1년 4개월여의 시간이 흐른 지난 1998년 10월 결국 화성시(당시는 화성군)은 이 계장을 민원계장으로 전보 발령했다. 이러한 사실이 알려지자 공직 사회에는 신선한 바람이 불기 시작했고 거부하기 어려운 상관의 부당한 지시를 온 몸으로 버티고 막아낸 이 계장에 대한 찬사가 잇따랐다.

경찰의 수사는 당시 화성군수에게로 집중되기 시작했다. 비리의 핵심 인물로 구속된 강 과장 역시 "군수의 지시와 방조 하에 이뤄진 일"이라고 진술했다. 당시 군수는 버텼다. 그 사이 경찰은 씨랜드의 소방시설 미비를 확인하고도 '양호'하다고 허위로 기재하고 안전교육을 진행하지도 않고, 실시한 것처럼 기록한 혐의로 소방공무원 2명을 긴급 체포했다. 경찰은 지난 1999년 7월 9일 당시 군수에 대한 구속영장을 검찰에 신청했지만 검찰은 이를 반려했다. 당시 군수가 혐의를 강력하게 부인하는데 이를 입증할 증거가 강 과장의 진술뿐이라며 강 과장과 당시 군수 사이의 대질 신문을 실시, 혐의를 입증하라는 요구였다. 당시 군수는 병원에 입원한 채 강 과장과의 대질신문을 끝까지 거부했다.

그 사이 경찰은 당시 부군수가 이 계장의 문제 제기에도 불구하고 하자 있는 씨랜드 허가 서류를 조작해 승인(허위 공문서 작성)한 혐의로 입건했다. 같은 해 7월 13일 경찰이 보강 수사를 거쳐 다시 신청한 당시 군수에 대한 구속영장을 검찰은 다시 기각했다. 그동안 당시 군수의 지시 및 묵인 사실 등을 진술했던 강 과장이 진술을 번복했기 때문이다. 한편 경찰은 1999년 7월 14일, 지난 1997년 12월에 이 계장을 찾아가 행패를 부리며 협박한 폭력배 3명의 신원을 확인하고 이들을 공무집행방해 혐의로 구속했다. 경찰과 검찰 등은 화성 씨랜드 참사에 대한 수사 결과 당시 군수를 제외한 화성군청 공무원 6명과 씨랜드 박 대표, 건축 및 감리회사 관계자 및 소망유치원장 천 씨와 폭력배 등 모두 16명을 구속 기소하면서 수사를 마무리했다.

하지만 같은 해 8월 1일 당시 군수는 씨랜드 인·허가 과정과는 상관없는 뇌물 1억3천만 원 수수 혐의로 검찰에 구속됐다. 화성지역 중소 건설업체로부터 각종 공사 편의를 봐주는 대가로 각각 1천만 원에서 1억 원에 이르는 돈을 받아 챙긴 혐의가 드러났기 때문이다. 당시 군수가 씨랜드와의 관련성은 끝까지 부인 했던 이유에는 여러 명의 어린이가 사망한 책임을 지고 싶지 않다는 심리와 유족들에게 보상금이 지급되고 나면 책임 있는 개인들에게 구상권 청구가 이뤄질 것이라는 예상이 포함돼 있었을 것이다.

훈장 반납하고 한국 떠난 김순덕 전 국가대표

화성 씨랜드 참사는 한 마디로 참으로 어처구니 없는 사고였다. 이 때문에 사고로 금쪽같은 자식을 잃은 피해 부모들의 분노는 하늘을 찌른 건 당연한 수순이었다.

특히 부패와 비리 등으로 위험한 임시 건물에 허가를 내준 화성시(당시는 화성군)와 소방 당국, 그리고 어린이들만 남겨두고 술판을 벌인 유치원 인솔 교사들에 대한 원망은 극에 달했다. 분노한 부모들은 경찰과 국립과학수사연구원 등이 '모기향'을 화재 원인으로 제시하자, 누전 등 시설과 구조 등의 문제를 덮으려는 시도라며 강력 반발하고 나섰다. 피해 보상에 임하는 경기도의 자세 역시 부모들의 화를 돋웠다. 부모들은 어린이들의 목숨을 돈 몇 푼에 흥정하려는 태도를 보인다고 인식했던 것이다. 가장 큰 책임을 져야 할 화성시(당시는 화성군) 책임자가 법망을 벗어난 것도 분노의 대상이기도 했었다. 화성 씨랜드 참사 책임자들에 대한 법원의 1차 공판은 분노한 부모들의 항의가 이어지면서 중단될 수밖에 없었다.

이와 함께 화성 씨랜드 참사가 발생한 지 5개월 정도가 흐른 시점에 다섯살바기 아들(도현)을 잃은 전 필드하키 국가대표 선수였던 김순덕 씨(당시 33세)가 정부에 항의 편지를 보내며 국가로부터 받은 훈장들을 반납하는 일이 벌어졌다.

김 씨는 정부에 보낸 항의 편지를 통해 "원인 규명이나 대책 등을 마련해야 할 정부의 무성의와 무책임 등에 실망한 나머지 배신감까지 느낀다"고 밝히면서 지난 1986년 서울아시안게임, 지난 1988년 서울올림픽, 지난 1990년 베이징아시안게임 등에서 받았던 금·은메달을 따낸 공으로 받은 체육훈장 맹호장, 국민훈장목련장, 대통령 표창 등을 반납하고 뉴질랜드로 이민을 하겠다고 선언했다. 그는 실제로 1년 뒤 온 가족과 함께 이민을 갔다.

지난 1999년 8월 10일 경기도는 유족들과 보상금 및 위로금에 대해 합의했다. 총 55억4천84만 원에 이르는 보상금은 화성군이 전액 지급한 뒤, 책임 있는 개인, 회사, 단체 등을 상대로 구상권을 행사하도록 결정됐다. 경기도는 재발 방지를 위해 다중이용시설에 대한 소방·안전기준과 청소년 수련시설 입소 연령, 지도교사 보호책임 강화 등의 내용을 담은 법 개정안 등을 정부에 건의했다. 아울러 도내 다중이용 시설들을 일제히 점검했다. 국무조정실은 국토교통부^(당시건설교통부)에 청소년 시설의 안전대책을 마련하라는 지시를 내렸다. 이에 국토교통부^(당시는 건설교통부)는 청소년 수련시설 등 5개종의 건물을 지을 때는 석고보드 등 불연재나 난연재 등을 반드시 사용해 내화구조를 갖춰야 하고 이를 위반하면 강력한 처벌을 받도록 의무규정을 마련했다. 아동복지법과 청소년활동진흥법, 건축법, 소방법 등이 정비된 것이다.

하지만 '수련원 등 숙박시설' 안전에만 치우친 정부의 대책은 '청소년 수련활동' 자체의 안전 확보 방안은 마련하지 않은 채 마무리됐다는 지적이 나왔다. 종합적인 어린이·청소년 단체 활동안전에 대한 법제가 미비한 상태에서 지난 2013년 7월 해병대를 사칭하는 사설 병영캠프에 학생들을 내맡긴 공주사대부고의 결정이 5명의 학생을 죽음으로 내모는 비극으로 이어졌기 때문이다.

학생들의 정신력을 강화한다며 안전 등이 확인되지 않은 병영캠프에 반강제로 몰아넣은 관계자들의 책임에 대해 철저한 수사와 처벌 등이 이뤄져야 마땅하다. 무엇보다 다시는 이런 비극이 발생하지 않도록 철저한 재발 방지책을 마련해야 한다. 어린이·청소년 단체 활동에는 반드시 사전 안전교육이 이뤄지고 안전관리 책임자가 지정되며, 인솔 교사의 입회·참관을 의무화하는 법제 마련도 시급하다.

이와 함께 학생이나 학부모, 교사들의 의견이 충분히 반영되는 민주적 의사결정 방식이 모든 학교에 정착돼야 한다. 화성 씨랜드 참사 이전에 문제를 인식하고 부당한 지시에 거부했던 이 모 계장이 있었던 것처럼, 공주사대부고의 병영 단체 체험학습의 논의와 결정 과정 등에 대한 문제를 인식하고 우려를 품었던 교사와 학부모가 분명히 있었을 것이다. 이들의 우려와 문제 제기와 비판이 보장되고, 효율성이 다소 저해되더라도 민주적인 논의를 거쳐 문제에 대한 점검과 안전장치 마련 등이 이뤄지는 관행이 정착돼야 한다. 그렇지 않고서는 언제라도 제2, 제3의 화성 씨랜드 참사는 다시 발생할 수 있기 때문이다.

참사 기억하는 또다른 시각…아이 죽음의 덫으로 몰기위한 치밀한 작전?

화성 씨랜드 참사를 기억하는 또 다른 시각이 있다. 이들은 화성 씨랜드 참사가 마치 사전에 어른들이 모여 모의라도 한 것 같았다고 입을 모았다. 그만큼 어린이 19명을 죽음의 덫으로 몰아넣은 '작전'은 치밀하고 빈틈없이 펼쳐졌기 때문이다

더 가까이 다가가 들여다보면 당시 화성시청(당시는 화성군청) · 건물주 · 시공업자 · 인솔 교사 · 소방서, 어느 누구 어디 한 군데 특별히 더 나무랄 데가 없을 지경이었다고 기억한다. 한국 사회가 안고 있는 치명적인 약점인 부패 · 직무유기 · 안전 불감 따위가 톱니바퀴처럼 정교하게 맞물리고 힘을 합쳐, 자위력 없는 어린이들을 공격한 것이 바로 화성 씨랜드 참사라는 게 이들의 입장이다.

이들은 당시 화성 씨랜드 참사 현장에서는 쉽게 부패의 흔적을 발견할 수 있었다고 증언하고 있다. 본래 씨랜드 수련원 건물은 화재가 나기 전까지는 절대로 그 본 모습(고철 덩어리 컨테이너 가건물)을 알 수 없었다. 외벽 전면을 흰색 페

인트로 칠을 한 목재로 장식해 누가 보더라도 공들여 지은 휴양소처럼 보였다. 그러나 불이 나자 그와 같은 '가면'이 바로 치명적이었다는 게 이들의 시각이다. 모기향에서 발화된 불(국립과학수사연구원 발표: 유족들은 좀 더 정밀한 화인 분석을 요구하고 있다)이 목재에 옮겨 붙어 삽시간에 온 건물로 번졌던 것이다

이들은 수련원 방에 전기 콘센트가 하나도 없는 이유에 대해서도 의문을 제기했다. 화성 씨랜드 참사 당시 소방차가 물을 뿌리자 건물은 이해할 수 없을 정도로 빠르게 붕괴됐다. 이 또한 알고 보면 당연한 일이었다는 게 이들의 시각이다. 외벽 전체에 불이 붙자 쇠로 만든 컨테이너의 부피가 한껏 팽창했다가, 소방차가 물을 뿌려 온도가 내려가는 순간 갑자기 수축해 무너져 내릴 수밖에 없었다는 주장이다.

일부 인솔 교사들의 희생이 없었다면, 또 불이 취약 시간대인 새벽에 일어났다면 사망자 수가 얼마나 불어났을지 상상하기조차 두렵다는 게 또 다른 시각이다. 화성 씨랜드 참사 당시 620여 명의 어린이들이 수련원에 묵고 있었다는 점을 상기하면 아찔한 일이었다.

어린이를 상대로 한 청소년수련원에서 전자 모기향을 쓰지 않고 태우는 모기향을 쓴 점도 부패와 깊은 관련이 있다는 게 이들의 주장이다. 당시 경기지방경찰청 수사과의 현장 감식에 따르면 어린이들이 묵었던 숙소에는 단 한 개의 전기 콘센트도 없었다. 이 때문에 청소년 수련원에서는 위험을 무릅쓰고 각 방마다 태우는 모기향을 설치했던 것이다.

기왕 부실시공을 눈감아주기로 마음을 먹었다면 왜 전기 콘센트는 설치하지 못하게 했을까. '시공업자와 담당 공무원 간의 타협의 산물'로 보인다는 게 감식을 맡은 수사관의 분석이었다. 워낙 전기공사가 부실해 콘센트까지 설치하면

당장 과부하가 걸려 문제가 생길 것 같으니, 공사 승인은 해주되, 콘센트는 설치하지 못하게 했으리라는 것이다. 결국, 건축주와 시공업자가 공무원을 구워삶아 합법적으로는 존재할 수 없는 건물을 세워 장사를 해왔고, 담당 공무원을 곤란하게 만들지 않으려고 겉치레를 하고 편법을 쓰다가 이 같은 참사가 일어났다는 얘기이다.

가장 안전했던 301호실도 집중 조명을 받고 있다. 직접 화재의 원인이 된 전기 공사나 외벽의 목재 장식에서뿐만 아니라, 공무원과 시공업자 간의 부패와 교묘한 타협의 흔적은 곳곳에서 발견할 수 있었기 때문이다. 부패의 먹이 사슬을 어느 정도 파헤칠지는 알 수 없지만, 경찰이 화성시장(당시는 화성군수)을 비롯한 담당 공무원과 건축주·시공업자에 대해 구속영장을 신청하고 본격적인 수사에 들어간 것은 너무나 당연한 일이었다.

건축주와 시공업자, 그리고 관련 공무원들이 죽음의 파티를 열었지만 인솔 교사들이 주의했으면 희생자를 훨씬 줄일 수 있었다는 게 또 다른 시각이다. 화성 씨랜드 참사 현장에 가보면 301호실에서 왜 그 같이 많은 희생자가 나왔는지 납득하기 어렵다. 301호의 어린이들은 가장 안전한 곳에 있었다고 해도 지나친 말이 아니다. 301호는 중간에 비상계단 하나 없이 80m나 이어진 복도의 맨 끝에 위치해 어느 방보다 비상구에서 가까웠다.

더구나 맞은 편 방 314호에는 소망유치원 원장 천 모 씨(당시 37세)를 비롯한 어른 7~8명이 자지 않고 있었다. 그리고 바로 아래 2층 계단 옆 공터에서는 인솔 교사 여러 명이 술을 마시고 있었다. 결국 301호 어린이들은 비상계단과 어른들로부터 불과 10m도 되지 않는 거리에 있었음에도 불구하고 아무런 도움을 받지 못한 것이다.

화성 씨랜드 참사 당시 소망유치원 원장 천 모 씨는 "밖에서 이상한 소리가 들려 나가 보니 301호 방에서 연기가 치솟고 있었다. 출입문을 열고 들어가 아이들을 구하려 했으나, 아이들이 출입문 반대쪽에만 몰려 있어 구하지 못하고 밖으로 나온 뒤 도움을 요청했다"고 진술했다. 그러나 어린이들을 구조하려고 나섰던 레크리에이션 강사 등은 301호의 문이 잠겨 있었다고 말한 것으로 알려졌다.

당시 현장의 수사관들도 "상식적으로 이해되지 않는 일들이 너무나 많다"고 얘기하고 있다. 국립과학수사연구원은 화성 씨랜드 참사 당시 자물쇠 뭉치를 수거해 일단 문은 잠겨 있지 않았던 것으로 결론을 내렸다. 그러나 화성 씨랜드 참사가 발생했던 그 날 무슨 일이 있었는지 좀 더 정밀한 수사가 필요하다는 게 중론이었다. 어찌 됐든 인솔 교사들이 아이들을 구하기 위해 거의 아무런 일도 하지 못했다는 사실은 자명하다.

'파멸'을 낳는 속임수와 태만도 문제로 지적됐다. 불행하게도 건물이 지어지고 아이들이 변을 당한 순간까지도 안전장치는 어느 것 하나 작동하지 않았기 때문이다. 화성 씨랜드 참사에 관련된 수많은 사람이나 기관 중 누구 한 사람, 어디 한 군데라도 조금만 정신을 차렸다면 아이들은 살 수 있는 기회를 가졌을 것이기 때문이다. 차라리 특정한 소수의 잘못으로 이런 사건이 벌어졌다면 그들에게 책임을 전가하면 그뿐이다. 그러나 흉측한 몰골로 서 있는 씨랜드 건물이 변명할 여지도, 더 이상 숨길 수도 없는 한국 사회의 벌거벗은 자화상이란 점을 이제는 인정해야 한다는 게 당시의 대체적인 시각이었다. 결국, 속임수와 태만으로 포장돼 있는 우리가 사는 방식이 아이들뿐만 아니라 사회 전체를 파멸로 이끌고 있다는 점을 직시해야 한다는 지적도 제기됐다.

4개월 만에 발생한 인현동 호프집 참사…무려 140여 명의 사상자 발생

화성 씨랜드 참사에 대한 조사 서류의 잉크가 채 마르기도 전에 인천에서 무려 140여 명의 고등학생들이 사상을 당하는 참사가 발생해 충격을 던졌다. 당시, 사회 일각에서는 화성 씨랜드 참사 원인을 제대로 복기했다면 일어나지도 않았을 것이라는 지적이 제기되기도 했다.

이 같은 관점에서 화성 씨랜드 참사 이후 4개월 여 만에 발생한 인천 인현동 호프집 참사 현장을 재구성해본다.

인천 인현동 호프집 참사가 발생한 시점은 지난 1999년 10월 30일 오후 6시 55분께였다. 인천광역시 중구 우현로 83번길 10(인현동 27-43)에 있는 호프집에서 발생한 대형 화재였다. 화성 씨랜드 참사 이후 4개월 밖에 되지 않은 시점에서 일어난 사망 56명, 부상 78명 등의 대참사로 정부 수립 이래 3번째 규모의 대형 화재 사고였다.

참사가 발생한 곳은 당시로는 인천 지역 최대의 유흥가였던 동인천역 인근의 구도심 상권이었다. 동인천 상권의 상징이었던 인천백화점이 IMF의 파고를 이기지 못하고 망해버린 상황에서, 이 사고까지 터지면서 이후 동인천 상권은 물론 도심마저 부평역, 주안역, 구월동 등으로 넘어가면서 상권은 쇠퇴해지고, 원도심의 위치는 자연스럽게 무너졌다.

참사가 발생했던 문제의 인현동 호프집이 위치한 건물은 지상 4층짜리 상가로 지하에는 노래방, 1층에는 고기집, 2층에는 호프집, 3층에는 당구장 등이 영업 중이었다. 지하의 노래방은 내부 수리 공사 중이었다. 이런 가운데 이 노래방에서부터 불이 나 올라오기 시작했다. 이 화재의 원인은 당시 노래방에서 일하던 10대 아르바이트생 2명의 불장난으로 발생한 것으로 조사 결과 밝혀졌다.

노래방에서 시작된 불은 진압됐으나 화염과 유독가스 등이 지상 입구에서 지하 노래방을 잇는 벽의 소재를 타고 3층까지 올라갔다. 당연히 지상에 있었던 사람들은 이미 막힌 출입구로 내려올 수도 없는 상태였다. 그래서 꼼짝없이 패닉 상태에서 엄청난 희생자들이 발생했다.

다행히 1층은 화재를 금방 알아채고 대피했고 3층 당구장에 있던 사람들도 창문을 깨고 뛰어내리면서 부상자가 발생하긴 했지만, 사망자는 없었다. 모든 사망자는 2층 호프에 집중돼 있었다.

당시 호프집은 때 마침 학교 축제가 끝난 뒤 뒤풀이를 하던 인천 지역 고등학생들이 꽉꽉 들어차 있었다. 사망자 55명도 대부분이 고등학생들이었다. 희생자 가운데 일부는 중학생들도 포함됐었다. 이 당시는 인천 지역 고등학교들의 축제가 몰려있던 시즌이었는데 축제가 끝난 직후여서 모두 교복을 입고 있었다. 이 때문에 사고 후에도 계속 질타가 나오게 됐다.

인천 인현동 호프집 참사 당시 참사 현장에 비상구가 없었는지에 대한 지적도 집중됐다. 만약, 인천 인현동 호프집 참사 당시 비상구가 있었다면 이 정도로 심각한 사망자가 나오지는 않았을 것이라는 지적 때문이다.

사실 현실적으로 불 자체는 이미 화재 시작 후 30분 만에 진압됐었고, 비상구가 있었다면 모두 비상구를 통해 탈출하면 됐었다. 비상구가 설치됐긴 했지만 마침 비상구를 베니어합판으로 막아버렸고 내부를 수리하면서 창문도 개폐식이 아닌 통유리로 갈아버린 데다가 간판으로 쓰려고 모두 판자를 박아놓은 상태였기 때문에 창문으로 뛰어내리기도 여의치 않은 상황이었다. 호프집이 지상 2층이었으므로 창문에서 뛰어내린다면 어디 한 군데 부러지기는 해도 적어도 죽지는 않았을 상황이기도 했었다.

게다가 호프집 주인의 이해할 수 없는 조치로 인해 즉, 화재로 고등학생들이 빠져나가려고 하자 지난 1970년대 발생했던 서울 청량리 대왕코너 화재사고 때처럼 "돈을 내고 나가라"면서 유일한 출입구를 막는 어처구니없는 상황이 발생했다는 사실이 당국의 조사 결과 드러났다. 결국, 마지막 출입구까지 봉쇄됐고 유독 가스에 질식한 학생들은 그 자리에서 모두 숨졌다.

당시 호프집 내부는 탁자와 의자 등이 꽉꽉 들어차 운집해 있었고 50여 평 규모의 호프집에 100명이 넘는 사람들이 앉아 있었으며 사람이 돌아다닐 만한 통로는 겨우 한 사람이 빠져나갈 만한 아주 비좁은 길밖에 없었다. 계단도 사정은 마찬가지였다. 너비 1~2m 정도 밖에 되지 않는 아주 좁은 계단이어서 참사 당시 겁에 질려 우왕좌왕하는 사람들 때문에 완전히 정체 상태였고 불이 나자 계단이 굴뚝 역할을 해 연기를 위층으로 올려 보내기도 했다.

내부 구조물들도 주로 인화성 물질로 만들어져 있던 탓에 불이 붙으면서 치명적인 유독 가스를 뿜어냈다. 사고 후 경찰의 검시 결과 밝혀진 사망자 대부분의 사인도 유독 가스로 인한 질식사였다. 몇몇 사람들은 환풍구를 통해 탈출하려는 부질없는 시도를 하기도 했고 그 결과 환풍구까지 시체가 꽉꽉 메워져 있었다고 한다.

게다가 처음 화재가 시작된 지하 노래방 천장에 설치된 비상 소화 장치인 스프링클러도 수리한다는 명목으로 모두 제거된 상태였다. 스프링클러만 제대로 달려 있었어도 초기 진화가 가능했을 것으로 추정된다.

마지막으로 사실 이 업소는 지난 1999년 3월에 안전기준 미달로 적발돼 관할 지방자치단체인 인천 중구청으로부터 영업장 폐쇄 명령을 받은 상태였다. 그러나 당시 업소 주인이 인수해 무허가로 영업을 하고 있었다. 물론 뇌물로 공무원들을 매수했기에 가능한 불법 영업이었고 사고 후 뇌물을 받은 공무원들 역시 구속됐다.

이런 가운데, 인천 인현동 호프집 참사가 발생한 시점으로부터 5년여가 흐른 지난 2004년 사고 지점 인근의 인천학생교육문화회관이 건립되면서 위령비가 건립됐다. 한편, 이 상가 건물은 수리 후 최근까지도 영업을 계속하고 있었다.

사고 당시 미성년자이면서 호프집에 갔다는 이유로 오히려 학생들을 매도하는 여론이 많았다. 당시 사망한 희생 학생의 90%가량이 인천 앞바다에 유골이 뿌려졌다. 지난 1990년대까지 인천의 중심지로 잘 나갔던 인현동은 이 사건으로 인해 상징적인 도심은 관교동 · 구월동으로 넘어갔고, 상권도 몰락했다.

인천 인현동 호프집 참사 이후 관계자들의 뉘우침 없는 행태가 눈총을 사기도 했다. 호프집 주인은 사고 직후 도주했다가, 며칠 후에 자수했는데도 불구하고 변호사 타령을 하거나 뇌물 같은 것을 주지 않았다는 등 여전히 당당한 태도를 유지해 빈축을 사기도 했기 때문이다. 이후 5년 동안 교도소에서 복역한 이후 지난 2007년 CCM 가수로 변신하면서 교도소 등을 돌며 찬양 사역을 하고 있다는 보도가 나오면서 피해자들을 다시 분노하게 만들었다. 실제로 지난 2014년 보도에 따르면 참사가 발생했던 호프집 주인은 그래도 몇 년 동안은 매 번 공연할 때마다 자신의 과오를 반성하는 발언은 했을 듯 하다.

물론 이와는 별개로 분노의 반응은 당연하다. 상식적인 관점에서도 이 정도로 면죄부를 받는 것은 아니기 때문이다. 다만 참사 현장에서 고등학생들에게 "돈을 내고 나가라"며 입구를 막았다가 혼자 도주한 것으로 알려진 행위 등은 형법상의 처벌은 불가능하거나 어려웠겠지만, 도덕적으로는 분명히 책임을 져야 한다는 지적도 나왔다.

반면, 인천 인현동 호프집 참사 당시 호프집이 세를 들어 있었던 건물의 주인(건물주)은 참사 이후에도 건물주로서의 책임을 지고 매번 학생교육문화회관 앞 위령비에 가서 피해자들의 넋을 위로해주고 있는 것으로 알려져 대조적이다. 건물주 본인도 화재 당시 3층 당구장에서 뛰어내려 전치 3개월의 부상을 입었으며, 친구의 조카도 이곳 화재로 인해 희생됐었다고 알려졌다.

인천 인현동 호프집 참사와 관련된 일련의 에피소드도 있었다.

지난 2011년 SK 와이번스의 김성근 감독이 해임된 이 후 이만수 감독 대행이 올라오는 과정에서 SK 와이번스 갤러리의 갤러들이 통구이 드립을 치자 이에 대항해 드립을 쳤다. 당시 피해자로 전신 3도 화상을 입은 곽 모 씨는 이후 지난 2000년 방송된 모 공중파의 시사 프로그램을 통해 화제가 된 적이 있다. 한동안은 공부를 위해서 안면 성형수술도 하지 않은 채 학업에 전념해 미국 일리노이 주립대학 정치학과를 졸업하고 귀국한 것으로 알려졌다. 이 프로그램에 출연했던 곽 씨는 이후 얼굴을 드러내고 생활하고 있으며 화상 환자들은 전염병을 가진 사람 아니니 노골적으로 피하지만 말아달라고 호소하기도 했다.

화성 씨랜드 참사와 마찬가지로 인천 인현동 호프집 참사도 사회에 많은 반향을 일으키기도 했다. 이에 따라 대중가요는 물론, 문학작품 등에도 소재로 도입되기도 했다. 가수 SAT의 '이게 나예요' 뮤직 비디오와 소설가 김금희 작가의 〈경애의 마음〉 등이 대표적이다.

지난 2007년 3월께 공개된 당시 신인 가수 SAT의 '이게 나예요' 뮤직 비디오는 인천 인현동 호프집 참사를 소재로 만들어졌다. 참사가 발생했던 호프집 장면이 뮤직 비디오에 나왔기 때문이다. SAT는 당시 뮤직 비디오 내 호프집 장면 이후에 나온 내용은 모두 실제 있었던 일이었다고 설명하기도 했다. 소설가 김금희 작가의 소설 〈경애의 마음〉은 인천 인현동 호프집 참사를 모티브로 쓴 것으로 알려졌다.

인천 인현동 호프집 참사는 지난 1988 서울 올림픽 하키 메달리스트 김순덕 씨가 대한민국에 환멸을 느끼게 된 결정적인 계기가 된 사건이기도 했다.

김순덕 씨는 4개월 전 화성 씨랜드 사고로 아들을 잃었으나 돌아오는 건 아무 것도 없었고 오히려 가해자가 적반하장인 태도를 보였다고 언론 인터뷰를 통해 토로했었다. 자식을 잃은 슬픔에 슬퍼하던 김순덕 씨는 4개월 후 인천 인현동 호프집 참사가 일어나자 대한민국에 더 이상 살지 않겠다고 결심했고, 이후 모든 메달과 훈장 등을 반납한 후 국적을 포기하고 뉴질랜드로 영구 이민을 떠나 지금까지 뉴질랜드에 살고 있는 것으로 알려졌다.

허행윤 전 경기일보 문화부 부장

부록

만보산사건과 화교배척사건

사건 개요

만보산사건은 1931년 4월부터 7월까지 중국 길림성 장춘현에서 30km 떨어진 만보산 지역에서 농수로 건설을 둘러싸고 조선 농민과 중국 농민 간에 벌어진 분쟁을 가리킨다.

　1931년 7월 2일 한·중 농민간 충돌이 일어났다. 이에 일제는 자국의 식민지인 조선인을 보호하는 의무가 있다고 주장하면서 만보산 지역으로 출병하였다. 중국정부가 일본과의 교섭을 해결하지 못하자 중국 농민은 토지를 보호하기 위해 농수로공사를 중지시키려하다 재만 조선인을 보호하는 일본군에게 총격을 당하였다.

　단순사건으로 끝날 수 있었던 이 사건은 일본의 개입과 국내언론을 통해 사실이 왜곡되면서 전국적인 화교배척사건으로까지 심화된다. 국내언론의 와전된 보도는 중국인에 대한 감정을 폭발하게 만들었다. 만보산사건의 진상이 제대로 알려지고 각계의 자제 요청으로 인해 차츰 진정되었으나 4~5일 동안 전국에 파급되면서, 많은 중국인 사상자와 실종자가 발생하였다.

조선 화교 문제와 만주 조선인 문제가 극단적으로 표면화 된 만보산사건이 원인이 되어 발생한 것이 조선의 화교배척사건이었다.

만보산사건

1931년 7월 1일 중국 만주 길림성^{吉林省} 장춘현향^{長春縣鄉} 삼구^{三區}에 위치한 만보산^{萬寶山}의 작은 농촌에서 한인 농민과 중국 주민들 사이에 충돌이 일어났다. 조선이 일제의 식민지로 전락한 이후 토지를 잃고 살 길을 찾아 만주로 이주해 간 한인 농민들이 타국에서 맞닥뜨린 운명적인 충돌이었다. 그리고 그 배경에는 일제의 만주침략 의도가 숨겨져 있었다. 이 충돌을 '만보산 사건^{萬寶山事件}'이라고 한다. 그런데 역사적 용어로서 만보산사건에는 두 가지 의미가 담겨져 있다.

사건은 중국인 하오융더가 일본측의 자금으로 장농도전공사^{長農稻田公司}를 설립하고 1931년 4월 16일 만보산 지방의 미개간지 약 200ha를 10년 기한으로 조차하는 계약을 체결한데서부터 시작되었다. 하오융더는 이 토지를 한인 이승훈 등 8인에게 조차하였고, 이승훈 등은 한인 농민 180여명을 이 지방으로 이주시켜 개척에 착수했다. 한인 농민들이 토지를 개간하기 위해 가장 먼저 시작한 일은 남서쪽에 위치한 이통하^{伊通河}로부터 물길을 끌어들이는 관개수로공사였다. 문제는 이 수로 개척과 제방 축조로 인해 인근의 농지에 피해가 미쳤다는 것이다. 이 때문에 현지의 중국 농민들은 반대 운동을 일으키는 한편, 현 당국에 탄원, 진정하여 공사진행을 강제로 중지시켰다. 그러나 일제는 영사관 소속 경찰을 파견하여 중국 농민의 반대를 무력으로 악압하고 수로공사를 강행하여 6월

말 수로를 준공하였다. 그러자 7월 1일 중국 농민 400여 명이 봉기하여 관개수로 약 2리를 매몰하는 사건이 발생하였다. 그때 일본 영사관 경찰들이 진압을 위해 발포했지만 약간의 부상자가 있었을 뿐 사망자는 없었다. 이 충돌사건을 좁은 의미의 '만보산사건'이라고 한다.

그런데 조선 내지에 이 사건으로 인해 다수의 한인 농민들이 살상되었다는 오보가 확산되면서 조선 내에 거류하는 중국인에 대한 폭동이 발생하였다. 인천을 시작으로 경성, 원산, 평양, 부산, 대전, 천안 각지에서 수천 명이 참가한 중국인 배척운동이 일어났다. 평양, 부산, 천안에서 대낮에 중국인 상점과 가옥을 파괴하고, 중국인을 구타, 학살하는 사건이 며칠간 계속되는 등 잔인한 폭력사태로 확산되었다. 만주 만보산에서 일어난 충돌과 이로 인한 조선 내지에서의 화교박해사건을 아울러 넓은 의미의 '만보산사건'이라고 한다.

화교배척사건

만보산 사건 전후 화교배척사건에 대한 일제의 대응을 연구한 최병도(2012)는 다음과 같은 관점에서 접근한다.

화교배척사건(이하 배화사건)은 1931년 7월 만보산 사건에 대한 '조선일보'의 오보가 직접적인 도화선이 되어 조선 각지에서 발발하였다. 배화사건은 인천을 시작으로 경성 · 부산 · 목포 · 공주 · 강릉 · 평양 · 해주 · 신의주 · 개성 · 원산 등 전국 각지로 빠르게 확산되었다.

조선일보 본사에서는 7월 2일 오후 9시 전후 인천지국장에게 만보산 사건 관련 호외를 발송하였으니 배포하라고 통보하였고, 호외는 11시 30분 인천에 도착한 즉시 300여 매가 배포되었다.

배화사건은 호외가 배포된 후 3일 오전 인천 화교거리에서 시작되었다. 이날 오후 8시 30분부터 외리파출소 앞에서 약 4천 명의 군중들이 시위를 전개하여 신정(현 신포동) · 본정(현 중앙동)으로 가서 화교상점에 투석하고 화교를 구타하면서 행진하였다. 이들은 인천부청 앞에서 1천 명의 군중과 합류하여 화교마을을 습격하였다. 4일 밤에도 군중이 모여 인천 해안정(현 중앙동) · 본정에 있는 화교의 가옥을 습격하여 건물과 기물을 파괴하였는데 5일 오전 1시까지 화교가옥 68동에 피해를 입혔다.

최효명(2015)에 따르면 이렇게 인천에서 시작한 화교배척사건은 곧이어 화교들이 다수 거주하는 지역으로 급속히 확대되어 갔다. 평양의 경우 상황이 특히 심각했던 것으로 알려져 있다. 7월 5일 밤 7시 경 평양의 조선 군중들은 칼과 돌을 든 채 화교라면 남녀노소를 막론하고 닥치는 대로 습격했다. 다수의 화교 가옥이 불에 탔고 성난 조선 군중 속에서는 화교를 죽이자는 외침이 들렸다고 한다. 7월 10일의 조사에 따르면 7월 5일 밤의 습격사건으로 화교 약 260명이 사망하고 500여 명이 부상을 당했다. 심각한 재산 피해가 수반되었음은 말할 필요가 없다.

흥미로운 사실은 격렬한 소란의 와중에 일부 조선인은 화교를 피신시키고자 했다는 것과 일본 경찰이 이를 허락하지 않았다는 점이다. 그러나 화교에 대해 동정어린 시선을 보낸 조선인은 극히 일부였던 것으로 보인다.

화교배척사건은 불과 4~5일 이내에 함경북도 지역을 제외한 전국으로 파급되었고, 전국적으로 4백여 건의 폭행사건이 발생하였다. 리튼보고서에 따르면 화교배척사건으로 화교 142명이 살해되고 546명이 부상하고 91명이 행방불명되었다.

화교배척사건이 진정된 후 일부 화교는 귀국을 선택하였고, 나머지는 파괴된 상점을 재건하여 조선에 계속 거주하기로 하였다.

배화사건 관련자로 체포된 조선인은 1931년 7월 13일까지 경기도에 약 490명, 평안남도에 약 750명, 기타 지방에 약 600명 등 총계 1,840여 명이었다. 또한 배화사건 관련 공판이 종결된 1932년 9월까지 1천 명에 가까운 조선인이 벌금형과 징역형에 처해졌다.

만보산사건의 성격

윤상원(2016)은 만보산사건의 성격을 다음과 같은 분석했다.

한국사 연구에서 만보산사건은 박영석의 선구적 연구로부터 출발하였다. 만보산사건을 일제의 대륙침략정책의 일환으로 규정한 그의 연구는 만보산사건에 대한 총체적 연구로서, 이후 대부분의 만보산사건 연구는 그의 연구를 계승하거나 극복하는 과정에서 이루어졌다. 2000년대 이후 나온 새로운 연구들은 1920년대 조선에서 광범위하게 내면화되어 있던 중국인 노동자들에 대한 악감정이 만보산사건을 계기로 화교박해사건으로 폭발하였다고 주장하고 있다. 그리고 그 악감정의 근원을 식민지 조선의 노동시장을 둘러싸고 나타난 조선인과 중국인의 갈등에서 찾고 있다.

이에 비해 한국의 중국사 연구자들의 만보산사건 연구는 매우 다양하게 이루어졌다. 그 중에서도 만보산사건에 대한 기존 민족주의적 시각의 한계를 강조하며, "'민족주의와 탈민족주의'를 넘어선 '비민족주의적 반식민주의'의 입장"에서 보다 적극적인 대안적 서사를 이루어지기를 희망하는 연구가 주목된다.

만보산사건 당시 조선에서 벌어진 화교박해사건을 민족주의 자체의 문제로 보는 것은 위험하다. 그 보다는 성찰없는 민족주의가 문제일 것이다. '성찰 없는' 민족주의가 초래한 비극적 사건이 만보산사건 당시 조선에서 벌어진 화교박해사건이었다면, 앞으로의 만보산사건 연구는 '민족주의와 국제주의의 조화'가 어떻게 실현될 수 있고 실현되어야 하는가에 대한 문제제기를 해결하는 방향으로 이루어지는 것이 보다 더 생산적인 역사연구가 되리라고 생각한다.

최효명(2015)은 화교배척사건의 성격에 대한 연구는 크게 세 가지 맥락으로 이루어져 있다고 분석한다. 첫째, 박영석은 화교배척사건이 일제가 조·중 양국의 관계를 이간시킴과 더불어 대륙침략의 음모를 실현하고자 주도한 사건이라고 주장한다. 둘째, 장세윤을 위시한 일부 연구자들은 지역사 또는 한중관계사의 시각으로 출발해 인천사회 화교발전사를 연구해, 화교배척사건은 조선인과 화교 사이에 오랫동안 쌓인 갈등이 만보산 사건의 오보로 인해 폭발한 것이라고 주장한다. 셋째, 민두기와 이상경, 그리고 최근 박정현의 연구는 1931년 화교배척사건을 1927년 일어난 화교배척사건과 연결시켜 민족주의자들이 민중으로 하여금 애국주의를 고양시키고 민족운동을 발전시키기 위해 주도한 것이라는 주장이 있다. 그러나 화교배척사건에 대한 중국 측 연구는 만보산사건의 연장선상에서 다루어졌을 뿐 화교배척사건만을 전문적으로 연구한 것은 없다.

만보산사건은 1931년 7월 2일부터 조선에 알려졌다. 처음으로 사건을 보도한 매체는 조선일보였다. 만주지역을 찾고 있던 일본군은 이 사건을 이용하기로 하고, 장춘 영사관에 지령을 내려 많은 조선농민이 피해를 입은 것처럼 조선에 보도하도록 지시하였다. 이에 따라 일본 영사관은 조선일보 장춘지국장인 김이삼에게 허위정보를 제공하였는데, 김이삼은 현장 확인 없이 영사관측의 정보를 그대로 본사에 송보하였다.

조선일보는 1931년 7월 2일 김이삼이 전달한 내용을 바로 '三姓堡同胞受難益甚/二百餘名又復被襲/完成된 水路工事를 全部破壞/中國農民大擧暴行'이라는 제목으로 호외로 발표하였다. 만주지역에서 중국인에 의하여 재만 조선인들이 막대한 피해를 입고 있으며, 상황이 상당히 급박하게 전개되고 있다는 내용이었다. 이는 사실과 전혀 다른 보도였다. 만보산지역에서는 아직 본격적인 충돌이 없었고 당연히 부상당한 재만 조선인도 없었다.

화교배척사건과 조선 민족주의 운동

1931년 화교배척사건은 만보산에서 중국인이 조선인을 박해했다는 소식이 전해지면서 조선에서 화교를 공격하면서 발생한 사건이다.

박정현(2014)은 화교배척사건과 조선 민족주의 운동의 연관성을 다음과같은 관점에서 연구, 분석했다.

이 사건에 대해서는 박영석의 만보산사건 연구가 가장 자세하고 대표적인 연구이다. 그 뒤 김희용, 최병도 등이 이 문제에 대해 다루었다. 박영석의 연구는 만보산사건으로 재만 조선인에 대한 차별이 조선 국내에서 화교에 대한 적대적 행동으로 이어진 것으로 보았다. 이 사건은 곧 이어진 일본의 만주 침략과 결부

되어 일본의 사주로 이루어진 사건이라고 보았다. 중국 정부나 신문에서도 일본 사주설을 주장함으로써 일본 사주설은 결정적인 증거는 없지만 신빙성 있는 주장으로 받아들여졌다.

화교배척사건에 대한 이러한 견해는 오랫동안 받아들여졌지만, 김희용, 김태웅, 최병도 등의 최근 연구는 다른 관점에서 화교배척사건을 분석했다. 이들은 조선 화교문제를 재만 조선인 문제와 연결시키던 것에서 벗어나 조선에 대거 들어온 중국인 쿨리들이 한정된 조선의 노동시장을 둘러싸고 조선인 노동자들과 경쟁관계에 있었고, 쿨리에 대한 조선인 노동자들의 적대감이 화교배척으로 나타난 것으로 파악했다.

화교배척사건을 독특한 시각에서 정리한 연구는 민두기의 연구이다. 민두기는 조선일보와 동아일보의 화교배척사건에 대한 기사의 차이를 민족주의 진영의 입장 차이라는 관점에서 분석했다. 박영석이 만보산사건과 화교배척사건의 실체에 접근한 연구라고 한다면, 이 연구는 화교배척사건의 복합적 성격을 들여다 본 연구로 의미가 있다.

화교배척사건과 인천

2차례 화교배척사건에서 인천은 중요한 역할을 했다. 1927년 화교배척사건 때 인천에서 가장 큰 규모의 화교배척사건이 일어났다. 1931년에는 인천에서 최초로 폭동이 일어났다. 인천은 화교가 출입하는 중심항구였다. 조선에 온 화교들은 대부분 산동성 출신으로 인천으로 들어와서 각 지역으로 흩어졌다. 인천은 화교

집산의 중심지로 중국인들이 많이 몰려 있어 조선인과 화교의 충돌이 잦았다. 하지만 평양에서 왜 대규모 학살이 일어났는지는 분명하지 않다.

1927년 화교배척사건은 전북 삼례에서 시작해서 남부지방에서 확산되었다. 그러나 1931년 화교배척사건은 인천에서 시작하여 경성을 거쳐 평양에서 격렬하게 일어났고, 원산, 신의주, 함경도 지역 등 주로 북부지방에서 확산되었다.

1931년 화교배척사건은 1927년 화교배척사건의 데자뷰였다. 1927년 화교배척사건이 재만 동포 옹호운동을 통해 신간회 각 지부의 결성을 활성화하고 민족주의 진영의 역량을 결집시키는데 역할을 했다면, 1931년 화교배척사건은 신간회 해소 이후 비타협 민족주의 진영의 활동영역을 확대하는데 중요한 역할을 했다. 1927년 화교배척사건이 재만 동포에 대한 전면적인 구축이라는 잘못된 소문으로 시작했듯이 1931년 화교배척사건은 만보산에서 조선인이 중국 관헌에게 살상 당했다는 잘못된 정보로부터 시작되었다. 안재홍 등 비타협 민족주의 인사가 주도권을 행사했던 조선일보가 이것을 적극적으로 유포했다.

화교배척사건의 원인과 배경

박정현(2014)은 1931년 화교배척사건은 복합적인 원인과 배경의 결과였다면서 화교배척사건을 이해하기 위해서는 3가지 측면을 이해할 필요가 있다고 주장한다. 첫째, 가장 중요한 요소는 사건이 일어난 조선의 내부 문제로 민족주의 진영의 신간회 운동에 대한 이해가 필요하다. 신간회의 결성과 해소과정에서 화교배척사건은 중요한 배경이 되었다. 둘째, 화교배척사건은 조선인과 중국인의 문제지만, 일본과 중국도 중요한 당사자였다. 일본과 중국은 만주 권익의 확대를 둘러싸고 재만 조선인 문제로 신경전을 벌였다. 그리고 일부 재만 조선인들은 일본의 만주 진출 전략에 이용당하면서 중국의 박해를 자초했다. 중국은 재만 조선인들을 일본의 만주 침략 앞잡이로 인식했고, 이들에 대한 박해는 상대적으로 일본인에 대한 박해보다 부담이 적었기 때문에 재만 조선인을 집중적으로 박해했다. 이는 조선인의 입장에서는 당연히 불만이었고, 조선에 있는 중국인에 대한 적대감으로 표출될 수 있는 여지를 제공했다. 셋째, 중국인의 재만조선인에 대한 탄압은 조선에서 조선인과 중국인의 갈등으로 비화했다. 일본은 조선인과 중국인의 갈등에 개입하지 않고 오히려 이를 통해 일본에 대한 책임과 비난을 회피하려고 했다. 이러한 문제들이 복합적으로 작용해서 조선에서 화교배척사건이 발생했고, 이러한 이해관계의 충돌을 이해해야 이 사건의 배경과 실체를 제대로 이해할 수 있다고 생각한다고 했다. 화교배척사건은 조선 민족주의 진영에서는 대중운동의 출로였고, 중국에서는 반일운동의 매개수단이었으며, 일본에서는 만주 이권을 위해 중국에 압박을 가하는 수단이었다.

박정현(2014)은 1931년 화교배척사건은 지금까지 알려진 바와 달리 즉흥적으로 시작된 것이 아니라 계획적으로 시작되었고, 청년단체와 학생들에 의해 조직적으로 진행되었다고 한다. 인천에서 처음 시작된 폭동은 하루도 안 지나서 조선 전체로 확산되었다. 이들 단체가 중심이 되어 재만동포 옹호운동을 전개하면서 집회를 통해 군중을 모으고, 이들이 화교를 공격하는 폭동으로 발전했다.

박영석의 만보산사건 연구

1970년대 초부터 "재만 한인에 관한 검토의 일환으로, 특히 재만 한인의 중국민
족과의 유대강화와 그로 인한 대일 저항 및 재만 한인의 지위문제에 획기적인
진전을 보는 계기가 되었던 만보산사건"에 대한 연구를 진행해 오던 박영석은
1978년 기왕에 발표했던 몇 편의 논문을 주축으로 새로운 연구를 첨가하여 만
보산사건 연구를 간행하였다. 박영석은 이 책의 부제인 '일제 대륙침략정책의
일환으로서의'에서 알 수 있듯이 만보산사건을 일제의 대륙침략 과정에서 나타
났던 한국과 중국 민중간의 틈과 약점을 일제가 선동하고 이용해서 그들의 대륙
침략정책을 추진하기위해 획책한 한국, 중국 피압박 민족 간의 분열 책동이 빚
어낸 것으로 이해하고 있다.

이동화 인천일보 문화부 부국장

| 참고문헌 |

박영석, 만보산사건연구: 일제대륙침략정책의 일환으로의(아세아문화사, 1978)

박정현, 1931년 화교배척사건과 조선 민족주의 운동(중국사연구제90권, 2014)

사보혜, 만보산사건과 인천 화교배척사건 연구—재만한인과 재한화교의 관계사적 입장에서(인하대학교 교육대학원 석
　　　사학위논문, 2009)

윤상원, 한국역사학계의 만보산사건 연구동향과 과제(한국문학연구 51집, 2016)

최병도, 만보산 사건 전후 화교배척사건에 대한 일제의 대응(한국사연구, 2012)

최효명, 만보산사건(1931) 직후 화교배척사건과 배일운동의 성격(중앙대학교 대학원 석사학위논문, 2015)

경기그레이트북스 ⓛ

경기도 현대사의 어두운 그늘

초판 1쇄 발행 2018년 12월 18일

발 행 처 경기문화재단
        (16488 경기도 수원시 팔달구 인계로 178)
기   획 경기문화재연구원 경기학연구센터
집   필 허행윤, 이동화, 박숙현, 민정주, 공지영
편   집 경인엠앤비 주식회사 (전화 031-231-5522)
인   쇄 경인엠앤비 주식회사

ISBN 978-89-91580-34-3 04900
       978-89-91580-33-6 (세트)